中國歷代名著全譯叢書

今古文尚书全译

（修订版）

江　灏　钱宗武　译注　周秉钧　审校

贵州出版集团
贵州人民出版社

中国历代名著全译丛书

编 委 会

(以姓氏笔画为序)

王运熙　　余冠英　　张　克(常务)
罗尔纲　　程千帆　　缪　钺

再版说明

　　出版的境界是:为饥作浆,为旱作润,为冥作光,为往圣继绝学。《中国历代名著全译丛书》担当这一历史的重托,挟着春风走到了学人和国学爱好者的面前。

　　书似青山常乱叠,眼光如炬淘金来。《中国历代名著全译丛书》自上个世纪九十年代推出,即以权威、精到、普及的面貌风靡整个书界。本套丛书曾获中宣部精神文明建设五个一工程奖及中华人民共和国出版规划重点项目。但多年断档,令人怀恋。上个世纪九十年代的名著全译,多以三五本的规模推出,而今天的《中国历代名著全译丛书》,出手尽显大家气度,一次集中推出五十种,满足眼睛与心灵的饕餮。

　　中华民族有数千年的文明历史,产生了辉煌灿烂的古代文化。浩如烟海的历代名著,就是中国古代文化遗产的重要组成部分。这些文字不仅记录了中国古代各个方面的历史与人文,物质与精神,成为后来人的精神家园,而且对中华民族的成长提供了丰富的营养,对中华民族的形成和发展产生了巨大的凝聚力和感召力。

　　但古人留下的典籍,由于时代的变异,语言的古奥,当下人已难识其庐山真面目。且以往坊间的不少古籍今译的读物,大都难尽人意:

　　——选译本。如《国语选译》《诗经选译》等。了解中国古代文学批评史的人知道,"选"是一种评论的方式。鲁迅先生曾指出,如果对陶渊明只选"采菊东篱下,悠然见南山",而不选"刑天舞干戚,猛志固常在"这类"金刚怒目"式的作品,那就很难使读者对陶渊明的"全人"有完整的认识,若"再加抑扬",就"更离真实"了。所以说选译本的缺陷是显而易见的。

　　——白话本。如《白话史记》《白话搜神记》之类。这类今译本有的置原文于不顾,随意增删敷衍,从严格意义上已不是原书;有的译文尚称严谨,但无原文对照核查,欲引用古人文句还要另觅原书,难称人意。

——单译本。这类书最多,译文之外附有原文、注释,其中也不乏质量较高者。遗憾的是见木不见林,缺乏学术系统性,读者买到一本算一本,对中华民族传统文化的了解很难达到全面。

本丛书在策划之初就考虑到避免以上各种译本之不足,本着推陈出新、汇聚英华、弘扬传统、振兴华夏之宗旨,化艰深为浅显,融译注为一炉,俾使社会各界广大读者了解我国古代各名著之完整原貌,有利于当下人文精神建设,又利于中外文化之交流译介,乃延聘海内学界通人,精选史有定评之夏商迄晚清经史子集四部,以全注全译形式重新装帧、重新校勘整理出版。所选各书前言对该名著之时代、作者、内容、成就、文献版本皆有详赡说明,各篇各卷前有简明扼要的题解,原文选用业经整理的善本,注释采用学术界公认的成果,译文强调忠实原文、通达流畅。

书行天下,道亦随之,既有品味,又有普及,为大家营造出一片文化底蕴深厚、知识境界广博、思想空间深邃的精神沃土,是《中国历代名著全译丛书》的孜孜追求。此次修订是在前辈学人呕心沥血的基础上,重新进行认真的审读和勘校,是在"国学热"基础上的一次新的提升,在强调通俗性的同时,亦重视学术性与资料性。今日重现书界,必将旋起一种新的阅读风暴。

我们相信,这套丛书的问世,对传播中华民族优秀的传统文化,提升我们国家的软实力,形成当代的人文精神有着重要意义,在现代化人文化的进程中对开启今人智慧、滋养今人心灵都有着不可估量的意义。

经典不腐更不朽,它是源远流长的活水,天光云影,亘古永在。

贵州人民出版社
2008 年 9 月

目　录

前　言 1
尚书序 1

虞夏书
　尧典 1
　舜典 10
　大禹谟 22
　皋陶谟 33
　益稷 39
　禹贡 48
　甘誓 66
　五子之歌 69
　胤征 74

商　书
　汤誓 80
　仲虺之诰 84
　汤诰 89

伊训	94
太甲上	100
太甲中	104
太甲下	106
咸有一德	110
盘庚上	118
盘庚中	125
盘庚下	130
说命上	134
说命中	138
说命下	141
高宗肜日	146
西伯戡黎	149
微子	153

周书

泰誓上	157
泰誓中	162
泰誓下	166
牧誓	170
武成	174
洪范	181
旅獒	193
金縢	197
大诰	203
微子之命	211
康诰	216
酒诰	227
梓材	235
召诰	239
洛诰	249
多士	260

无逸	267
君奭	274
蔡仲之命	283
多方	288
立政	296
周官	304
君陈	312
顾命	317
康王之诰	326
毕命	331
君牙	337
冏命	341
吕刑	345
文侯之命	357
费誓	361
秦誓	365

主要参考书目 368

前　言

一

《尚书》最早只叫做《书》，汉代称《尚书》，《孔传》解释为"上古之书"。《尚书》成为儒家经典以后，又叫做《书经》。

《尚书》的内容都和政事相关，《荀子·劝学篇》："《书》者，政事之纪也。"《史记·太史公自序》："《书》记先王之事，故长于政。"《尚书》实际上是我国最早的政事史料汇编。

《尚书》的基本内容是君王的文告和君臣的谈话记录。《尚书》的作者是史官。文献记载我国古代设有专录君王言行的史官。《礼记·玉藻》称君王"动则左史书之，言则右史书之"。史官记录君王的言行，汇编成册，就是《书》了。

今存《尚书》共有五十八篇，依据朝代编辑，分别称为《虞书》《夏书》《商书》和《周书》。《虞书》五篇，《夏书》四篇，《商书》十七篇，《周书》三十二篇。上自尧舜，下至东周，汇集了十分珍贵而又丰富的史料。《尚书序》分为"典、谟、训、诰、誓、命"六种体式，唐代孔颖达分为十种：典、谟、贡、歌、誓、诰、训、命、征、范（见《尧典正义》）。粗线条地归类，大致可以分成四种体式。

1. **典**　主要记载古代典制。《尧典》《舜典》《禹典》《洪范》《吕刑》《周官》等都属于这一类。

2. **训诰**　主要是训诫诰令，包括君臣之间、大臣之间的谈话以及祈神的祷告。这一类篇目较多，是《尚书》的主体部分。《虞书》的《皋陶谟》《商书》的《盘庚》《高宗肜日》《西伯戡黎》《周书》的《金縢》《大诰》《多士》《召诰》《君奭》《顾命》等篇都是"训诰"体。

3. **誓**　主要是君王诸侯的誓众词。《甘誓》《汤誓》《泰誓》《牧誓》《费誓》《秦誓》诸篇都属这一类。

4.命 主要是君王任命官员或者赏赐诸侯的册命。《君陈》《毕命》《君牙》《冏命》《文侯之命》等篇都是这一类。

《尚书》记录了距今四千年至二千六百多年间虞、夏、商、周的典、训、诰、誓、命,涉及政治、思想、宗教、哲学、法律、地理、历法、军事等领域,范围很广。为《左传》《史记》等史书的写作提供了珍贵的原始资料,同时也是研究我国原始社会和奴隶社会不可缺少的历史文献。

《尚书》被儒家奉为五经之首,自汉代立为学官以来,备受尊崇,成为整个封建社会最重要的教科书。《尚书》的核心思想是"敬天"、"明德"、"慎罚"、"保民",帝王将相以《书》安邦定国,工商士民以《书》修身待物。我们要了解和研究封建社会,也必须阅读《尚书》,利用《尚书》丰富的史料。

《尚书》不仅是文告、会议记录等应用文体的滥觞,还开辟了古代散文创作的先河。《尚书》记言叙事,摹声绘色,生动形象。不少篇章已出现很成熟的辞格,譬如《梓材》连用种地、建房、作器三个生活中常见的事理作比喻,说明创业和守成的关系,自然贴切,具有较强的说服力。《周书》各篇大多讲究章法结构,例如《无逸》《顾命》,条理非常清晰,历代散文家十分重视。《尚书》为后世散文创作奠定了基础。

《尚书》还是语言学研究的重要材料,特别是今文中那些经过考定的真实文献,反映了殷周时代的语言特点。例如《尚书》中的词语古奥,多用雅言;很少运用表示语法关系和语势语气的句末语助词,等等。这些独特的语言现象,对于研究汉语史很有帮助。

《尚书》对于金文学、甲骨学、古器物学和考古学的作用,也很重要。可以说,不凭借《尚书》,有些金文和甲骨文就无法解释,有些考古发现和古器物就无法论定确切的年代。

总之,《尚书》是我国最重要的古典文献之一,具有极高的史料价值,我们应当正确认识《尚书》的重要作用,文史工作者应当认真阅读《尚书》。

二

《尚书》大约在先秦就已经有了定本。先秦的书籍经常引述《尚书》。陈梦家先生统计,《论语》《孟子》《左传》《国语》《墨子》《礼记》《荀子》《韩非子》《吕氏春秋》九种书引《书》就有一百六十八条(见

《尚书通论·先秦引书篇》)。汉代的《纬书》说《尚书》原来有三千二百四十篇,孔子删为一百二十篇,其中十八篇为《中候》,一百零二篇为《尚书》。《汉书·艺文志》说《尚书》有一百篇。先秦书籍引《书》具体提到篇名的约有四十多篇,其中有三十多篇不见于今存《尚书》,可知先秦《尚书》的篇目超过了五十八篇。《尚书》的最早定本究竟有多少篇目,现在已经难以考定了。《史记·秦始皇本纪》记载秦始皇三十六年丞相李斯奏请"非博士官所职,天下有敢藏《诗》《书》、百家语者,悉诣守尉杂烧之"。《尚书》经过秦始皇焚书和秦末的战火,散失了不少篇什。

汉代,《尚书》的传本主要有两个。一个是今文本,一个是古文本。

今文《尚书》由伏生传授。《史记·儒林传》说伏生曾经担任秦的博士,秦始皇焚书时,伏生把《尚书》藏在墙壁里,后来兵乱流亡。到了汉惠帝时,取消禁书令,伏生搜寻藏书,失掉了几十篇,只剩下二十九篇(如果把《顾命》和《康王之诰》合并计算,只有二十八篇)。伏生用来在齐、鲁间讲授,他的学生用当时通行的文字隶书书写,所以叫做今文《尚书》。又因为是伏生传授的,也称为伏生本。

《汉书·艺文志》记载,汉武帝末年,鲁恭王扩建宫室,在孔子故居的墙壁中得到一部《尚书》,计四十五篇,其中有二十九篇和伏生本基本相同,另外,还多出一十六篇,后来,孔子的后裔孔安国献给朝廷。这部《尚书》是用不同于隶书的古文字写的,因此叫做古文《尚书》。因其得于孔壁中,又叫做孔壁本,或壁中本。

今文和古文《尚书》除篇数多少和字体的差异,并无多大分别。西汉传授伏生今文《尚书》的主要是欧阳高、夏侯胜、夏侯建三家,《汉书·艺文志》记载汉成帝河平三年(公元前26年)"刘向以中古文(即皇家"中秘"所藏的古文《尚书》)校欧阳,大、小夏侯三家经文,《酒诰》脱简一,《召诰》脱简二。率简二十五字,脱亦二十五字;简二十二字,脱亦二十二字。文字异者七百有余,脱字数十。"古人口耳相传,老师讲授,学生笔录,今文《尚书》流传一百多年,刘向比勘古文《尚书》仅异七百余字,相差三简,可见两种版本的区别并不算大。

汉代传授今文《尚书》的称今文学家,传授古文《尚书》的称古文学家。由于他们对《尚书》研究的方法不同,形成《尚书》今文学派和古文学派。今文学派注重阐述微言大义，解说烦琐，并且严守家法师法；古文学派则注重文字训诂，考订制度、名物。西汉今文学家大多数政治上有势力，今文《尚书》长期立于学官，今文学派始终处于统治地位。自从刘歆提倡古文《尚书》，又经杜林、贾逵、马融等著名学者相继努力，在东汉终于确立了古文《尚书》学在学术界的优势。东汉末年，马融、郑玄兼通今文和古文《尚书》，替古文《尚书》作了注解。他们以渊博的学识，以及当时的学术地位和广泛的学术影响，实现了今、古文《尚书》学的统一。他们的注解流行以后，其他各家的注解就逐渐消失了。

西晋永嘉之乱（公元311年）以后，今、古文《尚书》相继失传。东晋初年，豫章内史梅赜（zé 责）向朝廷献出孔安国的《孔传古文尚书》，分四十六卷，计五十八篇。其中有三十三篇内容同于伏生传授的今文《尚书》二十八篇（从《尧典》中分出下半为《舜典》，从《皋陶谟》中分出下半为《益稷》《盘庚》分为三篇，从《顾命》中分出下半为《康王之诰》），增多二十五篇。增多的二十五篇，后也叫做"晚书"。《孔传古文尚书》出现不久就立于学官，从东晋到隋、唐，大多数学者坚信这就是孔壁本《古文尚书》和汉孔安国作的传。唐初孔颖达选它为底本写了《尚书正义》，作为官方定本，公开颁行。后来，宋人又把它编入《十三经注疏》，一直传到今天。

宋代学术思想活跃，吴棫撰《书稗传》开始怀疑"晚书"是伪作，朱熹赞成吴棫的说法，在《朱子全书》《朱子语类》中进一步展开论述。吴棫、朱熹采取对比研究的方法，立论的主要依据是今、古文词句深浅难易不同。朱熹说："孔壁所出《尚书》，如《禹谟》《五子之歌》《胤征》《泰誓》《武成》《冏命》《微子之命》《蔡仲之命》《君牙》等篇皆平易，伏生所传皆难读。如何伏生偏记得难底（的），至于易记底（的）全记不得。"（《朱子语类》卷七十八）到了明代，梅鷟（zhuó 浊）著《尚书考异》，分析《孔传》和"晚书"的内容，从汉人记载的关于古文《尚书》传授情况、"晚书"的篇数、文体和来源等方面，指出它是伪作。清代的阎若璩在梅鷟论证的基础上，潜心研究二十多年，写了《尚书古文疏证》，列出《孔传古文尚书》作伪的一百二十八条证据（二十九条有目无文，实存九十九条），条分缕析，辨证详备，立论确切。从此，《孔传古文尚书》作为伪书就定案了。后代学者一致认定《孔传古文尚书》五十八篇中有三十三篇是伏生所传,此外,"晚书"二十五篇全是伪作,《传》也是伪作的。因此,这个本子又叫伪《孔传》。伪《孔传》的作者至今仍是一个谜。

三

《尚书》辨伪工作开辟了《尚书》研究的新领域,取得了很大成绩,同时,客观上也起到了贬黜"晚书"、独尊今文的作用。清代的学者多注意诠释今文,时至今日,海内外仍看不到一部既有今文,又有"晚书"和"书序"的普及性《尚书》读本。我们认为《书序》和"晚书"也有很高的史料价值,《孔传》更是开启《尚书》的管钥。

《书序》的作用相当于今天文章的题解。今存《百篇书序》实际上只有八十一个篇目,仅有六十七条序文,可以肯定大部分是汉代以前的作品。

《汉书·艺文志》称"书之所起远矣,至孔子纂焉,上断于尧,下讫于秦,凡百篇而为之序,言其作意。"这是《书序》最早的正式记载。《汉书·儒林传》也记载张霸献一百零两篇《尚书》,其中就有一篇是《书序》。

《汉书·艺文志》认为《书序》是孔子所作的,证据还不充分。《史记》大量引用《书序》《熹平石经》残石也有《书序》。这些都足以证明在汉武帝以前《书序》就已问世了,它是很可贵的历史材料。

"晚书"二十五篇虽然不是真正的孔壁古文,不妨看作是古文《尚书》的西晋辑佚本。郭璞的《尔雅注》最早明确称引《孔传》。《释鸟》:"鸟鼠同穴,其鸟为鵌(tú 途),其鼠为鼵(tū 突)。"郭注:"孔氏《尚书》传云共为雄雌。"(见《书·禹贡》孔传)。《释畜》:"狗四尺为獒。"郭注:"《尚书》孔氏传曰犬高四尺曰獒。"(见《书·旅獒》孔传)郭璞卒于东晋明帝太宁甲申年(公元 324 年),梅赜献《书》是在元帝时(公元 317—318 年),当时郭璞还在世,郭璞《尔雅注》取材的《孔传》和梅赜献的《孔传》有可能是一个本子。永嘉乱前,《尚书》的各种传本并行于世,既有汉代立于学官的今文《尚书》本,又有魏时立于学官的古文《尚书》本。《经典释文·叙录》说:"永嘉丧乱,众家之书并灭亡。"《尔雅注》是永嘉乱前成书的,《孔传》成书的时间应当更早。古文《尚书》

在汉代还有河间献王本(见《汉书·景十三王传》)杜林的漆书本(见《后汉书》的《儒林传》和《杜林传》)。西晋时,这两个本子仍有流传,王国维认为至少有转写本流传(见王国维《汉时古文诸经有转写本说》),"晚书"的编写者不会不参考它们。

我们应该特别注意《汉书·艺文志》有"《周书》七十一篇",班固注称是"周《史记》",颜师古注引刘向说是"周时诰誓号令也"。《汉书·萧何传》颜师古更进一步注明"《周书》者与《尚书》同类"。西晋初年汲郡又发现了《汲冢周书》和《汲冢周志》,是记载周代历史的真实资料。"晚书"的编写者不会不重视、利用这些珍贵的史料。

"晚书"还有一个重要来源是先秦经史诸子的《尚书》引文,现在已经考知出处的约有一百二十条。阎若璩的《尚书古文疏证》、惠栋的《古文尚书考》以及程廷祚的《晚书订疑》等论著,罗列周备,例证翔实,这里就不多说了。

我们认为"晚书"主要是"尚书"的辑佚,它补充、丰富了《尚书》的内容,具有较高的史料价值。

《孔传》自被论定为伪作以后,《尚书》注家多不取用。其实,"孔传"是不是汉代孔安国所著并不重要,重要的是《孔传》解经的成绩如何?清代经学大师焦循在《尚书补疏·序》中把《孔传》与郑玄的注进行具体比较,列举七事证明《孔传》优于"郑注"。焦循认为《孔传》如使"论其为魏晋间人之传,则未尝不可与何晏、杜预、郭璞、范宁等先后同时。晏、预、璞、宁之传注可存而论,则此传亦何不可存而论"。我们赞成焦循的意见。《孔传》汇集了前人研究成果,比汉儒的传注更加精审,有很高的学术价值,是阅读《尚书》的重要训诂材料。

基于上述认识,我们全面译注《尚书》,序的范围包括《尚书序》、各篇小序以及没有经文的《书序》;经文的范围包括"晚书"二十五篇;注释充分参考了《孔传》,特别是"晚书"部分。我们的宗旨是为读者提供一部尽可能准确、通俗、完整的《尚书》读本。

四

《尚书》历来号称难读。唐代的著名文学家韩愈曾经指出:"周诰、殷盘,诘屈聱(ɑo 熬)牙。"(《进学解》)为了疏通经文,历代学者下了很大工夫,深入钻研,取得了丰硕成果。唐代贞观年间,孔颖达等奉敕撰成《尚书正义》,这部书以《孔传古文尚书》为底本,把《孔传》作为正注,博采魏晋南北朝以来的《书》说作为"疏",是唐代以前《尚书》研究的总成果。南宋蔡沈著《书集传》,废除汉唐以来烦琐考据的方法,力求简明易读。他改变《孔传》的解释,有很多精当的地方。《书集传》是宋代《尚书》注释的代表作。元、明、清三代作为科举考试的标准读本,给后世的影响很大。清代学者开始多角度地研究《尚书》,取得了多方面的学术成就。阎若璩等人完成了自宋以来,旷日持久的《尚书》辨伪工作。段玉裁著《古文尚书撰异》着重解决《尚书》的文字、句读等问题。王引之撰《经义述闻》和《经传释词》,主要运用因声求义和语法比较的方法解说了《尚书》中许多疑难问题。孙星衍的《尚书今古文注疏》除《孔传》和宋儒的《书》说外,几乎搜罗了历代有关《尚书》的所有书面材料,删繁就简,存是去非。皮锡瑞曾说:"治《尚书》当先看孙星衍《尚书今古文注疏》。"(《经学通论》)可以说这部书是清代《尚书》研究的集大成者。

近代,西学东渐,学者们注意采用新材料和新方法研究《尚书》。王国维的《观堂集林》、于省吾的《双剑誃尚书新证》运用古文字和古器物考订《尚书》的文字和史实,多有创见。曾运乾著《尚书正读》,折衷旧注,解说精要。训诂、语法、修辞交织运用,解决不少疑难,取得了卓著的成就。业师周秉钧先生的《尚书易解》,博观约取,精心抉择,采用新材料,综合运用各种训诂方法,提出了许多新的见解。注语平实简明,便于初学,"于是先儒所称诘屈聱牙号为不易读者","庶几乎人人可读矣"。(《尚书易解·杨遇夫先生序》)这是一部普及与提高相结合的《尚书》注释本。

本书主要参考《尚书正义》《书集传》《尚书今古文注疏》《尚书正读》和《尚书易解》。篇次和文字据《十三经注疏》本的《尚书正义》。今文二十八篇原则上依据《尚书易解》断句,"晚书"二十五篇主要依据《书集传》断句,有些误点的地方,都加改正。

每篇篇首有《题解》,介绍文章内容和有关史实,解释题义。篇中划分段落,并说明段落大意,以便阅读。

注释参考古今传注,实事求是,择善而从,为了避免烦琐,不作旁征博引。对于一般读者来说,比较难懂的词义都注明了出处,重要的典章制度、历史事件和专有名词也注明出处或援引书证。难字采用汉语拼音和直音注音。

　　译文基本采取对译的方法,力求符合经文和注解,尽可能体现原文的语言风格。行文力求简明流畅,专有名词照录不译,译文一般不与注释重复。

　　本书的编写由业师周秉钧先生主持。周先生确定编写细则,江灏注译《虞夏书》和《商书》部分,钱宗武注译《周书》部分。部分初稿曾交换传阅,最后,由周先生审校并润饰全书。积稿盈尺,朱墨灿然,先生诱导的辛勤,我们在此表示诚恳的谢意。

钱宗武
1989 年 1 月于岳麓山下新华村

尚书序

【原文】

　　古者伏牺氏之王天下也①,始画八卦,造书契,以代结绳之政②,由是文籍生焉③。

　　伏牺、神农、黄帝之书④,谓之"三坟"⑤,言大道也;少昊、颛顼、高辛、唐、虞之书⑥,谓之"五典"⑦,言常道也。至于夏、商、周之书,虽设教不伦⑧,雅诰奥义⑨,其归一揆⑩,是故历代宝之,以为大训。八卦之说,谓之"八索"⑪,求其义也。九州之志⑫,谓之"九丘"⑬。丘,聚也。言九州所有,土地所生,风气所宜,皆聚此书也。《春秋左氏传》曰:"楚左史倚相能读三坟、五典、八索、九丘。"即谓上世帝王遗书也。

【注释】

　　①伏牺氏:又写作庖牺、包牺、宓羲、伏戏,古代传说中的部落首领,即太昊(hào浩)。相传他始画八卦,教民捕鱼畜牧。王(wàng望):统治。

　　②八卦:由阴(两短横)阳(一长横)两种线形组成的八种符号,用来各代表一定属性的若干事物。八卦又以两卦相叠演为六十四卦,用来象征自然现象和社会现象的发展变化。八卦最初是上古记事的符号,后来被用作卜筮的符号,逐渐神秘化。书契:文字。《释文》:"书者,文字。契者,刻木而书其侧。"结绳:文字产生以前的一种记事方法。用绳打结,用不同的形状和数量标记不同的事件。

　　③由是:因此。文籍:文章典籍。

　　④神农:传说中的古代三皇之一,又称炎帝、烈山氏。相传教民稼穑,尝百草为医药治疾病。黄帝:少典的儿子,姓公孙,因居姬水,又改姓姬,号轩辕氏,又称有熊氏。曾打败炎帝,斩杀蚩尤,而取代神农氏。传说蚕桑、医药、舟车、宫室、文

字等制都从黄帝时开始。黄帝、神农、伏牺合称三皇。

⑤三坟：《孔疏》："坟，大也。以所论三皇之事其道至大，故曰：'言大道也。'"

⑥少昊：黄帝的儿子，与颛顼、高辛、唐、虞合称五帝。颛顼（zhuān xū 专须）：黄帝之孙，昌意之子，称高阳氏。高辛：黄帝的曾孙，少昊的孙子，又叫帝喾（kù酷）。唐：尧帝，属陶唐氏，又叫唐尧，简称唐。虞：舜帝，属有虞氏，又叫虞舜，简称虞。

⑦五典：《孔疏》："典者，常也。言五帝之道可以百代常行，故曰：'言常道也。'"

⑧设教：设施教化。伦：类。《礼记·曲礼下》："拟人必于其伦。"郑玄注："拟，犹比也。伦，犹类也。"

⑨雅诰：雅正辞诰，指夏、商、周三代的文章。在《尚书》中，夏书、商书、周书有训、诰、誓、命、歌、贡、征、范八类，这里用诰代表。

⑩归：指归，旨趣。揆：道理。

⑪八索：《孔疏》："引言为论八卦事义之说者，其书谓之八索。"又说："此索谓求索，亦为搜索。"

⑫志：记述。

⑬九丘：《孔疏》："其论九州之事所有志记者，其书谓之九丘。"

【今译】

古代伏牺氏治理天下的时候，开始画八卦，造文字，用来代替结绳处理政事，因此产生了文章典籍。

伏牺、神农、黄帝三皇时代的书，叫做"三坟"，是讲大道理的；少昊、颛顼、高辛、唐尧、虞舜五帝时代的书，叫做"五典"，是讲普通道理的。至于夏、商、周三个朝代的书，即使设施教化不与三坟五典同类，但雅正辞诰的深奥意义，它们的旨趣是同一个道理，因此，各个时代都把它们看得很宝贵，认为是最重要的教导。演说八卦的，叫做"八索"，求索八卦的意义。记述九州的，叫做"九丘"。丘，是聚集的意思。意思是说九州所有的，土地所生长的，风气所适宜的，都聚集在这种书中。《春秋左氏传》说："楚左史倚相能够阅读三坟、五典、八索、九丘。"就是说的上古帝王遗留下来的书。

（以上是第一段，指出《尚书》与上古三皇五帝时的书旨趣相同，是对后世最重要的教导。）

【原文】

先君孔子生于周末①，睹史籍之烦文②，惧览之者不一③，遂乃定《礼》《乐》④，明旧章⑤，删《诗》为三百篇⑥，约史记而修《春秋》⑦，赞《易》道以黜"八索"⑧，述职方以除"九丘"⑨。讨论坟典⑩，断自唐虞以下，讫于周⑪。芟夷烦乱⑫，剪截浮辞⑬，举其宏纲⑭，撮其机要⑮，足以垂世立教⑯，典、谟、训、诰、誓、命之文凡百篇⑰，所以恢弘至道⑱，示人主以轨范也⑲。帝王之制，坦然明白，可举而行，三千之徒并受其义⑳。

及秦始皇灭先代典籍，焚书坑儒，天下学士逃难解散，我先人用藏其家书于屋壁㉑。汉室龙兴㉒，开设学校，旁求儒雅㉓，以阐大猷㉔。济南伏生㉕，年过九十，失其本经，口以传授，载二十馀篇。以其上古之书，谓之《尚书》。百篇之义，世莫得闻㉖。至鲁共王好治宫室㉗，坏孔子旧宅以广其居，于壁中得先人所藏古文虞夏商周之书及传、《论语》《孝经》，皆科斗文字㉘。王又升孔子堂，闻金石丝竹之音㉙，乃不坏宅，悉以书还孔氏。科斗书废已久，时人无能知者㉚，以所闻伏生之书考论文义，定其可知者为隶古定㉛，更以竹简写之，增多伏生二十五篇。伏生又以《舜典》合于《尧典》，《益稷》合于《皋陶谟》，《盘庚》三篇合为一，《康王之诰》合于《顾命》，复出此篇并序，凡五十九篇，为四十六卷，其馀错乱摩灭㉜，弗可复知，悉上送官，藏之书府，以待能者。

注释

①先君：子孙称自己的祖先。
②睹（dǔ 堵）：看见。烦：烦琐，不必要的。
③不一：不相同。
④遂乃：于是就。定：《孔疏》："修而不改曰定。"
⑤明旧章：《孔疏》："明旧章者，即《礼》《乐》《诗》《易》《春秋》是也。"
⑥删《诗》为三百篇：《孔疏》："就而减削曰删。"古代有诗三千余篇，孔子除去重复的，选取可施于礼义的三百一十一篇，其中六篇有序无诗，完整的共三百零五篇。说三百篇，是取其整数。
⑦约：《孔疏》："准依其事曰约。"
⑧赞：《孔疏》："因而佐成曰赞。"《史记·孔子世家》："孔子晚而喜《易》，序《彖》《系》《象》《说卦》《文言》。读《易》，韦编三绝。"黜（chù 触）：退而不用。
⑨职方：官名。《周礼·夏官司马·职方氏》："职方氏掌天下之图，以掌天下之地。辨其邦国、都鄙、四夷、八蛮、七闽、九貉、五戎、六狄之人民，与其财用、九

谷、六畜之数要,周知其利害。"

⑩讨论:整理。《论语·宪问》:"世叔讨论之。"郑玄注:"讨论,整理。理,亦治也。谓整比其辞而治之也。"

⑪讫(qì 气):完结,终止。

⑫芟(shān 山)夷:削除。烦乱:烦琐杂乱的文字。

⑬剪截:删减。《孔疏》:"去而少者为剪截也。"浮辞:虚浮的言辞。

⑭宏:大。

⑮撮:摘取。机要:精义和要点。

⑯垂世:流传后世。立教:给人制定规范而施行教育。

⑰典:大册,五帝之书。如《尧典》《舜典》。典、谟、训、诰、誓、命,都是《尚书》的文体。谟:谋议。如《皋陶谟》。训:训导,教导。如《伊训》。诰:古代诸侯朝见君主时,君主告诫诸侯的言辞。如《汤诰》。誓:誓词。如《汤誓》。命:命令。如《说命》。

⑱恢弘:发扬,也写作"恢宏"。至道:最深刻的道理。

⑲轨范:楷模,法式。

⑳三千之徒:指孔子的学生。《史记·孔子世家》:"孔子以诗书礼乐教,弟子盖三千焉,身通六艺者七十有二人。"

㉑先人:《孔子家语》:"子襄以秦法峻急,壁中藏其家书。"据《史记·孔子世家》,子襄是孔子后裔,孔安国的曾祖。用:因此。

㉒龙兴:比喻新王朝的兴起。《孔疏》:"言龙兴者,以《易》龙能变化,故比之圣人九五飞龙在天,犹圣人在天子之位,故谓之龙兴也。"

㉓旁求:广泛寻求。

㉔大猷:大道。指三坟五典等先王典籍。

㉕伏生:名胜,字子贱,汉济南人。秦时博士。汉文帝时,伏生已九十多岁,文帝派太常使掌故晁错向伏生学《尚书》,由伏生女儿口授二十余篇,即今文《尚书》。

㉖莫:没有谁。

㉗鲁共王:又写作鲁恭王。汉景帝的儿子,名馀。好治苑囿狗马,又好音乐。曾毁坏孔子故居,从壁中得到古文经传。

㉘科斗文字:我国的一种古代文字,以头粗尾细像蝌蚪而得名。魏三体石经中古文,就是头粗尾细的蝌蚪文。科斗,同蝌蚪。

㉙金石丝竹:指音乐。金,钟;石,磬;丝,琴;竹,管。

㉚时人:当时的人。

㉛隶古定:用隶书的笔画写古文。

㉜摩灭:消失,湮灭。"摩"通"磨"。

【今译】

　　我的祖先孔子生在周代末年，看到史籍中的一些烦琐不必要的文字，担心阅读它们的人不专一，于是就修定《礼》《乐》，使旧有的篇章更加显明，削减《诗》为三百篇，按照历史事实的记载去整理《春秋》，帮助完善《易》的道理而废弃了"八索"，阐述了职方的职责而排除了"九丘"。整理三坟五典，断代从尧舜以后，到周代为止。删掉烦琐杂乱的文字，削减虚浮不实的言辞，提出宏大的纲领，摘取精义和要点，足以流传后世，给人制定法式施行教育的典、谟、训、诰、誓、命各类文章共一百篇，用来发扬最深刻的道理，让国君看到楷模。帝王的制度坦然明白，可以实行，三千学生都接受了其中正确的道义。

　　到秦始皇消灭先代的典籍、焚书坑儒的时候，天下学士逃难解散，我的先人因此把家里的书收藏在住宅的墙壁中。汉朝兴起，开设学校，广泛寻求博学的儒士，以便阐释先代的典籍。济南伏生，年龄已超过了九十，失掉了原有的经书，用口传授，只有二十多篇。由于是上古时候的书，就称为《尚书》。而百篇的大意，世上没有谁能够听说。到鲁共王时，喜欢修筑宫室，毁坏孔子的旧屋用来扩大自己的住房，在孔子旧屋的墙壁中发现了先人所收藏的、用古文写的虞夏商周的书及传、《论语》《孝经》，都是蝌蚪文字。鲁共王又登上孔子的庙堂，听到了金石丝竹奏出的音乐，于是不再继续毁坏孔子的旧居，并将书全部还给孔家。用蝌蚪文字写的书很早以前就已经废除了，当时的人没有能看得懂的，用从伏生那里听到的书考察讨论文中的意义，定下其中可以认识的写成隶书，再用竹简写下，比伏生的今文《尚书》增多二十五篇。伏生又把《舜典》合并在《尧典》中，《益稷》合并在《皋陶谟》中，《盘庚》三篇合为一篇，《康王之诰》合并在《顾命》中，再分出这些篇，连同序一共五十九篇，为四十六卷，其余错乱散失，不能理解，全部上送官府，藏在书库中，等候能够读懂它们的人。

　　（以上是第二段，说明孔子整理古籍的做法及其目的、今古文《尚书》的来历和异同。）

【原文】

　　承诏为五十九篇作传①，于是遂研精覃思②，博考经籍，采摭群言③，以立训传。约文申义④，敷畅厥旨⑤，庶几有补于将来⑥。

《书》序,序所以为作者之意。昭然义见⑦,宜相附近⑧,故引之各冠其篇首,定五十八篇。既毕,会国有巫蛊事⑨,经籍道息⑩,用不复以闻,传之子孙,以贻后代⑪。若好古博雅君子与我同志⑫,亦所不隐也。

注释

①承诏:秉承皇帝的命令。
②研精:精深的研究。覃(tán 谈)思:深思。
③采摭(zhí 直):拾取,采纳。
④约:简明,简要。
⑤敷畅:铺叙发挥。
⑥庶几:大概可以。
⑦昭然:明显。
⑧宜相附近:书序应该与各篇的正文相互靠近。
⑨会:碰上。巫蛊事:据《汉书》记载:汉武帝末年崇信巫术,江充与太子有嫌隙,用骗术陷害太子,被太子杀掉,武帝听信江充说太子宫中有蛊气,命令丞相发兵讨伐太子,太子出走湖关自杀。蛊(gǔ 古),毒虫。
⑩经籍道息:《孔疏》:"好爱经籍之道灭息。"
⑪贻:遗留。
⑫博雅:学问广博,志趣高雅。志:志向、抱负。

【今译】

　　我秉承皇帝的命令给五十九篇作传,于是就深思熟虑精心研究,广泛参考经书典籍,采纳各家的说法,写下传注。用简明的文字申述意义,铺陈发挥其中的旨趣,大概可以对将来有点帮助吧。

　　《尚书》的序,是叙述作者为什么这样写的原因。意思明明白白地表现出来了,应该把它们放在各篇和正文一起,因此援用它们时各放在相应的某篇的前面,定为五十八篇。写完以后,正碰上国家发生了巫蛊事件,爱好经籍的道路断绝了,因此不再把《书》传上奏朝廷,只把它传给子孙,遗留后代。如果有爱好古道、学问广博、志趣高雅的君子与我有相同的志向,我也不隐蔽我的《书》传啊。

　　(以上是第三段,说明作传的情况和没有上奏朝廷的原因。)

虞夏书

  虞是舜帝的国名,夏是禹帝的国名。古文《尚书》本题为"虞书",孔颖达《尚书正义》引马融、郑玄、王肃传注本及刘向《别录》,都题为"虞夏书",伏生《尚书大传》也在"唐传"、"虞传"、"夏传"之前,各题"虞夏传"三字。现在按照马融、郑玄传注本,题为"虞夏书"。

尧 典

【题解】

  尧,相传是我国原始社会后期著名的氏族首领,名叫放勋,属陶唐氏,所以又称唐尧。"典",《说文》解释为"大册",是"五帝之书"。本篇是后代史官追叙尧的事迹的史书,成书年代不可考,大约在周初秦汉之间。

  《尧典》记叙的禅让帝位、公开议定百官以及用东南西北四方与春夏秋冬四时相配等,为研究我国原始社会后期的政治制度和古代的思想、习惯提供了值得注意的资料。

  西汉伏生所传今文《尚书》的《尧典》包括了下一篇《舜典》,今依古文《尚书》分为两篇。

【原文】

昔在帝尧,聪明文思①,光宅天下②。将逊于位③,让于虞舜,作《尧典》。

注释

①聪明:《孔疏》:"听远为聪,见微为明。""以耳目之闻见,喻圣人之智慧,兼知天下之事。"文:郑玄、马融都认为"经纬天地谓之文",这里是治理天下的意思。思:郑玄说:"虑事通敏谓之思。"意思是果断,有计谋。
②宅:《尚书正读》:"宅,宅而有之也。"拥有、充满的意思。
③逊:《孔传》:"逊,遁也。"退避的意思。

【今译】

从前唐尧称帝的时候,聪明智慧,治理天下有计谋,他的光辉充满天下。后来,他打算把帝位禅让给虞舜。史官根据这些情况写作了《尧典》。

(以上是序。)

【原文】

曰若稽古①,帝尧曰放勋,钦明文思安安②,允恭克让③,光被四表④,格于上下⑤。克明俊德⑥,以亲九族⑦。九族既睦,平章百姓⑧。百姓昭明,协和万邦⑨。黎民于变时雍⑩。

注释

①曰若:又写作"越若"、"粤若",常用在追叙往事的开端。稽:考察。
②钦:郑玄说:"敬事节用谓之钦。"意思是处事敬慎并且节约用度。明:明察。安安:温和,宽容。"安安"通"晏晏",《尔雅·释训》:"晏晏,温和也。"
③允:的确。《说文》:"允,信也。"恭:恭谨。郑玄说:"不懈于位曰恭。"克:能够。让:让贤。郑玄说:"推贤尚善曰让。"
④被:覆盖。四表:四方以外的地方。
⑤格:到达。《孔传》:"格,至也。"
⑥俊:才智超过一般人。《说文》:"俊,才千人也。"
⑦九族:《孔疏》:"上至高祖,下及玄孙,是为九族。"即高祖、曾祖、祖、父、自己、子、孙、曾孙、玄孙。一说是父族四、母族三、妻族二。一般采用前说。

⑧平:分辨。《史记·五帝本纪》作"便",《史记索隐》作"辩",《后汉书·刘恺传》引作"辨",郑注:"辨,别也。"章:彰明。百姓:即百生。《孔疏》:"百姓谓百官族姓。"

⑨万邦:众氏族。

⑩黎:众。于:《尚书核诂》引高晋生说,"于"相当"以"。时:善。雍:和睦。

【今译】

查考往事,帝尧名叫放勋,他处理政务敬慎节俭,明察四方,善于治理天下,思虑通达,宽容温和,他确实对人恭敬,能够让贤,他的光辉普照四方,至于上下。他能发扬才智美德,使家族亲密和睦。家族和睦以后,又辨明百官的善恶。百官的善恶辨明了,又使各诸侯国协调和顺,天下众人从此也就友好和睦了。

(以上是第一段,颂扬尧的功德。)

【原文】

乃命羲和①,钦若昊天②,历象日月星辰③,敬授人时④。分命羲仲,宅嵎夷⑤,曰旸谷⑥。寅宾出日⑦,平秩东作⑧。日中⑨,星鸟⑩,以殷仲春⑪。厥民析⑫,鸟兽孳尾⑬。申命羲叔,宅南交⑭。平秩南讹⑮,敬致⑯。日永⑰,星火⑱,以正仲夏。厥民因⑲,鸟兽希革⑳。分命和仲,宅西,曰昧谷。寅饯纳日㉑,平秩西成㉒,宵中㉓,星虚㉔,以殷仲秋。厥民夷㉕,鸟兽毛毨㉖。申命和叔,宅朔方,曰幽都㉗。平在朔易㉘。日短㉙,星昴㉚,以正仲冬。厥民隩㉛,鸟兽氄毛㉜。帝曰:"咨!汝羲暨和。期三百有六旬有六日㉝,以闰月定四时㉞,成岁。允厘百工㉟,庶绩咸熙㊱。"

注释

①羲和:羲氏、和氏,相传都是重黎的后代,世掌天地四时之官。马融说:"羲氏掌天官,和氏掌地官,四子掌四时。"

②若:顺从,遵循。昊(hào 浩):广大。

③历:《尔雅·释诂》:"历,数也。"推算的意思。象:《楚辞》王逸注:"象,法也。"这里是取法的意思。

④人时:《史记》《汉书》《大传》及郑玄注都作"民时",唐天宝三年卫包为避唐太宗讳改为"人时"。

⑤宅:居住。《尔雅·释言》:"宅,居也。"嵎(yú鱼)夷:地名,在东海滨。

⑥旸(yáng阳)谷:传说中日出的地方。《说文》:"旸,日出也。"一作汤谷。《淮南子·天文训》:"日出于汤谷。"

⑦寅:恭敬。《孔疏》:"寅,敬。"宾:《史记·五帝本纪》作"道",通"导"。《孔疏》:"宾者,主行导引,故宾为导也。"

⑧平秩:辨别测定。《尚书核诂》:"秩,察也。《释训》:'秩秩,清也。'《释言》:'察,清也。'是秩察谊同。"作:《广雅·释诂》:"作,始也。"

⑨日中:昼夜长短相等,指春分这一天。

⑩星鸟:星名。南方朱雀七宿在天呈鸟形,因此称星鸟。

⑪殷:正,定准。仲:一年四季,一季三个月,每季中间的那一个月称仲。

⑫厥:其。析:分开。

⑬孳尾:生育繁衍。《孔传》:"乳化曰孳,交接曰尾。"

⑭交:古代的地名,指交趾。《墨子·节用篇》《韩非子·十过篇》都有"尧治天下,南抚交趾"。

⑮讹:运动,运行。《诗·小雅·无羊》:"或寝或讹。"《毛传》:"讹,动也。"

⑯致:到来。《说文》:"致,送诣也。"致兼有迎送两个相反的意义。《汉书·五帝纪》:"存问致赐。"颜师古注:"致,送至也。"

⑰永:长。夏至这一天白昼最长。

⑱星火:火星名。东方青龙七宿之一,夏至这一天的黄昏出现在南方。

⑲因:《尚书集注音疏》:"因,就也。就之言就高也。《月令》:'仲夏可以居高明。'"意思是就高地而居。

⑳希革:希,通"稀"。革,通"翺"。《玉篇》,"翺,羽也。"希革就是羽毛稀疏。郑玄说:"夏时鸟兽毛疏皮见。"

㉑寅:恭敬。饯:饯行,送行。纳日:入日,落日。

㉒西成:太阳西落的时刻。《尚书易解》:"成,终也。"

㉓宵中:昼夜长短相等,指秋分这一天。

㉔星虚:星名,北方玄武七宿之一。

㉕夷:平。这里指回到平地居住。

㉖毨(xiǎn显):《玉篇》:"毨,毛更生也。"

㉗幽都:即幽州,都与州古音相近。

㉘在:《尔雅·释诂》:"在,察也。"朔:北方。易:改易。这里指运行。

㉙日短:白昼时间短。

㉚星昴(mǎo卯):昴,星名,西方白虎七宿之一。

㉛隩(yù玉):通"奥"。《尔雅·释宫》音义引《尚书》《说文》。"奥,室也。"《后汉书·梁冀传》注:"奥,深室也。"

㉜ 氄（rǒng 冗）：柔软细毛。
㉝ 期（jī 基）：一周年。有：通"又"。
㉞ 以闰月定四时：月亮绕地球运行一周，需时二十九天多。一年十二个月，大月三十天，小月二十九天，共计三百五十四天，比一年的实际天数少十一天多，因此必须安排闰月补足，否则四时错乱。
㉟ 允：《经义述闻》："允，犹用也。"厘：治。百工：百官。
㊱ 庶：众。熙：《尔雅·释诂》："熙，兴也。"

【今译】

于是命令羲氏与和氏，严肃谨慎地遵循天数，推算日月星辰运行的规律，制定出历法，把天时节令告诉人们。分头命令羲仲，居住在东方的旸谷，恭敬地迎接日出，辨别测定太阳东升的时刻。昼夜长短相等，南方朱雀七宿黄昏时出现在天的正南方，这一天定为春分。这时，人们分散在田野，鸟兽开始生育繁殖。又命令羲叔，居住在南方的交趾，辨别测定太阳往南运行的情况，恭敬地迎接太阳向南回来，白昼时间最长，东方苍龙七宿中的火星黄昏时出现在南方，这一天定为夏至。这时，人们住在高处，鸟兽的羽毛稀疏。又命令和仲，居住在西方的昧谷，恭敬地送别落日，辨别测定太阳西落的时刻。昼夜长短相等，北方玄武七宿中的虚星黄昏时出现在天的正南方，这一天定为秋分。这时，人们又回到平地上居住，鸟兽换生新毛。又命令和叔，居住在北方的幽都，辨别观察太阳往北运行的情况。白昼时间最短，西方白虎七宿中的昴星黄昏时出现在正南方，这一天定为冬至。这时，人们居住在室内，鸟兽长出了柔软的细毛。尧说："啊！你们羲氏与和氏啊，一周年是三百六十六天，要用加闰月的办法确定春夏秋冬四季来成岁。由此规定百官的职守，各种事情就都兴起了。"

（以上是第二段，介绍尧制定历法节令的情况。）

【原文】

帝曰："畴咨若时登庸①？"
放齐曰②："胤子朱启明③。"
帝曰："吁！嚚讼可乎④？"
帝曰："畴咨若予采⑤？"

虞夏书 ◇ 5

欢兜曰⑥:"都⑦!共工方鸠僝功⑧。"

帝曰:"吁!静言庸违⑨,象恭滔天⑩。"

帝曰:"咨!四岳,汤汤洪水方割⑪,荡荡怀山襄陵⑫,浩浩滔天⑬。下民其咨,有能俾乂⑭?"

佥曰:"於!鲧哉⑮。"

帝曰:"吁!咈哉⑯,方命圮族⑰。"

岳曰:"异哉!试可乃已⑱。"

帝曰:"往,钦哉⑲!"九载,绩用弗成。

注释

①畴:《尔雅·释诂》:"谁也。"咨:句中语气助词。若:顺。登庸:升用。马融说:"羲和为卿官,尧之末年皆以老死,庶绩多阙,故求贤顺四时之职,欲用以代羲和。"

②放齐:人名,尧帝的臣。

③胤(yìn 印):后嗣。朱:尧帝的儿子丹朱。启明:开明,指明白政事。

④嚚(yín 寅):口不道忠信之言为嚚。讼:《说文》:"争也。"

⑤若:善。采:事。《书·皋陶谟》:"载采采",《史记·夏本纪》作"始事事","采"与"事"通。

⑥欢兜:尧帝的臣,四凶之一。

⑦都:语气词,表赞美语气。

⑧共工:尧帝的臣,四凶之一。方:通"旁",普遍的意思。鸠:通"纠",聚集的意思。僝(zhuàn 撰):马融说:"具也。"

⑨静:又写作"靖"。静言就是巧言。《汉书·翟义传》"静言令色"即《论语·学而》的"巧言令色"。

⑩象恭:外表好像恭敬。滔:通"慆",怠慢的意思。《诗·大雅·荡》:"天降滔德,女兴是力。"《毛传》:"滔,慢也。"

⑪汤汤(shāng 商):水流动的样子。割:通"害"。《书·大诰》:"天降割于我家,不少延!"马融"割"作"害"。

⑫荡荡:广大的样子。怀:包围。襄:上。

⑬浩浩:水势远大的样子。滔天:高浪接天,极力形容波浪的高大。

⑭俾:使。乂(yì 义):治理。

⑮鲧(gǔn 滚):人名,尧帝的大臣,夏禹的父亲。

⑯咈(fú 伏):违背的意思。

⑰方命:郑玄说:"方,放。谓放弃教命。"圮(pǐ 痞):毁坏。《尔雅·释诂》:

"圮,毁也。"族:族类。

⑱试可乃已:《尚书集注音疏》:"试、已,皆用也。言用之可乃用尔。"

⑲钦:敬。

【今译】

尧帝说:"啊!谁能顺应天时被提升任用呢?"

放齐说:"您的儿子丹朱很开明。"

尧帝说:"唉!他说话虚妄,又好争辩,可以吗?"

尧帝说:"谁善于处理政务呢?"

欢兜说:"嗯!共工在广泛聚集人力方面已具有成效啊。"

尧帝说:"哼!他花言巧语,阳奉阴违,貌似恭谦,其实对老天也轻慢不敬。"

尧帝说:"啊!四方诸侯之长!滔滔的洪水到处危害人们,水势奔腾包围了山岭,淹上了高冈,浩浩荡荡,浊浪接天。臣民百姓都在叹息,有能使洪水得到治理的吗?"

人们都说:"啊!鲧吧。"

尧帝说:"哼!他违背人意,不服从命令,危害族人。"

四方诸侯之长说:"不是这样吧!试试,不行就算了。"

尧帝说:"去吧,鲧!可要谨慎啊!"过了九年,鲧没有取得成效。

(以上是第三段,记叙尧帝审慎地选贤任能的情况。)

【原文】

帝曰:"咨!四岳。朕在位七十载,汝能庸命①,巽朕位②?"

岳曰:"否德忝帝位③。"

曰:"明明扬侧陋④。"

师锡帝曰⑤:"有鳏在下⑥,曰虞舜。"

帝曰:"俞⑦?予闻,如何?"

岳曰:"瞽子⑧,父顽,母嚚,象傲,克谐。以孝烝烝⑨,乂不格奸⑩。"

帝曰:"我其试哉!女于时⑪,观厥刑于二女⑫。"厘降二女于妫汭⑬,嫔于虞⑭。

帝曰:"钦哉!"

注释

①庸命：用命，用天命。

②巽(xùn 迅)：履行。《史记·五帝本纪》作"践"，履也。

③否(pǐ 痞)：鄙陋。《史记·五帝本纪》作"鄙"。忝(tiǎn 舔)：辱，不配的意思。

④明明：明察贤明的人。前一个"明"，动词。后一个"明"，指贤明的人。扬：推举。侧陋：隐匿，指地位卑微的人。

⑤师：众，大家。锡：赐，这里指赐言，意思是提出意见。

⑥鳏(guān 官)：方孝岳《尚书今语》根据《尔雅·释诂》："鳏，病也。"称舜为"鳏"，意思是疾苦的人。

⑦俞：表示肯定意义的应对副词。《史记·五帝本纪》作"然"。

⑧瞽(gǔ 鼓)：瞎子。这里指舜的父亲乐官瞽瞍。

⑨烝烝：厚美。《诗·鲁颂·泮水》："烝烝皇皇，不吴不扬。"《毛传》："烝烝，厚也。"《诗·大雅·文王有声》："文王烝哉。"《韩诗》："烝，美也。"

⑩格：至。奸：邪恶。

⑪女：动词，把女儿嫁给别人。时：通"是"，代词。这里指舜。

⑫厥：其。刑：法则。《诗·大雅·思齐》："刑于寡妻，至于兄弟，以御于家邦。"《毛传》："刑，法也。"二女：尧的两个女儿娥皇、女英。

⑬厘：饬，命令。妫(guī 归)：水名。汭(ruì 瑞)：河流弯曲的地方。

⑭嫔：妇，这里是嫁人为妇。

【今译】

尧帝说："啊！四方诸侯之长！我在位七十年，你们谁能顺应天命，取代我的帝位？"

四方诸侯之长说："我们德行鄙陋，不配取代帝位。"

尧帝说："可以明察贵戚中的贤良，也可以推举地位卑微的贤良嘛。"

众人提议说："在下面有一个穷困的平民百姓，名叫虞舜。"

尧帝说："是的，我也曾经听说过，这个人怎么样呢？"

四方诸侯之长回答说："他是乐官瞽瞍的儿子。他的父亲心术不正派，后母说话不忠诚，弟弟象傲慢不友好，而舜能同他们和谐相处。他以孝行美德感化他们，又加强自身修养，不流于邪恶。"

尧帝说："让我试试吧！我要把两个女儿嫁给舜，从我两个女儿那里观察舜的德行。"于是命令两个女儿下到妫水的转弯处,嫁给虞舜。

尧帝说:"严肃谨慎地处理政务吧!"

(以上是第四段,记叙议定和考察帝位继承人的情况。)

舜 典

【题解】

　　舜,相传是我国原始社会后期著名的氏族首领,姓姚,名叫重华,属有虞氏,所以又称虞舜。

　　本篇赞扬舜在即位前能经受各种考验,即位后,巡行祭祀四岳,制定刑法,惩处共工、欢兜、三苗和鲧,举贤授能,任用百官,勤劳民事而鞠躬尽瘁。

　　其中,舜任用百官,规定百官的职能,制定刑法,用流放取代杀戮等情况,呈现出原始社会开始解体,阶级社会将要产生的征兆。

【原文】

　　虞舜侧微①,尧闻之聪明,将使嗣位②,历试诸难③,作《舜典》。

注释

　　①侧:《孔疏》:"不在朝廷谓之侧。"指舜隐居民间。微:《孔疏》:"其人贫贱谓之微。"指舜出身微贱。
　　②嗣:继承。
　　③历:数次,屡次。

【今译】

　　虞舜出身卑贱,隐居民间,尧帝听说他聪明,打算让他继承自己的帝位,好几次用难办的事考验他,史官根据这些情况写作了《舜典》。

　　(以上是序。)

【原文】

　　曰若稽古,帝舜曰重华,协于帝①。浚哲文明②,温恭允塞③,玄德升闻④,乃命以位⑤。慎徽五典⑥,五典克从⑦。纳于百揆⑧,百揆时叙⑨。宾于四门⑩,四门穆穆⑪。纳于大麓⑫,烈风雷雨弗迷⑬。

　　帝曰:"格⑭!汝舜。询事考言⑮,乃言底可绩⑯,三载。汝陟帝位⑰。"舜让于德⑱,弗嗣。

注释

①协:相同,相合。

②浚(jùn 俊):深邃。哲:智慧。文:《孔疏》:"经纬天地曰文。"明:《孔疏》:"照临四方曰明。"

③温:温和。恭:谦逊。允:确实。塞:充满。

④玄:潜行,潜修。

⑤命:任命,授予。按:"曰若……以位"二十八字,今文《尚书》无。

⑥徽:美,善。五典:指五常之教,即《左传·文公十八年》所说的"父义、母慈、兄友、弟恭、子孝"。

⑦克:能够。从:遵从。

⑧纳:《广雅·释诂》:"纳,选入也。"揆(kuí 葵):事务。

⑨时叙:《经义述闻》:"时叙,犹承叙也。承叙者,承顺也。"

⑩宾:迎接宾客的意思。《孔疏》:"以诸侯为宾,舜主其礼迎而待之。"

⑪穆穆:《尔雅·释训》:"穆穆,敬也。"郭璞注:"皆容仪谨敬。"

⑫大麓:官名。《说文》:"麓,一曰守山林吏也。"

⑬迷:迷误。

⑭格:来,呼语。

⑮询:谋划。

⑯厎(zhǐ 纸):一定。

⑰陟:升,登上。

⑱德:指有德的人。

【今译】

　　查考往事,舜帝名叫重华,圣明与尧帝相合。他有深邃的智慧,文明温恭的美德充满于天地之间,他潜心加强自身道德修养,朝廷上的人都听说过他,于是,他被授予相当的职位。首先让舜慎重地完善父义、母慈、兄友、弟恭、子孝五种美德,人们都能顺从五种美德而不乱伦。然后让舜总理一切事务,各种事务都处理得井井有条。接着又让舜在明堂四门迎接四方来朝的宾客,四方来朝的宾客都肃然起敬。又让舜担任守山林的官,即使在暴风雷雨的恶劣天气也不迷误。

　　尧帝说:"来吧!舜啊。我同你谋划政事,又考察你的言论,你提的建议一定可以成功,已经三年了,现在就登上帝位吧!"舜要谦让给有德的人,不肯继承帝位。

（以上是第一段,赞扬舜即位前能经受各种考验。）

【原文】

正月上日①,受终于文祖②。在璇玑玉衡③,以齐七政④。肆类于上帝⑤,禋于六宗⑥,望于山川⑦,遍于群神。辑五瑞⑧。既月乃日⑨,觐四岳群牧⑩,班瑞于群后⑪。

岁二月,东巡守,至于岱宗⑫,柴⑬。望秩于山川⑭,肆觐东后⑮。协时月正日⑯,同律度量衡⑰。修五礼、五玉、三帛、二生、一死贽⑱。如五器⑲,卒乃复⑳。五月南巡守,至于南岳,如岱礼。八月西巡守,至于西岳,如初。十有一月朔巡守㉑,至于北岳,如西礼。归,格于艺祖㉒,用特㉓。

五载一巡守,群后四朝。敷奏以言㉔,明试以功,车服以庸㉕。

注释

①上日:马融说是朔日(初一),王引之说是善日,就是吉日。今从王说。

②受终:接受尧帝终结的帝位。文祖:尧太祖的宗庙。

③在:《尔雅·释诂》:"察也。"璇玑玉衡:北斗七星。《史记》:"北斗为玉衡。"玉衡是杓,璇玑是魁。

④齐:排列。七政:七项政事,即祭祀、班瑞、东巡、南巡、西巡、北巡、归格艺祖。旧注一说是指日月五星,一说是指春夏秋冬四季和天文、地理、人道,都脱离经文,不可信。

⑤肆:遂,于是。类:祭名,通"禷"。《说文》:"禷,以事类祭天也。"这里是指向天帝报告继承帝位的事。

⑥禋(yīn 音):祭名。《说文》:"禋,洁祀也。"六宗:有两说。贾逵说:"六宗者,天宗三,日月星也。地宗三,河海岱也。"马融说:"万物非天不覆,非地不载,非春不生,非夏不长,非秋不收,非冬不藏,此其谓六也。"前说与下文重复,译文采后说。

⑦望:祭山川之名。

⑧辑:敛,合,聚集。五瑞:诸侯作为符信用的五种玉。《周礼·典瑞》:"公执桓圭,侯执信圭,伯执躬圭,……子执谷璧,男执蒲璧。"

⑨既月乃日:月、日都用作动词,即选择吉月,选择吉日。

⑩觐(jìn 近):朝见天子。牧:官长。

⑪班:通"颁",分发。后:君长。
⑫岱宗:东岳泰山。
⑬柴:祭名,通"祡"。马融说:"祭时积柴,加牲其上而燔之。"
⑭秩:次序。
⑮东后:东方诸侯的君长。
⑯协:和、合。时:春夏秋冬四季。正:定。
⑰同:统一。律:古乐十二律。阴律、阳律各六。度:丈尺。量:斗斛。衡:斤两。
⑱五礼:公侯伯子男五等朝聘之礼。五玉:即上文所说的五瑞。拿在手中称瑞,陈列起来称玉。三帛:三种不同颜色用来垫玉的丝织品。郑玄说:"三帛,所以荐玉也。受瑞玉者以帛荐之。帛必三者,高阳氏之后用赤缯,高辛氏之后用黑缯,其馀诸侯皆用白缯,周礼改之为繅也。"二生:活羊羔和雁,卿大夫拿着的。一死:一只死野鸡,士拿着的。
⑲如:而,连词。五器:即上文所说的"五瑞"、"五玉"。
⑳卒乃复:完毕后就归还。《尚书大传》:"诸侯执所受圭与璧以朝于天子,无过行者得复其圭以归其国。"
㉑朔:北方。
㉒格:到。艺祖:即上文所说的"文祖"。
㉓特:公牛。
㉔敷:普遍。
㉕庸:功劳。

【今译】

　　正月的一个吉日,舜在尧的太庙接受了禅让的帝位。他观察了北斗七星,列出了七项政事,然后向天帝报告继承帝位的事,又祭祀天地四时,祭祀山川和群神。接着又聚敛了诸侯的五种圭玉,选择吉月吉日,接受四方诸侯君长的朝见,把圭玉颁发给各位君长。

　　这年二月,舜到东方巡视,到达泰山后,祭祀了泰山。对于其他山川,都按地位尊卑依次举行了祭祀,然后,接受了东方诸侯君长的朝见。协调春夏秋冬四时的月份,确定天数,统一音律、度、量、衡。制定了公侯伯子男朝聘的礼节,五种圭玉,三种不同颜色的丝绸、活羊羔、活雁、死野鸡,分别作为诸侯、卿大夫和士朝见时的贡物,而五种圭玉,等朝见完毕后,仍然还给诸侯。五月,舜到南方巡视,到达南岳后,所行的各种礼节同在泰山时一样。八月,舜到西方巡视,到达西岳后,所行的各种礼节同当初一样。十一月,舜到北方巡视,所行的礼节同在西岳一样。回来后,到尧的太庙祭祀,用一头牛作祭品。

以后,每五年都要巡视一次,诸侯在四岳朝见,普遍地报告自己的政绩,然后考察他们的政绩,赏赐车马衣物作为酬劳。

【原文】

肇十有二州①,封十有二山,浚川②。

象以典刑③,流宥五刑④,鞭作官刑,扑作教刑⑤,金作赎刑。眚灾肆赦⑥,怙终贼刑⑦。钦哉,钦哉,惟刑之恤哉⑧!

流共工于幽州⑨,放欢兜于崇山⑩,窜三苗于三危⑪,殛鲧于羽山⑫,四罪而天下咸服。

注释

①肇(zhào 兆):开始。

②浚川:疏通河流。

③象以典刑:刻画常用的刑罚。《尚书正读》:"盖刻画墨、劓、剕、宫、大辟之刑于器物,使民知所惩戒。"

④流:流放。宥:宽恕。

⑤扑:槚楚,古代学校用来打人的木棍。

⑥眚(shěng 省):过错。肆:于是。

⑦怙(hù 户):依仗。贼:借用为"则"。

⑧恤:谨慎。

⑨幽州:《尔雅·释地》:"燕曰幽州。"马融说:"幽州,北裔也。"指北方边远的地方。

⑩崇山:《通典》:"沣阳县有崇山,即放欢兜之所。"沣阳县故治在今湖北黄陂县南。

⑪三苗:古国名。《史记·五帝本纪》载其地在江、淮、荆州(今河南南部、江西西部、湖南北部)。三危:地名,今甘肃敦煌一带。

⑫殛(jí 极):流放。羽山:地名,一说在今山东郯(tán 谈)城东北,一说在今山东蓬莱东南。

【今译】

舜开始划定十二州的疆界,在十二州的名山上封土为坛作祭祀用,同时疏通了河道。

舜又在器物上刻画五种常用的刑罚,用流放的办法宽恕犯了五刑的罪人,用鞭打作为官府的刑罚,用木棍打作为学校的刑罚,用金作为赎罪的刑罚。如果是过失犯罪,就赦免他;如果坚持作恶又不知悔改,那就要施加刑罚。谨慎啊,谨慎啊,使用刑罚要十分慎重啊!

于是把共工流放到幽州,把欢兜流放到崇山,把三苗驱逐到三危,把鲧流放到羽山。四个罪人都得到了应有的处置,天下的人都心悦诚服了。

(以上是第二段,记叙舜即位后,祭祀、巡狩、划分州界、制定刑法、惩处四凶的情况。)

【原文】

二十有八载,帝乃殂落①。百姓如丧考妣,三载,四海遏密八音②。月正元日,舜格于文祖③,询于四岳,辟四门,明四目,达四聪。

"咨,十有二牧④!"曰,"食哉惟时!柔远能迩⑤,惇德允元⑥,而难任人⑦,蛮夷率服。"

舜曰:"咨,四岳!有能奋庸熙帝之载⑧,使宅百揆亮采,惠畴⑨?"

佥曰:"伯禹作司空⑩。"

帝曰:"俞,咨!禹,汝平水土,惟时懋哉⑪!"禹拜稽首,让于稷、契暨皋陶。

帝曰:"俞,汝往哉!"

帝曰:"弃,黎民阻饥⑫,汝后稷⑬,播时百谷⑭。"

帝曰:"契,百姓不亲,五品不逊⑮。汝作司徒⑯,敬敷五教⑰,在宽。"

帝曰:"皋陶,蛮夷猾夏⑱,寇贼奸宄⑲。汝作士⑳,五刑有服㉑,五服三就㉒。五流有宅㉓,五宅三居㉔。惟明克允㉕!"

注释

①殂(cú 徂)落:死亡。

②遏:断绝。密:静谧。八音:金、石、丝、竹、匏、土、革、木,这里泛指一切音乐。

③格:到。

④牧:州的行政长官。

⑤柔:安。能:善。迩(ěr):近。

⑥惇(dūn敦):厚。允:信。元:善。

⑦难:拒绝。任人:《孔传》:"任,佞。"指奸邪的人。

⑧奋:奋发。庸:用,努力。熙:广,发扬光大。载:《孔传》:"载,事也。"

⑨宅:居。百揆:官名。亮:辅导。采:事。惠:助词。畴:谁。

⑩司空:三公之一,掌管土地。

⑪时:是,指担任司空这项职务。懋:勉励。

⑫黎:众。阻:困厄。

⑬后:《尔雅·释诂》:"后,君也。"这里是主持的意思。稷:农官,主管播种百谷的事。

⑭时:通"蒔",耕种。

⑮五品:父母兄弟子。逊:和顺。

⑯司徒:三公之一,主管民政。

⑰敷:布,施行。五教:五品之教,指父义、母慈、兄友、弟恭、子孝。

⑱猾:扰乱。夏:《说文》:"中国之人也。"这里指中国。

⑲寇:抢劫。贼:杀人。奸宄(guǐ轨):外部的贼寇叫做奸,内部的奸佞叫做宄。

⑳士:狱官之长。

㉑服:用。

㉒就:处所。

㉓五流:五种流放。宅:居处,处所。

㉔三居:远近不同的三个地方。

㉕明:指明察案情。允:信服。

【今译】

舜继承帝位二十八年后,尧帝逝世了。人们好像死了父母一样悲痛,三年间,全国上下一片寂静,断绝了乐音。三年后正月的一个吉日,舜到了尧的太庙,与四方诸侯君长谋划政事,打开明堂四门宣布政教,使四方见得明白真切,听得清楚全面。

"啊,十二州的君长!"舜帝说,"生产民食,必须不违农时!安抚远方的臣民,爱护近处的臣民,亲厚有德的人,信任善良的人,拒绝邪佞的人,能够这样,边远的外族都会服从你们。"

舜帝说:"啊!四方诸侯的君长!有谁能奋发努力、发扬光大尧帝的事业,身居百揆之官辅佐政事呢?"

都说:"伯禹可以作司空。"

舜帝说:"好啊!禹,你曾经平定水土,现在你要奋勉啊!"禹跪拜叩头,让给稷、契和皋陶。

舜帝说:"好啦,还是你去吧!"

舜帝说:"弃,人们忍饥挨饿,你主持农业,教人们播种各种谷物吧!"

舜帝说:"契,百姓不亲,父母兄弟子女都不和顺。你作司徒吧,谨慎地施行五常教育,要注意宽厚。"

舜帝说:"皋陶,外族侵扰我们中国,抢劫杀人,造成外患内乱。你作狱官之长吧,五刑各有使用的方法,五种用法分别在野外、市、朝三处执行。五种流放有各自的处所,分别流放到三个远近不同的地方。要明察案情,处理公允!"

【原文】

帝曰:"畴若予工①?"

佥曰:"垂哉②!"

帝曰:"俞,咨!垂,汝共工③。"垂拜稽首,让于殳斨暨伯与④。

帝曰:"俞,往哉!汝谐⑤。"

帝曰:"畴若予上下草木鸟兽⑥?"

佥曰:"益哉⑦!"

帝曰:"俞,咨!益,汝作朕虞⑧。"益拜稽首,让于朱虎、熊罴⑨。

帝曰:"俞,往哉!汝谐。"

帝曰:"咨!四岳,有能典朕三礼⑩?"

佥曰:"伯夷⑪!"

帝曰:"俞,咨!伯,汝作秩宗⑫。夙夜惟寅⑬,直哉惟清⑭。"伯拜稽首,让于夔、龙⑮。

帝曰:"俞,往,钦哉!"

【注释】

①若:善。工:掌管百工的官。

②垂:人名。

③共工:官名。《孔传》:"共谓供其职事。"《孔疏》:"共工,官称。"
④殳斨(shū qiāng 书枪):人名。伯与:人名。
⑤谐:通"偕",一同。
⑥上:指丘陵。下:指草泽。
⑦益:人名。
⑧虞:掌管山林的官。
⑨朱虎:人名。熊罴(pí 皮):人名。
⑩典:主持。三礼:天事、地事、人事之礼。
⑪伯夷:人名。
⑫秩宗:官名,掌管祭祀的礼官。
⑬夙(sù 诉):早晨。寅:敬。
⑭直:正直。清:清明。
⑮夔(kuí 葵):人名。龙:人名。

【今译】

舜帝说:"谁善于担任掌管我们百工的官?"

都说:"垂啊!"

舜帝说:"好啊!垂,你担任掌管百工的官吧!"垂跪拜叩头,让给殳斨和伯与。

舜帝说:"好啦,去吧!你同他们一起去担任这项工作吧。"

舜帝说:"谁能替我掌管山丘草泽的草木鸟兽呢?"

都说:"益啊!"

舜帝说:"好啊!益,你担任我的虞官吧。"益跪拜叩头,让给朱虎、熊罴。

舜帝说:"好啦,去吧!你同他们一起去担任这项工作吧。"

舜帝说:"啊!四方诸侯的君长,有谁能替我主持祭祀天神、地祇、人鬼的三礼呢?"

都说:"伯夷!"

舜帝说:"好啊!伯,你担任掌握祭祀的礼官吧。不论早晚都要恭敬地祭祀鬼神,而且要正直、清明。"伯夷跪拜叩头,让给夔和龙。

舜帝说:"好啦,去吧!要谨慎啊!"

【原文】

帝曰:"夔!命汝典乐①,教胄子②,直而温,宽而栗③,刚而无虐④,

简而无傲。诗言志,歌永言⑤,声依永,律和声。八音克谐,无相夺伦⑥,神人以和。"

夔曰:"於⑦!予击石拊石⑧,百兽率舞。"

帝曰:"龙,朕堲谗说殄行⑨,震惊朕师⑩。命汝作纳言⑪,夙夜出纳朕命,惟允!"

帝曰:"咨!汝二十有二人⑫,钦哉!惟时亮天功⑬。"三载考绩,三考,黜陟幽明⑭,庶绩咸熙⑮。分北三苗⑯。

注释

①乐(yuè 岳):乐官。
②胄(zhòu 宙)子:未成年的青少年。
③栗:战栗,这里指谨慎。
④无:通"毋",不要。
⑤永:通"咏"。
⑥夺:失去。伦:理,次序。
⑦於(wū 乌):叹词。
⑧拊(fǔ 府):轻轻地敲击,也写作"抚"。石:一种乐器,即石磬(qìng 庆)。
⑨堲(jí 即)厌恶。殄(tiǎn 舔):贪残。
⑩师:民众。
⑪纳言:官名。郑玄说:"如今尚书,管王之喉舌也。"
⑫有:通"又",用在整数和零数之间。
⑬时:善。亮:领导。天功:天下大事。
⑭黜(chù 触):罢免。陟(zhì 治):上升。幽:昏庸。明:贤明。
⑮熙:兴盛。
⑯北:"背"的古字,分别。

【今译】

舜帝说:"夔!任命你主持乐官,教导年轻人,使他们正直而温和,宽大而谨慎,刚毅而不粗暴,简约而不傲慢。诗是表达思想感情的,歌是唱出表达思想感情的语言,宫、商、角、徵、羽五声是根据歌唱定出来的,六律是和谐五声的。如果八类乐器的声音能够调和,不搞乱相互的次序,那么神和人都会因此而和谐了。"

夔说:"啊!我敲击着石磬,使各种兽类都依着音乐舞起来吧。"

舜帝说:"龙!我厌恶谗毁的言论和贪残的行为,因为它们使我的民众震惊。我任命你做纳言的官,不论早晚,传达我的命令,转告下面的意见,必须真实!"

舜帝说:"啊!你们二十二人,要谨慎啊!要好好领导天下大事啊!"舜帝三年考察一次政绩,考察三次后,罢免昏庸的官员,提拔贤明的官员,于是,许多工作都兴盛起来了。同时,又对三苗分别作了安置。

(以上是第三段,记叙舜任用百官、分别三苗的情况。)

【原文】

舜生三十征①,庸三十②,在位五十载,陟方乃死③。

注释

①征:被征召。
②庸:用。三十:诸家多作"二十"。
③陟方:巡狩。

【今译】

舜三十岁时被征召,在官位二十年,在帝位五十年,巡狩南方时去世。

(以上是第四段,赞扬舜勤劳国事,鞠躬尽瘁。)

汩作　九共九篇　槀饫

【原文】

帝釐下土方①,设居方②,别生分类③。作《汩作》④《九共》九篇⑤、《槀饫》⑥。

注释

①釐:治理。下土方:四方诸侯国。
②居方:官名。
③生:通"姓"。

④汨(gǔ 古)作:《孔传》:"言其治民之功兴。"
⑤共:通"供",供给,贡献。
⑥槀(kào 靠):犒劳。饫(yù 玉):宴饮。

【今译】

　　舜帝治理四方诸侯国,设置了各种官职,并且分别姓氏种族进行治理。史官根据这些情况,写作了《汩作》《九共》九篇和《槀饫》。

　　(以上是序,无正文。)

大禹谟

【题解】

　　大禹,又称戎禹、夏禹,相传我国古代夏后氏部落的领袖,姒(sì似)姓,鲧的儿子。他继承鲧的治水事业,历经十三年,治平水患。谟,《说文》解释为"议谋"。前人说,虞书已有《尧典》《舜典》,但二典有记叙不够完备的地方,于是又记叙君臣之间的嘉言善政成《大禹谟》《皋陶谟》《益稷》三篇,作为二典的补充。

　　《大禹谟》是舜帝与大臣禹、益、皋陶讨论政务的记录。他们高度赞扬尧帝普施文德教化,平定祸乱,治国安邦的功绩,禹、益、皋陶分别阐述了治国的见解。在互相谦让中,舜帝把帝位让给了禹。

　　《大禹谟》《皋陶谟》《益稷》以类相从,数人中,因禹治水功劳最大,所以称"大禹",而且列在三篇之首。

　　《大禹谟》今文无,古文有。

【原文】

　　皋陶矢厥谟[1],禹成厥功[2],帝舜申之[3]。作《大禹》《皋陶谟》《益稷》。

【注释】

①皋陶(gāo yáo)高遥:也称咎繇,偃姓。舜的臣,掌管刑狱。矢:《尔雅·释诂》:"陈也。"陈述的意思。厥:其。谟:谋议。
②成厥功:陈述他的成功。
③申:《尔雅·释诂》:"重也。"重视。

【今译】

　　皋陶陈述他的谋略,禹陈述他的功绩,舜帝很重视他们的言论。史官根据他们的议论写作了《大禹谟》《皋陶谟》和《益稷》。

　　(以上是序。)

【原文】

曰若稽古。大禹曰："文命敷于四海①，祗承于帝②。"曰："后克艰厥后③，臣克艰厥臣，政乃乂④，黎民敏德⑤。"

帝曰："俞！允若兹⑥，嘉言罔攸伏⑦，野无遗贤⑧，万邦咸宁。稽于众，舍己从人，不虐无告⑨，不废困穷⑩，惟帝时克。"

益曰："都⑪，帝德广运⑫，乃圣乃神⑬，乃武乃文⑭。皇天眷命⑮，奄有四海为天下君⑯。"

禹曰："惠迪吉⑰，从逆凶，惟影响⑱。"

益曰："吁⑲！戒哉！儆戒无虞⑳，罔失法度㉑。罔游于逸㉒，罔淫于乐㉓。任贤勿贰，去邪勿疑。疑谋勿成㉔，百志惟熙㉕。罔违道以干百姓之誉㉖，罔咈百姓以从己之欲㉗。无怠无荒，四夷来王。"

禹曰："於！帝念哉！德惟善政，政在养民。水火金木土谷惟修㉘，正德利用厚生惟和㉙，九功惟叙㉚，九叙惟歌。戒之用休㉛，董之用威㉜，劝之以九歌㉝，俾勿坏㉞。"

帝曰："俞！地平天成㉟，六府三事允治㊱，万世永赖㊲，时乃功㊳。"

注释

① 文命：文德教化。敷：分布。
② 祗（zhī 支）：恭敬。
③ 后：君王。艰：认为艰难，看得很艰难。
④ 乂（yì 义）：治理。
⑤ 敏：勉力。德：修德。
⑥ 允：的确。若：像。
⑦ 嘉言：善言，好的言论。罔：无。攸：所。伏：隐伏。
⑧ 野：民间。
⑨ 无告：无可告语的人，指鳏寡孤独。
⑩ 困穷：困苦贫穷没有依靠的人。
⑪ 都：表示赞美的叹词。
⑫ 广：大。运：远。
⑬ 乃：语气助词。圣：圣明。神：神妙。
⑭ 武：能定祸乱。文：能经天纬地。
⑮ 眷：顾念。命：命令。
⑯ 奄有：覆盖，包括。

⑰惠：顺。《诗·邶风·燕燕》："终温且惠,淑慎其身。"《毛传》："惠,顺也。"迪：《孔传》："迪,道也。"道理。

⑱影响：《孔传》："吉凶之报,若影之随形、响之应声。"意思是君王要顺应天道,要把当好君王看做难事。

⑲吁(xū 虚)：叹词。

⑳儆(jǐng 井)：戒备。虞：预料。

㉑罔：勿,不要。

㉒逸：放纵。《孔疏》："逸谓纵体。"

㉓淫：过分。

㉔成：完成,实现。

㉕百志惟熙：《孔疏》："百种志意惟益广也。"熙,广,宽广。

㉖干：求。

㉗咈(fú 弗)：乖戾,违反。

㉘修：治理。

㉙正德：使人们的道德行为正当。德指父慈、子孝、兄友、弟恭、夫义、妇听。利用：为人民兴利除弊,交流财物、制作器用而不缺乏。厚生：轻徭薄赋,不夺农时,使人民丰衣足食。

㉚九功：上文的"水火金木土谷"称为"六府","正德、利用、厚生"称为"三事"。六府三事总称"九功"。叙：次序,引申为安排。

㉛休：美道。

㉜董：督察。

㉝劝：劝勉,鼓励。

㉞俾勿坏：使德政不致败坏。

㉟平：水土得到治理。天成：《蔡传》："万物得以成遂也。"

㊱六府：指"水火金木土谷",这是人民生活需要的物资。府是收藏财物的地方,因此,"水火金木土谷"称为"六府"。三事：指"正德、利用、厚生",这是治理人民的三件政事,因此,"正德、利用、厚生"称为"三事"。允：的确。

㊲赖：利。

㊳时：通"是",代词。乃：你的。

【今译】

　　查考往事。大禹说："将文德教化传播到四海,恭敬地秉承尧舜二帝的教导。"又说："如果君王把当好君王看得很难,臣也把做好臣看得不容易,政事就会得到很好的治理,人们也会勉力执行德教了。"

舜帝说:"是啊!如果真是这样,好的意见就不致被埋没,贤德的人也不会隐居在民间,万国都会太平。参考众人的意见,抛弃自己的错误部分,采纳别人的正确部分,不虐待鳏寡孤独没有依靠的人,不抛弃困苦贫穷的人,只有尧帝能够这样做。"

益说:"啊!尧帝的德行广大而影响深远,圣明、神妙,能平定祸乱,能治国安邦。皇天怀念授命,使尧拥有四海,成为天下的君王。"

禹说:"遵循道就吉利,顺从恶就不吉利,吉凶与善恶的关系,就如同影子与形体、回声与声音的关系一样。"

益说:"啊!要警戒啊!要戒备没有预料到的事件,不要违背法则制度。不要放纵游玩,不要过分享乐。任用贤人不要三心二意,除去奸邪不要犹豫不决。可疑的计谋不要去做,各种思虑应当宽广。不要违背正道去谋求百姓的称誉,不要违反百姓的意愿去顺从自己的欲望。如果坚持实行,不懈怠,不荒废,四方的诸侯国都会向往了。"

禹说:"啊!舜帝,您要想想益说的这些话啊!德就是善于治理政事,治理政事在于教养百姓。水火金木土谷六件事要治理,端正人们的德行,便利人们的用物,富足人们的生活,这三件事还要配合实行。这九件事要安排好,九件事安排好了,人们就会歌颂君王的德政。要用美好的德政告诫人们,用刑罚督察惩戒人们,用九歌勉励人们,使德政不致被败坏。"

舜帝说:"很对!水土得到平治,万物得到成长,六府三事都确实得到治理,对千秋万代永远有利,这是你的功绩。"

(以上是第一段,舜与禹、益赞美尧的功德,益和禹阐述自己的治国见解。)

【原文】

帝曰:"格①,汝禹!朕宅帝位三十有三载②,耄期倦于勤③。汝惟不怠,总朕师④。"

禹曰:"朕德罔克⑤,民不依。皋陶迈种德⑥,德乃降⑦,黎民怀之⑧。帝念哉!念兹在兹⑨,释兹在兹⑩,名言兹在兹,允出兹在兹⑪,惟帝念功。"

帝曰:"皋陶,惟兹臣庶,罔或干予正⑫。汝作士⑬,明于五刑,以弼五教⑭。期于予治⑮,刑期于无刑⑯,民协于中⑰,时乃功,懋哉⑱。"

皋陶曰:帝德罔愆⑲,临下以简⑳,御众以宽㉑。罚弗及嗣㉒,赏延于世㉓。宥过无大㉔,刑故无小㉕。罪疑惟轻㉖,功疑惟重。与其杀不辜㉗,宁失不经㉘。好生之德㉙,洽于民心㉚,兹用不犯于有司㉛。"

帝曰:"俾予从欲以治㉜,四方风动㉝,惟乃之休㉞。"

注释

① 格:来。呼语。

② 宅:居。有:通"又",用在整数与零数之间。

③ 耄(mào 冒):年老。八十、九十岁称耄。期:年老。一百岁称期颐。倦:困倦。勤:辛劳。

④ 总:总领,统帅。师:众。

⑤ 罔克:不能。

⑥ 迈:勇往力行。种:分布,施行。

⑦ 德乃降:乃,就。降,下。德下及于民,意思是德被人民所接受。

⑧ 怀:《尔雅·释诂》:"怀,至也。"这里是归附的意思。

⑨ 兹:这。上一个"兹",指德。下一个"兹",指皋陶这个人。

⑩ 释:解释。

⑪ 出:发出,推行。

⑫ 或:有人。干:干犯,冒犯。正:通"政"。

⑬ 士:官名,士师之官。

⑭ 弼:辅佐。五教:五品之教。五品指君臣、父子、夫妇、长幼、朋友。

⑮ 期于予治:《孟子·万章上》:"汝其于予治。"赵岐注:"汝故助我治事。""期于予治"就是"汝其于予治",意思是你帮助我治理政事。

⑯ 刑期于无刑:《蔡传》:"其始虽不免于用刑,而实所以期至于无刑之地。"意思是起初用刑,是期望以后不必用刑。

⑰ 协:《尔雅·释诂》:"协,服也。"服从。中:中正之道。

⑱ 懋(mào 茂):劝勉,鼓励。

⑲ 愆(qiān 迁):过失。

⑳ 临:从上往下看,这里是面对的意思。简:简易,不烦琐。

㉑ 御:驾驭,控制。宽:宽厚。

㉒ 嗣:后嗣,子孙后代。

㉓ 延:延续。世:世代,后代。

㉔ 宥(yòu 又):宽容,饶恕。过:过失,这里指不知道而误犯的过失。无大:不论有多大。

㉕故:明知故犯的过失。

㉖罪疑惟轻:《蔡传》:"罪已定矣,而于法之中有疑其可重可轻者,则从轻以罚之。"意思是定罪之后,还有可以重判也可以轻判的疑问,就从轻量刑。

㉗不辜:无罪。《孔传》:"辜,罪也。"

㉘失:失误。不经:不守正道之罪。

㉙好(hào 浩)生:爱惜生灵,不从事杀戮。

㉚洽:和谐,沾洽。

㉛有司:官吏。古代设官,各官各司专职,因此称为有司。

㉜俾(bǐ 彼):使。从欲以治:如愿地治理。指人们不犯法,有司不用刑,用德治理国家。

㉝风动:像风一样地鼓动,风吹草伏,比喻各方响应。

㉞乃:你的。休:美德。

【今译】

舜帝说:"来吧,禹啊!我居帝的位置三十年了,现在年事已高,被辛劳的事情搞得疲惫不堪。你不懈怠,统率我的士众吧。"

禹说:"我的德还不能胜任,百姓也不会依从。皋陶勇往行德,德就普及了,百姓归附他。舜帝,您要考虑啊!想念这个的在于皋陶,解释这个的也在于皋陶,称道这个的在于皋陶,真正推行这个的也在于皋陶。舜帝,您要思念皋陶的功劳呀!"

舜帝说:"皋陶,这些群臣众庶,没有人敢冒犯我的德政。你担任我的士官,明确五种刑罚,用来辅助五品教化。你帮助我治理政事。使用刑罚,正是期望以后不再使用刑罚,人们服从正道,这都是你的功劳,应当受到鼓励啊!"

皋陶说:"舜帝您品德高尚,没有过失,对待臣下简易不烦,统治百姓宽厚不苛。惩罚不株连子孙,赏赐却延续到后代。误犯的过失,不论多大都能宽恕,故犯的过失,不论多小都要判刑。判罪时还有可重可轻的疑问,就从轻量刑;赏功时还有可轻可重的疑问,就从重赏赐。与其杀害没有罪行的人,宁可失去不守正法的人。爱惜生灵的美德,沾润人民的心中,因此,人们不去冒犯他们的上司。"

舜帝说:"你使我能够如愿地治理国家,四方响应,这是你的美德。"

(以上是第二段,记叙舜打算让位给禹,禹推荐皋陶,皋陶提出用刑赏治国的意见。)

【原文】

帝曰:"来,禹!降水儆予①,成允成功②,惟汝贤。克勤于邦③,克俭于家④,不自满假⑤,惟汝贤。汝惟不矜⑥,天下莫与汝争能⑦。汝惟不伐⑧,天下莫与汝争功。予懋乃德⑨,嘉乃丕绩⑩,天之历数在汝躬⑪,汝终陟元后⑫。人心惟危,道心惟微⑬,惟精惟一⑭,允执厥中⑮。无稽之言勿听⑯,弗询之谋勿庸⑰。可爱非君⑱?可畏非民⑲?众非元后,何戴⑳?后非众,罔与守邦?钦哉!慎乃有位㉑,敬修其可愿㉒,四海困穷,天禄永终㉓。惟口出好兴戎㉔,朕言不再㉕。"

禹曰:"枚卜功臣㉖,惟吉之从㉗。"

帝曰:"禹!官占惟先蔽志㉘,昆命于元龟㉙。朕志先定㉚,询谋佥同㉛,鬼神其依,龟筮协从㉝,卜不习吉㉞。"禹拜稽首固辞㉟。

帝曰:"毋!惟汝谐㊱。"

正月朔旦㊲,受命于神宗㊳,率百官若帝之初㊴。

注释

①降水:大水。一作"洚水"。《蔡传》,"洚水,洪水也。古文作降。孟子曰:'水逆行谓之洚水。'盖山崩水洚,下流淤塞,故其逝者辄复反流而泛滥决溢,洚洞无涯也。"儆(jǐng 井):警告。

②成允:《蔡传》:"允,信也。禹奏言而能践其言。"意思是禹说话守信用,说到做到。成功:完成治水的事业。

③克勤于邦:指为治水的事业竭尽全力。

④克俭于家:在家生活节俭。指饮食低劣,居住简陋。

⑤假:虚假,夸大。

⑥矜(jīn 巾):夸耀。

⑦莫:没有谁。

⑧伐:夸耀。

⑨懋(mào 茂):通"楙"、"茂"。盛大,褒美。

⑩嘉:赞美。丕:大。绩:功绩。

⑪历数:历运之数。帝王相继相承的次序,好像岁时节气的先后。躬:自身。

⑫陟(zhì 治):登上。元:大。后:君王。

⑬道心:《蔡传》:"心者,人之知觉主于中而应于外者也。指其发于形气者而

言,则谓之人心。指其发于义理者而言,则谓之道心。"《孔疏》:"居位则治民,治民必须明道。"据此,道心当指合于道义的思想。微:隐蔽,不显露。

⑭精:精心,专诚。一:专一,一心一意。

⑮允:的确。执:实行。厥:其。

⑯稽:考证,验正。

⑰弗询之谋:不询问众人的谋略。庸:用。

⑱可爱非君:意思是,人民所爱戴的不是君主吗?

⑲可畏非民:意思是,君主所畏惧的不是人民吗?

⑳何戴:拥戴谁?

㉑慎乃有位:谨慎你的职守。

㉒可愿:所希望的事,指道德之美。

㉓天禄永终:上天所赐的福禄永远终止。

㉔出好:说出善言。《孔疏》:"出好谓爱人而出好言。"兴戎:引起战争。《孔疏》:"兴戎谓疾人而动甲兵。"

㉕朕言不再:我的话不说第二次。

㉖枚卜:古代用占卜的办法选官,对被选的人逐一占卜,吉者入选。

㉗惟吉之从:即"惟从吉",只依从吉者。

㉘官占:占卜官的方法。蔽:断。

㉙昆:后。

㉚朕志:指舜帝要将帝位让给禹的志向。

㉛询谋:询问众人的计谋。佥(qiān)牵:都。

㉜鬼神其依:鬼神依顺。

㉝龟筮(shì是):龟指龟甲,筮是蓍草,都是古代用来占卜吉凶的东西。龟著象,筮衍数,用龟甲经火灼后显示裂纹图像预测吉凶叫卜,用蓍草奇偶多少预测吉凶叫筮。

㉞习:重复。《说文》:"习,数飞也。"指鸟多次飞翔,多次飞翔有重复、反复的意思。

㉟固辞:再三推辞,坚决推辞。

㊱谐:指适合元后之位。

㊲朔:阴历的每月初一。

㊳神宗:文祖(尧帝)的宗庙,称神宗是表示尊敬。

㊴若帝之初:如同当初舜帝受禅即位一样。

【今译】

舜帝说:"来吧,禹啊!洪水警告我们,你言行一致,完成了治水大业,这是你的贤能。能为国家大事不辞辛劳,居家生活俭朴,不自满,不浮夸,也是你的贤能。你不夸耀自己的才能,因此,天下的人没有谁与你争能;你不夸耀自己的功绩,因此,天下的人没有谁与你争功。我认为你有大德,赞美你的大功,帝王相继的次序应在你身上,你终当登上大君之位。现在人心动荡不安,道心幽昧难明,只有精诚专一,实实在在地实行中正之道。没有经过验证的话不轻信,没有征询过众人意见的谋略不轻用。百姓所爱戴的不是君王吗?君王所畏惧的不是百姓吗?百姓没有君王,还拥戴什么人?君王没有百姓,就没有谁来保卫国家。君王同百姓的关系这样密切,你要谨慎啊!谨慎行使你的职守,恭敬地施行你希望做的事,如果天下的百姓困苦贫穷,你的禄位就会永远终结。至于口能赞扬善良言行,也能引起兵争,您很清楚,我就不再重复了。"

禹说:"还是逐一占卜功臣,让吉祥的人接受您的帝位吧!"

舜帝说:"禹啊!官占的方法要先断定志向,然后才命令大龟显示吉凶。我把帝位授予你的志向已先定了,询问众人的意见时,都和我相同,鬼神依从,龟卜占筮的结果也协同一致,况且,占卜也不须吉凶重复出现啊。"禹跪拜叩头,再三推辞。

舜帝说:"不必推辞了吧!只有你适合继承帝位。"

正月初一清晨,禹在尧帝的宗庙接受了帝位,率领百官就像当初舜帝继承尧的帝位那样完成了禅让的礼仪。

(以上是第三段,舜赞美禹的功绩,完成了禅让帝位的大典。)

【原文】

帝曰:"咨,禹!惟时有苗弗率[1],汝徂征[2]。"

禹乃会群后,誓于师曰:"济济有众[3],咸听朕命。蠢兹有苗[4],昏迷不恭[5],侮慢自贤[6],反道败德,君子在野,小人在位,民弃不保[7],天降之咎[8],肆予以尔众士[9],奉辞伐罪[10]。尔尚一乃心力[11],其克有勋[12]。"

三旬苗民逆命[13]。益赞于禹曰[14]:"惟德动天,无远弗届[15]。满招损,谦受益,时乃天道[16]。帝初于历山[17],往于田,日号泣于旻天[18],于父母[19],负罪引慝[20]。祗载见瞽叟[21],夔夔斋栗[22],瞽亦允若[23]。至诚感神[24],矧兹有苗[25]。"

禹拜昌言曰㉖:"俞!"班师振旅㉗。帝乃诞敷文德㉘,舞干羽于两阶㉙,七旬有苗格㉚。

注释

①有苗:我国古代的一个部族,又称三苗。有,名词词头,用在国名、部族名的前面,没有意义。率:遵循。

②徂(cú殂):往。

③济济(jǐ挤):众多的样子。

④蠢:骚动。兹:这个。

⑤昏迷:昏暗迷惑。

⑥侮慢:轻慢、怠慢。自贤:自以为贤,妄自尊大。

⑦弃:被弃。保:安。

⑧咎(jiù旧):灾祸。

⑨肆:故,因此。

⑩辞:言辞。指上文舜帝所谓"惟时有苗弗率,汝徂征。"

⑪尚:庶几,表示期望。一:统一,整齐划一。

⑫其:庶几。克:能够。

⑬三旬:指禹率领群后征讨三苗,兵临苗地后的三十天。逆命:违背、抵触舜帝的命令。

⑭益:人名,辅佐禹的功臣。赞:辅佐。古代助祭的人叫赞佐,因此,赞有辅佐义。

⑮届:至,到。

⑯时:通"是",代词。天道:天的常道,等于说自然规律。

⑰帝初于历山:指舜帝当初在历山耕种的时候。历山,地名,历来附会为舜耕作的遗迹有八处之多,实地不可考。

⑱日:日日,每天。号(háo毫):大声喊叫。旻(mín民)天:天空。

⑲于父母:舜对于他的父母。《史记·五帝本纪》:"舜父瞽叟盲,而舜母死,瞽叟更娶妻而生象,象傲。瞽叟爱后妻子,常欲杀舜,舜避逃;及有小过,则受罪。"又说:"舜父瞽叟顽,母嚚,弟象傲,皆欲杀舜。舜顺适不失子道,兄弟孝慈。"

⑳负罪:自负其罪,自己承担罪名。引:取得,招来。慝(tè特):邪恶。

㉑祗(zhī支):恭敬。载:事,侍奉。

㉒夔夔(kuí葵):敬惧的样子。斋栗:庄敬战栗。

㉓若:顺,指和顺,不发怒。

㉔至諴(xián闲):至和,至诚。

㉕矧(shěn审):况且。

㉖昌:美。
㉗班师:打仗的军队返回原地。振旅:整顿士众。
㉘诞:大、广。敷:布、施。文德:文明德治。
㉙干:楯,盾牌。羽:用羽毛做的舞具,就是翳。
㉚格:至,这里是指来归顺。

【今译】

　　舜帝说:"啊,禹啊!三苗不遵循教命,你去讨伐他们。"

　　于是,禹就会聚群臣诸侯,誓师说:"众位诸侯,都听从我的命令。骚动的三苗,昏庸胡涂,不恭不敬,轻慢众人,妄自尊大,违反正道,败坏德义,君子被排斥,小人受重用,百姓被抛弃而不安,老天降下灾祸,因此,我率领你们众位,尊奉舜帝的命令,讨伐三苗的罪行。希望你们同心尽力,这样,大概可以建立功勋。"

　　过了三十天,三苗还是违抗舜帝的命令。益辅佐禹,说:"只有德才能感动老天,有德,无论多远的人都会来归服。自满会招致损害,谦虚会得到益处,这是自然规律。当初,舜帝在历山耕作,来往田间,每天对着天空大声号啕哭泣,对于父亲和继母,宁可自己背着不孝的罪名,招来邪恶的名声。舜恭敬地事奉父亲瞽瞍,有事见他时,一副恭敬畏惧的样子,瞽瞍也确实和顺了些。至诚能感动神灵,何况这个三苗呢!"

　　禹拜受了益的这番美言,说:"对!"于是,就整顿士众,撤回了军队。舜帝就广泛地施行文明德治,让人放下兵器,拿起楯和翳这些舞具在台阶前跳舞。撤兵七十天以后,三苗来归顺了。

　　(以上是第四段,禹接受益的建议,用德治感化三苗,使三苗归服。)

皋陶谟

【题解】

皋陶,也称咎繇(gāo yáo 高摇),传说舜的大臣,掌管刑法狱讼。谟,《说文》:"议谋。"

本篇记录了皋陶与禹讨论如何实行德政治理国家的问题。皋陶提出了"慎身"、"知人"、"安民"的主张,就是要严格地要求自己,坚持不懈地提高自身的品德修养;要任人唯贤;要安定民心,同时提出要顺从天意,遵循尊卑等级制度,搞好道德伦常关系。这些,对研究当时的政治思想和道德伦理有较大的参考价值。

《皋陶谟》是我国最早、最完整的会议记录。在一篇有关政事的讨论实录中写得文采斐然,是难能可贵的。

西汉伏生所传今文《尚书》的《皋陶谟》包括下一篇《益稷》,今依古文《尚书》分为两篇。

【原文】

曰若稽古。皋陶曰:"允迪厥德①,谟明弼谐②。"

禹曰:"俞,如何?"

皋陶曰:"都!慎厥身,修思永③。惇叙九族④,庶明励翼⑤,迩可远,在兹。"

禹拜昌言曰:"俞!"

皋陶曰:"都!在知人⑥,在安民。"

禹曰:"吁!咸若时⑦,惟帝其难之。知人则哲⑧,能官人⑨。安民则惠,黎民怀之。能哲而惠,何忧乎欢兜?何迁乎有苗⑩?何畏乎巧言令色孔壬⑪?"

注释

①迪:履行。《尔雅·释诂》:"迪,道也。"借声为"蹈"。
②弼(bì 必):辅助,这里指辅佐君王的大臣。谐:和谐,这里指同心协力。
③永:长久,坚持不懈。

④惇(dūn 敦):敦厚。叙:顺从。
⑤明:贤明的人。励:勉励。翼:辅助。
⑥人:指官吏,与下文的"民"对举。
⑦咸:都。时:通"是",这样。
⑧哲:明智,无所不知。《尔雅·释言》:"智也。"
⑨官:任用。
⑩迁:迁徙,流放。
⑪孔:很。壬:《尔雅·释诂》:"壬,佞也。"指谄佞不正的坏人。

【今译】

　　查考往事。皋陶说:"诚实地施行德政,就会决策英明,群臣同心协力。"

　　禹说:"好啊!怎样实行呢?"

　　皋陶说:"啊!要谨慎其身,自身的修养要坚持不懈。要使近亲宽厚顺从,使贤人勉力辅佐,由近及远,完全在于从这里做起。"

　　禹听了这番精当的议论,拜谢说:"对呀!"

　　皋陶说:"啊!除了自身的修养之外,还在于理解臣下,安定民心。"

　　禹说:"哦!都像这样,连尧帝都将会认为困难了。理解臣下就显得明智,能任人唯贤。安定民心就受人爱戴,百姓都会怀念他。能做到明智和受人爱戴,怎么会担心欢兜?怎么会流放三苗?怎么会畏惧善于花言巧语、察言观色的坏人共工呢?"

　　(以上是第一段,禹同皋陶讨论德政,皋陶提出慎身、知人、安民三条实行德政的主张。)

【原文】

　　皋陶曰:"都!亦行有九德①。亦言,其人有德,乃言曰,载采采②。"

　　禹曰:"何?"

　　皋陶曰:"宽而栗③,柔而立④,愿而恭⑤,乱而敬⑥,扰而毅⑦,直而温⑧,简而廉⑨,刚而塞⑩,强而义⑪。彰厥有常吉哉⑫!"

　　"日宣三德⑬,夙夜浚明有家⑭;日严祗敬六德⑮,亮采有邦⑯。翕受敷施⑰,九德咸事⑱,俊乂在官⑲。百僚师师⑳,百工惟时㉑,抚于五辰㉒,庶绩其凝㉓。"

注释

①亦:检验。《尚书易解》:"按亦,当读为迹,动词,犹检验也。《墨子·尚贤中》:'圣人听其言,迹其行',《楚辞·惜诵》:'言与行其可迹兮',此迹行、迹言连文之证。《论衡》说此二语曰:'以九德检其行,以事效考其言。'然则亦字训检验,汉儒之旧诂也。"九德:九种德行,详见下文。

②载:句首语气助词,无义。采采:《孔传》:"采,事也。"前一个采,动词,从事。后一个采,名词,事情。

③栗:战栗。这里是谨慎的意思。

④柔:温和。立:卓立,有独立见解,不受外来影响而动摇。

⑤愿:老实,厚道。恭:严恭,严肃庄重。

⑥乱:《尔雅·释诂》:"治也。"这里指有治理国家的才干。敬:严肃,慎重。

⑦扰:《孔传》:"扰,顺也。"驯服,和顺。毅:刚毅。

⑧直:正直,耿直。温:和气。

⑨简:《孔疏》:"简者,宽大率略之名。志远者遗近,务大者轻细。"意思是直率而不拘小节,志向远大而不注意小处。廉:廉隅,指人的性格、行为不苟。

⑩刚:刚正。塞:《孔疏》:"塞训实也。刚而能断失于空疎,必性刚正而内充实,乃为德也。"

⑪强:坚强,不屈不挠。义:符合道义。

⑫彰:明显。常:《尚书易解》:"常,祥也。常吉,祥善也,指九德。"

⑬宣:显示,表现。

⑭夙(sù素):早晨。浚(jùn俊):恭敬。明:勉力,努力。家:大夫的封地,卿大夫统治的地方。

⑮严:通"俨",矜持、庄重的样子。祗(zhī支):恭敬。

⑯亮:辅助。采:事务。邦:诸侯的封地,诸侯统治的地方。

⑰翕(xī西):聚合。敷:普遍。

⑱咸:都。事:从事,担任职务。

⑲俊乂(yì义):马融说:"才德过千人为俊,百人为乂。"

⑳师师:互相效法。

㉑百工:百官。惟:思。时:善。

㉒五辰:北辰。北辰有五颗星,因此称五辰。这里的五辰大概是借喻国君。(见《尚书易解》)

㉓凝:成功。

【今译】

　　皋陶说:"啊！检验一个人的行为有九种美德。检验了言论,如果那个人有德,就告诉他说,做点政治工作。"

　　禹问:"什么叫九德呢?"

　　皋陶说:"宽宏大量却又谨小慎微,性格温和却又独立不移,老实忠厚却又严肃庄重,富有才干却又办事认真,柔和驯服却又刚毅果断,为人耿直却又待人和气,志向远大却又注重小节,刚正不阿却又实事求是,坚强不屈却又符合道义,应当明显地任用具有九德的好人啊！"

　　"每天都能表现出九德中的三德,早晚都恭敬努力地实行它,大夫就可以保有他的封地。每天都能庄重恭敬地实行九德中的六德,辅助天子处理政事,诸侯就可以保有他的国家。如果能把三德和六德结合起来普遍地实行,使具有九德的人都担任官职,那么在职的官员都是才德出众的人了。各位官员互相效法,他们都想处理好自己份内的事情,而且顺从君王,这样,各种事情都可以办成功了。"

　　(以上是第二段,阐述九德的具体内容。)

【原文】

　　"无教逸欲①,有邦兢兢业业,一日二日万几②。无旷庶官③,天工④,人其代之。天叙有典⑤,勑我五典五惇哉⑥！天秩有礼⑦,自我五礼有庸哉⑧！同寅协恭和衷哉⑨！天命有德,五服五章哉⑩！天讨有罪⑪,五刑五用哉⑫！政事懋哉懋哉⑬！"

　　"天聪明⑭,自我民聪明。天明畏⑮,自我民明威。达于上下⑯,敬哉有土⑰！"

　　皋陶曰:"朕言惠可厎行⑱?"

　　禹曰:"俞！乃言厎可绩⑲。"

　　皋陶曰:"予未有知,思曰赞赞襄哉⑳！"

【注释】

　　①无:通"毋"。教:《释名》:"效也。"逸欲:安逸贪欲。

　　②一日二日:马融说:"犹日日也。"万几(jī机):变化万端的意思。几,机的古字,机微。《易·系辞下》:"几者动之微。"

　　③旷:空,这里指空设,虚设。庶官:众官,百官。

④天工:《汉书·律历志》作"天功",指天命之事。
⑤叙:秩序,这里指规定人与人的伦理秩序。典:常法。
⑥勅(chì赤):同"敕",告诫。五典:五种人伦关系。《左传·文公十八年》说是父义、母慈、兄友、弟恭、子孝。惇(dūn敦):敦厚。
⑦秩:秩序。这里作动词用,指规定人的尊卑等级。
⑧自:用,遵循。五礼:郑玄说:"五礼:天子也,诸侯也,卿大夫也,士也,庶民也。"庸:《孔传》:"常也。"经常。
⑨寅:恭敬。协:和谐,协同一致。衷:和善。
⑩五服:天子、诸侯、卿、大夫、士五等礼服。章:"彰"的古字。显扬,表彰。
⑪讨:治,惩罚。
⑫五刑:五种刑罚。一、"墨",在脸上刺字后涂上墨,又叫"黥(qíng情)"。二、"劓(yì义)",割掉鼻子。三、"剕(fèi废)",砍断脚,又叫"刖(yuè月)"。四、"宫",阉割男性的生殖器。五、"大辟",死刑。用:施行。
⑬懋(mào茂):勤勉,努力。
⑭聪明:聪,听力好,这里指听取意见。明,视力好,这里指观察问题。
⑮明畏:《蔡传》:"明者显其善,畏者威其恶。"明是表彰好人,畏是惩治坏人。下文"明威"同。
⑯达:通。上下:上天和下民。
⑰有土:有国土的君王。
⑱惠:句中语气助词,没有意义。厎(zhǐ纸):致,得到。
⑲绩:成绩,功绩。
⑳曰:《蔡传》:"思曰之曰当作日。"赞赞:辅助的样子。襄:辅佐。

【今译】

"治理国家的人不要贪图安逸和私欲,要兢兢业业,因为情况一天一天地千变万化。不要虚设各种职位,老天命定的工作,应当由人代替完成。老天规定了人与人之间的伦理秩序,告诫我们要父义、母慈、兄友、弟恭、子孝,我们要使这五种关系敦厚起来。老天规定了人的尊卑等级,我们就要推行天子、诸侯、卿大夫、士和庶人这五种人应该遵循的礼节,并且使它经常化,君臣之间就能互恭互敬、协同一致、和睦相处了。老天任命有德的人,用天子、诸侯、卿、大夫、士五等礼服表彰这五种人。老天惩罚有罪的人,用墨、劓、剕、宫、大辟五种刑罚处治犯了各种罪行的人。处理好政务,要勤勉啊!要努力啊!"

"老天听取意见、观察问题,是从臣民听取意见、观察问题中得来的。老天表彰好人、惩治坏人，是根据臣民的意见表彰和惩治的。老天的意旨和臣民的意见是相通的，要谨慎啊，有国土的君王！"

皋陶问："我的话可以得到实行吗？"

禹说："当然！你的话是可以得到实行并且获得成功的。"

皋陶说："我并不懂得什么，我只是每天想着努力辅佐君王啊！"

（以上是第三段，强调要搞好道德伦常关系，遵守尊卑等级制度。）

益 稷

【题解】

孔安国在古文《尚书》《益稷》篇名下说:"禹称其人,因以名篇。"孔颖达解释道:"禹言暨益、暨稷,是禹称其二人。二人佐禹有功,因以此二人名篇。既美大禹,亦所以彰此二人之功也。"

益,也称伯益,又写作伯翳。舜帝时东夷部落的首领。相传益帮助禹治水有功,禹要把帝位禅让给益,益避居箕山之北。稷,也称后稷。相传他的母亲生下他后抛弃不养,因此又叫弃。舜帝时的农官,又帮助禹教民稼穑。

本篇主要是记录舜和禹的对话。一开始,禹陈述自己带领百姓治水的功绩,同时强调要注意国计民生。接着,讨论了君臣之道。最后,在一片歌舞升平的和乐气氛中,君臣互相勉励。文中,禹告诉舜,三苗不肯服役,应当留心,舜不是以武力征服,而是要用德感化,说明时值盛世,各种矛盾并不很激烈。这大概是当时的实际情况。

《孟子·公孙丑上》有"禹闻善言则拜",就是根据本篇"汝亦昌言"而来的。因此,《益稷》的写成至迟也在《孟子》之前。

【原文】

帝曰:"来,禹!汝亦昌言①。"禹拜曰:"都②!帝,予何言?予思日孜孜③。"皋陶曰:"吁!如何?"禹曰:"洪水滔天,浩浩怀山襄陵④,下民昏垫⑤。予乘四载⑥,随山刊木⑦,暨益奏庶鲜食⑧。予决九川距四海⑨,浚畎浍距川⑩。暨稷播⑪,奏庶艰食鲜食⑫。懋迁有无⑬,化居⑭。烝民乃粒⑮,万邦作乂⑯。"皋陶曰:"俞!师汝昌言⑰。"

注释

①昌言:美言,精当的言论。
②都:表示赞美的叹词。
③日:每天。孜孜(zī zī):勤勉,努力不懈怠。
④浩浩:水势远大。怀:包围。襄:漫上。

⑤昏垫：郑玄说："昏，没也。垫，陷也。禹言洪水之时，民有没陷之害。"意思是沉没陷落。

⑥四载：四种交通工具。《史记·夏本纪》："予陆行乘车，水行乘舟，泥行乘橇，山行乘樏，行山梮木。"橇，如淳说"以板置泥上，以通行路"。樏，《史记·河渠书》作"桥"。阎百诗说就是轿。

⑦随：沿着、顺着。刊：砍削。《史记·夏本纪》作"栞"。《说文》："栞，槎识也。"用刀或斧头砍树木作为认路的记号。

⑧暨(jì既)：同，和。奏：进。庶：众，指众百姓。鲜：新杀的鸟兽。

⑨决：疏通。九川：九州之川。按照《禹贡》的说法，是指弱水、黑水、河、漾、江、沇水、淮、渭、洛。距：至，到达。

⑩浚：深挖疏通。畎浍(quǎn kuài)：田间的水沟。

⑪播：播种。

⑫艰食：马融说："根生之食，谓百谷。"

⑬懋(mào茂)：通"贸"。《说文》："贸，易财也。""贸迁有无"，《史记·夏本纪》作"调有余补不足"。

⑭化居：《史记·夏本纪》作"徙居"，迁移居积的货物。

⑮粒：王引之读为"立"，意思是"定"。《史记·夏本纪》作"定"。

⑯作：开始。王引之说："作之言乍，乍者始也。作与乃相对成文。"乂(yì义)：治理。

⑰师：江声说应当作"斯"，代词。《史记·夏本纪》作"此而美也"。

【今译】

舜帝说："来吧，禹！你也发表高见吧。"禹拜谢说："啊！君王，我说什么呢？我只想每天努力工作罢了。"皋陶说："嗯！究竟怎么样呢？"禹说："大水弥漫天空，浩浩荡荡地包围了山顶，漫上了丘陵，老百姓沉没陷落在洪水里。我乘坐四种交通工具，沿着山路砍削树木作为路标，同伯益一起把新杀的鸟兽肉送给百姓们。我疏通了九条河流，使它们流到四海，挖深疏通了田间的大水沟，使它们流进大河。同后稷一起播种粮食，把百谷、鸟兽肉送给老百姓，让他们互通有无，调剂余缺。于是，百姓们都安定下来了，各个诸侯国也得到了治理。"皋陶说："好啊！你的这番话真好啊。"

（以上是第一段，禹陈述自己的功绩，提请舜注意安民。）

【原文】

禹曰："都！帝。慎乃在位①。"帝曰："俞！"禹曰："安汝止②，惟几惟康③。其弼直④,惟动丕应⑤。傒志以昭受上帝⑥,天其申命用休⑦。"

帝曰:"吁!臣哉邻哉⑧!邻哉臣哉!"

禹曰:"俞!"

帝曰:"臣作朕股肱耳目⑨。予欲左右有民⑩,汝翼⑪。予欲宣力四方⑫,汝为。予欲观古人之象⑬,日、月、星辰、山、龙、华虫⑭,作会⑮;宗彝⑯、藻⑰、火、粉米⑱、黼⑲、黻⑳、絺绣㉑,以五采彰施于五色㉒,作服㉓,汝明。予欲闻六律五声八音㉔,在治忽㉕,以出纳五言㉖,汝听。予违,汝弼,汝无面从㉗,退有后言㉘。钦四邻㉙!庶顽谗说㉚,若不在时㉛,侯以明之㉜,挞以记之㉝,书用识哉㉞,欲并生哉㉟!工以纳言㊱,时而飏之㊲,格则承之庸之㊳,否则威之㊴。"

禹曰:"俞哉!帝,光天之下㊵,至于海隅苍生㊶,万邦黎献㊷,共惟帝臣,惟帝时举㊸。敷纳以言㊹,明庶以功㊺,车服以庸㊻。谁敢不让,敢不敬应㊼?帝不时敷㊽,同,日奏,罔功。"

注释

①在位:旧注指舜在帝位,联系下文看,应当指在位的大臣。

②安汝止:郑玄说:"安汝之所止,无妄动,动则扰民。"止,职责。意思是安于职责,不要轻举妄动。

③惟:思。几:危险。康:安康。

④弼:辅佐。直:正直的人。

⑤丕:大。

⑥傒(xī 西):《尔雅·释诂》:"待也。"志:德,这里指有德的人。昭:明白。

⑦其:将。申:重复,再三。休:美。

⑧邻:指下文中的四邻,最亲近的大臣。

⑨股肱(gōng 公):大腿和手臂,意思是得力的帮手。

⑩有:名词词头。

⑪翼:辅佐。

⑫宣:用。

⑬观:显示。《周礼·考工记·㮚氏》:"嘉量既成,以观四国。"郑玄注:"以观示四方。"象:衣服上的图像。

⑭华虫:《礼记·月令》:"虫是鸟兽之总名也。"郑玄注《周礼·考工记·画缋》时说:"所谓华虫也,在衣,虫之毛、鳞有文采者。"孔颖达认为华虫就是雉。

⑮会:马融、郑玄都作"绘"。郑玄说:"绘,读为缋,谓画也。"

⑯宗彝(yí移):宗庙彝器上有虎形,这里指虎。彝,古代宗庙祭祀用的青铜礼器。

⑰藻:水草。

⑱粉米:白米。

⑲黼(fǔ斧):古代礼服上绣的黑白相间像斧形的花纹。《周礼·考工记·画缋》:"白与黑谓之黼。"《尔雅·释器》:"斧谓之黼。"

⑳黻(fú服):古代礼服上绣的黑青相间像两个"已"字相背的花纹。

㉑絺(chī痴):郑玄说:"絺读为黹(zhǐ纸)。黹,紩(zhì至)也。"紩就是缝的意思。绣:《周礼·考工记·画缋》:"五采备谓之绣。"

㉒五采:五种颜料。彰:明显。于:《经传释词》:"犹为也。"

㉓作服:做成五个等级的服装。郑玄说:"此十二章为五服,天子备有焉,公自山龙而下,侯伯自华虫而下,子男自藻火而下,卿大夫自粉米而下。"

㉔六律:古代有十二乐律,阴六为吕,阳六为律。六律指黄钟、太蔟、姑洗、蕤宾、夷则、无射。五声:宫、商、角、徵、羽。八音:八类乐器,指金、石、丝、竹、匏(páo)、土、革、木。金指钟,石指磬,丝指琴瑟,竹指箫管,匏指笙竽,土指埙(xūn勋),革指鼓,木指柷敔(chù yǔ触雨)。

㉕在:察。忽:荒忽。

㉖出纳:进退。五言:东西南北中五方的意见。

㉗无:通"毋",不要。面从:当面听从。

㉘后言:背后议论。

㉙四邻:郑玄说:"左辅、右弼、前疑、后丞。"意思是天子身旁的近臣。

㉚庶:众。顽:愚蠢。谗:《庄子·渔父》:"好言人之恶谓之谗。"

㉛若:如果。在:《尔雅·释诂》:"察也。"时:通"是",代词,指耳目股肱之义。

㉜侯以明之:侯,箭靶。《小尔雅·广器》:"射有张布谓之侯。"古代用射侯之礼区分善恶,不贤的人不能参与射侯。

㉝挞(tà踏):用棍棒或鞭子打。记:孙诒让《尚书骈枝》读为"讵"。《说文》:"讵,诫也。"

㉞识(zhì志):记。

㉟生:《说文》:"生,进也。"这里是上进的意思。

㊱工:官。纳:采纳。

㊲时:善。《诗·小雅·颊弁》:"尔酒既旨,尔殽既时。"《毛传》:"时,善也。"飏:同"扬",宣扬。

㊳格:正。《孟子·离娄上》:"惟大人为能格君心之非。"赵岐注:"格,正也。"承:进。庸:用。

㊴威:刑威,惩罚。

㊵光:广。
㊶隅:靠边的地方。苍生:黎民,百姓。
㊷黎:众。
㊸时:善。
㊹敷:遍。
㊺庶:度,考察。
㊻庸:劳,功劳。
㊼应:应承。
㊽时:善。敷:分别。

【今译】

　　禹说:"啊!舜帝。你要谨慎地对待你的在位的大臣啊!"

　　舜帝说:"是啊!"

　　禹说:"要尽到你的职责,考虑到大臣的安危。如果用正直的人做你的辅佐,只要你想动一动,天下就会大力响应。要等待有德的人明白地接受上帝的命令,那么,老天就会再三地赞美你。"

　　舜帝说:"唉!大臣就是最亲近的人!最亲近的人就是大臣!"

　　禹说:"对呀!"

　　舜帝说:"大臣是我的得力帮手。我想帮助百姓,你辅佐我。我想花力气治理好四方,你帮助我。我想显示古人衣服上的图像,用日、月、星辰、山、龙、雉六种图形绘在上衣上,用虎、水草、火、白米、黑白相间的斧形花纹、黑青相间的"己"字花纹绣在下裳上。用五种颜料明显地做成五种色彩不同的衣服,你们要做好。我要听六种乐律、五种声音、八类乐器的演奏,从声音的哀乐考察治乱,听取各方的意见,你们要听清楚。如果我有过失,你们就辅佐我。你们不要当面顺从我,背后又去议论。我恭敬地对待身旁的近臣!至于那些愚蠢而又喜欢恶意中伤别人的人,如果不能明察做臣的道理,就用射侯之礼明确地教训他们,用棍棒鞭打从而警戒他们,并把他们的罪过记录在刑书上,让他们改悔上进!做官的要采纳下面的意见,好的就称颂宣扬,正确的就进献上去以便采用,做官的如果不采纳意见就要惩罚他们。"

　　禹说:"好啊!舜帝,普天之下,至于海内的百姓,各诸侯国的众位贤人,都是您的臣子,舜帝您要善于举用他们。广泛地采纳他们的意见,明确地考察他们的事迹,赏赐车马衣服作为酬劳。如果这样,谁敢不让贤,谁敢不恭敬地听从您的命令?舜帝您不善于分别,好的坏的混同在一起,虽然天天进用人,也只能是劳而无功。

(以上是第二段,舜和禹讨论做君臣的道理。)

【原文】

"无若丹朱傲①,惟慢游是好②,傲虐是作③。罔昼夜頟頟④,罔水行舟⑤。朋淫于家⑥,用殄厥世⑦。予创若时⑧,娶于涂山⑨,辛壬癸甲⑩。启呱呱而泣⑪,予弗子⑫,惟荒度土功⑬。弼成五服⑭,至于五千。州十有二师⑮,外薄四海⑯,咸建五长⑰,各迪有功⑱,苗顽弗即功⑲,帝其念哉⑳!"

帝曰:"迪朕德㉑,时乃功㉒,惟叙㉓。皋陶方祗厥叙㉔,方施象刑㉕,惟明。"

注释

①无:通"毋"。若:像。丹朱:尧的儿子。《史记·五帝本纪》:"尧知子丹朱之不肖,不足授天下,于是乃权授舜。"

②慢:懈怠。懒惰。是:帮助宾语前置的结构助词。好(hào 浩):爱好。

③虐:读成"谑(xuè 血)",戏谑,开玩笑。作:为。

④罔:无论。頟(è 额):《尚书今古文注疏》:"頟頟者,《说文》有'鈋'字,云:'船行不安也。读若兀。'《孔传》:'頟頟,肆恶无休息。"

⑤罔水行舟:郑玄说:"丹朱见洪水时人乘舟,今水已治,犹居舟中頟頟使人推行之。"

⑥朋:群。

⑦用:因此。殄(tiǎn 舔):灭绝。世:父子相继。

⑧创:《说文》:"伤也。"时:是,代词。

⑨塗山:国名。

⑩辛壬癸甲:从辛日到甲日,共四天。

⑪启:禹的儿子。《帝系》说:"禹娶塗山氏之子,谓之女娲,是生启。"

⑫子:《尚书核诂》:"子,《中庸》郑注:'爱也。'"

⑬荒:孙星衍说,"荒"通"芒","芒"通"忙"。度(duó 夺):考虑。土功:治理水土的事。

⑭弼:《尔雅·释诂》:"重也。"成:定。《国语·吴语》:"夫一人善射,百夫决拾,胜未可成也。"韦昭注:"成,定也。"五服:指甸服、侯服、绥服、要服、荒服。(见

《禹贡》)
⑮有:通"又",用在整数与零数之间。师:二千五百人。
⑯薄:靠近。
⑰咸:都。五长:《礼记·王制》:"五国以为属,属有长。"
⑱迪:引导,领导。功:工作,事情。
⑲苗:三苗,我国古代的部族。顽:顽抗。即功:接受工作。
⑳念:忧虑。
㉑迪:开导。
㉒时:顺时,依时。
㉓惟:宜。叙:顺。
㉔祗:敬。
㉕象刑:把刑杀的图像刻在器物上,用来警戒人们。

【今译】

"不要像丹朱那样傲慢,只喜欢懒惰贪玩,戏谑作乐。不论白天晚上都不停止。洪水已经平定了,还坐在船上让人推着游玩。他还一群群地在家里淫乱,因而不能继承尧的帝位。我为他的这些行为感到悲伤。我娶了涂山氏的女儿,结婚后四天就治水去了。后来,启生下来呱呱地啼哭,我顾不上爱护他,只忙于考虑治理水土的事。我重新划定了五种服役地带,一直到五千里远的地方。每一个州征集三万人,从九州到四海边境,每五个诸侯国设立一个长,各诸侯长领导治水工作。只有三苗顽抗,不肯接受工作任务,舜帝您恐怕要为这事忧虑吧!"

舜帝说:"还是用我们的德教去开导他们,如果依时行事,三苗应该会顺从的。皋陶敬重那些顺从的,对违抗的,正把刑杀的图像刻在器物上警戒他们,那么,三苗的事是会办好的。"

(以上是第三段,禹再一次重述自己的功绩,与舜讨论对待三苗的态度。)

【原文】

夔曰①:"戛击鸣球②、搏拊③、琴、瑟,以咏④。"祖考来格⑤,虞宾在位⑥,群后德让⑦。下管鼗鼓⑧,合止柷敔⑨,笙镛以间⑩。鸟兽跄跄⑪,《箫韶》九成⑫,凤皇来仪⑬。

夔曰:"於⑭!予击石拊石⑮,百兽率舞,庶尹允谐⑯。"

注释

①夔(kuí 奎):人名,相传舜时的乐官。
②戛(jiá 夹):敲击,弹奏。鸣球:一种乐器,就是玉磬。
③搏拊(bó fǔ 薄斧):外面用皮革制作,里面装满糠的打击乐器。
④咏:演唱诗歌。
⑤祖考:祖考之神,祖先和亡父的灵魂。格:至,神降临。
⑥虞宾:虞舜的宾客,指前代帝王的后裔,来作舜的宾客。
⑦群后:各个诸侯国君。德:《说文》:"升也。"升堂。让:揖让,宾主相见时的一种礼仪。
⑧下:堂下。郑玄说:"已上皆宗庙堂上之乐所感也。下管以下言舜庙堂下之乐,故言下也。"管:竹制的管乐器。鼗(táo 逃):又写作"鞀",一种小鼓。
⑨合止:合乐止乐。柷(zhù 祝):一种打击乐器。形状像漆桶,中间有椎。乐曲开始时,先击柷。敔(yǔ 雨):一种打击乐器,形状像伏虎,背上有二十七钼铻,乐曲结束时击奏。
⑩笙:一种管乐器。大笙十九簧,小笙十三簧。镛:大钟。
⑪跄跄:《尔雅·释训》:"动也。"这里指扮演飞禽走兽的跄跄跳舞。
⑫箫韶:舜时的乐曲名。九成:郑玄说:"成,犹终也。每曲一终,必变更奏。若乐九变,人鬼可得而礼。"意思是演奏乐曲,要变更九次才算结束。
⑬凤皇来仪:扮演凤凰的舞队成双成对地出来跳舞。
⑭於(wū 乌):叹词。
⑮石:石磬。拊:轻击。
⑯庶:众。尹:正,官长。允:进。谐:通"偕",偕同。

【今译】

夔说:"敲起玉磬,打起搏拊,弹起琴瑟,唱起歌来吧。"祖先、亡父的灵魂降临了,前代帝王的后裔、我们舜帝的宾客就位了,各个诸侯国君登上了庙堂互相揖让。庙堂下吹起管乐,打着小鼓,敲柷作为演奏乐曲的开始,笙和大钟交替演奏,敲敔作为演奏乐曲的结束。扮演飞禽走兽的舞队踏着节奏跳舞,韶乐变换演奏了九曲以后,扮演凤凰的舞队成双成对地出来跳舞了。

夔说:"唉!我轻敲重击着石磬,扮演百兽的舞队都跳起舞来,各位官长也合着乐曲一同跳起来吧。"

(以上是第四段,记述庙堂祭祀乐舞的盛况。)

【原文】

　　帝庸作歌①。曰:"敕天之命②,惟时惟几③。"乃歌曰:"股肱喜哉!元首起哉④!百工熙哉⑤!"

　　皋陶拜手稽首飏言曰⑥:"念哉!率作兴事⑦,慎乃宪⑧,钦哉!屡省乃成⑨,钦哉!"乃赓载歌曰⑩:"元首明哉!股肱良哉!庶事康哉⑪!"又歌曰:"元首丛脞哉⑫!股肱惰哉!万事堕哉!"

　　帝拜曰:"俞,往钦哉!"

注释

①庸:用,因此。
②敕:《尔雅·释诂》:"劳也。"
③时:通"是",代词。几(jī机):将近,接近。
④起:兴起,奋发。
⑤工:读为"功",事情。熙:兴盛。
⑥拜手:古代的一种跪拜礼。双膝下跪,两手前伸,叩头到手。稽(qǐ起)首:古代的一种跪拜礼。双膝下跪,两手前伸,叩头到地。飏:《史记·夏本纪》作"扬",继续。
⑦率:统率。
⑧乃:你的。宪:法度。
⑨屡:多次,数次。省(xǐng醒):省察。
⑩赓(gēng庚):继续。
⑪康:安。
⑫丛脞(cuǒ):细碎,烦琐。

【今译】

　　舜帝因此作歌。说:"勤劳天命,大概像这个样子就差不多了。"于是唱道:"大臣们乐意办事哪,君王振作奋发哪,一切事情都会兴旺发达哪!"

　　皋陶跪拜叩头继续说:"要念念不忘哪!统率起你所兴办的事业,谨慎地对待法度,要认真哪!经常考察你的成就,要认真哪!"于是继续作歌说:"君王琐碎没有大志哪,大臣们懒惰懈怠哪,什么事情都会荒废哪!"

　　舜帝拜谢说:"对啊!我们去认真干吧!"

　　(以上是第五段,写君臣唱和,互相勉励。)

禹 贡

【题解】

禹,又称大禹、戎禹,夏的开国君主。贡,《广雅·释诂》:"税也。"《广雅·释言》:"献也。"就是向朝廷进献方物。孔颖达说:"贡者,从下献上之称。谓以所出之谷,市其土地所生异物,献其所有,谓之厥贡。"

本篇在歌颂禹披九山,通九泽,决九河,定九州的大功的同时,记述了当时的政治制度、行政区划、山川分布、交通物产、水土治理、贡赋等级等情况,是我国最早、最有价值的地理著作。自此以后,《汉书·地理志》《水经注》等历代地理专著都无一不以《禹贡》为依据。从汉代以来,研究《禹贡》的著述不下数百种,蔚然成为专门学问。

关于本篇写作的年代论者颇多分歧,较多数的意见认为当在战国时期。

【原文】

禹别九州①,随山浚川②,任土作贡③。

注释

①别:分别,这里指分别疆界。
②随山:据下文,应是随山刊木的意思,就是顺着山势砍削树木作为标志。浚川:疏通河道。
③任土:根据土地肥瘠的情况。

【今译】

禹分别九州的疆界,顺着山势砍削树木作为路标,疏通河道,根据土地的肥瘠情况制定出贡赋的等级。

(以上是序。)

【原文】

禹敷土①,随山刊木,奠高山大川②。

冀州③:既载壶口④,治梁及岐⑤。既修太原⑥,至于岳阳⑦。覃怀底绩⑧,至于衡漳⑨。厥土惟白壤⑩,厥赋惟上上⑪,错⑫,厥田惟中中⑬。恒、卫既从⑭,大陆既作⑮。岛夷皮服⑯,夹右碣石入于河⑰。

注释

①敷:马融说:"分也。""禹敷土"就是序所说的"禹别九州"。
②奠:奠定。
③冀州:郑玄说:"两河间曰冀州。"在今山西与河北西部,禹所划分的九州之一,尧时的政治中心。
④既:已经。载:施工。《诗·大雅·文王》:"上天之载,无声无臭。"《毛传》:"载,事。"壶口:山名,在今山西省吉县南。王鸣盛《尚书后案》说:"壶口山上连孟门,下控龙门,当路束流,为河之扼要处,故禹首辟之。"
⑤梁:山名,在今陕西韩城县西。《水经·河水注》引《魏土地记》:"梁山北有龙门山,大禹所凿。"岐:通歧,日本人所写《史记》残卷作歧。分歧,山的支脉。
⑥太原:今山西太原一带,汾水上游。
⑦岳阳:《水经·汾水注》:"《禹贡》所谓岳阳,即霍太山。"霍太山即太岳山,在今山西霍县东,汾水所经之地。阳,山的南面。
⑧覃(tán 潭)怀:地名,今河南武陟、沁阳一带。底(zhǐ 纸):致,获得。绩:功。
⑨衡:通横。《孔传》:"漳水横流入河。"所以说横漳。漳:漳水在覃怀之北。
⑩厥:其,冀州的。惟:句中语气助词,帮助判断。壤:颜师古说:"柔土曰壤。"
⑪赋:《孔传》:"赋,谓土地所生以供天子。"《蔡传》:"上之所取谓之赋。"上上:《禹贡》将赋税和土质分成上上、上中、上下、中上、中中、中下、下上、下中、下下九等,上上是第一等。
⑫错:错杂,间杂,夹杂。
⑬中中:第五等。
⑭胡渭《禹贡锥指》认为就是滱水。卫:胡渭认为就是滹沱河。从:顺着河道。
⑮大陆:泽名,在今河北钜鹿县西北。作:《史记·夏本纪》作"为"。郑玄注《周礼》说:"作,为也。"
⑯岛夷:住在东方海岛上的外族。皮服:蔡沈说:"海岛之夷以皮服来贡也。"
⑰夹:《尚书易解》:"夹,近也,此谓接近。"碣(jié 捷)石:山名,在今河北抚宁、昌黎二县界。

【今译】

　　禹分别土地的疆界,顺着山势砍削树木作为路标,以高山大河奠定界域。

　　冀州:从壶口开始施工以后,然后就治理梁山和它的支脉。太原治理好了以后,又修到了太岳山的南面。覃怀一带的治理取得了成效,又到了横流入河的漳水。这一带的土是白壤,赋税是第一等,也夹杂着第二等,这里的土质是第五等。恒、卫顺着河道流入大海以后,大陆泽也就已经开始治理了。岛夷的人用皮服来进贡,先接近右边的碣石山,再进入黄河。

【原文】

　　济、河惟兖州①:九河既道②,雷夏既泽③,灉、沮会同④。桑土既蚕⑤,是降丘宅土⑥。厥土黑坟⑦,厥草惟繇⑧,厥木惟条⑨。厥土惟中下,厥赋贞⑩,作十有三载乃同⑪。厥贡漆丝⑫,厥篚织文⑬。浮于济、漯⑭,达于河。

注释

①济:水名,源出河南济源县,汉代在今河南武陟县流入黄河,向南溢出,流向山东,与黄河平行入海。兖(yǎn 眼)州:今河北、山东境。

②九河:郑玄说:"河水自上至此,流盛而地平无岸,故能分为九以杀其势,壅塞故通利之也。九河之名:徒骇、太史、马颊、覆釜、胡苏、简、洁、钩盘、鬲津。"道:通"导",疏导。

③雷夏:泽名,在今山东菏泽东北。

④灉(yōng 雍):黄河的支流,今湮灭不存。沮(jù 剧):灉河的支流,今湮灭不存。会同:会合后一同流入雷夏泽。

⑤桑土:郑玄说:"其地尤宜蚕桑,因以名之,今濮水之上,地有桑间者。"蚕:养蚕。

⑥是降丘宅土:《史记·夏本纪》作"于是民得下丘居土"。降,下。宅,居。

⑦坟:马融说:"有膏肥也。"

⑧繇(yáo 摇):茂。

⑨条:长。

⑩贞:《孔疏》:"诸州赋无下下,贞即下下,为第九也。"金履祥《尚书表注》:"贞字本下下字。古篆凡重字者,或于上字下添=。兖州赋下下,篆从下=,或误

作正,通为贞。"

⑪有:通"又",用在整数与零数之间。乃同:才与其他八州相同。

⑫漆丝:《孔传》:"地宜漆林,又宜桑蚕。"

⑬厥篚(fěi 匪)织文:《孔传》:"织文,锦绮之属,盛之筐篚而贡焉。"篚,圆形的盛物竹器。

⑭漯(tà 踏):水名,黄河的支流。古漯水自河南浚县与黄河分流,至今山东朝城又向东北流,至高宛县入海。

【今译】

　　济水与黄河之间这一带是兖州:黄河下游的九条支流疏通了,雷夏也已经成了湖泽,灉水和沮水会合流进了雷夏泽。能够栽种桑树的地方都已经养蚕,于是人们从山丘上搬下来住在平地上。这里的土质又黑又肥,这里的草是茂盛的,这里的树是修长的。这里的田地是第六等,赋税是第九等,耕作了十三年才与其他八个州相同。这里的贡物是漆和丝,还有用竹筐装着的彩绸。进贡的物品从济水、漯水乘船到黄河。

【原文】

　　海、岱惟青州①:嵎夷既略②,潍、淄其道③。厥土白坟,海滨广斥④。厥田惟上下,厥赋中上。厥贡盐绨⑤,海物惟错⑥。岱畎丝、枲、铅、松、怪石⑦。莱夷作牧⑧。厥篚檿丝⑨。浮于汶⑩,达于济。

注释

①海:今渤海。岱:就是泰山,在今山东泰安县北,古称东岳。青州:山东半岛。

②嵎(yú 隅)夷:地名。《史记索隐》引孔安国说:"东表之地称嵎夷。"嵎夷即嵎夷,今不可确指。略:《广雅·释诂》:"治也。"

③潍(wéi 维):潍水,在今山东。淄:淄水,在今山东。道:通"导",疏通。

④海滨广斥:《史记·夏本纪》作"海滨广潟(xì 戏),厥田斥卤"。潟,碱卤地。郑玄说:"斥谓地碱卤。"《说文》:"卤,碱地。东方谓之斥,西方谓之卤。"

⑤绨(chī 痴):细葛布。

⑥错:《孔传》:"杂,非一种。"

⑦畎(quǎn 犬):山谷。枲(xǐ 洗):不结子的大麻。《玉篇》:"麻,有子曰苴,

无子曰枲。"铅:《孔疏》:"锡也。"

⑧莱夷:颜师古说:"莱山之夷。"胡渭《禹贡锥指》说:"今莱州、登州二府皆禹贡莱夷之地。"作牧:《史记·夏本纪》作"为牧"。《孔传》:"莱夷,地名,可以放牧。"

⑨檿(yǎn 眼):山桑,就是柞树。

⑩汶:水名,源出今山东莱芜县。《水经·汶水篇》说汶水故道,自莱芜历泰安、肥城、宁阳至东平入济水。

【今译】

海和泰山之间这一带是青州;嵎夷治理好以后,潍水和淄水也已经疏通了。这里的土又白又肥,海边有一片广大的盐碱地。这一带的田是第三等,赋税是第四等。这里进贡的物品是盐和细葛布,多种多样的海产品。还有泰山山谷的丝、大麻、锡、松和奇特的石头。莱夷一带可以放牧。这里进贡的物品是用筐装的柞蚕丝。进贡的船只从汶水通到济水。

【原文】

海、岱及淮惟徐州①:淮、沂其乂②,蒙、羽其艺③,大野既猪④,东原厎平⑤。厥土赤埴坟⑥,草木渐包⑦。厥田惟上中,厥赋中中。厥贡惟土五色⑧,羽畎夏翟⑨,峄阳孤桐⑩,泗滨浮磬⑪,淮夷蠙珠暨鱼⑫。厥筐玄纤缟⑬。浮于淮、泗,达于河⑭。

注释

①海:指黄海。淮:淮河。徐州:今江苏、安徽北部、山东南部。

②沂(yí 移):沂水,发源于山东沂水县西北。乂(yì 义):治。

③蒙:山名,在山东蒙阴县西南。羽:羽山,在江苏赣榆县西南。艺:种植。

④大野:巨野泽,在山东巨野县。猪:水停聚的地方。马融说:"水所停止,深者曰猪。"今写作"潴"。

⑤东原:今山东东平县地,在汶水、济水之间。厎(zhǐ 纸):致,得到。平:治理。《诗·小雅·黍苗》:"原隰既平,泉流既清。"《毛传》:"土治曰平,水治曰清。"

⑥埴(zhí 植):《孔传》:"土粘曰埴。"

⑦渐包:不断滋长而丛生,又写作"渐苞"。孙炎说:"物丛生曰苞。"郭璞说:

"渐苞谓长进丛生,言其美也。"

⑧土五色:《释名》:"徐州贡土五色,青黄赤白黑也。"《孔传》:"王者封五色土为社,建诸侯则各割其方色土与之,使立社。"五色土是古代君王分封诸侯的用品。

⑨羽:羽山。畎:山谷。夏:大。翟(dí 敌):《尔雅·释鸟》:"翟,山雉。"羽毛可作装饰品。

⑩峄(yì 义):峄山,在江苏邳县境。阳:山的南面。孤桐:特生的桐木。《周礼·春官宗伯·大司乐》"孤竹之管",郑玄注:"孤竹,竹特生者。"

⑪泗:水名,源出今山东泗水县,下流入淮河。浮磬(qìng 庆):好像悬浮在水面上的可以作磬的石头。《孔疏》:"石在水旁,水中见石,似若水中浮然,此石可以为磬,故谓之浮磬。"

⑫蠙珠:《孔疏》:"蠙是蚌之别名,此蚌出珠,遂以蠙为珠名。"暨:和。

⑬玄:黑色。纤:细缯,绸。缟:白缯,绢。

⑭达于河:金履祥《尚书表注》说:"达于河,《古文尚书》作达于菏。《说文》引《书》亦作菏,今俗本误作河耳。菏泽与济水相通。徐州浮淮入泗,自泗达菏也。书达于菏,则达济可知。"

【今译】

海、泰山及淮河之间的地带是徐州:淮河、沂水治理好了以后,蒙山、羽山一带就可以种植了,大野泽被水停聚成为湖泽后,东原地方也获得治理,可以耕种了。这一带的土是红色的,又黏又肥,草木不断滋长而丛生得很茂盛。这里的田是第二等,赋税是第五等。进贡的物品是五色土,羽山山谷的大山鸡,峄山南面的特产桐木,泗水边上的可以做磬的石头,淮河一带的蚌珠和鱼。还有用筐子装着的黑色的细绸和白色的绢。进贡的船只从淮河、泗水,到达与济水相通的菏泽。

【原文】

淮、海惟扬州:彭蠡既猪①,阳鸟攸居②。三江既入③,震泽底定④。筿簜既敷⑤,厥草惟夭⑥,厥木惟乔⑦。厥土惟涂泥⑧。厥田惟下下,厥赋下上,上错。厥贡惟金三品⑨,瑶、琨、筿、簜、齿、革、羽、毛惟木⑩。岛夷卉服⑪。厥篚织贝⑫,厥包桔柚⑬,锡贡⑭。沿于江、海,达于淮、泗。

【注释】

①彭蠡(lǐ 礼):今江西鄱阳湖,古称彭蠡泽。猪:今写作"潴"。

②阳鸟:《尚书正读》:"郑云:谓鸿雁之属,随阳气南北。今按《禹贡》全文无以禽兽表地者。又经文先序州界,次言山原川泽,次言夷服,亦无舍地望而先言鸟兽者。鸟当读为岛。《说文》所谓'海中往往有山,可依止,曰岛'是也。本经皆假鸟为之。岛夷皮服、岛夷卉服,古今文本皆作鸟。……阳岛,即扬州附海岸各岛。大者则台湾、海南是也。云阳岛者,南方阳位也。"

③三江:岷江、汉水与彭蠡。郑玄说:"三江,左合汉为北江,会彭蠡为南江,岷江居其中则为中江。"入:入海。

④震泽:江苏太湖。厎定:获得安定。

⑤筱(xiǎo 小):小竹。荡(dàng 荡):大竹。《尔雅·释草》"荡竹",郭璞注:"荡,竹别名。"敷:布。

⑥夭:茂盛。《汉书·地理志》:"筱荡既敷,屮夭木乔。"颜师古注:"夭,盛貌也。"

⑦乔:高大。

⑧涂泥:《史记集解》引马融说:"渐洳也。"《诗·魏风·汾沮洳》:"彼汾沮洳,言采其莫。"《孔疏》:"沮洳,润泽之处,故为渐洳。"涂泥是潮湿的泥土。

⑨金三品:王肃说:"金、银、铜也。"品,等第,金是上等,银是中等,铜是下等。

⑩瑶:美玉。琨:美石。齿:象牙。革:犀皮。羽:鸟羽。毛:旄牛尾。惟木:以及木材。《经传释词》:"惟,犹与也,及也。"《史记·夏本纪》《汉书·地理志》均无"惟木"二字,江声认为是衍文。

⑪岛夷:东南沿海各岛的人。卉服:《尔雅·释草》:"卉,草。"郑玄说:"此州下湿,故衣草服。"《尚书今古文注疏》认为草服是蓑衣、草笠之类。

⑫织贝:贝锦。屈万里《尚书今注今译》说:"今台湾山胞,有以极小之贝,以线串连之,织以为巾者,盖即织贝也。"录备一说。

⑬包:包裹。

⑭锡贡:《尚书核诂》:"锡与贡,古义略同。"

【今译】

　　淮河与黄海之间是扬州:彭蠡泽已经汇集了很深的水,南方各岛可以安居。三条江水已经流入大海,震泽也获得了安定。小竹和大竹已经遍布各地,这里的草很茂盛,这里的树很高大。这一带的土是潮湿的泥。田是第九等,赋是第七等,夹杂着第六等。进贡的物品是金、银、铜、美玉、美石、小竹、大竹、象牙、犀皮、鸟的羽毛、旄牛尾以及木材。东南沿海各岛的人穿着草编的衣服。这一带把贝锦放在筐子里,把桔柚包起来作为贡品。这些贡品沿着长江、黄海到达淮河、泗水。

【原文】

　　荆及衡阳惟荆州①:江、汉朝宗于海②,九江孔殷③,沱、潜既道④,云土、梦作乂⑤。厥土惟涂泥,厥田惟下中,厥赋上下。厥贡羽、毛、齿、革惟金三品⑥,杶、干、栝、柏⑦,砺、砥、砮、丹惟箘簵、楛⑧,三邦厎贡厥名⑨。包匦菁茅⑩,厥篚玄纁玑组⑪,九江纳锡大龟⑫。浮于江、沱、潜、汉,逾于洛⑬,至于南河⑭。

注释

①荆:山名,在今湖北南漳县。衡:山名,在今湖南衡山县。

②朝宗:诸侯朝见天子,春天朝见叫朝,夏天朝见叫宗。这里比喻长江、汉水流向大海。

③九江:《蔡传》:"九江,即今之洞庭也。"孔:大。殷:《尚书核诂》:"殷,犹定也。《尧典》'以殷仲春',《史记》殷作正。古正定通用。《尧典》'以闰月定四时',《史记》定作正,即其证也。"

④沱、潜:《尔雅·释水》:"水自江出为沱,汉别为潜。"沱水,长江的支流,在今湖北枝江县。潜水,汉水的支流,在今湖北潜江县。

⑤云土、梦:即云梦,二泽名。杜预注《左传》:"江南为云,江北为梦。"作:指耕作。乂(yì义):治理。

⑥毛:通"旄",旄牛尾。惟:与,及。

⑦杶(chūn春):椿树。干:柘木,可做弓。栝(guā刮):桧(guì桂)树。

⑧砺:粗磨刀石。砥:细磨刀石。砮(nǔ努):石制的箭镞。丹:丹砂,红色,可作颜料和药。箘簵(jùn lù郡路):簵,古文箂。箘簵,即《吴都赋》中的射筒。刘逵说:"射筒,竹细小通长,长丈余,无节,可以为矢笴。"《孔疏》认为箘簵是两种竹子,是错误的。(见《说文解字注》竹部箘字注)楛(hù户):木名,可作箭杆。

⑨三邦:湖泽附近的三个诸侯国。名:名产。

⑩包:包裹。匦(guǐ轨):杨梅。《说文》:"匦,古文篚或从轨。朹,亦古文篚。"《异物志》:"杨梅一名朹,子如弹丸正赤,五月中熟,味甘酸。"菁茅:王鸣盛说:"《管子·轻重篇》:'江、淮之间,一茅三脊,名曰菁茅。'"

⑪玄:赤黑色。纁(xūn勋):黄赤色。玄纁指彩色丝绸。玑组:玑,不圆的珍珠。组,丝带。玑组,用丝绳穿起的小珍珠串。

⑫纳:入。锡:《尔雅·释诂》:"赐也。"等于说贡、献。大龟:天子龟长一尺二

寸,诸侯一尺,大夫八寸,士六寸。(见《白虎通·蓍龟篇》)

⑬逾:越,离船上岸陆行。

⑭南河:颜师古说:"在冀州南。"指洛阳巩县一带的河。

【今译】

　　荆山与衡山的南面是荆州:长江、汉水像诸侯朝见天子一样奔向海洋,洞庭湖的水系大定了,沱水、潜水疏通以后,云梦泽一带也可以耕作治理了。这一带的土是潮湿的泥,这里的田是第八等,赋是第三等。这里的贡物是羽毛、旄牛尾、象牙、犀皮以及金、银、铜、椿树、柘木、桧树、柏树、粗磨石、细磨石、造箭镞的石头、丹砂以及细长的竹子、楛。湖泽附近的三个诸侯国进贡他们的名产,包裹好了的杨梅、菁茅,装在筐子里的彩色丝绸和一串串的珍珠,九江一带进贡的是大龟。这些贡品先从长江、沱水、潜水、汉水走水路,然后上岸走陆路到洛水,再到南河。

【原文】

　　荆、河惟豫州①:伊、洛、瀍、涧既入于河②,荥波既猪③。导菏泽④,被孟猪⑤。厥土惟壤,下土坟垆⑥。厥田惟中上,厥赋错上中。厥贡漆、枲、絺、纻⑦,厥篚纤、纩⑧,锡贡磬错⑨。浮于洛,达于河。

注释

①荆:荆山,在今湖北南漳县西北。

②伊:水名,源出今河南卢氏县。洛:水名,源出今陕西洛南县。瀍(chán谗):水名,源出今河南孟津县。涧:水名,源出今河南渑池县。

③荥(yíng迎)波:泽名,即荥播,在今河南荥阳县境。猪:今写作"潴",水停聚的地方。

④导:《史记·夏本纪》《汉书·地理志》均作"道",疏通。菏泽:在今山东定陶县东。

⑤被:《墨子·兼爱中》:"古者禹治天下,……防孟诸之泽。"据此,"被"当读为"陂",筑堤防的意思,见《尚书易解》。孟猪:泽名,即孟诸,在今河南商邱东北。

⑥垆(lú卢):《说文》:"黑刚土也。"

⑦纻(zhù住):苎麻。

⑧纩(kuàng矿):细绵。

⑨磬错:制磬的石头。《诗·小雅·鹤鸣》:"他山之石,可以为错。"《毛传》:"错,石也,可以琢玉。"

【今译】

荆山、黄河之间是豫州:伊水、瀍水和涧水都流入洛水,洛水又流入黄河,荥波泽已经停聚了大量的积水。疏通了菏泽,并在孟猪泽筑起了堤防。这一带的土是柔软的壤土,土的下层是肥沃的黑色硬土。这里的田是第四等,赋税是第二等,夹杂着第一等。这里的贡物是漆、麻、细葛、苎麻,用筐装的绸和细绵,还进贡治玉磬的石头。进贡的船只从洛水到达黄河。

【原文】

华阳、黑水惟梁州①:岷、嶓既艺②,沱、潜既道。蔡、蒙旅平③,和夷厎绩④。厥土青黎⑤,厥田惟下上,厥赋下中、三错⑥。厥贡璆、铁、银、镂、砮、磬、熊、罴、狐、狸⑦。织皮⑧、西倾因桓是来⑨。浮于潜,逾于沔⑩,入于渭,乱于河⑪。

注释

①华:华山,又叫太华山,古称西岳,在陕西华阴县南。黑水:众说不一,陈澧认为是今怒江。

②岷:岷山,在四川北部与甘肃接壤,为岷江发源地。嶓(bō 波):嶓冢山,在陕西宁强县西北,为汉水发源地。艺:《广雅·释诂》:"治也。"

③蔡:山名,即今峨嵋山(见《禹贡锥指》)。蒙:山名,在今四川雅安北。旅:《尚书正读》:"旅,犹治也。"

④和:水名,胡渭认为就是渽水。《说文》:"渽水出蜀汶江徼外,东南入江。"渽水即今大渡河。

⑤青:黑。黎:疏散。段玉裁说:"黎之言离也。"

⑥三错:《孔传》:"杂出第七第九三等。"

⑦璆(qiú 求):同"球"。美玉。镂:刚铁,可以刻镂的坚硬金属。罴(pí 皮):一种熊,又叫马熊。狸:野猫、山猫。

⑧织皮:王鸣盛说:"雍州之织皮昆仑云云,知织皮谓西戎之国,即昆仑等是也。"

⑨西倾:山名,在甘肃、青海交界处。桓:桓水,即白水。《水经注》:"白水自

西倾山,流注汉水。"今名白龙江。

⑩沔(miǎn 免):汉水的上流。《孔疏》:"泉始出山为漾水,东南流为沔水,至汉中东行为汉水,是汉上曰沔。"

⑪乱:横渡。《诗·大雅·公刘》:"涉渭为乱。"《尔雅·释水》:"正绝流曰乱。"《孔疏》:"水以流为顺,横渡则绝其流,故为乱。"

【今译】

华山南部到怒江之间是梁州:岷山、嶓冢山治理之后,沱水、潜水也已经疏通了。峨嵋山、蒙山治理后,和水一带的民众也取得了治理的功效。这一带的土是疏松的黑土,这里的田是第七等,赋税是第八等,还夹杂着第七等和第九等。这里的贡物是美玉、铁、银、刚铁、做箭镞的石头、磬、熊、马熊、狐狸、野猫。织皮和西倾山的贡物沿着桓水而来。进贡的船只从潜水,然后离船上岸陆行,再进入沔水,进到渭水,最后横渡渭水到黄河。

【原文】

黑水、西河惟雍州①:弱水既西②,泾属渭汭③,漆沮既从④,沣水攸同⑤。荆、岐既旅⑥,终南、惇物,至于鸟鼠⑦。原隰厎绩⑧,至于猪野⑨。三危既宅⑩,三苗丕叙⑪。厥土惟黄壤,厥田惟上上,厥赋中下。厥贡惟球、琳、琅玕⑫。浮于积石⑬,至于龙门、西河⑭,会于渭汭。织皮昆仑、析支、渠搜⑮,西戎即叙⑯。

注释

①黑水:见前注。西河:《孔传》:"西距黑水,东据河,龙门之河,在冀州西。"

②弱水:又叫张掖河,经张掖、高台、毛目,北流入居延海。

③泾:水名,源出甘肃平凉县西,东南流至陕西高陵入渭水。渭:水名,出甘肃渭源县,东流至陕西华阴入黄河。汭(ruì 锐):河流会合的地方。属:马融说:"入也。"

④漆沮:现在的洛水。漆沮会合洛水流入黄河,所以洛水有漆沮的叫法。

⑤沣水:源出陕西户县东南,向北流入渭河。同:会合。

⑥荆:荆山,在今陕西富平县西南。这里是指北条荆山,上文在今湖北南漳县的荆山是南条荆山。岐:岐山,在今陕西岐山县东北。旅:治理的意思。

⑦终南:山名,现称秦岭。惇物:山名,太白山,在今陕西郿县南。鸟鼠:山名,

在今甘肃渭源县西南。

⑧原隰(xí 习):指豳(bīn 宾)地,在今陕西旬邑县。

⑨猪野:又作都野,泽名,在今甘肃民勤县东北。

⑩三危:山名。郑玄说:"三危山在鸟鼠西,南当岷山。"宅:居住。

⑪三苗:《史记·五帝本纪》:"三苗在江、淮、荆州,舜迁三苗于三危。"丕:大。叙:顺。

⑫球:美玉。琳:美石。琅玕(láng gān 郎干):像珠子的美玉。

⑬积石:山名,在今青海西宁西南。

⑭龙门:山名,在今陕西韩城县东北。西河:龙门在黄河的西岸。

⑮析支:山名,在今青海西宁西南。渠搜:山名。应劭说:"《禹贡》渠搜在金城河关之西,西戎也。"

⑯西戎:古代我国西北部少数民族的总称。即:就。

【今译】

　　黑水到西河之间是雍州:弱水疏通以后,向西流去,泾河流入渭河以后,两条河水会合在一起,漆沮已经会合洛水流入黄河,沣水也向北流入渭河同渭河会合。荆山、岐山治理以后,终南山、惇物山一直到鸟鼠山都得到了治理。原隰的治理取得了效果,甚至于猪野泽也得到治理。三危山已经可以居住了,三苗获得了安定。这一带的土是黄色的,这里的田是第一等,赋税是第六等。这里的贡物是美玉、美石和珠宝。进贡的船只从积石山附近的黄河,到达龙门、西河,与从渭河逆流而上的船只会合在渭河以北。织皮的百姓定居在昆仑、析支、渠搜三座山下,西戎各族都安定顺从了。

　　(以上是第一段,记叙禹治理九州的功绩。)

【原文】

　　导岍及岐①,至于荆山②,逾于河。壶口、雷首至于太岳③。厎柱、析城至于王屋④。太行、恒山至于碣石⑤,入于海。

　　西倾、朱圉、鸟鼠至于太华⑥。熊耳、外方、桐柏至于陪尾⑦。

　　导嶓冢至于荆山⑧。内方至于大别⑨。岷山之阳至于衡山⑩,过九江至于敷浅原⑪。

【注释】

①导:段玉裁说:"当作道"开通道路的意思。岍(qiān 迁):山名,在今陕西陇县南。岐:山名,在今陕西岐山县东北。

②荆山:山名,在今陕西富平县西南。

③壶口:山名,在今山西吉县南。雷首:山名,在今山西永济县东南。太岳:山名,即霍太山。

④厎(zhǐ 纸)柱:山名,在今山西平陆县东,山在河中,又名三门山。析城:山名,在今山西阳城县西南。王屋:山名,在今山西垣曲县东。

⑤太行:山名,在今山西、河南、河北三省交界处。恒山:在河北曲阳县西北,古称北岳。碣石:山名,在今河北昌黎、抚宁两县交界处。

⑥朱圉(yǔ 雨):山名,在今甘肃甘谷县西南。太华:山名,在今陕西华阴县南,又名华山,古称西岳。

⑦熊耳:山名,在今河南卢氏县东。外方:山名,在今河南登封县北,又名嵩山,古称中岳。桐柏:山名,在今河南桐柏县西南。陪尾:山名,在今湖北安陆县。

⑧嶓(bō 波)冢:山名,在今陕西宁强县西北。荆山:指南条荆山,在今湖北南漳县西南。

⑨内方:山名,又叫章山或马良山,在今湖北钟祥县西南。大别:就是湖北、安徽交界处的大别山。

⑩岷山:在今四川松潘县北,岷江的发源地。衡山:在今湖南衡山县,古称南岳。

⑪九江:指洞庭湖。敷浅原:曾运乾《尚书正读》认为就是现在江西庐山。

【今译】

　　开通了岍山和岐山的道路,到达荆山,越过黄河。又开通壶口山、雷首山,到达太岳山。从厎柱山、析城山,到达王屋山。从太行山、恒山,到达碣石山,从这里可以进入渤海。

　　从西倾山、朱圉山、鸟鼠山,到达太华山。又从熊耳山、外方山、桐柏山,到达陪尾山都得到了治理。

　　从嶓冢山开通道路到达荆山。从内方山到达大别山。从岷山的南面到达衡山,过洞庭湖到达庐山也都得到了治理。

【原文】

　　导弱水至于合黎①,馀波入于流沙②。

　　导黑水至于三危,入于南海。

导河、积石,至于龙门;南至于华阴③;东至于厎柱;又东至于孟津④;东过洛汭,至于大伾⑤;北过降水⑥,至于大陆;又北,播为九河⑦,同为逆河⑧,入于海。

　　嶓冢导漾⑨,东流为汉;又东,为沧浪之水⑩;过三澨⑪,至于大别,南入于江。东,汇泽为彭蠡;东,为北江⑫,入于海。

　　岷山导江,东别为沱⑬;又东至于澧;过九江,至于东陵⑭;东迤北⑮,会于汇⑯;东为中江⑰,入于海。

　　导沇水⑱,东流为济,入于河,溢为荥⑲;东出于陶丘北⑳,又东至于菏;又东北,会于汶;又北东,入于海。

　　导淮自桐柏,东会于泗、沂㉑,东入于海。

　　导渭自鸟鼠同穴㉒,东会于沣,又东会于泾;又东过漆沮,入于河。

　　导洛自熊耳,东北,会于涧、瀍;又东,会于伊;又东北,入于河。

注释

①导:疏导。合黎:山名,在今甘肃山丹、张掖、高台、酒泉四县的北面。

②馀波:水的下游。流沙:郑玄引《汉书·地理志》说:"流沙在居延西北,名居延泽。"居延泽就是今内蒙古自治区额济纳旗的嘎顺诺尔湖和苏古诺尔湖。流沙泛指居延泽附近的沙漠。

③华阴:今陕西华阴县。山北为阴,华阴在华山的北面。

④孟津:今河南孟津县。

⑤大伾(pī 批):山名,在今河南浚县西南。

⑥降水:指漳、降合流的漳水,在今河北曲周、肥乡间进入黄河。

⑦播:分布。九河:指兖州的九河。

⑧同为逆河:郑玄说:"同,合也。下尾合名曰逆河,言相逆受也。"

⑨漾:水名,汉水的上游。

⑩沧浪:水名,就是汉水。

⑪三澨(shì 是):水名,又叫三参水,源出湖北京山县,东流到汉川县入汉水。

⑫北江:就是汉水。汉水称北江,彭蠡称南江,岷江称中江,合称三江。

⑬沱:水名,长江的支流,大约指今沱江、嘉陵江、涪江等。

⑭东陵:地名,《汉书·地理志》《水经·决水注》都认为是汉代卢江郡金兰县西北的东陵乡。

⑮迤(yǐ 以):地势斜着延长,又写作"迆"。

⑯汇:《尚书正读》:"汇为淮之假借字。两大水相合曰会,江、淮势均力敌,故云会。古江、淮本通,孟子言禹决汝、汉,排淮泗而注之江,是也。"

⑰中江:指岷江。郑玄说:"左合汉为北江,右合彭蠡为南江,岷江居其中,则为中江。"

⑱沇(yǎn 眼):水名。《水经注·济水》:"济水出河东垣县东王屋山为沇水。"沇水和济水为同一条河,上游称沇水,下游称济水。

⑲溢:《史记·夏本纪》作"泆",水动荡奔突而出的意思。荥(xíng 形):荥泽,在今河南荥阳县,汉时已成平地。

⑳陶丘:在今山东定陶县。

㉑东会于泗、沂(yí 移):泗,泗水。沂,沂水。沂水流入泗水,泗水流入淮河。沂水与泗水在今江苏邳县会合,泗水与淮河在今江苏淮阴会合,淮河在今江苏阜宁县东入海。

㉒鸟鼠同穴:山名,就是鸟鼠山。

【今译】

把弱水疏通到合黎山,下游流到沙漠。

把黑水疏通到三危山,让它流入南海。

疏导黄河,从积石山开始,到达龙门山;再向南到达华山的北面;再向东到底柱山;又向东到孟津;经过洛水与黄河会合的地方,到达大伾山;然后向北经过降水,到达大陆泽;又向北,分成九条支流,再会合成一条逆河,流进大海。

从嶓冢山开始疏导漾水,向东流成为汉水;又向东流,成为沧浪水;经过三澨水,到达大别山,向南流进长江。向东,汇成的湖泽叫彭蠡泽;向东,称为北江,流进大海。

从岷山开始疏导长江,向东另外分出一条支流称为沱江;又向东到达澧水;经过洞庭湖,到达东陵;再向东斜着延伸到北,与淮河会合;向东称为中江,流进大海。

疏导沇水,向东流就称为济水,流入黄河,河水漫溢出来成为荥泽;又从定陶的北面向东流,再向东到达菏泽县;又向东北,与汶水会合;再向北,然后转向东,流进大海。

从桐柏山开始疏导淮河,向东与泗水、沂水会合,向东流进大海。

从鸟鼠同穴山开始疏导渭水,向东与沣水会合,又向东与泾水会合;又向东经过漆沮,流入黄河。

从熊耳山开始疏导洛水,向东北,与涧水、瀍水会合;又向东,与伊水会合;又向东北,流入黄河。

（以上是第二段，叙述禹治山治水的功绩。）

【原文】

九州攸同：四隩既宅①，九山刊旅②，九川涤源③，九泽既陂④，四海会同⑤。六府孔修⑥，庶土交正⑦，厎慎财赋⑧，咸则三壤成赋⑨。中邦锡土、姓⑩，祗台德先⑪，不距朕行⑫。

五百里甸服⑬。百里赋纳总⑭，二百里纳铚⑮，三百里纳秸服⑯，四百里粟，五百里米。

五百里侯服⑰。百里采⑱，二百里男邦⑲，三百里诸侯⑳。

五百里绥服㉑。三百里揆文教㉒，二百里奋武卫㉓。

五百里要服㉔。三百里夷㉕，二百里蔡㉖。

五百里荒服㉗。三百里蛮㉘，二百里流㉙。

东渐于海㉚，西被于流沙㉛，朔南暨声教讫于四海㉜。禹锡玄圭㉝，告厥成功。

【注释】

①隩（ào 奥）：可以定居的地方，又写作"墺"。宅：居住。

②九山：上文所举的九条山脉。一、岍及岐至于荆山；二、壶口、雷首至于太岳；三、厎柱、析城至于王屋；四、太行、恒山至于碣石；五、西倾、朱圉、鸟鼠至于太华；六、熊耳、外方、桐柏至于陪尾；七、嶓冢至于荆山；八、内方至于大别；九、岷山之阳至于衡山。刊：削，除。旅：治。

③九川：上文所举的九条河流，即弱水、黑水、黄河、漾水、长江、沇水、淮河、渭水、洛水。涤源：《尚书今古文注疏》："涤源者，谓疏达其水原也。"

④九泽：上文所举的九个湖泽，即雷夏、大野、彭蠡、震泽、云梦、荥波、菏泽、孟猪、猪野。陂：《说文》："陂，阪也。"《说文》："阪，坡者曰阪，一曰泽障。"泽障就是堤防。

⑤四海：《尔雅·释地》："九夷八狄七戎六蛮，谓之四海。"会同：会同京师，指各地进贡的道路都畅通无阻了。

⑥六府：水火金木土谷。孔：很。修：治理。

⑦庶：众。交：《孔传》："俱也。"正：通"征"。

⑧厎：定，规定。

⑨则：准则。三壤：《孔疏》："土壤各有肥瘠，贡赋从地而出，故分其土壤为上中下计其肥瘠，等级甚多，但举其大较，定为三品。"成：定。

虞夏书 ◇ 63

⑩中邦：九州。锡：赐。
⑪祇（zhī 支）：恭敬。台（yí 移）：以（于省吾说）。
⑫不距朕行：郑玄说："不距违我天子政教所行。"
⑬甸服：古代在天子领地外围，每五百里为一区划，按距离远近分为甸服、侯服、绥服、要服、荒服。胡渭《禹贡锥指》说："五千里内皆供王事，故通谓之服，而甸服则主为天子治田出谷者也。"
⑭纳：交纳。总：郑玄说："谓入所刈禾也。"指禾的总体。
⑮铚（zhì 至）：古代一种短镰刀。《孔疏》："铚谓禾穗也。禾穗用铚以刈，故以铚表禾穗。"
⑯秸（jiē 阶）：郑玄说："又去颖也。"段玉裁说："又去颖者，又去穗之颖而入谷实也。"颖，禾的尖端。
⑰侯服：江声说："侯之言候，候顺逆，兼司候王命。"意思是服事天子。
⑱采：马融说："事也，各受王事者。"指替天子服各种差役。
⑲男邦：《史记·夏本纪》作"任国"，替邦国服一定的差役。王事和邦事，大概是私事和公事的区别。
⑳诸侯：《孔传》："同为王者斥候。"《孔疏》："斥候，谓检行险阻，伺候盗贼。"指侦察放哨。
㉑绥服：《孔传》："安服王者之政教。"指替天子做安抚的事。《尔雅·释诂》："绥，安也。"
㉒揆（kuí 葵）文教：《孔传》："揆，度也。度王者文教而行之。"
㉓奋武卫：《尚书易解》："奋武卫者，奋扬武威为王者藩卫也。"
㉔要服：《尚书易解》："受王者约束而服事之，谓之要服。"
㉕夷：《周书·谥法》："安心好静曰夷。"和平相处的意思。
㉖蔡：马融说："法也，受王者刑法而已。"意思是约遵守刑法。
㉗荒服：《广雅·释诂》："荒，远也。"替天子守边远的地方叫荒服。
㉘蛮：郑玄说："蛮者，听从其俗，羁縻其人耳，故云蛮。蛮之言缗也。"意思是尊重他们的风俗，维系同他们的联系。
㉙流：郑玄说："流谓夷狄流移，或贡或不。"
㉚渐：入。
㉛被：及，到。
㉜朔南暨声教讫于四海：《尚书易解》："朔南暨声教讫于四海，九字一句，谓北方南方和声教皆止于夷狄之区。"
㉝锡：赐。玄圭：玄，玄色，天青色。圭，《说文》："瑞玉也。"

【今译】

九州的水土治理都已完成：四方的土地都已经可以居住了，九条山脉都削木立了路标可以通行了,九条河流都疏通了水源,九个湖泽都修筑了堤防,四海之内进贡的道路都畅通无阻了。水火金木土谷六府都治理得很好,各处的土地都要征收赋税,并且慎重地规定了财物赋税的多少,都是根据土地的上中下等级规定赋税的。九州之内的土地都赏赐给诸侯,并且赐给姓氏,而赐给土地、姓氏的准则,是按照他们的品德决定先后,不违抗我的措施的人们。

　　国都以外五百里叫做甸服。离国都最近的一百里缴纳连秆的禾,二百里的缴纳禾穗,三百里的缴纳带稃的谷,四百里的缴纳粗米,五百里的缴纳精米。

　　甸服以外五百里是侯服。离侯服最近的一百里替天子服各种差役,二百里的替国家服一定的差役,三百里的替天子侦察放哨,担任警戒。

　　侯服以外五百里是绥服。三百里的考察天子的政教再在自己的封地推行,二百里的奋扬武威保卫天子。

　　绥服以外五百里是要服。三百里的要和平相处,二百里的要遵守刑法。

　　要服以外五百里是荒服。三百里的尊重他们的风俗,维持同他们的联系,二百里的让他们流动迁移,随他们进贡不进贡。

　　东方进入大海,西方到达沙漠,北方、南方连同声教都到达外族居住的地方。于是,禹被赐给玄色的美玉,表示大功告成了。

　　(以上是第三段,叙述禹统一中国的大功。)

甘 誓

【题解】

　　甘,地名,有扈氏国都的南郊。誓,古代告诫将士的言辞。《周礼·秋官·士师》:"(五戒)一曰誓,用之于军旅。"

　　据《史记·夏本纪》记载,大禹东巡狩,死于会稽,把政权交给了益。三年后,益让给禹的儿子启。启很贤德,深得人心,于是继承帝位。大概由于从尧到舜,从舜到禹,都是让贤,唯独从禹到启是传子,夏的同姓诸侯有扈氏不服,启举兵讨伐,在甘消灭了有扈氏。战前,启誓师告诫将士,史官记下启的言辞,写成《甘誓》。

　　《淮南子·齐俗训》高诱注和孔颖达《尚书正义》都认为"尧舜受禅,启独继父"是有扈氏不服的原因,那么,公天下和家天下这两种新旧制度之争便是这次战争的起因。

【原文】

　　启与有扈战于甘之野①,作《甘誓》。

注释

　　①启:禹的儿子。有扈(hù 户):国名,故城在今陕西户县。《地理志》:"扶风鄠县是扈国。"又说:"鄠县,古扈国,有户亭。"扈、鄠、户,古今字。甘:有扈氏南郊地名,鄠南有甘亭。

【今译】

　　启同有扈氏在甘的郊野作战,史官记下了启战前誓师的言辞,写成《甘誓》。

　　(以上是序。)

【原文】

　　大战于甘,乃召六卿①。王曰:"嗟!六事之人②,予誓告汝:有扈氏威侮五行③,怠弃三正④,天用剿绝其命⑤,今予惟恭行天之罚⑥。"

【注释】

①六卿:夏商周时,天子有六军,六军的主将称六卿。郑玄说:"六军之将。《周礼》六军皆命卿,则三代同矣。"

②六事:指六军的全体将士。郑玄说:"变六卿言六事之人者,言军吏以下及士卒也。"

③威侮五行:《经义述闻》:"威乃烕之讹,烕者蔑之借。蔑,轻也。蔑侮五行,言轻慢五行也。"五行,指金木水火土五种物质,所谓轻慢五行,夏曾佑说:"即言有扈氏不遵洪范之道。"(参见《洪范》)

④怠:懈怠。三正:正德、利用、厚生三大政事,见《尚书易解》。

⑤用:因此。剿:绝。

⑥恭行:《墨子·明鬼篇》《史记·夏本纪》《汉书·王莽传》都作"共"。共行就是奉行。

【今译】

将要在甘这个地方发动一场大规模的战争,夏启就召见了六军的将领。王说:"啊!你们六军全体将士,我告诫你们:有扈氏轻慢金木水火土五种物质,不遵守上古流传的治国大法,废弃正德、利用、厚生三大政事,因此,老天要断绝他的国运,现在我只有奉行老天对他的惩罚。"

(以上是第一段,说明启举兵讨伐有扈的缘由。)

【原文】

"左不攻于左①,汝不恭命;右不攻于右②,汝不恭命;御非其马之正③,汝不恭命。用命,赏于祖④;弗用命,戮于社⑤,予则孥戮汝⑥。"

【注释】

①左:车左。《孔传》:"左方主射。"攻:精善,这个意义又写作"功"。

②右:车右。《孔传》:"右勇力之士执戈矛以退敌。"

③御:驾车的人。金履祥说:"左主射,右主击刺,御主马,各守其职。"

④赏于祖:《孔传》:"天子亲征,必载迁庙之祖主行,有功,则赏祖主前,示不专。"意思是天子亲自征伐时,必定随行带着祖庙的神主,凡是对有功的将士进行赏赐时,必定在祖庙的神主前施行,表示自己不敢独断专行。

⑤戮于社:《孔传》:"天子亲征,又载社主,谓之社事,不用命奔北者,则戮之

于社主前。"

⑥孥(nú奴)戮:孥,通"奴"。颜师古《匡谬正俗》说:"案孥戮者,或以为奴,或加刑戮,无有所赦耳。此非孥子之孥,犹《泰誓》称囚孥正士,亦谓或囚或孥也,岂得复言并子俱囚也。"

【今译】

"车左的兵士如果不善于用箭射死敌人,那你们就是不遵奉我的命令;车右的兵士如果不善于用戈矛刺杀敌人,那你们也是不遵奉我的命令;驾车的兵士如果不能使马左右进退适当,那你们也是不遵奉我的命令。服从命令的,我就在先祖的牌位面前赏赐你们;不服从命令的,我就在社神的牌位面前惩罚你们,我或者把你降为奴隶,或者杀掉你们。"

(以上是第二段,明确规定奖惩办法。)

五子之歌

【题解】

夏启的儿子太康耽于游乐田猎,荒废政事,不理民情,人民不堪忍受。有穷国君羿率领人民在黄河北岸抵御太康返回国都,从而使太康失去帝位。太康去洛南打猎时,他的五个弟弟侍候他们的母亲同去了,太康被阻后,五个弟弟在洛水之北等候了一百多天,始终不见太康回来,于是作了五首歌,表示对太康的指责和怨恨。

五子的名字,书传没有记载,大概被有穷国后羿立为王的仲康是其中的一个。文中说:"五子咸怨,述大禹之戒以作歌。"事实上,只有前两首是陈述大禹的告诫,后三首分别是恨亡国都、恨绝宗祀和追悔不及的感叹。

今文无,古文有。

【原文】

太康失邦①,昆弟五人须于洛汭②,作《五子之歌》。

注释

①太康:夏启的儿子,沉湎于游乐田猎,不顾人民的疾苦,被羿驱逐,不能回国。

②须:通"颛",等待的意思。洛汭:古地区名。指洛水入古黄河处,在今河南巩县境。

【今译】

太康丧失了帝位,他的五个弟弟在洛水北岸等待他回国,作《五子之歌》。

(以上是序。)

【原文】

太康尸位①,以逸豫灭厥德②,黎民咸贰③,乃盘游无度④,畋于有洛之表⑤,十旬弗反⑥。有穷后羿因民弗忍⑦,距于河⑧。厥弟五人御其母以从⑨,徯于洛之汭⑩。五子咸怨,述大禹之戒以作歌⑪。

注释

①尸位:古代享用祭祀的主位,指处于尊贵的地位。
②逸:安逸,又作"佚"。豫:《蔡传》:"乐也。"
③咸:都。贰:有二心。
④盘:享乐。游:游逸。度:法度,节制。
⑤畋(tián 田):打猎。表:指洛水的南面。
⑥反:"返"的古字,返回。
⑦有穷:国名。有,用在国名前的名词词头,没有意义。后:《尔雅·释诂》:"君也。"羿(yì 义):有穷国君的名字。帝喾(kù 酷)的射官名叫羿,后来,善于射箭的人都称为羿,有穷的国君也善射,因此把他叫做羿。弗忍:不堪忍受。
⑧距:通"拒",抵御。河:黄河。
⑨御:侍奉。
⑩徯(xī 奚):等待。汭(ruì 锐):水的转弯处。
⑪述:《孔传》:"述,循也。"《五子之歌》的内容并不是陈述大禹的告诫,而是指责埋怨太康的所为,因此,述是遵循,不是叙述。

【今译】

太康身居高位却不理政事,贪图安逸享乐,丧失了做国君的品德,老百姓都怀二心。太康竟然纵情游乐没有节制,在洛水的南面打猎,一连百来天也不回去。有穷国的君王羿由于人们不能忍受太康的所作所为,就在黄河北岸抵御太康回国。太康的五个弟弟侍候他们的母亲跟随打猎,在洛水转弯流进黄河的地方等候太康,五个弟弟都埋怨他,因此,遵循大禹的告诫而作诗歌。

(以上是第一段,说明五子作歌的缘由。)

【原文】

其一曰:"皇祖有训①,民可近,不可下②,民惟邦本,本固邦宁。予视天下愚夫愚妇一能胜予③,一人三失,怨岂在明④,不见是图⑤。予临兆民⑥,懔乎若朽索之驭六马⑦,为人上者,奈何不敬?"

【注释】

①皇:《说文》:"皇,大也。"皇祖指夏的开国君主禹。
②下:低下,这里的意思是以为卑贱。
③一:都,整个地。
④明:指明显的时候。
⑤不见是图:即"图不见",指图谋细微不见的过失。《孔疏》:"大过皆由小事而起,言小事不防,易致大过,故于不见细微之时,当于是豫图谋之,使人不怨也。"
⑥临:面临,面对。兆:《孔传》:"十万曰亿,十亿曰兆,言多。"
⑦懔(lǐn 凛):内心恐惧。驭:驾。

【今译】

其中第一首说:"我们伟大的祖先大禹有训示,对待百姓,只可以亲近,不能够认为他们卑贱。只有百姓才是立国的根本,根本稳固了,国家才会安宁。我认为天下的愚人都能胜过我。一个人有许多失误、怨恨,难道要在明显的时候才去考虑吗?应该在没有形成的时候就加以考虑。我们面对亿万人民,畏惧的心情就好像用腐朽的绳索驾着六匹马一样。地位在人们之上的人,为什么不谨慎呢?"

(以上是第二段,陈述大禹的告诫,作人君要十分重视百姓的作用。)

【原文】

其二曰:"训有之:内作色荒①,外作禽荒②。甘酒嗜音③,峻宇彫墙④。有一于此,未或不亡⑤。"

【注释】

①作:兴,现在说作兴。色:女色。荒:迷乱。
②禽:鸟兽,这里指畋猎。
③甘:美味,这里指饮美酒不知节制。嗜(shì 示):爱好,不知满足。
④峻:高大。彫:彩饰。
⑤未或:未有,没有什么人。

【今译】

其中第二首说:"皇祖大禹的训诫有这样的话:在内作兴女色的迷

恋,在外作兴游猎的沉迷。纵情饮酒不知节制,嗜好歌舞不知满足,住着高大的屋宇,还在墙上绘上彩饰。这几项中如果有一项,就没有什么人不亡国的。"

(以上是第三段,陈述大禹的告诫,纵情声色狗马,贪于享乐安逸,国将亡。)

【原文】

其三曰:"惟彼陶唐①,有此冀方②。今失厥道,乱其纪纲③,乃厎灭亡④。"

【注释】

①陶唐:尧帝。《蔡传》:"尧初为唐侯,后为天子,都陶,故曰陶唐。"
②冀方:冀州地方。尧建都平阳,舜建都蒲坂,禹建都安邑,都在古冀州。这里举尧包括舜、禹,举冀州包括全国。
③纪纲:法制。
④厎(zhǐ 纸):致。

【今译】

其中第三首说:"那个尧帝,有了冀州这块地方。如今太康丧失了尧的治道,搞乱了尧的法制,于是招致灭亡。"

(以上是第四段,指责太康失道亡国。)

【原文】

其四曰:"明明我祖①,万邦之君。有典有则②,贻厥子孙③。关石和钧④,王府则有⑤。荒坠厥绪⑥,覆宗绝祀⑦!"

【注释】

①明明:明而又明,十分英明、圣明。
②典:典章。则:法则。
③贻:留。《孔传》:"遗也。"
④关:《孔疏》:"通也。"这里是互通有无的意思,指交换。石:指金铁。古代一百二十斤为一石,石是最重的重量单位,用石做计算单位的必定是很重的物品,因此,金铁称为石。这里指供人器用的金铁,也包括米粟、布帛等人们的生产,生

活必需品。和：平。钧：均。有无平均,民用不缺。

⑤有：富足。

⑥荒：荒废。坠：失落。绪：前人留下的事业。

⑦覆：覆灭。绝：断绝。

【今译】

　　其中第四首说："我们十分圣明的祖先大禹,是各诸侯国的天子。有治国的典章法则,遗留给他的后世子孙。交换生产的东西,使它有无平均,民用物资不缺,王府也很富足。现在荒废丧失了前人的事业,覆灭了宗族,断绝了祭祀!"

　　(以上是第五段,埋怨太康弃典法而灭宗祀。)

【原文】

　　其五曰："呜呼曷归①？予怀之悲。万姓仇予②,予将畴依③？郁陶乎予心④,颜厚有忸怩⑤。弗慎厥德⑥,虽悔可追⑦？"

注释

①曷归：即"归曷",归向何方。曷,何。

②仇：《孔传》："怨也。"

③畴：谁。

④郁陶：忧愁。《孔疏》："郁陶,精神愤结积聚之意,故为哀思也。"

⑤颜厚：面带羞愧。《孔疏》："羞愧之情见于面貌,似如面皮厚然,故以颜厚为色愧。""忸怩：内心惭愧。《孔疏》："忸怩,羞不能言,心惭之状。"

⑥慎：这里是注重的意思。

⑦虽：即使。追：补救。

【今译】

　　其中第五首说："啊呀!我们归向何方啊？我一想到这点就感到悲伤。普天下的人都怨恨我们,我们依靠谁呢？我的神情抑郁忧愁,脸上带着羞愧,内心充满哀思。平时不注重自己的品德,即使现在想改悔,难道还来得及补救吗？"

　　(以上是第六段,埋怨太康平日不注重品德修养,终于失去帝位而追悔莫及。)

胤 征

【题解】

　　太康失去帝位后,后羿立太康的弟弟仲康为帝。这时,主管天地四时历数的羲氏、和氏纵酒享乐,不履行自己的职责,仲康命令胤侯率领将士征讨羲和。胤侯出征之前聚众誓师,《胤征》就是出征的誓词。

　　在誓词中,胤侯强调了君正臣贤,臣民都要忠于职守,失职的人应该受到惩处,而对被惩处的人又要区别情况,分别对待,对首恶分子要严厉处治,不徇私情。

　　文中用"烈于猛火"比喻"天吏逸德",在早期散文中具有较强的文学色彩。

　　今文无,古文有。

【原文】

　　羲和湎淫①,废时乱日,胤往征之②,作《胤征》。

注释

　　①羲和:羲氏与和氏,尧帝曾命令他们根据日月星辰的运行情况制定历法,教导人们按时令节气从事生产活动。自尧至夏,羲氏、和氏世世代代为掌管天地四时的官。湎(miǎn 免):沉迷于酒。淫:过分,度。

　　②胤(yìn 印):国名。征:征伐。

【今译】

　　羲氏与和氏过分地好酒贪杯,玩忽职守,搞乱了天时节令,胤侯去征讨他们,史官记述了这件事,叫做《胤征》。

　　(以上是序。)

【原文】

　　惟仲康肇位四海①,胤侯命掌六师②。羲和废厥职,酒荒于厥邑③,胤后承王命徂征。

【注释】

①仲康:太康的弟弟。《史记·夏本纪》:"太康崩,弟中康立,是为帝中康。"中康就是仲康。肇(zhào 兆):开始。位:通"涖"。《尔雅·释诂》:"涖,视也。"

②侯:《尔雅·释诂》:"侯,君也。"六师:六军,大司马掌管六军。

③邑:封地。

【今译】

仲康开始统治全国的时候,命令胤侯为大司马掌管六军。羲氏与和氏废弃他们的职守,回到他们的封地饮酒作乐,胤国的国君接受仲康的命令去征讨他们。

(以上是第一段,说明胤侯征伐羲和的原因。)

【原文】

告于众曰:"嗟予有众,圣有谟训①,明征定保②,先王克谨天戒③,臣人克有常宪④,百官修辅⑤,厥后惟明明,每岁孟春,遒人以木铎徇于路⑥,官师相规⑦,工执艺事以谏⑧,其或不恭⑨,邦有常刑。"

"惟时羲和颠覆厥德,沈乱于酒⑩,畔官离次⑪,俶扰天纪⑫,遐弃厥司⑬,乃季秋月朔⑭,辰弗集于房⑮,瞽奏鼓⑯,啬夫驰⑰,庶人走,羲和尸厥官罔闻知⑱,昏迷于天象,以干先王之诛⑲,政典曰:'先时者杀无赦⑳,不及时者杀无赦㉑。'"

【注释】

①谟:谋略。训:教训。

②征:证验,应验。保:《孔传》:"安也。"指安邦定国。

③天戒:老天的告诫,如日食之类,古人认为是天降灾祸的征兆。

④常宪:常规法典。

⑤修:修职,忠于职守,搞好本职工作。辅:辅君,辅佐君主。

⑥遒(qiú 求)人:官名,主管宣令。《孔疏》:"遒人,不知其意。盖训遒为聚,聚人而令之,故以为名也。"木铎:一种铃子,铃身是金属的,铃舌是木的。古时宣布政教法令,沿途摇铃,从而引起人们注意。《周礼·天官·小宰》"徇以木铎"注:"古者将有新令,必奋木铎以警众,使明听也……文事奋木铎,武事奋金铎。"徇(xùn 训):通"巡",巡行。

⑦官师:众官,各位官员。规:规劝。

⑧工执艺事以谏:工,指百工,即各种工匠艺人。用技艺法规进谏,如同《礼记·月令》所说"毋或作为淫巧,以荡上心"。如果命令各种工匠制作出的东西是淫巧、奢侈的,工匠应当加以规劝。

⑨或:有人,有谁。恭:《孟子·离娄上》:"责难于君谓之恭。"

⑩沈:通"沉",沉湎。

⑪畔:通"叛",违背。次:职位。

⑫俶(chù 触):《尔雅·释诂》:"始也。"天纪:就是《书·洪范》中所说的"五纪","一曰岁,二曰月,三曰日,四曰星辰,五曰历数。"

⑬遐(xiá 霞):远。司:司掌的职务。

⑭季秋:秋季的最后一个月,就是阴历九月。朔:阴历每月初一。

⑮辰:旧指太阳与月亮会合。《左传·昭公七年》:"公曰:'多语寡人辰而莫同。何谓辰?'对曰'日月之会是谓辰,故以配日。'"房:房宿,指太阳与月亮相会的地方。

⑯瞽(gǔ 鼓):本指盲人,这里指乐官。按《周礼》,盲人没有视力,但识别声音的能力很强,因此用盲人做乐官。

⑰啬夫:掌管布帛的小官。

⑱尸:主管,主持。

⑲干:犯。先王之诛:先王制定的应当诛杀的律典条例。

⑳先时:在时令节气之前,比时令节气早。

㉑不及时:没有赶上时令节气,比时令节气晚。

【今译】

胤侯向众人宣誓说:"啊!诸位:圣人有谋略,有教训,这些谋略、教训明白无误地证明了可以安邦定国。先王能够谨慎地对待老天的告诫,臣民能够奉行常规法典,百官能够尽职尽责地辅佐。那些诸侯十分贤明。每年初春,遒人之官摇着铃子在路上巡行,各位官员相互规劝对方的过失,各种工匠艺人也依据技艺规程向上提出意见。如果以上人等有不忠于职守的,国家将按常规施加刑罚。"

"羲氏与和氏败坏了先王的教令,好酒贪杯,违背职守,离开职位,开始搞乱了天时历法,远远地抛弃了他们主管的工作。于是九月初一这一天,太阳和月亮会合的地方不在房宿,发生了日蚀,乐官击鼓,啬夫驰驱,众人奔走都为营救太阳出力。羲和主管天地四时,却不知道发生了日蚀,昏暗不明白天象,因而触犯了先王诛杀的律令。先王的政典规定:历法所定比天时出现得早,应当杀头不能赦免,比天时出现得晚,也应当杀头不能赦免。"

(以上是第二段,胤侯誓师时,宣布羲和的罪行。)

【原文】

"今予以尔有众,奉将天罚①。尔众士同力王室②,尚弼予③钦承天子威命。火炎昆冈④,玉石俱焚。天吏逸德⑤,烈于猛火。歼厥渠魁⑥,胁从罔治,旧染污俗,咸与维新⑦。呜呼!威克厥爱⑧,允济⑨;爱克厥威,允罔功。其尔众士,懋戒哉⑩!"

注释

①奉:尊奉。将:行将,即将。天罚:上天的惩罚。
②同力:同心协力。
③尚:庶几,表示祈求或命令的副词。
④昆冈:昆山,古代著名的产玉的地方。《尔雅·释山》:"山脊,冈。"
⑤逸:过,错误。
⑥歼:全部杀死。《孔疏》:"歼,尽也。《释诂》文。舍人曰:'歼,众之尽也。'众皆死尽为歼也。"渠:《孔传》:"渠,大。"魁:首领。《孔传》:"帅也。"
⑦与:许可。
⑧克:战胜。爱:爱心,指对亲爱者有罪而不杀的私惠。
⑨济:成功。
⑩懋(mào 茂):勉力。戒:谨慎。

【今译】

"现在我率领你们全体士众,奉行上天的惩罚。你们众将士要为王室同心尽力,辅助我恭敬地秉承天子的威严命令。大火燃烧昆山时,美玉和顽石都会被焚烧。天子官吏的错误行径,那危害会比大火还要猛烈。我们只要杀掉他们的首恶,被迫跟从他们的人不要惩治,其余原来染上污秽旧俗的人,都允许改恶从善、弃旧图新。啊!如果威严战胜私惠,那就确实能够成功;如果私惠战胜威严,那就确实不能成功。你们众将士要努力、要谨慎啊!"

(以上是第三段,胤侯誓师时告诫众将士,要同心尽力,奉行天子的命令。)

帝告　釐沃

【原文】

　　自契至于成汤八迁①,汤始居亳②,从先王居③。作《帝告》《釐沃》④。

注释

　　①八迁:《孔传》:"十四世凡八徙国都。"从契到汤共十四代,见《史记·殷本纪》。
　　②亳(bó脖):有南亳和西亳。《括地志》:"宋州谷熟县西南三十五里南亳故城,即南亳,汤都也。宋州北五十里大蒙城为景亳,汤所盟地,因景山为名。河南偃师为西亳,帝喾(kù酷)及汤所都,盘庚亦徙都之。"这里指南亳。
　　③从先王居:《孔传》:"契父帝喾都亳,汤自商丘迁焉,故曰'从先王居'。"《史记正义》:"汤即位,都南亳,后徙西亳也。"
　　④作《帝告》《釐沃》:《孔传》:"告来居,治沃土二篇皆亡。"《帝告》的意思是告诉先王,汤迁居先王之地。《釐沃》的意思是整治沃土。《史记·殷本纪》引文无《釐沃》,后人怀疑《帝告釐沃》是一篇。
　　另外,从《帝告》起已是商书,以下五篇只有序,没有正文,不宜放在卷首,今从先例放在虞夏书之后。

【今译】

　　从契到成汤八次迁移国都,成汤又把国都迁到亳,跟从先王住过的地方居住。史官作《帝告》《釐沃》。
　　(以上是序,无正文。)

汤　征

【原文】

　　汤征诸侯,葛伯不祀①,汤始征之②,作《汤征》。

【注释】

①葛伯:葛,国名,嬴姓,故城在今河南宁陵县北。伯,伯爵。葛伯不祀的情况,见《书·仲虺之诰》"乃葛伯仇饷"注。
②汤始征之:汤征伐诸侯从葛伯开始。

【今译】

成汤征伐诸侯,葛伯不奉行祭祀,成汤就从征伐葛伯开始,作《汤征》。

(以上是序,无正文。)

汝鸠　汝方

【原文】

伊尹去亳适夏①,既丑有夏②,复归于亳。入自北门,乃遇汝鸠、汝方③。作《汝鸠》《汝方》。

【注释】

①伊尹:见《书·汤誓》注。去:离开。适:往,到……去。
②丑:厌恶。有:名词词头,无义。
③汝鸠、汝方:汤的二位贤臣。

【今译】

伊尹离开亳到夏,不久就厌恶夏了,重新回到亳。从北门进入时,却碰上了汝鸠、汝方,写下了《汝鸠》《汝方》。

(以上是序,无正文。)

虞夏书　◆　79

商 书

舜帝的大臣契辅佐禹治水有功,被舜帝任命为司徒,封于商,赐姓子氏。契的第十四代孙汤率领诸侯赶走了夏的暴君桀,取得帝位,就把祖先的封地商作为自己的国号。

商书是商代的典籍,现存的商书今古文共有十七篇。

汤 誓

【题解】

这是汤出师伐桀前的一篇誓词。

汤名履,又称天乙,由于他仁德及于禽兽而深得民心。当时,夏的君王桀荒淫暴虐,再加上诸侯昆吾氏叛乱,汤就率领诸侯,在伊尹的辅助下,消灭了昆吾氏,于是又乘胜讨伐夏桀。

伐桀之前,汤的军民不愿征战,汤就在都城亳誓师,告喻士众吊民伐罪的道理。文中"时日曷丧?予及汝皆亡",真实反映夏国人民怨恨暴君暴政的心情,十分可贵。

【原文】

伊尹相汤伐桀①,升自陑②,遂与桀战于鸣条之野③,作《汤誓》。

【注释】

①伊尹:名挚,是汤妻陪嫁的奴隶。不久,离开商汤跑到了夏桀那边去,后来,他厌恶桀的暴虐,又回到亳,辅助成汤伐桀。相(xiàng):辅佐。桀:姒(sì 四)姓,名履癸,禹的第十四代孙,夏的最后一个君主。

②升:从下往上。陑(ér 而):地名,在河曲之南,今潼关附近。

③鸣条:地名,在安邑之西(黄河以北)。

【今译】

伊尹辅佐汤讨伐桀,从陑地北上,于是同桀在鸣条的郊外开战。战前,誓师告诫士众,史官记述这件事,写成《汤誓》。

（以上是序。）

【原文】

王曰:"格尔众庶①,悉听朕言。非台小子②,敢行称乱③！有夏多罪④,天命殛之⑤。今尔有众,汝曰:'我后不恤我众,舍我穑事⑥,而割正夏⑦?'予惟闻汝众言⑧,夏氏有罪,予畏上帝,不敢不正。今汝其曰⑨:'夏罪其如台⑩?'夏王率遏众力⑪,率割夏邑⑫。有众率怠弗协⑬,曰:'时日曷丧⑭?予及汝皆亡。'夏德若兹⑮,今朕必往。"

【注释】

①格:来。
②台(yí 移):我。
③称:举,发动。
④有:用在名词前面的词头,没有意义。
⑤殛(jí 急):诛杀。
⑥穑(sè 色)事:农事。
⑦割:《广雅》:"害也。"《书·大诰》"天降割于我家","割"就是"害"。本文"时日曷丧",《孟子·梁惠王上》引作"时日害丧","害"就是"曷",为什么的意思。正:通"征"。
⑧惟:杨树达说:"惟,同虽。"
⑨其:恐怕,大概,表揣测的语气副词。
⑩如台(yí 移):如何。
⑪率:语气助词,没有意义。遏:《尚书核诂》:"遏,当读为竭。《诗·文王》《释文》遏或作竭,是遏竭可通也。竭,尽也。此文率遏众力,谓尽竭民之力也。"

⑫割:剥削。
⑬有:名词词头。率:语气助词。协:和协。
⑭时:通"是",这个。曷:何,什么时候。
⑮兹:这样。

【今译】

　　王说:"来吧!你们众位,都听我说。不是我小子敢犯上作乱!因为夏国犯下许多罪行,天帝命令我去讨伐它。现在你们众人会问:'我们的君王不怜悯我们众人,荒废我们耕种收获的事情,为什么要去征伐夏国呢?'我虽然听到了你们这些人的话,但是夏氏有罪,我畏惧上帝,不敢不去征伐啊。现在你们大概会问:'夏的罪行究竟怎么样呢?'夏王耗尽了民力,剥削夏国的人民。民众怠慢不恭,对他不友好,说:'这个太阳什么时候消失呢?我们愿意同你一起灭亡。'夏的品德坏到这样,现在我一定要去讨伐他。"

　　(以上是第一段,说明要发动士众讨伐夏桀的原因。)

【原文】

　　"尔尚辅予一人①,致天之罚②,予其大赉汝③!尔无不信④,朕不食言⑤。尔不从誓言,予则孥戮汝⑥,罔有攸赦⑦。"

注释

①尚:《尔雅·释言》:"庶几也。"表示祈使语气。
②致:用。(见《淮南子·脩务》注)
③其:将。赉(lài 赖):赏赐。
④无:通"毋",不要。
⑤食言:不守信用。食,吞没。
⑥孥(nú 奴):通"奴",这里的意思是变成奴隶。
⑦罔:无。攸:所。赦:免罪。

【今译】

　　"希望你们辅佐我这个人,实行天帝对夏的惩罚,我将重重地赏赐你们!你们不要不相信,我不会不守信用。如果你们不遵守誓言,我就会把你们变成奴隶,或者杀死你们,不会有任何赦免。"

　　(以上是第二段,严肃赏罚。)

夏社　疑至　臣扈

【原文】

汤既胜夏,欲迁其社①,不可②。作《夏社》《疑至》《臣扈》。

【注释】

①社:社神。《左传·昭公二十九年》:"共工氏有子曰句龙,为后土,后土为社。"

②不可:后土能平九州,因此作为土神享受祭祀。上世治水土之臣的功劳没有能比得上后土的,所以不可替代。

【今译】

汤战胜夏以后,打算变更社神,不行。作《夏社》《疑至》《臣扈》。

(以上是序,无正文。)

典　宝

【原文】

夏师败绩①,汤遂从之,遂伐三朡②,俘厥宝玉③。谊伯、仲伯作《典宝》④。

【注释】

①败绩:《孔传》:"大崩曰败绩。"

②三朡(zōng 宗):又作"三夔"、"三鬷"。国名,故城在今山东。《孔传》:"三朡,国名,桀走保之,今定陶也。"《括地志》:"曹州济阴县即古定陶也,东有三朡亭是也。"

③俘:获取。宝玉:用玉祭祀神祇,可以避免水旱灾害,所以称宝玉。

④谊伯、仲伯:汤的两个臣子。"谊",《史记·殷本纪》作"义"。

【今译】

夏的军队溃败,汤在后追击,于是讨伐三朡,获取了宝玉。谊伯、仲伯写下了《典宝》。

(以上是序,无正文。)

仲虺之诰

【题解】

　　仲虺(huǐ悔)，成汤的左相。诰，就是告。本篇是仲虺劝勉成汤的诰词。

　　尧舜禹，都是用禅让继承帝位的,汤却是用武力取得帝位,他感到惭愧。仲虺先说君的作用就是治理祸乱。桀逆天命,汤顺天意,伐桀是人心所向,不必惭愧,然后劝勉汤发扬美德,替子孙后代造福。

　　本篇以四字句为主,骈散结合,多处运用错综、引用、对偶、比喻等修辞手法,表现了比较成熟的写作技巧。

　　今文无,古文有。

【原文】

　　汤归自夏至于大坰①,仲虺作诰②。

注释

①大坰(jiōng扃)：地名。
②仲虺：人名。商代成汤的左相,奚仲的后代。

【今译】

　　汤讨伐夏桀后,从夏回国,中途到达大坰,仲虺作诰。
　　(以上是序。)

【原文】

　　成汤放桀于南巢①,惟有惭德。曰:"予恐来世以台为口实②。"
　　仲虺乃作诰,曰:"呜呼!惟天生民有欲,无主乃乱,惟天生聪明时乂③。有夏昏德,民坠涂炭④,天乃锡王勇智⑤,表正万邦⑥,缵禹旧服⑦,兹率厥典⑧,奉若天命⑨。"

注释

①成汤:殷商的开国君主,由于他用武力讨伐夏桀获得成功,因此叫做成汤。汤是名字,成是谥号。放:驱逐。南巢:地名。
②来世:后世,后代。台(yí移):第一人称代词,我。
③时:通"是",代词。乂(yì义):治理。
④坠:掉落,陷入。涂炭:烂泥和炭火,比喻灾难困苦。
⑤锡:通"赐"。
⑥表正:作为仪表、法式。
⑦缵(zuǎn纂):继承、继续。服:使用,实行。
⑧率:遵循。典:法则、制度。
⑨奉:奉顺,依从。

【今译】

成汤讨伐夏桀,把桀驱赶到了南巢,想到自己是用武力取代桀,内心感到惭愧。说:"我担心后代把我的行为当做话柄。"

仲虺于是作诰,说:"啊!天生下老百姓就有七情六欲,如果没有君主,就会乱起来,只有天生聪明的人才能治理祸乱。夏桀昏乱失德,使人民陷入水深火热之中,天赐给您勇气和智慧,使您成为所有邦国的表率和楷模。您只要继承禹所实行过的一切,遵循禹的律典常规,就是奉顺天意,没有什么可惭愧的。"

(以上是第一段,说明仲虺作诰的原因,指出桀逆天命,成汤伐桀是顺从天意。)

【原文】

"夏王有罪,矫诬上天①,以布命于下②。帝用不臧③,式商受命④,用爽厥师⑤。简贤附势⑥,实繁有徒⑦。肇我邦于有夏⑧,若苗之有莠⑨,若粟之有秕⑩。小大战战⑪,罔不惧于非辜⑫。矧予之德⑬,言足听闻⑭。"

"惟王不迩声色⑮,不殖货利⑯。德懋懋官⑰,功懋懋赏⑱。用人惟己,改过不吝。克宽克仁,彰信兆民。"

"乃葛伯仇饷⑲,初征自葛,东征西夷怨,南征北狄怨,曰:'奚独后予⑳?'攸徂之民㉑,室家相庆,曰:'徯予后㉒,后来其苏㉓。'民之戴商㉔,厥惟旧哉㉕!"

注释

①矫:欺诈。诬:欺骗,言语不真实。
②布:宣告。
③用:因为,由于。臧(zāng 赃):善,好。
④式:用。
⑤爽:丧失。《墨子·非命上》引作丧。爽丧音同。师:众庶。
⑥简:简慢。附势:依附有势力的人。
⑦繁:繁多。徒:同一类的人。
⑧肇(zhào 兆):开始。
⑨莠(yǒu 友):一种有害于农作物生长的杂草。
⑩秕(bǐ 比):谷粒不饱满。
⑪战战:害怕得发抖。
⑫罔:无,没有谁。非辜:没有罪。
⑬矧:况且。
⑭足:能够。
⑮迩(ěr 尔):近。
⑯殖:经商。经商的目的是营利,这里是聚敛的意思。
⑰德懋懋官:《孔疏》:"于德能勉力行之者,王则劝勉之以官。"懋(mào 贸),勉力,努力。
⑱功懋懋赏:《孔疏》:"于功能勉力为之者,王则劝勉之以赏。"
⑲葛伯仇饷(xiǎng 享):葛伯仇视给在田间劳动的人送饭。葛,国名,嬴姓,故城在今河南宁陵县北。伯,伯爵。饷,给在田间劳动的人送饭。据说,成汤与葛伯为邻,葛伯借口没有牛羊、谷物做祭品而不祭祀鬼神。汤给他牛羊,葛伯将牛羊吃了。汤又要自己的人民去帮葛伯耕种,老弱儿童给耕种的人送饭,葛伯却带领他的人抢夺饭食酒菜,不让抢的人就被杀掉,这就是所谓"葛伯仇饷"。(参见《孟子·滕文公下》)
⑳奚:何。后:指征讨在后。予:我们。
㉑攸:所。结构助词,放在动词前面,组成名词性词组。徂(cú 殂):往,指汤征伐所到的地方。
㉒徯(xī 希):等待。
㉓苏:死而复生。
㉔戴:爱戴,拥护。
㉕旧:久。

【今译】

"夏桀有罪,欺骗老天,假托天的意旨向百姓发号施令。老天因夏桀不善,让商接受治理天下的命令,因此,丧失了他的臣民百姓。简慢贤德依附权势,这种人确实有很多的同伙。从我们在夏朝立国开始,他们就把我们商看做禾苗里的杂草、谷粒中的空壳,总想除掉我们。我们商上上下下的人都很害怕,没有哪一个人不担心无罪而招来横祸。况且我们商的美德善言,能够动人听闻。"

"大王您不亲近歌舞女色,不聚敛金钱财物。努力行德的人,您用官勉励他;努力做事的人,您用奖赏勉励他。任用别人就好像任用自己一样深信不疑,改正自己的过错一点也不吝惜。能够宽厚,能够仁爱,对亿万人民明确地显示了诚信。"

"葛伯仇视给耕种的人送饭,他抢夺酒食,杀死送饭的人。您最初征伐就是从打葛伯开始的。后来,您向东方征讨,西方的外族就埋怨,您向南方征讨,北方的外族就埋怨,说:'为什么唯独后打我们这里呢?'您所征讨到的地方的百姓,一家一家地庆幸说:'等候我们的君王吧,我们的君王来了,我们恐怕就能死里求生了!'百姓拥护商,恐怕很久了吧!"

(以上是第二段,说明汤的美德足以令人信服,人民拥戴、归顺由来已久。)

【原文】

佑贤辅德①,显忠遂良②,兼弱攻昧③,取乱侮亡④,推亡固存⑤,邦乃其昌。德日新,万邦惟怀;志自满,九族乃离。王懋昭大德,建中于民⑥,以义制事⑦,以礼制心,垂裕后昆⑧。予闻曰:'能自得师者王⑨,谓人莫己若者亡。好问则裕⑩,自用则小⑪。'呜呼!慎厥终,惟其始。殖有礼⑫,覆昏暴⑬。钦崇天道⑭,永保天命⑮。"

注释

①佑:帮助。
②显:传扬。遂:登进,出来做官。
③兼:兼并。昧:愚昧,昏乱。
④乱:动乱,不太平。侮:轻慢,怠慢。
⑤推亡固存:《孔传》:"有亡道则推而亡之,有存道则辅而固之。"
⑥中:中道,不偏不倚、无过无不及的中庸之道。

⑦制:裁夺,控制。
⑧垂:流传。后昆:后裔,子孙。
⑨王:称王,统治天下。
⑩好问则裕:尊师好问就有所得,因此伟大。
⑪自用:自以为是。小:渺小。
⑫殖:树立。《国语·周语下》:"上得民心,以殖义方。"
⑬覆:覆没,灭亡。
⑭钦:敬畏。崇:尊奉。天道:古人认为天由神主宰,天道是支配人类命运的天神意志。
⑮天命:上天的教导。

【今译】

"帮助贤能的人,辅佐仁德的人,表彰忠贞的人,进用善良的人;兼并弱小的国家,攻击昏庸的诸侯,夺取动乱的政权,轻慢亡国的君主。应该灭亡的就促使它灭亡,应该生存的就帮助它巩固,能这样做,国家才会昌盛。使品德一天一天达到新的境界,万国都会来归往;内心自我满足,亲戚也会背离。君主要努力显示出大德,在百姓中树立大中之道,用义去裁夺事务,用礼去控制内心,把治理之道流传给子孙后代。我听说:'能够自己找到老师的人可以称王,认为别人没有谁比得上自己的人就会灭亡。谦虚好问的人必然伟大,自以为是的人必然渺小。'啊!要搞好结局,只有从开始做起。有礼的,得到树立;昏暴的,终将灭亡。敬奉老天的意志,永远保守老天的教导。"

(以上是第三段,说明天道可畏,为君艰难,要昭明德行,按天的意志办事。)

汤　诰

【题解】

汤率领诸侯军在安邑西的鸣条把桀打得大败,又乘胜消灭了三㚇(zōng 宗),各诸侯国都归服汤,于是汤登上天子位。回到都城亳之后,各诸侯国都来朝见,汤趁机向天下昭告了讨伐夏桀的大道理,史官记录了这件事,写成《汤诰》。在这篇诰词中,极力强调天道福善祸淫,汤伐桀是奉行天命,最后告诫万方诸侯要奉公守法,希望刚刚建立的殷商有一个好的结局。

《史记·殷本纪》也记载了汤伐桀还亳后,至东郊作《汤诰》告诸侯群后,并引了三段诰词,但与本文完全不同。本文主要是向万方诸侯申述为什么要伐桀的大道理,《史记》引文主要是告诫诸侯群后要有功于民,如果不有功于民,就将受到惩罚,乃至于失国。可参看。

今文无,古文有。

【原文】

汤既黜夏命①,复归于亳②,作《汤诰》。

注释

①黜(chù 处):废除。夏命:夏朝的王命。
②归:回。

【今译】

汤废除了夏的王命以后,又回到了亳,作《汤诰》。
(以上是序。)

【原文】

王归自克夏①,至于亳②,诞告万方③。王曰:"嗟!尔万方有众④,明听予一人诰⑤。惟皇上帝⑥,降衷于下民⑦。若有恒性⑧,克绥厥猷惟后⑨。夏王灭德作威,以敷虐于尔万方百姓⑩。尔万方百姓,罹其凶

商书　◆　89

害⑪,弗忍荼毒⑫,并告无辜于上下神祇。天道福善祸淫⑬,降灾于夏,以彰厥罪⑭。"

注释

①自:从。克:战胜,攻破。
②亳(bó博):汤的国都。故址在今河南商丘县北。
③诞:《孔传》:"诞,大也。"
④有:名词词头,没有意义。
⑤予一人:古代天子自称。
⑥皇:《尔雅·释诂》:"大也。"
⑦衷:《孔传》:"衷,善也。"
⑧若:顺从。恒性:常性,通性。
⑨绥:安稳。猷:道,法则。《诗·小雅·巧言》:"秩秩大猷,圣人莫之。"郑玄说:"猷,道也。大道,治国之礼法。"后:君王。
⑩敷:布行。虐:暴政。
⑪罹(lí离):遭遇。
⑫荼(tú途)毒:残害。《诗·大雅·桑柔》:"民之贪乱,宁为荼毒。"孔颖达说:"荼,苦叶;毒者,螫(shì是)虫。荼毒皆恶物。"
⑬福善:降福给好人。祸淫:降祸给邪恶的人。淫,邪恶。《商君书·外内》:"淫道必塞。"
⑭彰:显示。

【今译】

汤王从打败夏桀以后回来,到达国都亳,大告万方诸侯。王说:"咳!你们万方的士众,请听清楚我的告诫。伟大的上帝,赐福给我们下民。顺从人所有的固有的通性,能稳妥地制定礼法,那就是做国君的方法。夏王灭绝道德,制定酷刑,对你们万方的百姓实行暴政。你们万方的百姓,遭受夏的凶害,不能忍受残害的痛苦,都向天地的神灵诉说自己没有罪恶。老天的法则是降福给善人,降祸给恶人,因此,对夏降下灾祸,用来显示他的罪恶。"

(以上是第一段,指出天无偏私,福善祸淫是老天的基本法则,夏灭亡是老天降灾的结果。)

【原文】

"肆台小子①,将天命明威②,不敢赦③。敢用玄牡④,敢昭告于上天神后⑤,请罪有夏⑥。聿求元圣⑦,与之戮力⑧,以与尔有众请命⑨。上天孚佑下民⑩,罪人黜伏⑪,天命弗僭⑫,贲若草木⑬,兆民允殖⑭。俾予一人辑宁尔邦家⑮,兹朕未知获戾于上下⑯,栗栗危惧⑰,若将陨于深渊⑱。"

注释

①肆:《蔡传》:"肆,故也。"台(yí 移):我。
②将:奉行。《诗·大雅·烝民》:"肃肃王命,仲山甫将之。"郑玄说:"仲山甫则能奉行之。"明威:表明天的威严。
③赦:意思是免除桀的罪行。
④玄牡:黑色的公牛。《礼记·檀弓》:"夏后氏尚黑,大事敛用昏,戎事乘骊,牲用玄。殷人尚白,大事敛用日中,戎事乘翰,牲用白。"这里汤用玄牡,是商刚建国,仍用夏的礼制。
⑤后:后土,古代指地神或土神,参见《书·夏社》注。
⑥罪:降罪。
⑦聿(yù 玉):遂,于是。元圣:大圣贤,指伊尹。
⑧戮(lù 路):通"勠",并力,勉力。
⑨请命:请求保全生命。
⑩孚:为人所信服。佑:保佑。
⑪黜伏:逃跑屈服。
⑫僭(jiàn 见):差错。
⑬贲(bì 必):文饰。《孔传》:"贲,饰也。"《广雅·释诂》:"贲,美也。"
⑭殖:滋生。允:以此。《经传释词》:"允,以也。"
⑮俾(bǐ 比):使。辑:和睦。《诗·大雅·板》:"辞之辑矣,民之洽矣。"《毛传》:"辑,和洽。"
⑯兹:此,指伐桀这件事。戾(lì 利):罪。
⑰栗栗:畏惧的样子。
⑱陨(yǔn 允):坠落。

【今译】

"因此我要奉行天命,表明天的威严,不敢赦免桀的罪行。我冒昧地用黑色的公牛做祭祀的供品,明确地告诉天地的神灵,请他们给夏降罪。于是,求得大圣贤伊尹,与他同心协力,替你们众人请求神灵保全性命。上帝信任并且保佑下民,罪人夏桀逃跑屈服了。天命不差,给夏降罪以后,天下灿然像草木一样繁荣,亿万百姓也因此乐生了。天使我这个人让你们的国家和睦安宁。这次讨伐夏桀,我不知得罪天地没有,内心十分恐惧,好像将会掉进深渊一样。"

(以上是第二段,指出汤伐夏桀上顺天意,下合人心。)

【原文】

"凡我造邦①,无从匪彝②,无即慆淫③,各守尔典④,以承天休⑤。尔有善,朕弗敢蔽,罪当朕躬,弗敢自赦,惟简在上帝之心⑥。其尔万方有罪⑦,在予一人;予一人有罪,无以尔万方⑧。呜呼!尚克时忱⑨,乃亦有终⑩。"

注释

①造邦:建立的诸侯国。意思是夏朝已经灭亡,商朝已经建立,原来的诸侯国同商建立了新的关系,所以也是商朝所建立的了。

②无:通"毋"。匪:通"非"。彝(yí 移):常道,法度。《诗·大雅·烝民》:"民之秉彝。"《毛传》:"彝,常。"郑玄说:"民所执持有常道。"

③即:就,靠近。慆淫:享乐过度。

④典:常法,法则。

⑤天休:天赐的吉祥。休,美善。

⑥简:简阅、考察。

⑦其:如果。

⑧无:通"毋"。以:用。

⑨尚:庶几,表示希望的副词。时:通"是",代词。忱:诚信。

⑩终:好的结局。

【今译】

"凡是我建立的诸侯国,不要遵从不按常规的法则,不要过分追求享乐,要各自遵守你们的常法,接受天赐的吉祥。你们有好的方面,我不敢隐瞒掩盖;我本身有罪,不敢自己宽恕,因为已经考察在上帝的心里去了。如果你们万方诸侯有罪,罪在我一人身上;如果我一个人有罪,就不必连累你们万方诸侯。啊!但愿我能够这样诚信,就也会有一个好的结局。"

（以上是第三段，告诫各诸侯国要遵守常法，并表明自己的诚意，希望能有一个好结局。）

明　居

【原文】

　　咎单作《明居》①。

【注释】

　　①咎单（shàn 善）作《明居》：咎单，汤臣的名字。裴骃《史记集解》引马融说："咎单，汤司空也。明居民之法也。"马融是东汉人，东汉时的司空主管水土及营建工程，因此，《孔传》说咎单是"主土地之官"。"咎单作《明居》"，与"伊尹作《咸有一德》"、"周公作《无逸》"、"周公作《立政》"一样，书序只说所作的人，不说为什么而作，大概是正文说得很清楚了的缘故。

【今译】

　　咎单作《明居》。

　　（以上是序，无正文。）

伊 训

【题解】

这是一篇伊尹教导太甲的训辞。

成汤去世以后,究竟由谁继承帝位,历来有两种说法。《史记·殷本纪》说:"汤崩,太子太丁未立而卒,于是乃立太丁之弟外丙,是为帝外丙。帝外丙即位三年,崩,立外丙之弟中壬,是为帝中壬。帝中壬即位四年,崩,伊尹乃立太丁之子太甲。太甲,成汤嫡长孙也,是为帝太甲。"《孔传》说:"太甲,太丁子,汤孙也。太丁未立而卒,及汤没而太甲立,称元年。"《尚书正义》根据《伊训》的序和《太甲》的纪年,断定"太甲必继汤后"。然而,《伊训》《太甲》都是伪古文,恐不足为据,今从《史记》。

太甲继承帝位以后,伊尹作《伊训》《肆命》和《徂后》,用汤的成德教导太甲。《肆命》《徂后》今已不传。在《伊训》中,伊尹要太甲汲取桀灭亡的教训,发扬汤的美德。"三风十愆",是失位亡国的重要原因,邦君卿士,一开始就要注重自身的品德修养,要从谏如流,勿以善小而不为。伊尹的训导,虽然是对太甲而言,目的是为了维护殷商的统治,但客观上,对缓和各种矛盾,促使社会进步都有一定的积极意义。

今文无,古文有。

【原文】

成汤既没①,太甲元年,伊尹作《伊训》《肆命》②《徂后》③。

注释

①没:死亡,这个意义后来写作"殁"。

②肆命:《尚书》篇名,已亡佚。《尚书正义》说:"陈天命以戒太甲。"郑玄说:"肆命者,陈政教所当为也。"

③徂后:《尚书》篇名,已亡佚。《尚书正义》说:"陈往古明君以戒。"郑玄说:"徂后者,言汤之法度也。"

【今译】

　　成汤去世以后,后来太甲继承了帝位,这一年,伊尹作《伊训》《肆命》《徂后》教导太甲。

　　（以上是序。）

【原文】

　　惟元祀十有二月乙丑①,伊尹祠于先王②。奉嗣王祗见厥祖③,侯甸群后咸在④,百官总己以听冢宰⑤。伊尹乃明言烈祖之成德⑥,以训于王。

注释

①祀:年。《孔传》:"祀,年也。夏曰岁,商曰祀,周曰年,唐虞曰载。"有:又,用在整数与零数之间。
②祠:祭祀。先王:汤。《尚书正义》:"汤之父祖不追为王,所言先王,惟有汤耳。"
③嗣王:王位继承人,指太甲。祗（zhī 之）:恭敬。
④侯甸:侯服和甸服。相传古代天子所住京都以外的地方按远近分为九等,叫九服。方千里称王畿,其外方五百里叫侯服,又其外方五百里叫甸服。
⑤总己:统领自己的官员。冢宰:周代官名,为六卿之首。又叫大宰。
⑥烈祖:建立了功业的祖先。烈,事业,功绩。

【今译】

　　太甲元年十二月乙丑,伊尹祭祀先王成汤。他侍奉太甲恭敬地拜见先祖的神位,侯服、甸服的各位君长都参加了这次祭祀大典,百官都统领自己的官员,听从冢宰伊尹的号令。于是,伊尹明确地阐述成汤建功立业的大德,用来教导太甲。

　　（以上是第一段,说明伊尹作训的由来。）

【原文】

　　曰:"呜呼！古有夏先后方懋厥德①,罔有天灾。山川鬼神,亦莫不宁②,暨鸟兽鱼鳖咸若③。于其子孙弗率④,皇天降灾⑤,假手于我有命⑥,造攻自鸣条⑦,朕哉自亳⑧。惟我商王,布昭圣武⑨,代虐以宽,兆民允怀⑩。今王嗣厥德,罔不在初⑪,立爱惟亲⑫,立敬惟长⑬,始于家邦⑭,终于四海⑮。

"呜呼!先王肇修人纪⑯,从谏弗咈⑰,先民时若⑱。居上克明⑲,为下克忠⑳,与人不求备㉑,检身若不及㉒,以至于有万邦㉓,兹惟艰哉!

注释

①有:名词词头,没有意义。先后:指夏禹。《尔雅·释诂》:"后,君也。"懋(mào 茂):努力,这里是努力实行的意思。

②莫:没有谁。

③暨(jì 既):同。若:这样。

④率:循。遵守。

⑤皇天:对天的尊称。皇,大。

⑥有命:有天命的人,指汤。

⑦造:开始。

⑧哉:开始。

⑨布:散布、流传。昭:显示。圣武:武德。

⑩兆民:广大的百姓。兆,百万或者万亿。允:确实。

⑪初:指开始继承帝位的时候。

⑫立爱惟亲:树立爱从亲者开始。

⑬立敬惟长(zhǎng 涨):树立敬从年长者开始。

⑭家:卿大夫的封地。邦:国,诸侯的封地。

⑮四海:即四海之内,指天下。

⑯肇(zhào 兆):努力。《尔雅·释言》:"肇,敏也。"人纪:做人的纲纪。

⑰咈(fú 伏):乖戾,违背。

⑱先民时若:顺从前辈贤人的话。时,通"是",帮助宾语前置的结构助词。若,顺从。

⑲明:明察下情。

⑳忠:尽心竭力。

㉑与:结交。

㉒检:约束。

㉓有万邦:等于说做天子。

【今译】

伊尹说:"啊!古代夏的先王禹努力实行美德,没有天灾。山川的鬼神,也没有不安宁的,就连同鸟兽鱼鳖也都顺遂滋长。到禹的子孙时,不遵循先王的治国办法,因此,皇天降下灾祸,从我们享有天命的成汤假借助手,从鸣条开始讨伐夏桀,从亳开始实行美德。惟有我们商王,显示了神圣的武德,用宽松的政治代替残暴的政治,亿万百姓确实怀念成汤。当今的王继承先王的美德,没有哪个不是在初继帝位时开始的。树立友爱的风气要从亲近的人开始,树立尊敬的风气要从年长的人开始。这样,开始在家邦实行,最终将在天下实行。

"啊!先王成汤努力讲究做人的法度,听从人们的规劝,顺从前辈贤人的正确意见。在上位时能够明察下情,做臣下时能够尽心竭力,结交别人不求全责备,约束自己惟恐比不上别人,以至成为天子,这是难能可贵的啊!

(以上是第二段,说明夏桀失天下而成汤得天下的原因。)

【原文】

"敷求哲人①,俾辅于尔后嗣,制官刑,儆于有位②。

"曰:'敢有恒舞于宫③,酣歌于室④,时谓巫风⑤。敢有殉于货色⑥,恒于游畋⑦,时谓淫风⑧。敢有侮圣言,逆忠直,远耆德⑨,比顽童⑩,时谓乱风⑪。惟兹三风十愆⑫,卿士有一于身,家必丧,邦君有一于身,国必亡。臣下不匡⑬,其刑墨⑭,具训于蒙士⑮。'

注释

①敷:广泛。哲人:聪明而有才能的人。
②儆(jǐng 井):警告,告诫。
③恒:常。
④酣:尽情喝酒取乐。
⑤时:通"是",代词。巫风:巫觋(xí 习)的风俗。男女巫师装神弄鬼替人祈祷时总是伴随有歌舞。
⑥殉:贪求。货:财物。色:女色。
⑦游:游乐。畋(tián 田):打猎。
⑧淫:邪恶。
⑨耆(qí 其)德:老年有德的人。
⑩比:亲昵。
⑪乱:荒乱悖理。

⑫三风十愆(qiān 迁)："三风"指巫风、淫风、乱风。"十愆"指舞、歌、货、色、游、畋、侮、逆、远、比。愆，过错。

⑬匡：匡正。这里指臣子纠正国君的错误。

⑭墨：墨刑，在脸上刺字后涂上墨，又叫"黥(qíng 情)"。

⑮具：全部。蒙士：下士。《孔疏》："蒙谓蒙稚，卑小之称，故蒙士例谓下士也。"

【今译】

"汤还广泛地寻求聪明而有才能的人，让他们辅佐后代，制定惩治官吏的刑法，警诫百官。

"成汤说：'胆敢有在官室里经常纵情喝酒、观赏歌舞的，这叫做巫觋的风俗。胆敢有贪求财物、女色，迷恋游乐、打猎的，这叫做邪恶的风俗。胆敢有轻慢圣贤的言论，拒绝忠直的规劝，疏远年高德劭的人，亲近顽愚幼稚的人，这叫做荒乱的风俗。以上这三种风俗、十种过错，卿士如果沾染上其中的一样，他的食邑必定会丧失。诸侯如果沾染上其中的一样，他的国家必定会灭亡。臣下如果不能匡正国君的错误，就将受墨刑，还要用这些内容详细地教训下士。'

（以上是第三段，伊尹引述成汤的话，指出"三风十愆"的严重危害，告诫太甲吸取教训。）

【原文】

"呜呼！嗣王祗厥身①，念哉②！圣谟洋洋③，嘉言孔彰④。惟上帝不常⑤，作善降之百祥，作不善降之百殃。尔惟德罔小⑥，万邦惟庆；尔惟不德罔大⑦，坠厥宗⑧。"

注释

①祗(zhī 支)：敬，警戒。

②念：念念不忘。

③谟：《说文》："议谋也。"洋洋：美善。

④言：指圣人的训导。孔：很。

⑤不常：意思是降福降灾没有常规。

⑥德：修善积德。小：小德。

⑦大：大恶。

⑧宗:宗庙。天子、诸侯祭祀祖先的处所,代国家。

【今译】

"啊!太甲你要用'三风十愆'警戒自身,念念不忘啊。圣人的谋划完美无缺,他的嘉言也很明白。上帝赐福降灾没有一成不变的常规,对行善的就赐给各种吉祥,对作恶的就降给各种灾祸。你行德不怕小,即使是小德,天下的人也感到庆幸;你行不善,即使不大,也可能导致亡国。"

(以上是第四段,告诫太甲警惕"三风十愆",注意行善积德。)

肆命　徂后

【原文】

　　这两篇与《伊训》共序。《肆命》《孔传》说"陈天命以戒太甲",郑玄说:"《肆命》者,陈教政所当为也。"《徂后》《孔传》说"陈往古明君以戒",郑玄说:"《徂后》者,言汤之法度也。"两说不同。

　　这两篇文章的正文都已亡佚。

太甲上

【题解】

《太甲》三篇也是伊尹教导太甲的训辞。

据《史记·殷本纪》记载:太甲继承帝位后三年,凶恶残酷,不遵守先祖成汤制定的法典,胡作非为,于是伊尹把他放逐到桐宫替中壬守丧。伊尹代理太甲处理国事,接受诸侯的朝见。太甲在桐宫守丧三年,悔过自新,于是,伊尹又把太甲迎回国都,交还了政权。从此,太甲注重品德修养,诸侯都归服殷商,百姓过着安宁的生活。伊尹嘉许太甲,就作了《太甲》这三篇训辞。

从太甲初立为帝到放逐桐宫,又从桐宫迎回国都,伊尹经常进言告诫太甲。史官记述训辞时,把放逐桐宫这一段作为上篇,把从桐宫回亳分为中下两篇,三篇构成一个整体。

《太甲》三篇今文无,古文有。

【原文】

太甲既立①,不明②,伊尹放诸桐③。三年复归于亳④,思庸⑤,伊尹作《太甲》三篇。

注释

①立:立为帝,继承帝位。
②不明:昏庸。
③放:放逐,使远离国都。诸:"之于"的合音。桐:桐宫,汤的葬地。《晋太康地记》说:"尸乡南有亳阪,东有城,太甲所放处也。"
④三年:指继承帝位后三年,不是指放逐到桐宫后三年。
⑤思:思念。庸:常,常道。

【今译】

太甲继承帝位以后,昏庸无道,伊尹把他放逐到桐宫。三年以后,太甲又回到亳,思念通常的道理,伊尹作《太甲》三篇。

(以上是序。)

【原文】

惟嗣王不惠于阿衡①,伊尹作书曰:"先王顾諟天之明命②,以承上下神祇③。社稷宗庙,罔不祇肃④。天监厥德⑤,用集大命⑥,抚绥万方⑦。惟尹躬克左右厥辟宅师⑧,肆嗣王丕承基绪⑨。惟尹躬先见于西邑夏⑩,自周有终⑪,相亦惟终⑫;其后嗣王⑬,罔克有终,相亦罔终,嗣王戒哉⑭!祇尔厥辟⑮,辟不辟⑯,忝厥祖⑰。"

【注释】

①嗣王:指太甲。惠:顺,恭顺。《诗·邶风·燕燕》:"终温且惠,淑慎其身。"《毛传》:"惠,顺也。"孔颖达说:"又终当颜色温和,且能恭顺,善自谨慎其身。"阿衡:商代官名,指伊尹。郑玄说:"阿,倚;衡,平也。伊尹,汤倚而取平,故以为官名。"《诗·商颂·长发》:"实维阿衡,实左右商王。"孔颖达说:"伊尹名挚,汤以为阿衡,至太甲改曰保衡。阿衡、保衡皆公官。"

②先王:指成汤。顾:《说文》:"顾,还视也。"这里是注目,重视的意思。諟(shì 是):"是"的古字,指示代词。

③上下神祇(qí 其):天神地祇,天地的神灵。

④祇(zhī 之):恭敬。

⑤监:视,看到。

⑥用:以,表原因的介词。集:降下。大命:天命,上天赋予的权力和使命。

⑦绥:安抚。万方:万邦,天下。

⑧躬:亲身。左右:帮助。辟:君主。宅:居,使……安居乐业。师:众。

⑨肆:故,因此。丕:大。绪:业。

⑩西邑夏:夏的国都安邑在亳的西边,因此称西邑夏。

⑪自:用。周:《孔传》:"周,忠信也。"《诗·小雅·都人士》:"行归于周,万民所望。"《毛传》:"周,忠信也。"郑玄说:"都人之士所行要归于忠信。"

⑫相(xiàng 向):辅佐。

⑬后嗣王:指夏桀。

⑭戒:以桀为戒。

⑮辟:君,这里是实行做君主的法则的意思。

⑯辟:君主。

⑰忝(tiǎn 舔):侮辱。

【今译】

继承的王太甲不顺从伊尹,伊尹作书说:"先王成汤重视英明的天命,顺从天地的神灵。对于社稷宗庙,总是恭敬严肃。上天看到汤的大德,就降给他重大的使命,要他安抚天下。我伊尹能够帮助他的君主使天下的人民安居乐业,因此,后继的帝王才能继承先祖的基业。我伊尹自身先看到夏的君主,自始至终讲究忠信,辅佐他的人也有始有终;他的继王桀,不能自始至终讲究忠信,辅佐他的人也不能有始有终,后世的君主要以夏桀为戒啊!要恭敬地实行做君主的法则,做君主的不像君主,就会辱没自己的祖先。"

(以上是第一段,伊尹教导太甲要讲求忠信,以桀为戒,不要辱没祖先。)

【原文】

王惟庸罔念闻①。伊尹乃言曰:"先王昧爽丕显②,坐以待旦③。旁求俊彦④,启迪后人⑤,无越厥命以自覆⑥。慎乃俭德⑦,惟怀永图⑧。若虞机张⑨,往省括于度则释⑩。钦厥止⑪,率乃祖攸行⑫,惟朕以怿⑬,万世有辞⑭。"

注释

①王:指太甲。庸:常,平时。

②昧爽:昧,昏暗。爽,明亮。昧爽,天将亮还没有大亮的时候。丕:大。显:明,这里是天明的意思。

③坐以待旦:坐等天亮,意思是为国事辛劳。

④旁求:普遍寻求。《孔传》:"旁,非一方。"俊彦:才智特别出众的人。

⑤启迪:开导,启发。

⑥无:通"毋"。越:坠失。厥命:先祖的权力和使命。覆:倾覆,灭亡。

⑦乃:你的。

⑧怀:思考。永:长远。图:图谋,打算。

⑨虞:虞人。古代掌管山泽囿苑田猎的官。机:弩机。弓上发箭的装置。《鬼谷子·飞箝》:"为之枢机。"皇甫谧注:"机,所以主弩之放发。"张:把弓拉开。

⑩省(xǐng 醒):察看。括:箭末端扣弦的地方。《孔疏》:"括谓矢末。"度:适度。释:放。

⑪钦:恭敬。止:志向,意图。

⑫率:循。乃:你的。攸:所。

⑬怿(yì 义):喜悦。

⑭辞:好的言辞,声誉。

【今译】

　　太甲依然如故,对伊尹的话好像没有听见一样。伊尹就说:"先王在天未明的时候就想天明,以致坐等天亮。他不但自身为国事操劳,还广泛寻求才智出众的人,去开导后人,不要丧失先祖留下来的权力和使命而自取灭亡。要慎行你的节俭的美德,考虑长久之计。就好像虞人射箭,把弓拉开了,还要看准箭尾放在弓弦合适的地方,然后再放,这样才能射中目标。做君王的要重视自己的意图,按照先祖的做法行事,如果能够这样做,我将感到欣慰,你的声誉也将流传万世。"

　　(以上是第二段,告诫太甲要注重品德容止,要像先王一样勤于政事。)

【原文】

　　王未克变。伊尹曰:"兹乃不义①,习与性成②。予弗狎于弗顺③,营于桐宫④,密迩先王其训⑤,无俾世迷⑥。王徂桐宫居忧⑦,克终允德。"

注释

①兹:这,指太甲的所作所为。
②习:作不义的事形成习惯。
③狎(xiá 侠):轻忽,轻视。弗顺:指不顺从义理的人。
④桐宫:在汤的墓地建造的行宫。
⑤密:亲密。迩(ěr 尔):近。
⑥世:一生,一辈子。迷:迷惑不醒悟。
⑦徂(cú 殂):往。居忧:替父母尊长守丧。

【今译】

　　太甲不能改变旧习。伊尹对群臣说:"太甲做的这些事是不义的,习惯了就会成性。我不能轻忽不顺的人,要让他在汤的墓地营建行宫,亲近先王的教训,不使他一生迷惑不悟。太甲往桐宫替中壬守丧,能成就他的诚信美德。"

（以上是第三段，伊尹告诉朝廷群臣，把太甲放到桐宫的原因。）

太甲中

【原文】

惟三祀十有二月朔①，伊尹以冕服奉嗣王归于亳②，作书曰："民非后③，罔克胥匡以生④；后非民，罔以辟四方⑤。皇天眷佑有商⑥，俾嗣王克终厥德，实万世无疆之休⑦。"

注释

①朔：阴历的每月初一。
②冕服：帝王的礼帽礼服。
③非：没有。《词诠》："非，无也。"后：君主。
④胥（xū 须）：互相。匡：救助、扶助。
⑤辟：君，这里是统治的意思。
⑥眷佑：眷顾佑助。有：名词词头。
⑦休：喜庆。

【今译】

太甲继位的第三年十二月初一，伊尹穿戴着帝王的礼服礼帽迎接太甲，回到国都亳，作书说："人民如果没有君主，就不能互相扶助而生存下去；君主如果没有人民，也不能统治四方。伟大的上帝照顾保佑我们殷商，使后继的君主终于能够修善积德，这实在是千秋万代的大喜事。"

（以上是第一段，伊尹迎回太甲，庆幸太甲幡然醒悟。）

【原文】

王拜手稽首，曰①："予小子不明于德，自厎不类②。欲败度③，纵败礼④，以速戾于厥躬⑤。天作孽⑥，犹可违⑦；自作孽，不可逭⑧。既往背师保之训⑨，弗克于厥初，尚赖匡救之德⑩，图惟厥终。

【注释】

①拜手:古代的一种跪拜礼。下跪后两手相拱到地,低头到手。稽(qǐ起)首:古代的一种跪拜礼。下跪后两手相拱到地,低头到地。
②厎(zhǐ纸):致。不类:不好。《孔传》:"类,善也。"
③败:败坏,破坏。度:法度。
④纵:放纵。礼:礼仪。
⑤速:招致。《尔雅·释言》:"速,征也。""征,召也。"戾(lì利):罪过。
⑥孽(niè聂):灾祸。
⑦违:避免。《左传·成公十六年》:"有淖于前,乃皆左右相违于淖。"杜预注:"违,辟也。""辟"是"避"的古字。
⑧逭(huàn患):逃避。
⑨师保:古代担任辅导和协助帝王的官。
⑩匡救:匡扶救助。

【今译】

太甲下跪叩头,说:"我昏庸糊涂,不修品德,以致让自己不好。放纵情欲就会败坏礼仪法度,给自身招来罪过。上帝造成的灾祸,还可以避开;自己造成的灾祸,就不可逃脱了。过去我违背了您的教导,没有能够一开始就注重品德修养,还望依赖您匡扶救助的恩德,争取有一个好的结局。"

(以上是第二段,太甲表示改悔。)

【原文】

伊尹拜手稽首,曰:"修厥身,允德协于下①,惟明后②。先王子惠困穷③,民服厥命,罔有不悦。并其有邦厥邻④,乃曰:'徯我后⑤,后来无罚。'王懋乃德⑥,视乃烈祖⑦,无时豫怠⑧。奉先思孝⑨;接下思恭⑩。视远惟明;听德惟聪。朕承王之休无斁⑪。"

【注释】

①允:真诚。协:和洽。
②明后:英明的君主。
③子:像对待儿子一样。惠:仁爱,爱护。困穷:贫穷困苦的人。
④并:并立于。有邦:诸侯国。

⑤徯(xī 西):等待。
⑥懋(mào 茂):勉力,努力。
⑦烈祖:建立了功业的先祖。
⑧豫:安乐。怠:懒惰。
⑨奉先:尊奉祖先。
⑩接:接近。《仪礼·聘礼》:"公揖入,立于中庭,宾立接西塾。"郑玄说:"接,犹近也。"
⑪休:美善。斁(yì 义):厌弃。《诗·周南·葛覃》:"为絺为绤,服之无斁。"《毛传》:"斁,厌也。"

【今译】

　　伊尹下跪叩头,说:"注重自身的修养,用诚信的美德协和臣民,这才是英明的君主。先王像爱护子女一样爱护贫穷困苦的人,人民都服从他的命令,没有谁不高兴。先王和邻国诸侯并立的时候,邻国的人希望先王成汤做君王,就说:'等候我们的君王吧,我们的君王来了,我们就不会受到惩罚了。'大王您要努力加强您的品德修养啊,看看您那建立过功业的先祖,不要时常享乐和懒惰。尊奉祖先要想到孝顺;接近臣民要想到谦恭。能看到远处,才是视觉锐利;能听从好话,才是听觉灵敏。如果能够这样,我将享受您的好处永不厌弃。"

　　(以上是第三段,伊尹勉励太甲以成汤为榜样,注重修德,永不懈怠。)

太甲下

【原文】

　　伊尹申诰于王曰①:"呜呼!惟天无亲②,克敬惟亲③。民罔常怀④,怀于有仁⑤。鬼神无常享⑥,享于克诚⑦。天位艰哉⑧!

　　"德惟治⑨,否德乱⑩。与治同道⑪,罔不兴;与乱同事⑫,罔不亡。终始慎厥与⑬,惟明明后⑭。"

【注释】

　　①申:重复,再三。

②无亲：没有固定的、一成不变的亲人。
③敬：对上天恭敬的人。
④怀：归往。《左传·成公八年》："小国所望而怀也。"杜预注："怀，归也。"
⑤有：名词词头。仁：仁德的人。
⑥享：鬼神享用祭品，引伸为保佑的意思。
⑦诚：真诚的人。
⑧天位：居天子之位。
⑨德：实行德政。
⑩否德：不实行德政。
⑪同道：采取同样的措施。
⑫同事：做同样的事。事，指《伊训》中的"三风十愆"。
⑬与：结交。
⑭明明：明而又明，意思是非常英明。

【今译】

伊尹再三告诫太甲说："啊！上天没有固定不变的亲人，它只亲近对它恭敬的人。百姓并不归附某个固定不变的人，他们只归附仁德的人。鬼神也不保佑某个固定不变的人，而只保佑真诚的人。在天子这个位置上真难啊！

"实行德政的就太平，不实行德政的就动乱。采取与治世同样的做法，没有不兴盛的，采取与乱世同样的做法，没有不灭亡的。自始至终谨慎结交人，才是十分英明的君王。

（以上是第一段，伊尹告诫太甲，自始至终要实行德政，结交好人。）

【原文】

"先王惟时懋敬厥德①，克配上帝②。今王嗣有令绪③，尚监兹哉④。若升高⑤，必自下，若陟遐⑥，必自迩⑦。无轻民事⑧，惟艰⑨；无安厥位，惟危。慎终于始⑩。有言逆于汝心⑪，必求诸道⑫；有言逊于汝志⑬，必求诸非道。

注释

①时：通"是"，代词，代指上文"天位艰哉"。

②配：相配，符合。
③令：善，美好。《诗·大雅·卷阿》："如圭如璋,令闻令望。"郑玄说："令,善也。"绪：基业。
④尚：表示祈求、愿望的副词。兹：此，指先王成汤勉力修德。
⑤若：如果。升：登。
⑥陟(zhì 治)：升，这里是行走的意思。遐(xiá 霞)：远。
⑦迩(ěr 尔)：近。
⑧无：通"毋"。民事：人民所做的事，指劳役等。
⑨惟：思。
⑩于：与。《经传释词》："于,与也,连及之词。"
⑪逆：违背，不合。
⑫诸："之于"的合音。道：道义。
⑬逊：恭顺。

【今译】

"先王成汤想到这些才努力地修善积德，能符合上帝的意旨。现在您继续保有好的基业，希望你看看，先王是这样修德的呀。如果登高，一定要从下面开始；如果行远，一定要从近处起步。不要轻视百姓们从事的劳役，要想到它的艰难；不要认为自己的天子之位很安全，要想到它的危险。始终都要谨慎。有些话不符合你的心意，就一定要用道义来衡量；有些话顺从你的心意，就一定要用不合道义来衡量。

（以上是第二段，伊尹告诫太甲要居安思危，始终谨慎。）

【原文】

"呜呼！弗虑胡获①？弗为胡成？一人元良②，万邦以贞③。君罔以辩言乱旧政④，臣罔以宠利居成功⑤，邦其永孚于休⑥。"

注释

①虑：思考。胡：何。
②一人：指天子。天子自称一人，是谦词，表示自己是人中的一个。臣下称天子为一人，是尊称，意思是天下唯一的一个。元：大。良：善。
③万邦：天下。贞：正。
④辩言：巧言，诡辩。

⑤宠利：恩宠和利禄。

⑥孚：保，安。《说文解字注》："古文以孚为保也。"休：休美。

【今译】

"啊呀！不思考怎么会有收获？不实干怎么能够成功？天子一人很好，天下就会纯正。君王不要用诡辩搅乱旧政，臣下不要凭恩宠和利禄居功，那么，国家将会永远安于美好。"

（以上是第三段，指出君王和臣下要各尽自己的职责，把天下治理好。）

咸有一德

【题解】

　　这一篇也是伊尹教导太甲的文字，属于训体。

　　伊尹把太甲从桐宫迎回亳以后，交还了权力，想回到自己的封地去，退隐终老，又担心太甲德不纯一，就作《咸有一德》训戒太甲。

　　本文自始至终都强调德要纯一。夏桀无德就失天下，成汤和伊尹君臣都有纯一的德就得天下。告诫太甲要日行新德，任官要是贤才，选择大臣要是忠良，要以善为师，虚心待人接物。这些，都比较集中地反映了伊尹的政治思想。

　　本篇是伊尹训太甲，文中有"今嗣王新服厥命"可证。《史记·殷本纪》认为作于成汤还亳的时候，则与经文相背，无怪乎司马贞《史记索隐》说："《尚书》伊尹作《咸有一德》在太甲时，太史公记之于斯，谓成汤之日，其言又失次序。"

　　今文无，古文有。

【原文】

　　伊尹作《咸有一德》①。

注释

　　①咸：都。一：纯一。

【今译】

　　伊尹作《咸有一德》。

　　（以上是序。）

【原文】

　　伊尹既复政厥辟①，将告归②，乃陈戒于德③。

【注释】

①复:还给。辟:君。
②告:请求。《国语·鲁语上》:"国有饥馑,卿出告籴。古之制也。"韦昭注:"告,请也。"归:回家,回到自己的封地。
③乃:于是。陈:陈述。于:以。

【今译】

伊尹把政权交还给他的君王太甲以后,打算请求回到自己的封地去,于是陈述纯一的德告诫太甲。

(以上是第一段,说明作《咸有一德》的缘由。)

【原文】

曰:"呜呼!天难谌①,命靡常②。常厥德,保厥位③。厥德匪常④,九有以亡⑤。夏王弗克庸德⑥,慢神虐民⑦。皇天弗保,监于万方⑧,启迪有命⑨,眷求一德⑩,俾作神主⑪。惟尹躬暨汤,咸有一德,克享天心⑫,受天明命,以有九有之师⑬,爰革夏正⑭。"

"非天私我有商,惟天佑于一德⑮;非商求于下民,惟民归于一德。德惟一,动罔不吉;德二三⑯,动罔不凶。惟吉凶不僭在人⑰,惟天降灾祥在德。"

【注释】

①谌(chén 陈):信。
②靡:无,不。
③保:安定。
④匪:通"非"。
⑤九有:九州。《诗·商颂·长发》:"莫遂莫达,九有九截。"郑玄说:"无有能以德自遂达于天者,故天下归向汤,九州齐一截然。"
⑥克:能。庸:常。
⑦慢:侮慢,轻慢。虐:残害。
⑧监:监视。万方:天下。
⑨启迪:开导。有命:有天命的人。
⑩眷:视。
⑪神主:百神之主。

⑫享:当,适应。天心:天意。
⑬师:众。
⑭爰:于是。革:更改。正(zhēng征):正朔。一年的第一天。正,一年的开始;朔,一月的开始。古时改朝换代,新建立的王朝必须重新定正朔。夏朝建寅,商朝建丑。
⑮佑:佑助,辅助。
⑯二三:一时是二,一时是三,反复不定,不专一。
⑰僭(jiàn见):差。

【今译】

伊尹说:"唉!老天很难相信,因为天命无常。人如果能经常不懈地修德,就能使自己的地位安定。如果不能经常修德,国家也会因此灭亡。夏桀不能经常修德,侮慢神灵,残害百姓。皇天对此很不安,监视着整个天下,开导有天命的人,寻求纯一的德,使它成为天地百神之主。只有我伊尹和成汤,都具有纯一的德,能够适应天意,接受天命,而拥有天下的民众,于是改掉夏的正朔。"

"并不是老天偏爱我们殷商,只是老天扶助具有纯一道德的人;并不是殷商招来下民,只是下民归附具有纯一道德的人。德如果纯粹专一,行动起来没有不吉利的;德如果反覆无常,行动起来没有不凶险的。吉凶表现在人身上没有偏差,是由于老天根据德降灾祥的缘故。

(以上是第二段,用桀失天下、汤得天下作为例证,说明道德纯一就吉,德不纯一就凶。)

【原文】

"今嗣王新服厥命①,惟新厥德②。终始惟一③,时乃日新④。任官惟贤材⑤,左右惟其人⑥。臣为上为德⑦,为下为民⑧。其难其慎⑨,惟和惟一⑩。德无常师⑪,主善为师⑫。善无常主,协于克一⑬。俾万姓咸曰:'大哉!王言。'又曰:'一哉⑭!王心。'克绥先王之禄⑮,永厎烝民之生⑯。

注释

①嗣王:后继的君主,指太甲。服:担任。《尔雅·释诂》:"服,事也。"厥命:天子之命。

②新:使……新,更新。

③一:一贯,经常。

④时:通"是",代词。

⑤贤材:有德有能的人才。

⑥左右:辅弼大臣。《书·冏命》:"小大之臣,咸怀忠良。"因此,选左右一定要是忠良之士。

⑦臣为上为德:意思是大臣的职责,是使他的君王施行德政。《经传释词》:"为犹使也。"

⑧为下为民:意思是使他的下属帮助人民。

⑨难:难于任用。慎:谨慎考察。

⑩和:和衷共济。同心同德,通力合作。一:始终如一。

⑪师:师法,榜样。

⑫主善:以善为正。《国语·周语》注:"主,正也。"正,准则。

⑬协:合。一:纯一。

⑭一:纯一。

⑮绥:保守。禄:天禄,天赐的福气。

⑯厎(zhǐ 纸):致,达到。烝(zhēng 征):美好。《广雅·释诂》:"蒸,美也。"烝通蒸。烝民之生,使人民生活美好。

【今译】

"现在大王你新担负起夫子的使命,就要更新自己的品德,要始终如一,坚持不懈,这样,德才能天天更新。任命官员要是有德有能的人才,你的辅佐大臣要是忠直良善的人。作大臣的职责,要使他的国君施行德政,要使他的下属帮助百姓。这样的人很难选择,要谨慎考察,必须是能同心同德、通力合作的人,必须是始终如一的人。德没有固定不变的榜样,以善为标准的德就可以做榜样。善没有固定不变的标准,能够符合纯一的就是标准。这就使得人人都说:'伟大啊!君王的话。'又说:'纯一啊!君王的心。'作君王的能够让人人这样称颂,就能保守天赐给先王的福气,永远达到使老百姓的生活美好。"

(以上是第三段,伊尹告诫太甲要天天修德,不可懈怠,要善于用人,这样,才能保天禄、厚民生。)

【原文】

"呜呼!七世之庙①,可以观德②。万夫之长③,可以观政。后非民罔使④;民非后罔事⑤。无自广以狭人⑥,匹夫匹妇⑦,不获自尽⑧,民主罔与成厥功⑨。"

注释

①七世之庙:古代帝王为了进行宗法统治,立七庙供奉七代祖先。《礼记·王制》:"天子七庙,三昭三穆,与太祖之庙而七。"昭穆是指宗庙的辈次排列,太祖居中,二世、四世、六世,位于太祖的左方,称昭;三世、五世、七世位于太祖的右方,称穆。

②可以观德:古代帝王立七庙,对世次疏远的先祖,则依制迁去神主,供在祭祀远祖、始祖的远庙,但如果是有德的帝王则不迁。因此,七庙亲尽而庙不毁,就证明有德。

③长(zhǎng 掌):首领。

④后:君王。使:使唤,役使。

⑤事:侍奉。

⑥无:通"毋"。广:宏大。狭:狭小。

⑦匹夫匹妇:平民百姓。

⑧自尽:尽自己的心力。

⑨民主:人主,天子。与:帮助。《战国策·秦策》:"楚攻魏,张仪谓秦王曰:'不如与魏以劲之。'"

【今译】

"啊!从供奉七代祖先的宗庙里,可以看出功德。从作为亿万百姓首领的天子身上,可以看出政绩。君王不依靠百姓就没有人役使;百姓不依靠君王就没有人侍奉。不要认为自己宏大而人家狭小,平民百姓,如果不能尽心尽力,那么,君王就没有人帮助做出成绩来。"

(以上是第四段,伊尹告诫太甲不要妄自尊大,要虚心待人接物才能有所成就。)

沃 丁

【原文】

沃丁既葬伊尹于亳①,咎单遂训伊尹事②,作《沃丁》。

【注释】

①沃丁:太甲的儿子。太甲死后,沃丁继承帝位。葬伊尹于亳:《帝王世纪》:"伊尹名挚,为汤相,号阿衡,年百岁卒。大雾三日,沃丁以天子礼葬之。"《括地志》:"河南偃师为西亳,帝喾(kù 酷)及汤所都,盘庚亦徙都之。"又说:"伊尹墓在洛州偃师县西北八里。"

②咎单(shàn 善):殷商时的贤臣。训:说。《诗·大雅·烝民》:"古训是式,威仪是力。"《毛传》:"训,道。"

【今译】

沃丁把伊尹埋葬在亳以后,咎单就说起伊尹的事迹,作《沃丁》。

(以上是序,无正文。)

咸乂四篇

【原文】

伊陟相大戊①,亳有祥桑谷共生于朝②。伊陟赞于巫咸③,作《咸乂》四篇④。

【注释】

①伊陟:伊尹的儿子。相(xiàng 向):辅佐。大戊(tài wù 太务):殷中宗。沃丁弟弟太庚的儿子,继承哥哥雍己的帝位。

②祥:吉凶的征兆。这里指不吉利的征兆。谷:楮。构树,又叫谷树,叶子像桑。朝(cháo 潮):朝廷。

③赞:告诉。《史记·魏公子列传》:"公子引侯生坐上坐,遍赞宾客。"《史记·索隐》:"谓以侯生遍告宾客。"巫咸:古代的神巫。《离骚》:"巫咸将夕降兮,怀椒糈而要之。"王逸注:"巫咸,古神巫也。当殷中宗之世。"

④乂(yì 义):治理。

【今译】

伊陟辅佐大戊时,亳都的朝廷上出现了桑和楮合生在一起的不祥征兆。伊陟告诉巫咸,作《咸乂》四篇。

(以上是序,无正文。)

伊陟　原命

【原文】

太戊赞于伊陟①，作《伊陟》《原命》②。

注释

①赞：告诉。太戊当政时，出现了楮桑合生在一起的不吉祥征兆，显示太戊有过错。这里是太戊告诉伊陟将改过自新。
②原：人名。马融说："原，臣名也。"

【今译】

太戊把自己将改过自新的打算告诉伊陟和原，作《伊陟》《原命》。
（以上是序，无正文。）

仲丁

【原文】

仲丁迁于嚻①，作《仲丁》。

注释

①仲丁：殷中宗太戊的儿子。太戊死后，仲丁继承帝位。迁：迁移。这里是指迁都。嚻(áo 敖)：《史记·殷本纪》作"隞"，地名。皇甫谧说："或云河南敖仓是也。"

【今译】

仲丁把都城迁到嚻，作《仲丁》。
（以上是序，无正文。）

河亶甲

【原文】

河亶甲居相①,作《河亶甲》。

注释

①河亶(dǎn 胆)甲:仲丁的弟弟。仲丁死后,弟外壬继位。外壬死后,河亶甲继位。相(xiàng 向):地名。《括地志》:"故殷城在相州内黄县东南三十里,即河亶甲所筑都之所,名殷城也。"

【今译】

河亶甲居住在相地,作《河亶甲》。
(以上是序,无正文。)

祖 乙

【原文】

祖乙圮于耿①,作《祖乙》。

注释

①祖乙:河亶甲的儿子。河亶甲死后,祖乙继承帝位。圮(yí 仪):被河水冲毁。耿:《史记·殷本纪》作"邢"。《史记索隐》:"邢音耿。"《括地志》:"绛州龙门县东南十二里耿城,故耿国也。"

【今译】

祖乙在相地被河水冲毁以后,把国都迁到耿,作《祖乙》。
(以上是序,无正文。)

盘庚上

【题解】

　　盘庚,成汤的第十世孙,祖丁的儿子,继承哥哥阳甲的帝位,是商的第二十位君王。他为了避免水患,复兴殷商,率领臣民把国都迁到殷,但遭到了来自各方面的反对。盘庚多次告喻臣民,极言迁都的好处、不迁的害处。史官记录了盘庚的诰词,写成《盘庚》。《史记·殷本纪》:"帝盘庚崩,弟小辛立,是为帝小辛。帝小辛立,殷复衰。百姓思盘庚,乃作《盘庚》三篇。"据此,《盘庚》应该是事后追记。

　　伏生《尚书大传》中《盘庚》只作一篇,《史记》《十三经注疏》都分为三篇。上篇有"盘庚迁于殷",是记迁都之后;中篇有"今予将试以女迁",是记迁都之前;下篇有"盘庚既迁",显然也是记迁都之后。据此,俞樾认为有错乱,说中下两篇应当为上中两篇,上篇应当为下篇。其实,三篇都是盘庚死后后人的追记,后人完全可以不必按事情发生的先后顺序记录,完全可以用插叙、倒叙的手法。

　　盘庚迁殷,究竟殷指何处?《孔疏》引《汲冢书》说:"盘庚自奄迁于殷。殷在邺南三十里。"又引《汉书·项羽传》说:"洹水南殷墟上,今安阳西有殷。"那么,盘庚迁殷是从奄迁到安阳。《史记·殷本纪》:"帝盘庚之时,殷已都河北,盘庚渡河南,复居成汤之故居,乃五迁,无定处。"两说不同,今从《竹书纪年》。

　　《盘庚》也是诰体,上篇、下篇告群臣,中篇告庶民,是无可怀疑的殷商遗文,在商书中有较高的史料价值。

【原文】

　　盘庚五迁①,将治亳殷②,民咨胥怨③。作《盘庚》三篇。

注释

　　①五迁:第五次迁都。《竹书纪年》:"仲丁自亳迁于嚣,河亶甲自嚣迁于相,祖乙居庇,南庚自庇迁于奄,盘庚自奄迁于北蒙,曰殷。"

　　②治亳殷:《孔疏》:"束皙云:《尚书序》:'盘庚五迁,将治亳殷。'旧说以为居

亳,亳殷在河南。孔子壁中《尚书》云'将始宅殷',是与古文不同也。"今从壁中书作"始宅殷"。殷,在今河南安阳。

③咨(zī 资):嗟叹。胥:相。动作偏指一方。

【今译】

盘庚第五次迁都,将开始居殷,人们都埋怨盘庚。后人作《盘庚》三篇。

(以上是序。)

【原文】

盘庚迁于殷。民不适有居①,率吁众慼出②,矢言③。曰:"我王来,既爰宅于兹④,重我民⑤,无尽刘⑥。不能胥匡以生⑦,卜稽⑧,曰其如台⑨?先王有服⑩,恪谨天命⑪。兹犹不常宁⑫。不常厥邑,于今五邦⑬!今不承于古⑭,罔知天之断命⑮,矧曰其克从先王之烈⑯?若颠木之有由蘖⑰,天其永我命于兹新邑⑱,绍复先王之大业⑲,厎绥四方⑳。"

盘庚敩于民㉑,由乃在位以常旧服㉒,正法度。曰:"无或敢伏小人之攸箴㉓!"王命众,悉至于廷。

注释

①适:《尚书今古文注疏》:"适者,《一切经音义》引《三苍》云:'悦也。'言民不悦新邑。"有:名词词头。

②率:用,因此。吁:《说文》:"呼也。"慼(qī 戚):《说文》引作"戚"。"戚,亲也。"这里指亲近的贵戚大臣。

③矢:《尔雅·释诂》:"陈也。"陈述。

④爰:语气助词,没有意义。宅:居住。兹:这里,指殷亳(偃师)。

⑤重:重视,看重。

⑥刘:《尔雅·释诂》:"杀也。"这里是伤害的意思。《尚书今古文注疏》:"言我民若为水所害,是我杀之,所谓思天下有溺,由己溺之,毋令其尽厄于水也。"盘庚迁殷,是为了不使臣民都受到洪水的伤害。

⑦胥:相。匡:匡扶,救助。

⑧卜:占卜。稽:考卜。《周礼·春官·大卜》:"国大迁,大师,则贞龟。"

⑨其:将。如台(yí 移):如何,怎样。

⑩服:《尚书易解》:"事也。"

⑪恪(kè 克):恭敬。谨:谨慎。
⑫犹:尚且。常:久。
⑬邦:国,这里指国都。
⑭承:继承。古:指先王恪谨天命。
⑮断命:断定的命运。
⑯矧(shěn 审):况且。烈:事业。
⑰颠:倒仆。由:《说文》作"咠",枯树长出新的枝条。蘖(niè 聂):《说文》作"櫱",意思是树木被砍伐的残余长出嫩芽。
⑱新邑:指殷。
⑲绍:继续。复:恢复,复兴。
⑳厎(zhǐ 纸):定。绥:安。
㉑敩(xiào 效):教,开导。
㉒由:《方言》:"正也。"乃:《尚书易解》:"犹其也。"常:遵守。《诗·鲁颂》:"保彼东方,鲁邦是常。"郑玄说:"常,守也。"旧服:旧制。
㉓或:有人。伏:凭借。张衡《西京赋》:"伏棂槛而俯听,闻雷霆之相激。"薛综注:"伏,犹凭也。"攸:所。箴(zhēn 珍):规劝。

【今译】

　　盘庚把都城迁到殷邑。臣民都不喜欢住在这里,因此,盘庚呼吁一些亲近的贵戚大臣,请他们陈述意见。贵戚大臣说:"我们的君王迁来,居住在这里,是看重我们臣民,使我们不至于都受到伤害。如果我们不能互相救助,只是稽考占卜,将会怎么样呢?先王有事,都恭敬谨慎地遵从天命。这样,尚且不能长久安宁。不能长久住在一个地方,到现在已经迁徙了五个国都了!如果现在不继承先王恪谨天命的传统,就不知道老天所断定的命运,更何况说能继承先王的事业呢?好像倒伏的枯树又长出了新枝、被砍伐的残余又发出嫩芽一样,老天将使我们的国运在这个新国都延续下去,继续复兴先王的大业,安定天下。"

　　盘庚开导臣民,又教导在位的大臣遵守旧制,正视法度。说:"不要有人敢于凭借小民的规劝,反对迁都!"于是,王命令众人,都到朝廷来。

　　(以上是第一段,盘庚要亲近的大臣向众人陈述迁都的必要性。)

【原文】
　　王若曰:"格汝众①,予告汝训汝,猷黜乃心②,无傲从康③。古我先王,亦惟图任旧人共政④。王播告之修⑤,不匿厥指⑥,王用丕钦⑦。罔有逸言⑧,民用丕变,今汝聒聒⑨,起信险肤⑩,予弗知乃所讼⑪。"

　　"非予自荒兹德⑫,惟汝含德⑬,不惕予一人⑭。予若观火,予亦拙谋作⑮,乃逸⑯。若网在纲⑰,有条而不紊⑱;若农服田⑲,力穑乃亦有秋⑳。汝克黜乃心㉑,施实德于民㉒,至于婚友㉓,丕乃敢大言汝有积德㉔。乃不畏戎毒于远迩㉕,惰农自安,不昏作劳㉖,不服田亩,越其罔有黍稷㉗。"

　　"汝不和吉言于百姓㉘,惟汝自生毒㉙,乃败祸奸宄㉚,以自灾于厥身。乃既先恶于民㉛,乃奉其恫㉜,汝悔身何及?相时憸民㉝,犹胥顾于箴言,其发有逸口㉞,矧予制乃短长之命㉟?汝曷弗告朕㊱,而胥动以浮言,恐沈于众㊲?若火之燎于原,不可向迩,其犹可扑灭?则惟汝众自作弗靖㊳,非予有咎。"

注释

①格:来。
②猷:图谋。黜(chù 触):除去。乃:你们的。心:私心。
③无:通"毋"。傲:傲慢。从:通"纵",放纵。康:安逸。
④任:任用。旧人:长期在官位的人。共政:共同管理政事。
⑤王:指先王。播告之修:即修播告。之,帮助宾语前置的结构助词。修,施行。播,《说文》:"布也。"
⑥匿(nì 逆):隐瞒。指:通"旨",旨意。
⑦丕:大。钦:敬重。
⑧逸:《尔雅·释言》:"过也。"
⑨聒聒(guō 锅):马融说:"拒善自用之意。"意思是拒绝别人的好意而自以为是。
⑩起:兴起。信:通"伸",伸说。险:恶,邪恶。肤:肤浅、虚浮。
⑪讼:争辩。
⑫荒:废弃。兹德:这种美德,指任用旧人的美德。
⑬含:怀,藏。
⑭惕:俞樾说应当读为施,《白虎通》引作施。予一人:盘庚自称。
⑮谋作:谋略。

商书　121

⑯乃:则。逸:过错。
⑰纲:网的总绳。
⑱紊:乱。
⑲服:治,从事。
⑳穑(sè色):收获,这里指耕种。秋:秋天。秋天是收获的季节,这里指收获。
㉑黜乃心:去掉你们的私心。
㉒实德:曾运乾说:"不迁为顺民之虚名,迁则为惠民之实德也。"
㉓婚:有姻亲关系,指亲戚。
㉔丕乃:《词诠》:"丕乃犹言于是。"
㉕乃:若,如果。戎:《尔雅·释诂》:"大也。"毒:害。迩(ěr尔):近。
㉖昏:《尔雅·释诂》:"强也。"
㉗越其:于是就。《经传释词》:"越其,犹云爱乃也。"
㉘和:俞樾读为"宣",宣布。
㉙毒:祸害。
㉚败:危败。祸:灾祸。奸:在外作恶。宄(guǐ轨):在内作恶。
㉛先:引导,倡导。《礼记·郊特牲》:"天先乎地。"郑玄说:"先谓倡导之也。"
㉜奉:承受。恫(dòng洞):《广雅·释诂》:"痛也。"
㉝相:视,看。时:通"是",代词。佥(xiān先)民《蔡传》:"小民也。"
㉞逸口:《蔡传》:"过言也。"从口中发出的错误言论。
㉟制:掌握。短长之命:或短或长的寿命。
㊱曷:何,为什么。
㊲恐:恐吓。沈:黄式三说通"抌"。《说文》:"告言不正曰抌。"煽惑的意思。
㊳靖:善。

【今译】

　　王这样说:"来吧,你们各位,我要告诉你们,教训你们,并打算去掉你们的私心,不要傲慢、放纵和追求安逸。从前我们的先王,也只是打算任用长期在位的旧人共同管理政事。先王发布政令,在位的旧人都不隐瞒布告的旨意,因此,先王很敬重他们。旧人没有错误的言论,因此,百姓们都起了很大的变化。现在你们拒绝别人的好意而自以为是,又伸说邪恶肤浅的言论,我不知道你们在争辩些什么。"

　　"并不是我自己废弃了任用旧人的美德,而是你们接受了我的好处却不肯报施给我。我对你们的行为像看火一样地清楚,只是我的谋略拙劣,则是过错。就好像把网结在纲上,才能有条理而不紊乱;就好像农民从事田间劳动,只有努力耕种,才可望有好收成。你们要能去掉私心,把实实在在的好处给予百姓,以至于亲戚朋友,于是才敢大言不惭地说你们有积德。如果你们不怕将来或眼前会有大灾害,像懒惰的农民一样自己寻求安逸,不努力操劳,不从事田间劳动,于是就会没有黍稷收获。"

"你们不向老百姓宣布吉祥的言论,是自己造成的祸害,即将发生败祸奸宄,是自己害自己。你们已经引导人们做坏事,才遭受痛苦,你们自己后悔又怎么来得及? 看看这些小人吧,他们尚且顾及规劝的话,顾及错误言论出自他们的口中,何况我掌握着你们的生死寿命呢? 你们为什么不亲自告诉我,却用些无稽之谈互相鼓动,恐吓煽惑民众呢? 好像大火在原野上燃烧一样,不能面向接近,还能够扑灭吗? 这都是你们众人自己做得不好,不是我有过错。"

(以上是第二段,盘庚责备在位的官员不遵守旧制,傲慢、贪图安逸、妖言惑众。)

【原文】

"迟任有言曰①:'人惟求旧,器非求旧,惟新。'古我先王暨乃祖乃父胥及逸勤②,予敢动用非罚③? 世选尔劳④,予不掩尔善⑤。兹予大享于先王⑥,尔祖其从与享之⑦。作福作灾,予亦不敢动用非德⑧。"

"予告汝于难,若射之有志⑨。汝无侮老成人⑩,无弱孤有幼⑪。各长于厥居⑫,勉出乃力,听予一人之作猷⑬。无有远迩,用罪伐厥死⑭,用德彰厥善⑮。邦之臧⑯,惟汝众;邦之不臧,惟予一人有佚罚⑰。"

"凡尔众,其惟致告⑱:自今至于后日,各恭尔事,齐乃位⑲,度乃口⑳。罚及尔身,弗可悔。"

注释

① 迟任:郑玄说:"迟任,古之贤史。"
② 暨(jì 既):与,和。胥:相。逸:安乐。勤:勤劳。
③ 非罚:不恰当的惩罚。
④ 选:《孔传》:"数也。"意思是计算。劳:劳绩,功劳。
⑤ 掩:掩蔽。

⑥大享于先王:《孔疏》:"《周礼·大宗伯》祭祀之名;天神曰祀,地祇曰祭,人鬼曰享。此'大享于先王',谓天子祭宗庙也。"

⑦尔祖其从与享之:古代天子在宗庙祭祀祖先时,让功臣的祖先也同时享受祭祀。

⑧非德:不恰当的赏赐,这里还应该包括不恰当的惩罚。

⑨志:《广雅·释诂》:"识也。"指射箭的标志,即箭靶。

⑩侮老:《唐石经》作"老侮",轻视的意思。

⑪弱孤:《经义述闻》:"弱孤连言,以为孤弱而轻忽之也。"有:名词词头。

⑫长:长久,永久。厥居:居住的地方,指殷邑。

⑬作猷:江声说:"作,为。猷,谋也。"所作的谋划。

⑭罪:刑罚。死:恶。《韩诗外传》八:"逊而直,上也;切,次之;谤谏为下;懦为死。"懦为死就是懦为恶的意思。见《尚书易解》。

⑮德:有所施与。(见《礼记·玉藻》疏)这里是赏赐的意思。彰:表彰。

⑯臧(zāng赃):善,好。

⑰佚:《国语·周语》引作"逸",过错。罚:罪。《国语·周语》注:"罚,犹罪也。"

⑱惟:思。致告:致告之词,告诫的意思。

⑲齐:《尔雅·释诂》:"疾也。"迅速的意思。位:《尚书易解》:"位,位置,犹今言布置。"

⑳度:《说文》作"斁",闭也。

【今译】

"迟任说过:'用人要用长期在官位的旧人,用器物就不要寻求旧的,而是要新的。'过去我们的先王同你们的祖辈父亲共同劳动,共享安乐,我怎么敢对你们施行不恰当的刑罚呢?世世代代都会计算你们的功劳,我不会掩盖你们的好处。现在我要祭祀我们的先王,你们的祖先也将跟着受到祭祀。我虽然能给你们赐福或降灾,我也不敢动用不恰当的赏赐或惩罚。"

"我把困难的事情告诉你们,就好像射箭要有箭靶一样,不能偏离。你们不要轻视成年人,也不要看不起年小的人。你们各人要长期住在这里,努力付出你们的劳动,听从我的谋划。不管将来还是现在,我要用刑罚惩处那些作恶的,用赏赐表彰那些行善的。国家治理得好,是你们众人的功劳;国家治理得不好,是我有过有罪。"

"你们大家要仔细想想我告诫你们的这番意思;从今以后,各人恭敬地做好你们自己份内的事情,迅速布置自己的工作,闭上你们的嘴不要乱说。否则,惩罚到你们身上,你们可不要后悔。"

(以上是第三段,盘庚对在位大臣申明赏罚。)

盘庚中

【原文】

盘庚作①,惟涉河以民迁②。乃话民之弗率③,诞告用亶④。其有众咸造⑤,勿亵在王庭⑥。盘庚乃登进厥民⑦。

曰:"明听朕言,无荒失朕命⑧!呜呼!古我前后,罔不惟民之承保⑨。后胥感鲜⑩,以不浮于天时⑪。殷降大虐⑫,先王不怀厥攸作⑬,视民利用迁⑭。汝曷弗念我古后之闻?承汝俾汝惟喜康共⑮,非汝有咎比于罚⑯。予若吁怀兹新邑⑰,亦惟汝故,以丕从厥志⑱。"

注释

①作:黄式三说:"作,谓立为君也,与《易》神农氏作、黄帝尧舜氏作同。"
②惟:《尔雅·释诂》:"谋也。"涉:渡。盘庚从奄渡河到殷,即今安阳。
③话:《尚书故》:"会也。"《说文》:"话,会合善言也。"率:循。
④诞:《尔雅·释诂》:"大也。"亶:诚。
⑤有:名词词头。咸:都。造:到。
⑥勿亵:联绵词,不安的样子。又作忽嫟、埶黜、杌陧、梼杌、出埶等。(见《尚书核诂》)
⑦登进:使人近前。
⑧荒:荒废。失:江声说读为"佚"。《说文》:"佚,忽也。"轻忽的意思。
⑨罔不惟民之承保:江声说:"当读至保字绝句。保,安也。言前后无不承安其民也。"
⑩胥:"谞"的古字。《说文》:"谞,知也。"章太炎《文始》五说:"凡古言谞者,今言清楚,或言清爽。"见《尚书易解》。感:通"戚",贵戚大臣。鲜:鲜明。
⑪浮:《小尔雅·广言》:"浮,罚也。"
⑫殷:庄葆琛说应读为"慭"。《说文》:"慭,痛也。"虐:灾,这里指洪水造成的灾害。
⑬怀:安。所作:作为。

⑭用:以。
⑮承:顺。俾:从。康:安康。共:俞樾说:"共拱古通用,《广雅》:'拱,固也。'"
⑯咎:过错。比:通"庀",《国语·鲁语》注:"庀,治也。"
⑰吁:呼吁。怀:安。
⑱丕:大。从:遵从。厥:其,先王的。

【今译】

盘庚作了君主之后,考虑渡过黄河带领臣民迁移。于是,集合了那些不服从迁移的臣民,用诚恳的态度大力劝告他们。那些民众都来了,惴惴不安地站在王庭中。盘庚招呼他们靠前一些。

盘庚说:"你们要听清楚我讲的话,不要忽视我的命令!啊!从前我们的先王,没有谁不使老百姓安居乐业的。做君王的清楚这一点,做大臣的也明白这一点,因此没有受到老天的惩罚。从前痛降大灾,先王不安居自己所作的都邑,考虑臣民的利益而迁徙。你们为什么不想想我们先王的这些传闻呢?我是顺从你们喜欢安乐和稳定的想法,并不是你们有什么过错而对你们依罚惩治。我呼吁你们安乐地居住在新国都,也是为了你们的缘故,并且尽量遵从先王的意愿。

(以上是第一段,盘庚指出迁都既是考虑臣民的利益,也是继承先王的遗志。)

【原文】

"今予将试以汝迁,安定厥邦。汝不忧朕心之攸困①,乃咸大不宣乃心②,钦念以忧动予一人③。乃惟自鞠自苦④,若乘舟,汝弗济,臭厥载⑤。尔忱不属⑥,惟胥以沈⑦。不其或稽⑧,自怒曷瘳⑨?汝不谋长以思乃灾,汝诞劝忧⑩。今其有今罔后⑪,汝何生在上?"

"今予命汝一⑫,无起秽以自臭⑬,恐人倚乃身⑭,迂乃心⑮。予迓续乃命于天⑯,予岂汝威⑰,用奉畜汝众⑱。"

注释

①忧:忧虑。困:困苦。
②宣:孙星衍说读为"和",和协。
③钦念:《尚书易解》:"按钦之言甚也,钦念,谓甚思也。"忧:《尚书易解》:

"忱当作扰,《说文》:'告言不正曰扰,竹甚切。'"

④鞠:穷,走投无路。

⑤臭:朽,《广雅·释诂》:"朽,败也。"载:事。

⑥忱:诚。属:《尚书易解》:"《礼记·经解》注:'犹合也。'"

⑦胥以:相与。沈:"沉"的古字。

⑧不其或稽:其,助词。或,克。稽,同,协同。(见《尚书易解》)

⑨曷:何,什么。瘳(chōu 抽):病好了。

⑩劝:乐,安于。《吕氏春秋·离俗览·适威》:"天子至贵也,天下至富也,彭祖至寿也,诚无欲,则是三者不足以劝。"高诱注:"劝,乐也。"

⑪其:将。有今罔后:有今无后,意思是离死不远了。

⑫一:整齐划一,同心的意思。

⑬起秽:扬起污秽,比喻传播谣言。

⑭倚乃身:使你们的身子不正。倚,偏斜。

⑮迂乃心:使你们的心偏邪。迂,歪邪。

⑯迓(yà 亚):通"御",《匡谬正俗》作"御"。《广雅·释诂》:"御,使也。"续乃命:继续你们的生命。意思是不迁徙就会被淹死,迁徙后就可以延续生命。

⑰汝威:即威汝。

⑱奉:助也,见《淮南子》高诱注。畜:养。

【今译】

现在我打算率领你们迁移,使国家安定。你们不体谅我内心的困苦,你的心竟然很不和顺,很想用些不正确的话来动摇我。你们自己搞得走投无路,自寻烦恼,就好像坐在船上,你们又不渡过河去,这将会把事情搞坏。你们诚心不合作,那就只有一起沉下去。不能协同一致,只是自己怨怒,又有什么好处呢?你们不作长久打算,不想想灾害,对于忧患已经很习惯了。这样下去,将会是有今天没有明天了,你们怎么能生活在这个地面上呢?"

"现在我命令你们同心同德,不要传播谣言来搞臭自己,恐怕有人会使你们的身子不正,使你们的心地歪邪。我要使老天让你们的生命延续下去,我哪里是要威胁你们啊,我是要帮助你们、养育你们众人。"

(以上是第二段,指出迁徙是为了安定国家,拯救臣民。)

【原文】

"予念我先神后之劳尔先①,予丕克羞尔用怀尔②;然失于政,陈于兹③,高后丕乃崇降罪疾④,曰:'曷虐朕民⑤?'汝万民乃不生生⑥,暨予一人猷同心⑦,先后丕降与汝罪疾,曰:'曷不暨朕幼孙有比⑧?'故有爽德⑨,自上其罚汝⑩,汝罔能迪⑪。"

"古我先后既劳乃祖乃父,汝共作我畜民⑫,汝有戕则在乃心⑬!我先后绥乃祖乃父⑭,乃祖乃父乃断弃汝⑮,不救乃死。兹予有乱政同位⑯,具乃贝玉⑰。乃祖乃父丕乃告我高后曰:'作丕刑于朕孙!'迪高后丕乃崇降弗祥⑱。"

注释

①神:神明,神圣,用来表示尊敬。旧注认为指成汤。劳:烦劳。

②丕:乃,才。羞:进献。张衡《思玄赋》:"聘王母于银台兮,羞玉芝以疗饥。"李善注:"羞,进也。"《尚书正读》:"羞,进也,献也。羞尔,犹今言贡献意见于尔也,下篇'羞告尔于朕志'可证。"怀:安。

③陈:居处。《周礼·天官冢宰·内宰》"陈其货贿",郑玄注:"陈,犹处也。"

④丕乃:于是就。崇:《尔雅·释诂》:"重也。"

⑤曷:何,为什么。虐:虐待。

⑥乃:若。生生:营生。《庄子·大宗师》:"杀生者不死,生生者不生。"崔注:"常营其生为生生。"

⑦猷:谋划。

⑧幼孙:盘庚自指。有比:亲附,亲近。

⑨爽:差错。

⑩上:上天,上帝。

⑪迪:逃。《尚书正读》:"迪,逃也,声相近。"

⑫作:为。畜:养。

⑬有:通"又"。戕(qiāng枪):残害。

⑭绥:《尚书正读》:"绥,安也。引申之安人以言亦曰绥。下文'绥爰有众',即告于有众也。"

⑮断:断然,绝对无疑。

⑯乱政:乱政之臣。同位:同僚,同事。

⑰乃:其。贝玉:贝,货币。玉,玉石。通指财物。

⑱迪:句首助词。崇:重。

【今译】

"我想到我们神圣的先王曾经烦劳你们的祖先,才把使你们安居乐业的意见贡献给你们;然而如果在政事上的失误,长久居住在这里,先王就会重重地降下罪责,问道:'为什么虐待我的臣民?'你们万民如果不去谋生,不和我同心同德,先王也会对你们降下罪责,问道:'为什么不同我的幼孙亲近友好?'因此,如果有了过错,上天就将惩罚你们,你们不能逃脱。"

"从前我们的先王已经烦劳你们的祖先和父辈,你们都作为被我养育的臣民,你们内心却又怀着恶念!我们的先王将会告诉你们的祖先和父辈,你们的祖先和父辈就会断然抛弃你们,不会挽救你们的死亡。现在我有搅乱政事的大臣,聚集财物。你们的祖先和父辈于是就告诉我们的先王说:'对我的子孙用大刑吧!'于是,先王就会重重地降下灾祸。

(以上是第三段,警告臣民,如果离心失德,就将招到先祖的惩罚。)

【原文】

"呜呼!今予告汝:不易①!永敬大恤②,无胥绝远③!汝分猷念以相从④,各设中于乃心⑤。乃有不吉不迪⑥,颠越不恭⑦,暂遇奸宄⑧,我乃劓殄灭之⑨,无遗育⑩,无俾易种于兹新邑⑪。"

"往哉生生!今予将试以汝迁,永建乃家。"

注释

①易:轻易。

②敬:谨慎。恤:忧患。

③胥:相。绝远:隔绝疏远。

④分:当。宋玉《神女赋》:"含然诺其不分兮,喟扬音而哀叹。"李善注:"分,当也。"猷:谋。

⑤中:《说文》:"和也。"和衷共济的意思。

⑥乃:若。吉:善。迪:道,正路。

⑦颠:陨,坠落。越:越轨,违法。

⑧暂:王引之说:"暂,读为渐,诈欺也。"遇:王引之说应当读为隅,或读为偶,奸邪的意思。奸宄(guǐ 轨):做坏事。

⑨劓(yì 义):《说文》:"劓"又写作"劓"。《广雅·释诂》:"断也。"殄(tiǎn 舔):灭绝。

⑩育:读为"胄"。《书·尧典》"教胄子",《说文》"胄"作"育"。胄,后代。
⑪俾:使。易:王引之说:"延也。"延续。种:种族,指后代。

【今译】

"啊！现在我告诉你们:不要轻举妄动！要永远重视大的忧患,不要互相疏远！你们应当考虑互相依从,各人心里都要想到和衷共济。假如有人不善良、不走正道、违法不恭,欺诈奸邪,胡作非为,我就要灭绝他们,不留他们的后代,不让他们的种族在这个新国都里延续下去。"

"去吧,去谋生吧！现在我打算率领你们迁徙,在新国都永久地建立你们的家园。"

(以上是第四段,迁都前发布禁令。)

盘庚下

【原文】

盘庚既迁,奠厥攸居①,乃正厥位,绥爰有众②。

曰:"无戏怠③,懋建大命④！今予其敷心腹肾肠⑤,历告尔百姓于朕志⑥。罔罪尔众,尔无共怒,协比谗言予一人⑦。"

"古我先王将多于前功⑧,适于山⑨。用降我凶⑩,德嘉绩于朕邦⑪。今我民用荡析离居⑫,罔有定极⑬,尔谓朕曷震动万民以迁⑭？肆上帝将复我高祖之德⑮,乱越我家⑯。朕及笃敬⑰,恭承民命⑱,用永地于新邑⑲。肆予冲人⑳,非废厥谋㉑,吊由灵各㉒；非敢违卜,用宏兹贲㉓。"

【注释】

①奠:定。攸:所。
②绥:告诉。爰:于。有:名词词头。
③戏:游戏,追求享乐的意思。怠:懒惰。
④懋(mào 茂):勉力,努力。建:布告。《周礼·天官冢宰·小宰》:"小宰之职,掌建邦之宫刑。"郑玄注:"建,明布告之。"

⑤敷心腹肾肠:敷,布,开诚布公的意思。
⑥历:数。百姓:百官。志:《广雅·释诂》:"意也。"
⑦协比:协同一致。
⑧将:《广雅·释诂》:"欲也。"前人:前人的功劳。
⑨适:往,迁往。
⑩用:因此。降:减少。凶:灾祸。
⑪德:《说文》:"升也。"
⑫荡析:荡洗。段玉裁说:"荡洗者,动荡奔突而出。"
⑬极:止,至。《诗·齐风·南山》:"既曰得止,曷又极止?"《毛传》:"极,至也。"
⑭曷:何,为什么。震动:惊动。
⑮肆:《尔雅·释诂》:"今也。"将:欲。
⑯乱:《尔雅·释诂》:"治也。"越:于。
⑰及:《尚书今古文注疏》:"及者,《公羊·隐元年》传云:'犹汲汲也。'"汲汲,急切的样子。笃:厚。
⑱恭承民命:就是《书·盘庚中》"予迓续乃命"的意思。承,续也。
⑲永地:永远居住。
⑳肆:故。冲人:年幼的人。《后汉书·冲帝纪》"孝冲皇帝讳炳",李贤注:"《谥法》曰:'幼小在位曰冲。'"这里是盘庚自指。
㉑厥谋:迁徙的打算。
㉒吊:善。灵各:《尚书易解》:"灵,神也,指上帝。各,当读为格,《仓颉篇》:'格,量度也。'吊由灵各,谓善用上帝之谋度,即上文上帝云云之意。"
㉓宏:宏扬,发扬。贲(fén焚):美。

【今译】

盘庚迁都以后,先定好住的地方,其次才决定宗庙朝廷的位置,然后告诉众人。

盘庚说:"不要贪图享乐,不要懒惰,努力传达我的教命吧?现在我开诚布公地把我的意思全都告诉你们各位官员。我没有惩罚你们众人,你们也不要一齐发怒,共同起来攻击我一个人。

"从前我们的先王想创建比前人更多的功劳,就迁往山地去。用这个办法减少洪水对我们造成的灾祸,在我国立了大功。现在我们的臣民由于洪水动荡奔腾而流离失所,没有固定的住处,你们问我为什么要惊动众人迁居?是因为现在上帝要复兴我们高祖的美德,治理好我们的国家。我急切地、恭谨地顺从老天的意志,让你们的生命延续下去,因此要永远居住在新国都。所以我这个年轻人,不敢废弃迁徙的打算,善于运用上帝的谋划;不敢违背卜兆,是为了发扬光大这美好的事业。"

(以上是第一段,盘庚要大臣向民众传达迁都的原因和目的。)

【原文】

"呜呼!邦伯师长百执事之人①,尚皆隐哉②!予其懋简相尔念敬我众③。朕不肩好货④,敢恭生生⑤。鞠人谋人之保居⑥,叙钦⑦。今我既羞告尔于朕志若否⑧,罔有弗钦⑨!无总于货宝⑩,生生自庸⑪。式敷民德⑫,永肩一心⑬。"

【注释】

①邦伯:邦国之长,指诸侯。师长:众位官长。师,《尔雅·释诂》:"众也。"百执事:处理具体事务的众官员。
②尚:庶几,表示祈使,希望。隐:《广雅·释诂》:"度也。"忖度,考虑。
③懋:勉力,努力。简相:《广雅·释诂》:"简,阅也。"《说文》:"相,视也。"简相,等于说视察。念:顾念。敬:《尚书故》读为矜。矜,怜恤。
④肩:《尔雅·释诂》:"肩,胜也。"《说文》:"胜,任也。"好(hào 号):喜欢。货:财物。
⑤恭:举用。生生:营生。
⑥鞠:养育,抚养。《诗·小雅·蓼莪》:"父兮生我,母兮鞠我。"《毛传》:"鞠,养。"保:安。
⑦叙:次序。钦:敬。
⑧羞:进献,见《书·盘庚中》"予丕克羞尔用怀尔"注。若:顺。
⑨钦:顺从。
⑩总:《说文》:"聚束也。"这里是聚敛的意思。
⑪庸:功。《国语·晋语》:"无功庸者不敢居高位。"韦昭注:"国功曰功,民功曰庸。"
⑫式:句首语气助词。敷:施。德:恩德,恩惠。
⑬肩:能够,《尔雅·释诂》:"肩,克也。"

【今译】

"啊!各位诸侯、各位官长以及全体官员,希望你们都考虑考虑!

我将要努力视察你们照顾怜恤我的民众的情况。我不会任用贪财的人,只任用帮助民众谋生的人。对于那些能养育民众并能使他们安居的人,我都要依次敬重他们。现在我已经把同意或者不同意的意见告诉你们了,不要有不顺从的!不要聚敛财宝,要谋生立功。要把恩惠施给民众,永远能够与民众同心。"

(以上是第二段,盘庚向诸侯和在位的大臣表明自己的好恶。)

说命上

【题解】

《说命》三篇是殷高宗武丁任命傅说为相的命辞。

盘庚去世后,他的两个弟弟小辛、小乙相继为王,而殷商国运衰颓。武丁继位后,力图复兴,却苦于不能得到贤人的辅佐,于是把政事交给冢宰,三年不言,以观国风。一天晚上,武丁梦见一位圣人,名叫说,而群臣百吏中没有一个人像梦中的说,就要人画出梦中人的形象,在全国上下按图索骥,最后,在傅岩找到了说。武丁任命说为相,殷商大治。

《说命》分上、中、下三篇。上篇记叙高宗得说的经过和任命说为相的命辞,中篇记说为相向高宗进言,下篇记说论学。高宗任命说为相是三篇的纲领,因此,总名《说命》。

今文无,古文有。

【原文】

高宗梦得说①,使百工营求诸野②,得诸傅岩③,作《说命》三篇。

注释

①高宗:殷高宗武丁。《史记·殷本纪》:"武丁修政行德,天下咸欢,殷道复兴。帝武丁崩,子帝祖庚立,祖己嘉武丁之以祥雉为德,立其庙为高宗。"说(yuè悦):人名。武丁梦中所得的贤人,后为殷相。

②百工:百官。《尧典》:"允釐百工,庶绩咸熙。"《孔传》:"工,官。"营:经营。诸:"之于"的合音。

③傅岩:傅,地名。岩,山中洞穴。孔安国说:"傅氏之岩在虞虢之界,通道所经,有涧水坏道,常使胥靡刑人筑护此道。说贤而隐,代胥靡筑之,以供食也。"

【今译】

高宗在梦中发现了说,使百官画出梦中的形象到全国上下到处寻找,结果在傅岩找到了,作《说命》三篇。

(以上是序。)

【原文】

　　王宅忧①,亮阴三祀②。既免丧③,其惟弗言,群臣咸谏于王曰:"呜呼! 知之曰明哲④,明哲实作则⑤。天子惟君万邦⑥,百官承式⑦,王言惟作命⑧,不言臣下罔攸禀令⑨。"

注释

　　①王:指殷高宗武丁。宅:居。忧:居父母之丧。这里指武丁居父亲小乙的丧。
　　②亮阴:又写作"谅阴"、"凉阴"、"亮闇"、"梁闇"、"谅闇"。帝王居丧。《礼记·丧服四制》:"高宗谅阴,三年不言。"祀:年。
　　③免丧:居丧期满。
　　④明哲:明智,通晓事理。哲,聪明有才能。
　　⑤则:法则。
　　⑥君:君临。统治,主宰。
　　⑦承:奉。式:法式,法令。
　　⑧命:命令。
　　⑨攸:所。禀:受。

【今译】

　　高宗为父死居丧三年。居丧期满后,还是不说话,群臣都向高宗进谏,说:"啊! 通晓事理就叫做明智,明智的人就能制定法则。天子主宰着整个天下,百官都尊奉您的法令。大王说话就是命令,不说话,臣下就没有办法接受命令。"

　　(以上是第一段,武丁居丧,三年不言,把政事交给冢宰。居丧期满后,还是不发表意见,百官进谏。)

【原文】

　　王庸作书以诰曰:"以台正于四方①,惟恐德弗类②,兹故弗言。恭默思道③,梦帝赉予良弼④,其代予言⑤。"乃审厥象⑥,俾以形旁求于天下⑦。说筑傅岩之野⑧,惟肖⑨,爰立作相⑩,王置诸其左右⑪。

注释

　　①台(yí移):我。正:表正,作为仪表、法式。四方:天下。

商 书　　135

②类:善。《诗·大雅·皇矣》:"克明克类,克长克君。"郑玄说:"类,善也。"
③默:幽静。思道:思考治理天下的办法。
④帝:天帝、上帝。赉(lài 赖):赏赐。良弼:贤良辅弼。
⑤其:将。
⑥审:详细。厥象:梦中人的形象。
⑦旁求:四处寻求。
⑧筑:擣土使之坚实。《孟子·告子下》:"舜发于畎亩之中,傅说举于版筑之间。"版筑就是筑墙时用两板相夹,中间放泥土,用杵舂实。筑就是擣土的杵。
⑨肖:相像,相似。
⑩爰:于是。立:登上某一地位。
⑪置:放置,安置。诸:"之于"的合音。

【今译】

　　王因此作书告诉群臣说:"以我作为天下的仪表法式,惟恐德行不好,所以不轻易发言。我恭敬地默默思考治理天下的办法,梦见上帝赐给我一位贤良辅佐,他将代替我发言。"于是详细刻画了梦中人的形象,派人按照画像在全国各地到处寻找。说在傅岩的野外筑墙,很像梦中人,于是就任命他作相,王把他安放在自己身边。

　　(以上是第二段,记叙发现傅说的经过。)

【原文】

　　命之曰①:"朝夕纳诲②,以辅台德③。若金④,用汝作砺⑤;若济巨川⑥,用汝作舟楫⑦;若岁大旱,用汝作霖雨⑧。启乃心⑨,沃朕心⑩,若药弗瞑眩⑪,厥疾弗瘳⑫;若跣弗视地⑬,厥足用伤⑭。惟暨乃僚⑮,罔不同心,以匡乃辟⑯。俾率先王⑰,迪我高后⑱,以康兆民⑲。呜呼!钦予时命⑳,其惟有终㉑。"

注释

①命:任命官吏时发布的政令。《蔡传》:"后世命官制词,其源盖出于此。"
②朝夕纳诲:《蔡传》:"朝夕纳诲者,无时不进善言也。"纳诲,进谏。
③台(yí 移):我。
④若:如果。金:金属,这里指铁器。
⑤砺:磨刀石。《荀子·劝学》:"故木受绳则直,金就砺则利。"

⑥济:渡河。川:河流。
⑦舟楫(jí辑):船和桨。
⑧霖雨:久下不停的雨。《左传·隐公九年》:"凡雨自三日以往为霖。"(以往:以上。)
⑨启:开启。乃:你的。
⑩沃:浇灌。朕:我的。
⑪瞑眩(miàn xuàn 面绚):头昏眼花。《孔疏》:"瞑眩者,令人愤闷之意也。《方言》云:'凡饮药而毒,东齐海岱间或谓之瞑,或谓之眩。'"又说:"药毒乃得除病,言切乃得去惑。"意思是良药苦口利于病,忠言逆耳利于行。
⑫疾:病。瘳(chōu 抽)病好了。
⑬跣(xiǎn 险):赤脚。
⑭用:因此。
⑮暨(jì 既):同。僚:僚属,下属官员。
⑯匡:匡正,纠正。辟:君王。
⑰俾(bǐ 比):使。率:循。
⑱迪:蹈,踏。高后:高尚的君王,指成汤。
⑲康:安乐。兆:古代指百万或万亿,表示极多。
⑳钦:敬。予:我的。时:通"是",代词。
㉑其:表示期望的语气助词。

【今译】

　　王对他说:"你要早晚赐教,以便帮助我修德。如果是铁器,就把你当作磨刀石;如果要渡过大河,就把你当作船和桨;如果年岁大旱,就把你当作久雨。开启你的心来浇灌我的心,如果吃了药一点也不头昏眼花,病就不会好;如果赤着脚走路不看地下,脚就有可能因此受伤。希望你同你的下属,无不同心合力,纠正你们君王的过错,使他能沿着先王的道路,踏着成汤的足迹前进,让天下亿万百姓安居乐业。啊!谨遵我这个政令吧,希望能善始善终。"

　　(以上是第三段,武丁对说的命词。武丁用一系列的比喻,希望说发挥作用,使殷商中兴。)

【原文】

　　说复于王曰①:"惟木从绳则正②,后从谏则圣③。后克圣,臣不命其承④,畴敢不祇若王之休命⑤?"

注释

①复:回答。
②绳:绳墨,木工用的墨线。
③圣:圣明。
④臣不命其承:《孔传》:"君能受谏,则臣不待命其承意而谏之。"意思是说,如果君王能够接受意见,那么臣子不必等待命令就会主动向君王进谏。
⑤畴(chóu筹):谁。祇(zhǐ纸):恭敬。若:顺。休:美好。

【今译】

　　说回答王说:"木头受过绳墨就会砍削得正直,君王接受规劝就会变得圣明。君王能够圣明,臣下不必等待命令就会主动进言,谁还敢不恭敬地顺从君王的好教导呢?"

　　(以上是第四段,傅说高兴地看到武丁对自己寄予厚望,表示愿意主动进言。)

说命中

【原文】

　　惟说命总百官①,乃进于王曰②:"呜呼!明王奉若天道③,建邦设都④,树后王君公⑤,承以大夫师长⑥,不惟逸豫⑦,惟以乱民⑧。"
　　"惟天聪明,惟圣时宪⑨,惟臣钦若⑩,惟民从乂⑪。惟口起羞⑫,惟甲胄起戎⑬,惟衣裳在笥⑭,惟干戈省厥躬⑮。王惟戒兹⑯,允兹克明⑰,乃罔不休⑱。"

注释

①命:接受王命。总:总理,统管。
②进:进谏,献策。
③明王:英明的君王。若:顺从。
④邦:指王国和邦国。王国,天子建立的国家。邦国,诸侯的封国。都:天子建立的帝都和诸侯建立的国都。

⑤后王:指天子。君公:指诸侯。
⑥承:承接,接着。大夫师长:臣。《孔疏》:"周礼立官多以师为名。师者,众所法,亦是长之义也。大夫以下分职不同,每官各有其长,故以师长言之。"
⑦逸豫:安逸享乐。
⑧乱:治理。见《尚书·泰誓中》"予有乱臣十人"注。
⑨时:通"是",代词。宪:效法,摹仿。
⑩钦:恭敬。若:顺从。
⑪乂(yì 义):治理。
⑫口:《说文》:"口,人所以言食也。"口是说话和进食的器官,这里是指说话,意思是随意发号施令。起:引起,招来。羞:羞辱。
⑬甲胄(zhòu 宙):铠甲和头盔。代军队。戎:戎兵,战争。
⑭衣裳:指官服。笥(sì 似):一种装衣物的方形竹器。
⑮干戈:武器。干,盾牌,古代作战时用来防身抵御兵刃的武器。戈,古代一种可以横击、钩杀的进攻型武器。省(xǐng 醒):察看。躬:身,本人。(按:"惟衣裳在笥,惟干戈省厥躬"两句互文见义,等于说"惟衣裳在笥省厥躬,惟干戈在库省厥躬"。)
⑯兹:这。指上文口、甲胄、衣裳、干戈四个方面。
⑰允:信。明:明政,使政治清明。
⑱休:美好。

【今译】

说接受王命总理百官后,就向王进言说:"啊!圣明的君王顺从天道,建立邦国,设置都城,立天子,封诸侯,接着又任命大夫师长等各级官员,不让他们安逸享乐,而是让他们治理百姓。"

"老天能听清一切、看清一切,圣明的君王要效法老天,臣下要恭敬地顺从老天,百姓要服从治理。对于君王来说,轻易发号施令,有可能招致羞辱;随便动用军队,有可能引起战争;官服收在箱子里,不可轻易赏赐人,要看看被赏赐的公卿是不是称职;兵器藏在府库中,不可随便授予人,要看被授予的将帅能不能胜任。君王如果在以上四个方面有所戒备的话,那就确实能使政治清明,没有什么不美好的了。"

(以上是第一段,傅说向武丁进言,要君王奉行天道治理百姓,要在四个方面有所戒备,使政治清明。)

【原文】

惟治乱在庶官①。官不及私昵②,惟其能;爵罔及恶德③,惟其贤。

虑善以动,动惟厥时。有其善④,丧厥善;矜其能⑤,丧厥功。惟事事⑥,乃其有备,有备无患。无启宠纳侮⑦,无耻过作非⑧。惟厥攸居⑨,政事惟醇⑩。黩王祭祀⑪,时谓弗钦⑫。礼烦则乱,事神则难。"

注释

①庶:众。

②及:涉及,与。昵(nì 逆):亲近。

③爵:爵位。《礼记·王制》:"王者之制禄爵,公、侯、伯、子、男凡五等。"公侯伯子男是天子赐给诸侯的爵位。这里是指帝王赐给朝廷官员的爵位,即公、卿、大夫、士等。恶德:恶德之人,品德不好的人。

④有其善:自己认为很好。

⑤矜(jīn 今):自夸。

⑥事事:任何一件事。一说做事情,前一个事字,动词,从事;后一个事字,名词,事情,两说都通。

⑦无:通"毋"。启:开启。宠:宠幸,宠爱。纳:入,收进。侮:轻慢。

⑧耻过:以过为耻,把过错当作耻辱。非:不对。

⑨攸:所。居:居止,行为举止。

⑩醇(chún 纯):通"纯",纯粹,完美。

⑪黩(dú 读):轻慢,不庄重。《公羊传·桓公八年》:"(祭)亟则黩,黩则不敬。君子之祭也,敬而不黩。"何休注:"黩,渫黩也。"渫黩,后写作"亵渎"。

⑫时:通"是",代词。钦:敬。

【今译】

"一个国家的太平或动乱在于百官。官职不要授予自己偏爱和亲近的人,要看他的才能;爵位不要赏赐品德不好的人,要看他的贤德。考虑是善政才行动,行动还要选择时机。自以为有善而人家不承认,反而丧失了自己的善绩;自己夸耀自己的才能而人家不承认,反而丧失了自己的功劳。做任何事情,都要有准备,有准备就没有后患。不要宠爱小人而自讨轻侮,不要认为有过错是羞耻而文过饰非。如果行为举止都像上面所讲的那样,朝政大事就会治理得很完美了。祭祀时轻慢不庄重,这叫做不敬。祭祀的礼节太烦琐就会紊乱,奉事鬼神也就困难了。"

(以上是第二段,傅说告诫武丁:对别人任官赐爵,要选贤授能;对自己,要谦虚谨慎,不要自以为是;对鬼神,祭祀不要太频繁,但要庄重。)

【原文】

王曰:"旨哉①!说。乃言惟服②。乃不良于言③,予罔闻于行④。"

说拜稽首曰:"非知之艰,行之惟艰。王忱不艰⑤,允协于先王成德⑥,惟说不言有厥咎⑦。"

注释

①旨:美。《诗·小雅·颊弁》:"尔酒既旨,尔殽既嘉。"郑玄说:"旨嘉皆美也。"

②乃:你的。服:信服。

③良:善。言:说。

④罔闻:听不到。行:做。

⑤忱:真诚。

⑥允:的确。协:合。成:盛。

⑦咎(jiù旧):过错。

【今译】

王说:"说得真好啊!傅说。你的这番话真令人信服。如果你不善于这样说,我就不能听了去做。"

傅说下拜叩头说:"懂得这些道理并不难,实行起来才难。君王你真不把实行看做难事,的确符合先王的盛德,如果我不说就有过错了。"

(以上是第三段,君臣互相勉励。)

说命下

【原文】

王曰:"来!汝说。台小子旧学于甘盘①,既乃遯于荒野②,入宅于河③。自河徂亳④,暨厥终罔显⑤。尔惟训于朕志⑥,若作酒醴⑦,尔惟麴糵⑧；若作和羹⑨，尔惟盐梅⑩。尔交脩予⑪，罔予弃⑫，予惟克迈乃训⑬。"

注释

①台(yí 移)：我。甘盘：武丁时的贤臣。在《尚书·君奭》中，周公景仰殷商时的贤臣，把武丁时的甘盘，与成汤的伊尹、太甲的保衡、太戊的伊陟、祖乙的巫贤等相提并论，可见甘盘是武丁时的功臣。

②遯(dùn 顿)："遁"的古字，逃避。

③宅：居住。《尔雅·释言》："宅，居也。"河：黄河边。

④徂(cú 殂)：往。

⑤暨(jì 既)：到。这个意义又写作"洎"。《国语·周语中》："上求不暨，是其外利也。"韦昭注："暨，至也。"显：明显，这里指品德、学业没有明显的进展。

⑥于：大，远大，用作动词。《方言》："于，大也，于，通语也。"朕：我的。志：志向，抱负。

⑦若：如果。醴：甜酒。

⑧麴(qū 曲)：酿酒或制酱时引起发酵的块状物，用某种霉菌和大麦、大豆、麸皮等制成。《列子·杨朱》："聚酒千钟，积麴成封；望门百步，糟浆之气逆于人鼻。"又写作"麹"或"粬"。糵(niè 聂)：《玉篇》："麹也。"《礼记·礼运》："礼之于人，犹酒之有糵也。"

⑨和：搀和。羹：用肉或菜调和五味做成的带汁的食物。

⑩梅：青梅，有酸味，可作调味品。

⑪尔交脩予：《孔传》："交，非一之义。"《孔疏》："尔交脩予，令其交更脩治己也。故以交为非一之义，言交互教之，非一事之义。"意思是你要在多方面训导我，让我修德。"脩"通"修"。

⑫罔予弃：即"罔弃予"。

⑬迈：《尔雅·释诂》："迈，行也。"

【今译】

王说："来吧！傅说。我从前曾向甘盘学习，不久就跑到荒野，居住在黄河边。后来，又从黄河边来到亳，品德、学业始终没有明显的进展。你应当训导我，使我具有远大的志向。如果我要作甜酒，你就好像是麴和糵；如果我要作羹汤，你就好像是盐和梅。你要在各个方面训导我，不要厌弃我，我一定能够履行你的训导。"

（以上是第一段，武丁诚恳地向傅说求教。）

【原文】

说曰:"王,人求多闻,时惟建事①,学于古训乃有获②。事不师古③,以克永世④,匪说攸闻⑤。惟学逊志⑥,务时敏⑦,厥修乃来。允怀于兹⑧,道积于厥躬⑨。惟教学半⑩,念终始典于学⑪,厥德修罔觉⑫。监于先王成宪⑬,其永无愆⑭。惟说式克钦承⑮,旁招俊乂⑯,列于庶位⑰。"

注释

①时:通"是",代词。建:立。
②乃:才。获:获得,收获。
③师:师法,学习。
④永世:世世代代永远下去,意思是长治久安。
⑤匪:通"非"。攸:所。
⑥逊:使谦逊。志:心意。
⑦务:致力,追求。敏:努力,奋勉。
⑧允:相信。怀:想念。
⑨躬:自身。
⑩敩(xiào 孝):《孔传》:"敩,教也。教然后知所困,是学之半。"
⑪典:从事。
⑫脩:通"修",完善。罔觉:不觉得,自己没有感觉到。
⑬监:通"鉴",借鉴。成宪:现成的法律。
⑭永:长久。愆(qiān 迁):过错。
⑮式:用,因此。承:承受,接受。
⑯旁:普遍,广泛。招:招集,求得。俊乂:有才能的人。马融说:"才德过千人为俊,百人为乂。"
⑰列:排列,安排。庶:众。位:官位,职位。

【今译】

傅说说:"王啊,一个人要求多听,这是想要建立事业,只有学习古人的教导才会有收获。做事情不向古人学习,而国家能够长治久安,我傅说没有听说过。要学习使自己的心志谦虚,务必时时努力,品德的完善就自然会实现。相信并且记住这一点,道就会在他身上积累下来。教是学的一半,自始至终念念不忘学习,道德会不知不觉地逐步

商 书 143

完善。借鉴先王现成的法律,就会长期没有过失。我傅说因此能奉行您的意旨,广泛地招纳有才能的人,把他们安排在各种职位上去。"

(以上是第二段,傅说劝戒武丁学习古训,借鉴旧法,广纳人才,使国家长治久安。)

【原文】

王曰:"呜呼!说,四海之内咸仰朕德①,时乃风②。股肱惟人③,良臣惟圣。昔先正保衡作我先王④,乃曰:'予弗克俾厥后惟尧舜⑤,其心愧耻,若挞于市⑥。'一夫不获⑦,则曰时予之辜⑧。佑我烈祖⑨,格于皇天⑩。尔尚明保予⑪,罔俾阿衡专美有商⑫。惟后非贤不乂⑬,惟贤非后不食。其尔克绍乃辟于先王⑭,永绥民⑮。"

说拜稽首曰:"敢对扬天子之休命!"

【注释】

①咸:都。仰:景仰,仰慕。
②时:通"是",代词。乃:你的。风:《孔传》:"风,教也。"政教,教化。
③股:大腿。肱(gōng 公):上臂。
④正:《尔雅·释诂》:"正,长也。"这里指长官。保衡:《孔疏》:"保衡、阿衡,俱伊尹也。《君奭》传曰:'伊尹为保衡,言天下所取安,所取平。'"作:兴起。
⑤俾:使。后:君王,这里指成汤。
⑥若:像。挞(tà 踏):用棍子或鞭子打。市:集市。
⑦一夫:一人。获:得到,这里指得到妥善的安置。
⑧时:通"是"。辜:罪过。
⑨佑:佑助,辅佐。烈祖:建立了功业的祖先。烈,事业,功绩。
⑩格:通"假",嘉美,赞美。《礼记·中庸》释文:"假,嘉也。"皇:《尔雅·释诂》:"大也。"
⑪尚:表示希望、祈求的副词。保:安定。
⑫专:独有、独占。有:名词词头。
⑬乂(yì 义):治理。
⑭绍:继续。乃:你的。
⑮绥:安抚。

【今译】

王说:"啊!傅说,全国上下都景仰我的品德,这是你的教化。有脚手才能成人,有良臣才能成圣。从前,先王的官长保衡使我们的先王兴起,却说:'我不能使我的君王成为尧舜,我内心感到惭愧和羞耻,就好像在集市上挨了鞭子一样。'如果有一个人没有得到妥善安置,他就说这是我的罪过。他辅佐了我们建立了功业的先祖,被皇天赞美。你应该明显地安定我们,不要让阿衡在殷商独享美名。君王没有贤臣不能治理国家,贤臣没有君王不能取得俸禄。你要能让你的君王继续先王的事业,长久地安定百姓啊!"

傅说跪拜叩头说:"我冒昧地告诉您,我要宏扬天子这些美好的教导。"

(以上是第三段,武丁赞扬傅说的政教,并进一步提出要求。)

高宗肜日

【题解】

　　高宗,殷商的第二十三代君主武丁。肜日,肜祭之日。按照《书序》和《史记·殷本纪》,都说是高宗武丁祭成汤,有只山鸡飞到祭器上鸣叫,武丁恐惧,他的贤臣祖己作《高宗肜日》训王。

　　近人根据甲骨卜辞的记载,认为肜日之上的人名,是被祭祀的祖先,而不是主持祭祀的人。那么,《高宗肜日》应该是后人祭高宗,不是高宗祭成汤。

　　本文可能是武丁死后,他的儿子祖庚继承帝位,在肜祭武丁时,祖己训导祖庚的记录。

【原文】

　　高宗祭成汤,有飞雉升鼎耳而雊①,祖己训诸王②,作《高宗肜日》《高宗之训》。

注释

①雉(zhì 治):野鸡。升:登。鼎:古代一种三足两耳的金属器物。雊(gòu 够):野鸡鸣叫。

②祖己:祖庚的贤臣。诸:"之于"的合音。

【今译】

　　高宗武丁祭祀成汤,有一只野鸡飞到祭祀用的鼎耳上鸣叫,祖己训导祖庚,作《高宗肜日》和《高宗之训》。

　　(以上是序。)

【原文】

　　高宗肜日①,越有雊雉②。祖己曰:"惟先格王③,正厥事④。"乃训于王。

【注释】

①肜(róng 容)日：肜祭之日。肜，殷商时的祭名。祭祀后的第二天再举行祭祀。《尔雅·释天》："绎，又祭也。周曰绎，商曰肜，夏曰复胙。"

②越：句首语气助词。

③格：宽解。《汉书·五行志》《孔光传》都引作"假"，假是宽假的意思。《史记·殷本纪》引作"王勿忧，先修政事"。孔星衍说："史公云王勿忧者，疑释假王为宽假王心。"

④正：纠正。事：《左传·成公十三年》："国之大事，在祀与戎。"从本文最后"典祀无丰于昵"看，这里的"事"，应该是指祭祀。

【今译】

　　肜祭高宗的那一天，有一只野鸡鸣叫。祖己说："要先宽解君王的心，然后再纠正他祭祀的不当。"于是训导祖庚。

　　（以上是第一段，祖己作《高宗肜日》的由来。）

【原文】

　　曰："惟天监下民①，典厥义②。降年有永有不永③，非天夭民④，民中绝命⑤。民有不若德⑥，不听罪⑦。天既孚命正厥德⑧，乃曰：'其如台⑨？'"

【注释】

①监：监视。

②典：通"腆"，善。《礼记·郊特牲》："币必诚，辞无不腆。"郑玄说："腆，善也。"义：循理。（见《尚书易解》）

③永：长，这里指寿命长久。

④夭(yāo 腰)：夭折。《释名》："少壮而死曰夭。"

⑤中：中途。

⑥若：《尔雅·释诂》："善也。"《汉书·礼乐志》："神若宥之。"《汉书·韦玄成传》："钦若稽古。"集注说："若，善也。"

⑦听：顺从。

⑧孚：《史记·殷本纪》作"附"，《汉石经》《汉书·孔光传》都作"付"，交付、给予的意思。

⑨如台(yí 移)：如何。

【今译】

　　祖己说:"老天监视下民,表扬他们遵循义理行事。老天赐给人的寿年有长有短,并不是老天使人夭折,而是有些人不按义理办事中途短命。有些人有不好的品德,有不顺从天意的罪过。老天已经发出命令纠正他们不好的品德,他们却说:'要怎么样呢?'"

　　(以上是第二段,祖己宽解祖庚,老天是遵循义理行事的,不必因为肜祭时的异常现象而恐惧。)

【原文】

　　"呜呼!王司敬民①,罔非天胤②,典祀无丰于昵③。"

注释

　　①王:泛指殷商的先王。司:《史记·殷本纪》作"嗣",继承。孙星衍《尚书今古文注疏》:"王司者,言王嗣位也。"
　　②胤(yìn 印):后代,《史记·殷本纪》作"继"。
　　③昵(nì 逆):亲近。马融说:"昵,考也。谓祢(nǐ 你)庙也。"父亲死后在宗庙中立神主叫做祢。《周礼·春官·甸祝》:"舍奠于祖庙,祢亦如之。"郑众说:"祢,父庙。"

【今译】

　　"啊!先王继承帝位敬重百姓,无非都是老天的后代,在祭祀的时候,父庙中的祭品不要过于丰厚啦。"

　　(以上是第三段,祖己告诫祖庚,对自己亡父武丁的祭祀不要过于丰厚。)

高宗之训

　　《高宗之训》与上篇《高宗肜日》共序,也可能是祖庚肜祭武丁时,祖己训导祖庚的训辞。无正文。

西伯戡黎

【题解】

　　西伯周文王打败了殷商的属国黎以后,纣王的诤臣祖伊惊慌失措地禀报纣王,史官记录下进谏的过程,取名《西伯戡黎》。在这篇君臣对话中,祖伊直言敢谏,正告纣王荒淫无度而怙恶不悛已遭致天怒人怨,直言不讳地指出殷命将终的危急情势,规劝纣王勤勉政事,努力为国家命运着想。

　　文中,"今我民罔弗欲丧,曰:'天曷不降威?'"与《书·汤誓》中的"时日曷丧,予及汝皆亡"一样,反映了人民对暴君的无比怨恨。

【原文】

　　殷始咎周①,周人乘黎②。祖伊恐③,奔告于受④,作《西伯戡黎》⑤。

注释

　　①殷:殷商。商朝的第十代君主盘庚把都城从奄(今山东曲阜)迁到殷(今河南安阳西北),因此,商也称为殷。咎(jiù旧):一般指灾祸、过错,这里引申为憎恶。
　　②乘:《孔传》:"乘,胜也。"黎:《说文》写作"𪏆","𪏆,殷诸侯国,在上党东北。"《汉书·地理志》"上党郡壶关"下注引应劭说:"黎,侯国也,今黎亭是。"故城在今山西黎城县,一说在长治县西南。
　　③祖伊:祖己的后代,商纣王的贤臣。
　　④受:商纣王。《史记·殷本纪》:"帝乙崩,子辛立,是为帝辛,天下谓之纣。"郑玄说:"纣,帝乙之少子名辛。帝乙爱而欲立焉,号曰受德。时人传声转作纣也。史掌书,知其本,故曰受。"
　　⑤西伯:周文王。《史记·周本纪》:"公季卒,子昌立,是为西伯,西伯曰文王。"文王居岐山,被封为雍州伯,南兼梁荆,岐山在西,因此称西伯。戡:战胜,平定。《说文》作"𢦰"。

【今译】

　　殷商开始憎恶周的时候,周人战胜了黎。祖伊惊恐万状,赶紧跑来禀报纣王,史官记下这件事,写成《西伯戡黎》。

（以上是序。）

【原文】

西伯既戡黎①,祖伊恐,奔告于王②。

▎注释

①既:已经,以后。
②王:指纣王。

【今译】

周文王打败了黎国之后,祖伊十分恐慌,赶紧跑来禀报纣王。
（以上是第一段,指出祖伊进谏的原因。）

【原文】

曰:"天子!天既讫我殷命①。格人元龟②,罔敢知吉③。非先王不相我后人④,惟王淫戏用自绝⑤。故天弃我,不有康食⑥。不虞天性⑦,不迪率典⑧。今我民罔弗欲丧⑨,曰:'天曷不降威⑩?'大命不挚⑪,今王其如台⑫?"

▎注释

①既:恐怕,大概。《尚书覈诂》:"既与其古通用。"讫:终止,完结。殷命:殷商的国运。
②格人:能知天地吉凶的至人、贤人。《孔疏》:"格训为至。至人谓至道之人,有所识解者也。至人以人事观殷。"元龟:大龟。马融说:"元龟,大龟也,长尺二寸。"上古用龟甲占卜,认为龟愈大愈灵验。
③罔敢:不能。知:觉察。
④相(xiàng 向):辅佐。
⑤淫戏:纵酒好色过度。《史记·殷本纪》:"(纣)好酒淫乐,嬖于妇人。"用:相当于"以"。自绝:《孔疏》:"纣既自绝于先王,亦自绝于天。"
⑥康食:安居疏食,过着安定而低劣的生活。
⑦虞:揣测。
⑧迪:遵循。率典:常法。《尚书集注音疏》:"王犹不度知天性,不遵循典法,

言其昏乱。"

⑨罔弗欲丧:意思是没有谁不希望纣灭亡。

⑩曷:何,为什么。降威:显威灵,给予惩罚,意思同《尚书·汤誓》:"时日曷丧? 予及汝皆亡!"

⑪挚:至,臻,到来。

⑫如台(yí移):如何。

【今译】

祖伊说:"天子,天意恐怕要灾亡我们殷商了! 贤人和神龟都觉察不出一点吉兆。不是先王不扶助我们后人,只是大王纵酒好色自取灭亡。天意抛弃我们,不让我们安居疏食。大王不揣度天性,不遵循法典。如今百姓没有谁不希望大王灭亡,说:'老天为什么不显威灵啊?'老天惩罚的命令没有降下来,现在大王打算怎么办呢?"

(以上是第二段,祖伊正告纣王酒色无度,不守法典,已招致天怒人怨。)

【原文】

王曰:"呜呼! 我生不有命在天?"

祖伊反曰①:"呜呼! 乃罪多②,参在上③,乃能责命于天④? 殷之即丧,指乃功⑤,不无戮于尔邦⑥!"

注释

①反:反对,反驳。(见《尚书易解》)

②罪:过错。

③参:懒惰懈怠。《鸣沙石室遗书》中《尚书》此句作"厽",《汉简·古文四声韵》作"絫"。"厽"是"絫"的古字。"絫"当读作"儽(lěi 累)"。《说文解字注》:"儽,垂貌。从人,絫声。一曰懒懈。"(见《尚书易解》)

④乃:却。责命于天:向老天祈求好运。

⑤指乃功:指示你的政事。乃,你的。功,功业、事业。

⑥戮(lù 路):通"勠",合力,并力。(见《尚书易解》)

【今译】

纣王说:"啊! 我的一生不是由天命决定的吗?"

商 书 151

祖伊反驳说:"唉!您的过失太多,又懒惰懈怠,高高在上,难道还能祈求老天的庇护吗?殷商行将灭亡,大王您要指示政事,不可不努力为国家着想啊!"

(以上是第三段,祖伊指出殷商行将灭亡,希望纣王勤勉政事。)

微 子

【题解】

微子名叫启。微是封号,子是爵位。微子是帝乙的长子,纣的同母庶兄。按《吕氏春秋》,启的母亲生启的时候还没有被帝乙立为正妃,生纣的时候才立为正妃,因此,启年长是庶出,纣年小是嫡出。

据《史记·殷本纪》和《宋微子世家》记载:纣继承帝位后,淫乱不止。微子多次规劝纣,纣不听。微子想死,拿不定主意,就与太师、少师商量。他们在谈话中,集中分析了当时的形势和自己的处境,最后太师劝微子出逃。

这也是一篇诰体,但文辞较为浅易,有人据此认为本篇是后人伪托。论据不足,不可信。

【原文】

殷既错天命①,微子作诰父师、少师②。

注释

①错:错乱。马融说:"废也。"天命:指天赋予人的权力和职责。
②父师、少师:官名。

【今译】

殷商废弃了天命,微子作诰与父师、少师商议。

(以上是序。)

【原文】

微子若曰①:"父师、少师!殷其弗或乱正四方②。我祖厎遂陈于上③,我用沈酗于酒④,用乱败厥德于下⑤。殷罔不小大好草窃奸宄⑥。卿士师师非度⑦。凡有罪辜⑧,乃罔恒获⑨,小民方兴⑩,相为敌雠⑪。今殷其沦丧⑫,若涉大水⑬,其无津涯⑭。殷遂丧,越至于今⑮!"

曰:"父师、少师,我其发出狂⑯?吾家耄逊于荒⑰?今尔无指告⑱,

予颠跻[19],若之何其[20]?"

注释

①若:这样。

②其:恐怕,大概。或:克。《文侯之命》"罔或耆寿",《汉书·成帝纪》诏引作"罔克耆寿",证明"或"可通"克"。乱:《尔雅·释诂》:"乱,治也。"《史记·宋微子世家》写作"殷不有治政,不治四方"。

③我祖:马融说:"我祖,汤也。"厎(zhǐ 纸):定。《舜典》:"乃言厎可绩。"马融说:"厎,定也。"遂:法术。黄式三说:"遂,法也,与术通。"陈:陈列。

④我:《尚书易解》:"我,指纣。"《史记·宋微子世家》作"纣沈湎于酒"。用:因为,由于。沈(chén 沉):王引之说:"沈之言淫也。沈酗,犹淫酗也。"酗(xù 绪):喝醉后撒酒疯。

⑤用:因此。乱:淫乱。厥德:成汤之德。下:后世。马融曰:"下,下世也。"

⑥小:指老百姓。大:指群臣。草:读为钞。《尔雅·释言》:"钞,掠也。"奸宄(guǐ 轨):犯法作乱。

⑦师师:众长。前一个"师",众多。后一个师,官长。度:法度。

⑧辜:罪。

⑨乃:却。恒:常。获:捕获,逮捕。

⑩方:并。《仪礼·乡射礼》:"不方足。"郑玄说:"方犹并也。"兴:兴起。

⑪雠(chóu 仇):仇敌。

⑫其:恐怕。沦丧:灭亡。

⑬若:好像。涉:趟水过河。

⑭其:将。津:渡口。涯:岸。

⑮越:句首语气助词。今:此。

⑯我其发出狂:《史记·宋微子世家》作"我其发出往"。郑玄说:"发,起也。纣祸败如此,我其起作出往也。"孙诒让说:"此狂当从郑读为往,发疑当读为废。言我其废弃而出亡也。"

⑰家:住在家中的意思。耄(mào 茂):年老。逊:逃遁。荒:荒野。

⑱指告:指点告诉。

⑲颠:颠覆。跻(jī 基):坠落。

⑳若之何:如何,怎么办。其:语气助词。

【今译】

微子这样说:"父师、少师,殷商恐怕不能治理好天下了。我们的先祖成汤制定的办法还摆在面前,而纣王沉醉在酒中,败坏了成汤的美德。殷商的大小臣民无不抢夺偷盗、犯法作乱,官员们都不遵守法度。凡是有罪的人,却常常不能逮捕到,老百姓都一齐起来,同我们结成了仇敌。现在殷商恐怕要灭亡了,就好像要渡过大河,却找不到渡口和河岸。殷商法度丧亡,竟到了这个地步!"

微子说:"父师、少师,我将被废弃而逃亡在外呢?还是住在家中直到年老而隐退荒野呢?现在你们如果不指点我,殷商就会灭亡,怎么办啊?"

(以上是第一段,微子看到了殷商行将灭亡的种种征兆,内心产生了去留的矛盾,请父师指点。)

【原文】

父师若曰:"王子①!天毒降灾荒殷邦②,方兴沈酗于酒,乃罔畏畏③,咈其耇长旧有位人④。今殷民乃攘窃神祇之牺牷牲用以容⑤,将食无灾⑥。降监殷民⑦,用乂雠敛⑧,召敌雠不怠⑨。罪合于一⑩,多瘠罔诏⑪。"

"商今其有灾⑫,我兴受其败⑬;商其沦丧,我罔为臣仆⑭。诏王子出迪⑮。我旧云刻子、王子弗出⑯,我乃颠隮⑰。自靖⑱!人自献于先王,我不顾行遯⑲。"

注释

①王子:指微子。微子启是帝乙的长子。
②毒:《史记·宋微子世家》作"笃",深、厚,重重地。荒:《史记·宋微子世家》作"亡"。
③乃:却。畏畏:畏天威。《礼记·表记》引《甫刑》"德威惟威",郑玄说:"德所威则人皆畏之。"这是以威为畏。郑玄注《考工记》又说:"故《书》畏作威。"古代"畏"、"威"通用。
④咈(fú 弗):《说文》:"违也。"耇(gǒu 苟):年老。
⑤攘(rǎng 壤):顺手捎带地偷。窃:专程去偷盗。牺:毛色纯一的牲畜。牷(quán 全):体格健全的牲畜。牲:猪牛羊。容:《尚书今古文注疏》:"容,隐也。"
⑥将:养。《诗·小雅·四牡》:"王事靡盬,不遑将父。"《毛传》:"将,养也。"无灾:无罪。
⑦降:下。监:监视。

⑧乂(yì义):同"刈",杀。雔:马融本作"稠",多。敛:赋敛。
⑨召:招致。怠:松懈,宽缓。
⑩罪:罪人。
⑪瘠:病,这里指受害的人。诏:告。
⑫其:如果。
⑬败:祸败,灾祸。
⑭臣仆:古代战胜者把被征服者当做臣仆。臣仆就是奴隶。
⑮迪:《尚书今古文注疏》:"迪者,行也。字从由,行也。"
⑯旧:久。刻子:焦循《尚书补疏》和孙诒让《尚书骈枝》都认为刻子就是箕子。
⑰我:指殷商。
⑱靖:谋划,打算。
⑲顾:顾念。遯(dùn顿):逃亡。

【今译】

　　父师这样说:"王子!老天降下大灾要灭亡我们殷商,而君臣上下沉醉在酒中,却不惧怕老天的威力,违背年高德劭的旧时大臣的教诲。现在,殷商的百姓竟然偷盗祭祀天地神灵的猪牛羊三牲,把它们藏起来,或是饲养,或是吃掉,都没有罪,都不受到惩罚。老天向下监视殷民,我们殷商用杀戮和重刑横征暴敛,招致民怨却不放松聚敛。罪人聚合在一起,众多的受害者都无处申诉。"

　　"殷商如果现在有灾祸,我们都会蒙受灾难;殷商如果要灭亡了,我不会去做敌人的奴隶。我劝告王子逃出去。我早就说过箕子、王子应该逃出去,如果不逃出去,那我们殷商就要灭亡了。自己拿定主意吧!人人要各自对先王作出贡献,我不会考虑逃亡的事。"

　　(以上是第二段,父师劝微子逃跑以挽救殷商的灭亡。)

周 书

周,朝代名,公元前十一世纪周武王灭商后建立。周书,就是周代的文献资料。周的始祖名弃,《史记·周本纪》记载舜"封弃于邰,号曰后稷,别姓姬"。古公亶父时,定居周原。《史记正义》称"因太王所居周原,因号曰周"。公元前七七二年周平王东迁洛邑,历史上称东迁之前为西周,以后为东周。公元前二五六年被秦国灭亡。周代共历八百多年,三十四王。

今存《周书》主要是武王、成王、康王、穆王、平王时代的史料,计三十二篇,今文十九篇,古文十三篇。

泰誓上

【题解】

泰,《史记》作"太",《国语》作"大"。泰、太、大古代音同义同。本篇是周武王伐商大会诸侯的誓师词。《史记·周本纪》:"武王遍告诸侯曰:'殷有重罪,不可以不毕伐。'乃遵文王,遂率戎车三百乘,虎贲三千人,甲士四万五千人,以东伐纣。十一年十二月戊午,师毕渡盟津,诸侯咸会,曰:'孳孳无怠!'武王乃作《太誓》。"

今文无,古文有。

【原文】

惟十有一年①,武王伐殷。一月戊午②,师渡孟津③,作《泰誓》三篇。

注释

①十有一年:指周文五十一年。《孔传》:"九年而文王卒,武王三年服毕,观兵孟津,以卜诸侯伐纣之心,诸侯佥同,乃退,以示弱。"按:武王即位不改元,续文王受命年,表示继成父业。据《史记·周本纪》"九年,武王上祭于毕"的张守节《正义》。

②一月戊午:《孔传》:"十三年正月二十八日。"《尚书正读》:"《志》(指《汉书·律历志》)以伐殷观兵为十一年事,一月戊午师渡孟津为十三年事,似《书序》'一月'上当有'十三年'三字。"

③孟津:黄河古渡口名,在今河南省孟津县。

【今译】

十一年,周武王征伐殷国。十三年一月戊午日,军队在孟津渡黄河,写了《泰誓》三篇。

(以上是序。)

【原文】

惟十有三年春①,大会于孟津②。

王曰:"嗟!我友邦冢君越我御事庶士③,明听誓④。惟天地万物父母⑤,惟人万物之灵⑥。亶聪明⑦,作元后⑧,元后作民父母。"

"今商王受⑨,弗敬上天,降灾下民。沈湎冒色⑩,敢行暴虐,罪人以族⑪,官人以世⑫,惟宫室、台榭、陂池、侈服⑬,以残害于尔万姓⑭。焚炙忠良⑮,刳剔孕妇⑯。皇天震怒,命我文考⑰,肃将天威⑱,大勋未集⑲。"

"肆予小子发⑳,以尔友邦冢君,观政于商㉑。惟受罔有悛心㉒,乃夷居㉓,弗事上帝神祇,遗厥先宗庙弗祀㉔。牺牲粢盛㉕,既于凶盗㉖。乃曰:'吾有民有命!'罔惩其侮㉗。天佑下民㉘,作之君,作之师,惟其克相上帝㉙,宠绥四方㉚。有罪无罪,予曷敢有越厥志㉛?"

注释

①有(yòu 又):用在整数和零数间。

②会:聚会。

③友邦:友好国家。《孔疏》:"同志为友,天子发诸侯亲之也。《牧誓》传曰:言志同灭纣。"冢(zhǒng 肿)君:指诸侯。越:与,和。庶士:众士。御事庶士,泛指大大小小的各级官员。王樵说:"即本国三卿、亚旅、师氏、千夫长、百夫长。"

④明听:仔细听的意思。《蔡传》:"告以伐商之意,且欲其听之审也。"

⑤天地万物父母:意思是说天地生成万物,所以天地是万物的父母。

⑥灵:神,这里指贵重的物。《礼记·礼运》:"故人者,天地之心也,五行之端也,食味、别声、被色,而生者也。"

⑦亶(dǎn 胆):诚信,真的。

⑧元后:大君。

⑨受:商纣王名。

⑩沈(chén 沉)湎(miǎn 免):指沉溺在酒中,就是指酗酒。冒:贪欲。《新书·道术》:"厚人自薄谓之让,反让为冒。"冒色,就是贪色。

⑪罪:惩罚。族:灭族。《孔传》:"一人有罪,刑及父母、兄弟、妻子。"

⑫官:任用。官人,就是任用人。世:父子相继为世。《周礼·秋官·大行人》:"世相朝也。"郑玄注:"父死子立曰世。"官人以世,意思是说纣王任用官员不选贤任能,父兄死了任用子弟。

⑬台榭(xiè 谢):建在高土台上的敞屋。《孔疏》引李巡说:"台,积土为之,所以观望也。台上有屋谓之榭。"陂池:池塘。侈服:华丽的服饰。《孔传》:"侈谓服饰过制,言匮民财力为奢丽。"

⑭以:连词,可译为"来"。

⑮焚炙(zhì 治):焚烧。当指炮(páo 咆)烙(gé 格)的酷刑。《史记·殷本纪》:"百姓怨望而诸侯有畔者,于是纣乃重刑辟,有炮格之法。"《列女传》:"膏铜柱,下加之炭,令有罪者行焉,辄堕炭中,妲己笑,名曰炮格之刑。"

⑯刳(kū 枯):剖开身体。剔(tī 踢):分解骨肉,把肉从骨头上刮下来。

⑰文考:指文王。

⑱肃:敬。将:行。天威:上天的惩罚。

⑲勋:功业。集:成就,成功。

⑳肆:故,从前。发:武王名。

㉑观政:观察政事。《蔡传》:"观政,犹伊尹所谓万夫之长,可以观政。八百诸侯,背商归周,则商政可知。"

㉒悛(quān 圈):改过,悔改。

㉓夷居:傲慢无礼。《荀子·修身》:"容貌态度,进退趋行,由礼则雅,不由礼

则夷固僻违,庸众而野。"杨倞:"夷,倨也。"

㉔遗:废弃。厥:其,他的。

㉕牺牲:古时祭祀用牲的通称,色纯为牺,体全为牲。粢(zī 咨)盛(chéng 成):盛在祭器中的黍稷。

㉖既:尽。

㉗惩:制止。侮:傲慢。

㉘佑:助,宠爱。

㉙克:能够。相:辅佐。

㉚宠:这里的意思是爱护,保护。绥:安定。

㉛越:《孔传》:"远也。"

【今译】

十三年春天,周武王在孟津大会诸侯。

王说:"啊!我友好国家的大君和我的大小官员们,仔细听着誓词。天地是万物的父母,人是万物中的灵物。真的聪明的人作大君,大君就是老百姓的父母。"

"如今的商王受,不敬奉上天,降灾给下民。他嗜酒贪色,敢于做残暴虐杀的事,用灭族的严刑惩罚人,凭世袭的方法任用人,大建宫室、台榭,修筑陂池,讲究华丽的服饰,来残害你们万民。烧杀忠诚善良的官员,解剖怀孕的妇女。皇天动了怒气,命令我的先父文王,恭敬地奉行上天的惩罚,文王逝世,大功不能完成。"

"从前我小子姬发,和你们这些友好国家的大君,观察商的政事。纣王受没有改过的心,仍然傲慢无礼,不事奉天地神灵,舍弃他先人的宗庙不祭祀。祭祀用的牲畜和黍稷也都被恶人盗食了。他却说:'我有老百姓!我有天命!'不知道制止自己的傲慢。上天爱护下民,为民立君来治民,为民立师来教民,应当能够辅佐上帝,保护安定天下。有罪的应该讨伐,无罪的应该赦免,我怎敢违背那上天的意志呢?"

(以上是第一段,武王宣布商纣王的罪行,说明伐商的原因。)

【原文】

"同力度德,同德度义①。受有臣亿万,惟亿万心;予有臣三千,惟一心。商罪贯盈②,天命诛之。予弗顺天,厥罪惟钧③。予小子夙夜祗惧④,受命文考⑤,类于上帝⑥,宜于冢土⑦,以尔有众⑧,厎天之罚⑨。天矜于民⑩,民之所欲,天必从之。尔尚弼予一人⑪,永清四海⑫。时哉弗可失!"

注释

①度:度量。同力度德,同德度义:《孔传》:"力钧则有德者胜,德钧则秉义者强,揆度优劣,胜负可见。"

②贯:串。盈:满。贯盈,意思是成串地多,表示累积到了极限,这里的意思是商纣王罪大恶极。

③钧:通"均",相等,相同。厥罪惟钧,那罪和纣的罪相等。

④夙(sù 肃):早。祗(zhī 支):敬。

⑤受命文考:《蔡传》:"言受命文考者,以伐纣之举,天本命之文王,武王特禀文王之命,以卒其伐功而已。"

⑥类:通"禷"。《说文》:"以事类祭天神也。"古代作为因特别事故祭天的名称,与定时的郊祭不同。

⑦宜:《蔡传》:"祭社曰宜。"《尔雅·释天》:"起大事,动大众,必先有事乎社而后出,谓之宜。"冢(zhǒng 肿)土:就是大社。古代为百官万民所立的社,祭祀土神谷神。《诗·大雅·绵》:"乃立冢土。"《毛传》:"冢,大:冢土,大社也。"

⑧有:词头,构成双音节词。

⑨厎(zhǐ 纸):致。

⑩矜(jīn 今):怜悯。

⑪弼:辅佐。予一人:武王自指。

⑫永清四海:陈经说:"四海本清,纣汙浊之。伯夷大公所以避之以待天下之清也。去纣而除其秽恶则清其源而天下清矣。"

【今译】

"力量相等就度量德,德行相配就度量义。受有臣亿万,却有亿万条心;我有臣三千,却只有一条心。商纣王罪大恶极,上天命令我诛灭他。我不顺从上天,那罪行就和纣王相等。我小子早晚恭敬忧惧,接受先父文王伐商的命令,就去禷祭上帝,又宜祭土神谷神,然后率领你们众人致行上天的惩罚。上天怜悯老百姓,老百姓希望办到的事,上天必定顺从。你们应当辅佐我,永清天下。时机啊,是不可失掉的!"

(以上是第二段,武王申明伐商是顺天保民,正义之师必胜。)

泰誓中

【题解】

　　本篇是周武王率领军队渡过孟津,驻扎在黄河北岸后的誓师词。誓词的中心内容从天意和人事两个方面申明伐商必定会取得胜利,勉励全军将士不要轻敌,"一心一德,立定厥功"。

　　林之奇说:"上篇虽不明言所以誓师之日,然以中篇曰'惟戊午,王次于河朔',则知上篇当是丁巳日,尚在河南未渡孟津时所作,既誓师而渡河也。中篇则是戊午日,既渡而次舍于河之北所誓也。"

　　本篇与上篇合序。今文无,古文有。

【原文】

　　惟戊午,王次于河朔①。群后以师毕会②,王乃徇师而誓曰③:"呜呼!西土有众④,咸听朕言⑤。我闻吉人为善⑥,惟日不足⑦;凶人为不善,亦惟日不足。今商王受,力行无度⑧,播弃犁老⑨,昵比罪人⑩。淫酗肆虐⑪,臣下化之⑫,朋家作仇⑬,胁权相灭⑭。无辜吁天⑮,秽德彰闻⑯。"

注释

①次:停留、驻扎。《孔传》:"次,止也。"河朔:黄河北岸。
②后:君。群后,指众诸侯。毕:都。
③徇:巡视。《孔传》:"徇,循也。"《字诂》:"循,巡也。"《汉书·东方朔传》注:"循,行视也。"
④有:词头,助成双音词。西土有众,指西方各国的官员。周国王都丰、镐,其地在西方,跟从武王渡河伐商的都是西方诸侯,所以称西土有众。
⑤咸:全,都。朕:我。
⑥吉人:善良的人。
⑦惟日不足:《蔡传》:"言终日为之而犹为不足也。"
⑧力:尽力,竭力。行:为,做。无度:指没有法度的事,就是违反法度的事。
⑨播(bò簸):遍。《孔疏》:"《传》以'播'为'布',布者,遍也。言遍弃之,不礼敬也。"犁老:老人。古本犁作黎。《经义述闻》:"黎老者,耆(qí其)老也,古字

黎与耇通。"这里指箕子、比干这些忠实的老臣。

⑩昵（nì 溺）：亲近。比：亲近。"昵"、"比"二词同义。

⑪淫：过度，过分。酗：沈溺在酒中。肆：放纵。

⑫化：变化（心志），意思是渐渐弃善从恶。《管子·七法》："渐也、顺也、靡也、久也、服也、习也,谓之化。"臣下化之,《孔疏》："臣下化而为之,由纣恶而臣亦恶。言君臣之罪同也。"

⑬朋：结党。朋家作仇,意思是各立朋党,相为仇敌。

⑭胁：挟持。《释名·释形体》："胁,挟也。"权：权力。胁权相灭,《孔传》："胁上权命以相诛灭。"

⑮无辜：指无罪的人。吁（yù 裕）：呼。吁天,呼天诉苦。

⑯秽（huì 汇）：秽恶。彰：显著、显明。闻：传布。

【今译】

戊午日,周武王在黄河北岸停下来。众诸侯率领他们的军队都来会合,武王就巡视各国军队并且发表誓言,说："啊！西方各国官员,都注意听我的誓言。我听说善人做善事,整天做还做不够；恶人做恶事,也是整天做还做不够。如今商王受竭力做违反法度的事,普遍抛弃忠实的老臣,亲近罪恶的小人。过度嗜酒,放肆暴虐,臣下受到影响,各自建立朋党,互为仇敌,挟持君王的权命,互相诛杀。无罪受害的人呼天诉苦,纣王秽恶的行径天下传闻。"

（以上是第一段,指明商纣王力行无度。）

【原文】

"惟天惠民①,惟辟奉天②。有夏桀弗克若天③,流毒下国④。天乃佑命成汤⑤,降黜夏命⑥。惟受罪浮于桀⑦。剥丧元良⑧,贼虐谏辅⑨。谓己有天命,谓敬不足行⑩,谓祭无益,谓暴无伤⑪。厥监惟不远⑫,在彼夏王⑬。天其以予乂民⑭,朕梦协朕卜⑮,袭于休祥⑯,戎商必克⑰。受有亿兆夷人⑱,离心离德；予有乱臣十人⑲,同心同德。虽有周亲⑳,不如仁人㉑。"

注释

①惠：爱。

②辟：君。奉：奉承。

③克:能够。若:顺从。

④流毒:传布毒害,等于说传播灾祸。

⑤佑:佑助。

⑥黜(chù 触):废除、废止。命:福命,指国运。

⑦浮:超过。《孔疏》:"物在水上谓浮。浮者,高之意,故为过也。桀罪已大,纣又过之。言纣恶之甚,故下句说其过桀之状。"

⑧剥:《孔传》:"伤害也。"丧:迫使离开国土。《蔡传》:"丧,去也,古者去国为丧。"元:大。良:善。元良,指微子。《史记·殷本纪》:"微子数谏不听,乃与大师、少师谋,遂去。"

⑨贼:杀害。虐:残暴。谏:直言规劝。辅:古代辅佐帝王的大臣。《尚书大传》:"古者天子必有四邻:前曰疑,后曰丞,左曰辅,右曰弼。"谏辅,指比干。《史记·殷本纪》记载:比干"乃强谏纣。纣怒曰:'吾闻圣人心有七窍。'剖比干,观其心。"

⑩足:值得。

⑪伤:妨碍。

⑫监:通鉴,镜子。《新书·胎教》:"明监所以照形也。"一说,儆戒,教训。

⑬在:察。见《书·舜典》"在璿玑玉衡"的孔安国注。

⑭其:副词,表示揣测语气。以:使用。乂(yì 义):治理。

⑮协:符合。

⑯袭:重合。

⑰戎:征伐。克:胜。

⑱夷:平。夷人,平人,指谋略见识平常的人。《孔疏》:"《传》训'夷'为'平',平人为凡人,言其智虑齐,识见同。"

⑲乱:《尔雅·释诂》:"治也。"乱臣,指治世大臣。十人:指周公旦、召公奭、太公望、毕公、荣公、太颠、闳夭、散宜生、南宫适、邑姜。见《孔传》《蔡传》。

⑳周:至。周亲,至亲。

㉑仁人:仁爱有德的人,这里指上文"乱臣"。

【今译】

"上天惠爱老百姓,国君应当奉承天意。夏桀不能顺从天意,在天下传播灾祸。上天就佑助成汤,命令成汤,降下废除夏的福命。受的罪恶超过了桀。他伤害、驱逐善良的大臣,残暴杀害劝谏的大臣。声称自己有天命,声称敬天不值得实行,说祭祀没有益处,又说施行暴虐没有妨碍。他的镜子并不远,就在夏桀身上。上天或许要使我治理百姓,我的梦符合我的卜兆,梦和卜兆都是吉祥的,征伐商一定会胜利。纣王受有亿兆平民,都离心离德;我有图治大臣十人,都同心同德。纣王受虽然有至亲,比不上我有仁人。"

(以上是第二段,从天意和人事两方面说明伐商必胜。)

【原文】

"天视自我民视,天听自我民听。百姓有过①,在予一人②,今朕必往③。"

"我武维扬④,侵于之疆⑤,取彼凶残⑥。我伐用张⑦,于汤有光⑧。"

"勖哉⑨,夫子⑩!罔或无畏⑪,宁执非敌⑫。百姓懔懔⑬,若崩厥角⑭。呜呼!乃一德一心⑮,立定厥功,惟克永世。"

注释

①过:就是责望,责怪抱怨。《广韵》:"过,责也。"

②予一人:武王自指。在予一人,王安石说:"盖以其身任天下之责,不如是不足以为天吏也。"

③今朕必往:现在我必定前去伐商。《蔡传》:"言天之视听皆自乎民,今民皆有责于我,谓我不正商罪。以民心而察天意,则我之伐商断必往矣。"

④武:武力。扬:发扬。

⑤侵:入。于:到,及于。

⑥取:擒取。凶残:凶残的人,指纣王。

⑦用:取得。张:大,这里指大的成果。

⑧光:光辉。

⑨勖(xù 序):勉,努力。

⑩夫子:《孔传》:"夫子谓将士。"

⑪罔:通毋,不。无畏:就是不足畏,指轻敌。《孔疏》:"老子云:祸莫大于轻敌。故今将士无敢有无畏之心,令其必以前敌为可畏也。"

⑫非敌:指不是敌手。

⑬懔(lǐn 凛)懔:恐惧的样子。

⑭若:好像。崩:崩下。角:额角,指头。厥角:叩头。《汉书·诸侯王表》:"厥角稽首。"应劭说:"厥者,顿也。角者,额角也。"若崩厥角,当为厥角若崩,意思是叩头好像山崩一样。见俞樾《古书疑义举例·倒句例》。

⑮一德一心:一德,指同谋救民;一心,指同心诛暴。

【今译】

"上天所看到的来自我们老百姓所看到的,上天所听到的来自我们老百姓所听到的。老百姓责怪抱怨我,如今我必定前往伐商。"

"我们的武力要发扬,要进入到商的疆界,擒取那凶残的人。我们的征伐将会得到大成绩,比于成汤征伐夏桀更加光辉。"

"努力吧,将士们!不可没有畏惧,宁可保存一个不是敌手的思想。老百姓害怕纣王的暴虐,恐惧不安,他们叩头好像山崩一样。啊!你们应该一心一德,建立功业,因此能够永远安定老百姓。"

(以上是第三段,说明伐商是顺从天意民心,勉励将士建立功业。)

泰誓下

【题解】

本篇是戊午日的第二天,讨伐大军出发前的誓师词。在誓词中,周武王列举了商纣王的罪行,指明商纣王已经变成独夫民贼,伐商是顺从天意民心;指出"抚我则后,虐我则仇",号令全军将士同仇敌忾、果敢坚毅地去歼灭商纣王的军队。

本篇与《泰誓上》合序。

今文无,古文有。

【原文】

时厥明①,王乃大巡六师②,明誓众士③。

王曰:"呜呼!我西土君子,天有显道④,厥类惟彰⑤。今商王受,狎侮五常⑥,荒怠弗敬⑦。自绝于天⑧,结怨于民。斫朝涉之胫⑨,剖贤人之心⑩,作威杀戮,毒痡四海⑪。崇信奸回⑫,放黜师保⑬,屏弃典刑⑭,囚奴正士⑮,郊社不修⑯,宗庙不享⑰,作奇技淫巧以悦妇人⑱。上帝弗顺,祝降时丧⑲。尔其孜孜⑳,奉予一人㉑,恭行天罚㉒。"

【注释】

①厥明:指戊午日的第二天。

②六师:古制,天子六军,大国三军。当时周武王没有六军,这里的六军,泛指

诸侯的军队。

③众士:众将士。《孔传》:"众士,百夫长以上。"

④显道:显明的常理。

⑤类:法则。《方言》:"类,法也。"彰:明,宣扬。

⑥狎(xiá匣)侮:轻忽侮慢。五常:五种常行的伦理道德准则。《孔疏》:"五常即五典,谓父义、母慈、兄友、弟恭、子孝。五者,人之常行。"

⑦荒:废弃。怠:懈怠,懒怠。弗敬:不重视。

⑧自绝:自己断绝。

⑨斫:砍断。涉:徒步涉水。《说文》:"涉,徒行厉水也。"斫朝涉之胫,《孔传》:纣王受"冬月见朝涉水者,谓其胫耐寒,斫而视之。"

⑩贤人:指比干。

⑪毒:指纣王的暴虐。痡(pū扑):伤害。《尔雅·释诂》:"痡,病也。"

⑫崇:推崇。信:宠信。回:邪。

⑬放黜:放逐贬黜。

⑭刑:法。

⑮囚:囚禁。奴:为奴隶,侮辱。正士:指箕子。《史记·殷本纪》记载:纣王"剖比干,观其心。箕子惧,乃详狂为奴,纣又囚之。"

⑯郊:祭天。社:祭地。修:修治。

⑰不享:不祭祀。

⑱奇技:奇异技能。淫巧:过度工巧。奇技淫巧,指纣王的各种荒淫暴虐的行为。悦:取悦。妇人:指妲己。

⑲祝:《孔传》:"断也。"这里的意思是断然。时丧:这丧亡的惩罚。

⑳其:副词,表示祈使语气。

㉑奉:帮助。《淮南子·说林》注:"奉,助也。"

㉒恭:奉。天罚:上天的惩罚。

【今译】

时在戊午日的第二天,周武王大规模地巡视西方诸侯的军队,向众将士发表誓言。

王说:"啊!我西方的将士们,上天有显明的常理,那些法则应当宣扬。如今商王受轻忽侮慢五常,荒废懈怠,很不重视。自弃于上天,又与老百姓结下怨恨。他砍断冬天涉水者的脚胫,剖开贤人的心脏,作威杀戮,毒害天下。他推崇宠信奸邪小人,放逐贬黜大臣,屏摒常法,囚禁奴辱正士,祭天祭地的大典不举行,祖庙不去祭祀,做些奇技荒淫新巧的事来取悦妇人。上帝不依,断然降下这丧亡的诛罚。你们应该奋勇努力,帮助我一人,去奉行上天的惩罚。"

(以上是第一段,指明商纣王作恶多端招致天罚。)

【原文】

"古人有言曰:'抚我则后①,虐我则仇②。'独夫受洪惟作威③,乃汝世仇④。树德务滋⑤,除恶务本⑥,肆予小子诞以尔众士殄歼乃仇⑦。尔众士其尚迪果毅⑧,以登乃辟⑨。功多有厚赏⑩,不迪有显戮⑪。"

"呜呼!惟我文考若日月之照临⑫,光于四方⑬,显于西土⑭。惟我有周诞受多方⑮。予克受⑯,非予武⑰,惟朕文考无罪⑱;受克予,非朕文考有罪,惟予小子无良⑲。"

注释

①抚:抚爱。后:君主。

②虐:虐待。仇:仇敌。

③独夫:孤独一人。指纣王残暴凶狠,众叛亲离。《蔡传》:"独夫,言天命已绝,人心已去,但一独夫耳。"洪:大。惟:通维,维护。

④世仇:当世的仇敌。

⑤务:致力。滋:滋长。

⑥本:根本,本源。《蔡传》:"喻纣为众恶之本,在所当去。"

⑦诞:助词。殄(tiǎn 舔)歼:灭绝、歼灭。

⑧迪:《尔雅·释诂》:"进也。"果:果敢。毅:坚决,坚毅。果毅,《孔疏》:"言其心不犹豫也。军法以杀敌为上,故劝令果毅成功也。"

⑨登:成就。《尔雅·释诂》:"登,成也。"辟:君。

⑩厚赏:就是重赏。

⑪显戮:明显的惩罚。

⑫若:好像。

⑬光:光辉。

⑭显:显著。显于西土,《蔡传》:"言其德尤著于所发之地也。"

⑮受:爱护。《广雅·释诂》:"受,亲也。"多方:指众诸侯国。

⑯克:胜。

⑰武:勇武。

⑱罪:过失。无罪,没有过失。《孔疏》:"文王无罪于天下,故天佑之,人尽其用。"

⑲良:善。《孔疏》:"言胜非我功,败非父咎,崇孝罪已,以求众心耳。"

【今译】

"古人有话说:'抚爱我们的就是君主,虐待我们的就是仇敌。'独夫受大事维护作恶的人,是你们当世的仇敌。建树美德,力求滋长,清除邪恶,力求除根,所以我率领你们众将士去歼灭你们的仇敌。你们众将士要做到果敢坚毅,来成就你们的君主。功劳多的有重赏,不能做到果敢坚决的有明显的惩罚。"

"啊!我先父文王的德政好像日月照临,光辉普及四方,在西方国家尤其显著。因此我们周国很爱护众诸侯国。如果我战胜纣,并不是我勇武,只因我的先父文王没有过失;如果纣战胜我,并不是我的先父有过失,只因为我不善。"

(以上是第二段,号令全军将士果敢坚毅,完成文王未竟的灭商大业。)

牧　誓

【题解】

　　牧，指牧野，地名，在商都朝歌南七十里，今河南省淇县南。本篇是周武王在牧野与纣王的军队决战前的誓师词，所以篇名《牧誓》。

　　一九七六年三月陕西临潼出土的《利簋》，铭文有"珷（武王）征商，隹甲子朝岁，鼎克，䎽夙又商"，与《牧誓》所记相符，可以参证。

【原文】

　　武王戎车三百两①，虎贲三百人②，与受战于牧野③，作《牧誓》。

注释

　　①戎车：战车。两：同"辆"。

　　②虎贲：勇士。《汉官仪》："《书》称虎贲三百人，言其猛如虎之奔赴也。"三百人：《史记》作"三千人"。《尚书今古文注疏》："《司马法》：'革车一乘，士十人，徒二十人。'《乐记》：'虎贲之士说剑'则虎贲即士也。一乘十人，三百两则三千人矣。《孟子·尽心篇》：'武王之伐殷也，革车三百辆，虎贲三千人。'三百人当三千人之误也。"

　　③受：纣王名。

【今译】

　　武王用战车三百辆，虎贲三千人，和纣王在牧野打仗，作了《牧誓》。

　　（以上是序。）

【原文】

　　时甲子昧爽①，王朝至于商郊牧野②，乃誓。王左杖黄钺③，右秉白旄以麾④，曰："逖矣⑤，西土之人！"王曰："嗟！我友邦冢君御事⑥，司徒、司马、司空⑦、亚旅、师氏⑧、千夫长、百夫长⑨，及庸⑩、蜀⑪、羌⑫、髳⑬、微⑭、卢⑮、彭⑯、濮人⑰。称尔戈⑱，比尔干⑲，立尔矛⑳，予其誓㉑。"

注释

①甲子:甲子日。昧爽:太阳没有出来的时候。《说文》:"昧爽,旦明也。"《礼记·内则》:"昧爽而朝,日出而退。"

②商郊:商国都城朝歌的郊外。杜子春说:"五十里为近郊,百里为远郊。"牧野是远郊之内,近郊之外。

③杖:拿着。《说文》:"杖,持也。"钺(yuè 月):大斧。

④秉:《尔雅·释诂》:"执也。"白旄(máo 毛):马融说:"旄牛尾。"麾:指挥。

⑤逖(tì 替):远。

⑥冢(zhǒng 肿)君:邦国的君主。御事:邦国的治事大臣。

⑦司徒、司马、司空:官名。《孔传》:"治事三卿,司徒主民,司马主兵,司空主土。"

⑧亚旅、师氏:官名。亚旅,上大夫。见《左传》文公十五年注。师氏,中大夫。见《周礼·地官·序官》。

⑨千夫长、百夫长:官名。郑玄说:"千夫长,师帅;百夫长,旅帅。"

⑩庸:与蜀、羌、髳、微、卢、彭、濮是当时周西南方的八个诸侯国,庸在今湖北省房县境内。

⑪蜀:在今四川省西部地区。

⑫羌(qiāng 枪):在今甘肃省东南地区。

⑬髳(máo 毛):在今甘肃省与四川省的交界地区。

⑭微:在今陕西省郿县境内。

⑮卢:在今湖北省南彰县境内。

⑯彭:在今甘肃省镇原县东。

⑰濮(pú 蹼):在今湖北省,具体地区,未详。

⑱称:举。尔:你们。戈:古代主要兵器,横刃,木质长柄,可以横击。

⑲比:排列。干:盾牌。

⑳矛:古代主要兵器。直刺,木质长柄。

㉑誓:《说文》:"约束也。"

【今译】

在甲子日的黎明时刻,周武王率领军队来到商国都城郊外的牧野,举行誓师。武王左手拿着黄色大斧,右手拿旄牛尾指挥军队,说:"真远啊,从西方来的人们!"武王说:"哦!我们友邦的国君和办事的大臣,司徒、司马、司空,亚旅、师氏,千夫长、百夫长,以及庸、蜀、羌、髳、微、卢、彭、濮的人们,举起你们的戈,排列好你们的盾,把你们的矛竖起来,我要宣布打仗的纪律了。"

(以上是第一段,记叙誓师前的部署。)

【原文】

王曰:"古人有言曰:'牝鸡无晨①;牝鸡之晨,惟家之索②。'今商王受惟妇言是用③,昏弃厥肆祀弗答④,昏弃厥遗王父母弟不迪⑤,乃惟四方之多罪逋逃⑥,是崇是长⑦,是信是使⑧,是以为大夫卿士⑨。俾暴虐于百姓⑩,以奸宄于商邑⑪。今予发惟恭行天之罚⑫。今日之事,不愆于六步、七步⑬,乃止齐焉⑭。夫子勖哉⑮!不愆于四伐、五伐、六伐、七伐⑯,乃止齐焉。勖哉夫子!尚桓桓⑰,如虎如貔⑱,如熊如罴⑲,于商郊⑳。弗迓克奔以役西土㉑,勖哉夫子!尔所弗勖㉒,其于尔躬有戮㉓!"

【注释】

①牝(pìn 聘)鸡:母鸡。牝鸡无晨,母鸡没有早晨啼叫的。

②索:空、尽。惟家之索,就是惟索家,宾语前置。见《尚书易解》。

③妇:指妲己。《史记·殷本纪》:"纣嬖于妇人,爱妲己,妲己之言是从。"

④昏弃:蔑弃,就是轻蔑、轻视的意思,见《经义述闻》。肆:祭名,对祖先的祭祀叫肆,见《周礼·大祝》郑玄注。答:问。

⑤迪:用。

⑥逋(bū 布阴):逃亡。

⑦崇、长:指尊敬。

⑧信:信任。使:使用。

⑨大夫卿士:官名。

⑩俾:使。

⑪奸宄(guǐ 轨):犯法作乱。乱在外为奸,乱在内为宄。

⑫发:武王名。

⑬愆(qiān 牵):过。

⑭止:待。止齐,等待队伍整齐,防止轻进。郑玄说:"好整好暇,用兵之术。"

⑮夫子:《孔传》:"夫子谓将士。"勖(xù 序):勉。

⑯伐:郑玄说:"伐谓击刺也。一击一刺曰一伐。始前就敌,六步七步当齐,正行列。及兵相接,少者四伐,多者五伐,又当止齐,正行列也。"

⑰尚:副词,表示命令语气。桓桓:威武的样子。郑玄说:"桓桓,威武貌。"

⑱貔(pí 皮):一种猛兽。《说文》:"豹属。"
⑲罴(pí 皮):熊的一种。
⑳于:往。
㉑迓(yà 亚):王肃本作御,《史记》与马融本作禦,古御禦音义相通。禦,马融说:"禁也。"役:《广雅·释诂》:"助也。"西土:指周国。
㉒所:如果。《经传释词》:"所,犹若也。"
㉓躬:身。戮:杀。

【今译】
　　武王说:"古人有话说:'母鸡没有早晨啼叫的,如果母鸡在早晨啼叫,这个人家就会倾家荡产。'现在商纣王只是听信妇人的话,轻蔑地废弃了对祖宗的祭祀不问,舍弃了他先王的后裔、同姓的长辈和兄弟不用,反而只对从四方诸侯国逃亡到商国的罪人,推崇他们,尊敬他们,信任他们,使用他们,让他们做大夫、卿士这一类的官。使他们残暴地对待老百姓,在商国内外作乱。现在,我姬发执行老天的惩罚。今天的战事,行军时,不超过六步、七步,就要等待队伍整齐。将士们,要努力啊! 刺击时,不超过四次、五次、六次、七次,就要等待队伍整齐。努力吧,将士们! 希望你们威武雄壮,像虎、貔、熊、罴一样,前往商都的郊外。不要禁止商国军队中能够前来投降、帮助我们周国的人。努力吧,将士们! 你们如果不努力,那就会对你们本身施行杀戮!"

　　(以上是第二段,宣布纣王的罪行和作战时的纪律。)

武 成

【题解】

　　武，指周武王灭商的武功。成，成就。本篇主要记叙周武王武功大成后的重要政事。《史记·周本纪》："命召公释箕子之囚。命毕公释百姓之囚，表商容之闾。命南宫括散鹿台之财，发钜桥之粟，以振贫弱萌隶。命南宫括、史佚展九鼎保玉。命闳夭封比干之墓。命宗祝享祠于军。乃罢兵西归。行狩，记政事，作《武成》。"

　　今文无，古文有。

【原文】

　　武王伐殷。往伐归兽①，识其政事②，作《武成》。

注释

　　①往伐归兽：《尚书孔传参正》卷三十五引皮锡瑞说："兽狩通用……古文序作往伐归兽者，谓往而伐殷，归而巡狩……解者误以为用本字，则往伐归兽近于不辞矣。"
　　②识：记识。

【今译】

　　周武王征伐殷。从前往伐殷到归来巡狩，史官记识其间的大事，写了《武成》。

　　（以上是序。）

【原文】

　　惟一月壬辰，旁死魄①。越翼日②，癸巳，王朝步自周③，于征伐商④。

　　厥四月，哉生明⑤，王来自商，至于丰⑥。乃偃武修文⑦，归马于华山之阳⑧，放牛于桃林之野⑨，示天下弗服⑩。

　　丁未⑪，祀于周庙⑫，邦甸、侯、卫⑬，骏奔走⑭，执豆、笾⑮。越三日，庚戌,柴⑯、望⑰,大告武成⑱。

注释

①旁死魄:魄也作霸,月光。旁,《孔传》:"旁,近也。"指旁死魄,月亮大部分无光。《孔传》以为是一月二日。一说,指阴历每月二十五日至三十日这一段时间,见王国维《观堂集林·生霸死霸考》。

②越:《经传释词》:"犹'及'也。"翼日:第二天。

③朝(zhāo 招):早晨。步:《孔传》:"行也。"自:从。周:镐京。

④于:往。

⑤哉:通"才",始。哉生明,同哉生魄,月亮开始发光。古代常用作阴历每月二日或三日的代称。

⑥丰:文王时的周都。在今陕西省长安西北沣河以西。丰有周代先王庙。

⑦偃:停止,止息。修:修治。偃武修文,停止武备,修治文德教化。《孔传》:"倒载干戈,包以虎皮,示不用;行礼射,设庠序,修文教。"

⑧华山:旧说是西岳华山。阎若璩说:"《武成》之华山非太华山,乃阳华山。今商州雒南县东北有阳华山,即武王归马之地,与桃林之野南北相望,壤地相接。"阳:山的南面。

⑨桃林:地名,在今河南省。阎若璩说:"桃林塞为今灵宝县西至潼关广围三百里皆是。"

⑩服:使用。

⑪丁未:指四月丁未日。

⑫周庙:周祖庙。祀于周庙,《孔传》:"祭告后稷以下,文考文王以上七世之祖。"

⑬甸、侯、卫:就是甸服、侯服、卫服。周代把王室周围的土地按照距离远近分成六种,称为六服,即侯服、甸服、男服、采服、卫服、蛮服。这里举甸、侯、卫以代六服的诸侯。

⑭骏:《尔雅·释诂》:"速也。"

⑮豆笾(biān 边):豆和笾,都是古代的祭器。

⑯柴:祭名,烧柴祭天。《礼记·大传》:"柴于上帝。"

⑰望:古代祭祀山川的专名,望而祭之,所以叫做"望"。

⑱大告:普遍地禀告。

【今译】

一月壬辰日,月亮大部分没有光辉。到第二天,癸巳日,周武王早

周 书

晨从镐京出发，前往伐商。

四月，月亮开始放出光辉，武王从商归来，到了丰邑，就停止武备，修治文教，把战马放归华山的南面，把服牛放回桃林的郊野，明示天下不再乘用。

四月丁未日，武王在周庙举行祭祀，邦国甸、侯、卫等服的诸侯们都来助祭，忙碌奔走，陈设木豆竹笾。到第三天庚戌日，举行柴祭祭天，举行望祭祭祀山川，遍告伐商的武功已经取得大的成就。

（以上是第一段，记叙武王伐殷，归来谋求偃武修文和祭祀群神的大事。）

【原文】

既生魄[1]，庶邦冢君暨百工[2]，受命于周[3]。

王若曰："呜呼，群后[4]！惟先王建邦启土[5]，公刘克笃前烈[6]，至于大王肇基王迹[7]，王季其勤王家[8]。我文考文王，克成厥勋，诞膺天命[9]，以抚方夏[10]。大邦畏其力[11]，小邦怀其德[12]。惟九年，大统未集[13]，予小子其承厥志。厎商之罪[14]，告于皇天后土[15]、所过名山大川[16]，曰：'惟有道曾孙周王发[17]，将有大正于商[18]。今商王受无道，暴殄天物[19]，害虐烝民[20]，为天下逋逃主[21]，萃渊薮[22]。予小子既获仁人[23]，敢祗承上帝，以遏乱略。华夏蛮貊[24]，罔不率俾[25]。恭天成命[26]，肆予东征[27]，绥厥士女[28]。惟其士女，篚厥玄黄[29]，昭我周王[30]。天休震动[31]，用附我大邑周[32]。惟尔有神，尚克相予以济兆民[33]，无作神羞[34]！'"

"既戊午[35]，师逾孟津[36]。癸亥，陈于商郊[37]，俟天休命[38]。甲子昧爽，受率其旅若林[39]，会于牧野[40]。罔有敌于我师，前途倒戈[41]，攻于后以北[42]，血流漂杵[43]。"

"一戎衣[44]，天下大定。乃反商政[45]，政由旧[46]。释箕子囚，封比干墓[47]，式商容闾[48]。散鹿台之财[49]，发钜桥之粟[50]，大赉于四海，而万姓悦服。"

注释

[1]既生魄：魄，也作"霸"。《汉书·律历志》："生霸，望也。"《孔传》以为是十五日之后。一说，指从上弦到月望一段时间，月亮已经生魄还没有大明。王国维《观堂集林·生霸死霸考》："既生霸，谓自八、九日以降至十四五日也。"

②庶邦：指各诸侯国。暨(jì 既)：和，同。百工：百官。

③命：政命。《蔡传》："四方诸侯及百官皆于周受命，盖武王新即位，诸侯百官皆朝见新君。

④后：君。群后，指众诸侯。

⑤惟：句首语气词。先王：指后稷。《孔疏》："后稷非王，尊其祖，故称先王。"建邦启土：建立邦国，开启疆土。《孔疏》："后稷始封于邰，故言建邦启土。"

⑥公刘：后稷的曾孙。笃：厚。烈：业。公刘克笃前烈，指公刘能厚成前人的功业。《史记·周本纪》记载：公刘"务耕种，行地宜，自漆、沮度渭，取材用，行者有资，居者有畜积，民赖其庆。百姓怀之，多徙而保归焉。"

⑦大王：古公亶父。肇基：开始。《尔雅·释诂》："基、肇，始也。"肇基王迹，指古公亶父迁居岐山下的周原，积德行义，深得民心，开始王业。《史记·周本纪》称"盖王瑞自太王兴"。

⑧王季：文王的父亲。勤：勤劳。王家：指王家的事业。

⑨膺：受。

⑩抚：安。方夏：四方中夏，见《孔传》。

⑪大邦畏其力：指大国畏惧文王的威力。

⑫怀：怀念。小邦怀其德，指小国思念文王的美德。

⑬大统：指统一天下的大业。集：成就，成功。

⑭厎(zhǐ 纸)：致。

⑮皇天后土：古时天地的合称。《左传·僖公十五年》："君履后土而戴皇天，皇天后土，实闻君之言。"这里指天神地神。

⑯名山：指华山。大川：指黄河。周武王伐商从镐京往朝歌，必然经过华山，渡过黄河。

⑰曰：下文为武王告神词。有道：《孔疏》："自称有道者，圣人至公，为民除害，以纣无道言己有道，所以告神求助不得饰以谦辞也。"曾孙：《礼记·曲礼》说诸侯自称之辞。临祭祀，内事曰孝子某侯某，外事曰曾孙某侯某。

⑱正：同政。大正，就是大事。

⑲天物：指鸟兽草木等各种天然物资。

⑳烝(zhēng 征)：众多。烝民，指老百姓。

㉑逋(bū 布阴)：逃亡。逋逃主，《孔传》："天下罪人逃亡者而纣为魁主。"

㉒萃：聚集。渊薮(sǒu 叟)：鱼和兽类聚居的地方。这里比喻天下罪人都归向纣，如同鱼聚于渊，兽聚于薮。

㉓仁人：指太公、周公、召公这些大臣。

㉔华夏：指中原国家。《孔疏》："《释诂》云：夏，大也。故大国曰夏。华夏谓中国也。"蛮：古代对南方各少数民族的泛称。貊(mò 陌)：古代北方少数民族名。

周书 177

蛮貊,泛指四方的少数民族国家。

㉕俾:《尔雅·释诂》:"从也。"

㉖恭:奉行。成命:定命,指天意灭商。

㉗肆:所以。东征:商在周的东方,伐商是向东征伐,所以叫做东征。

㉘绥:安。士女:古代男女的称呼。

㉙篚(fěi 匪):竹筐,这里用作动词。玄黄:指玄黄二色丝帛。

㉚昭:通"诏",帮助。《尔雅·释诂》:"诏,助也。"

㉛休:美、善。震动:震动民心。

㉜大邑:大国。

㉝相:帮助。济:救助。兆:十亿,极言众多,见《书·五子之歌》"予临兆民"《孔传》:兆民,指众百姓。

㉞无作神羞:作,使也(见《周礼》注),"无作神羞"是说莫使神受到羞辱。

㉟既:不久。

㊱逾:渡过。

㊲陈(zhèn 阵):通阵,布阵。

㊳俟:等待。待天休命,《孔传》:"谓夜雨止毕陈。"

㊴旅:《尔雅·释诂》:"众也。"这里指军队。若林:《孔传》:"如林,言盛多。"

㊵会:会战。

㊶前徒:指前军。倒戈:倒转戈矛向己方攻击。《史记·周本纪》:"纣师虽众,皆无战之心,心欲武王亟入。纣师皆倒兵以战,以开武王。"

㊷北:败逃。

㊸杵:舂杵。《孔传》:"血流漂舂杵。"

㊹一:一次。戎:兵也(见《中庸》注),这里是征伐的意思。衣:通"殷",指殷王朝。

㊺乃:于是。反:反对,这里的意思是废除。商政:指纣的恶政。

㊻由:用。旧:指商代旧时的善政。

㊼封:《孔传》:"益其土。"封比干墓,在比干墓上添土,重修坟墓,以表尊重。

㊽式:同"轼",车前的横木。《孔疏》:"男子立乘,有所敬则俯而凭式。"这里是礼敬的意思。商容:商代贤人。《史记·殷本纪》:"商容贤者,百姓爱之,纣废之。"闾:《说文》:"族居里门也。"式商容闾,礼敬商容居里。《孔疏》:"武王过其闾而式之。言此内有贤人,式之礼贤也。"

㊾鹿台:府库名。《史记·殷本纪》:商纣王"厚赋税以实鹿台之钱"。《史记集解》引如淳说:"《新序》云鹿台,其大三里,高千尺。"

㊿钜(jù 巨)桥:《史记集解》引服虔说:"钜桥,仓名。许慎曰钜鹿水之大桥也,有漕粟也。"

【今译】

十五日以后，各国大君和百官都到周来接受政命，朝见武王。

王这样说："啊，诸侯们！先王后稷建立邦国，开辟疆土，公刘能够厚成前人的功业，到了太王，开始了王者的事业，王季勤劳王家。我的文考文王，能够成就王业，大受天命，安抚天下。大国畏惧他的威力，小国怀念他的美德。文王即位九年，统一天下的大业没有完成，我小子继承了文王的遗志。把商的罪恶告诉皇天后土和所经过的名山大川。我说：'周家有道的曾孙姬发，对商将有大事。如今的商王受残暴无道，暴弃灭绝天物，伤害虐杀老百姓，成为天下逃亡罪人的魁主，商邑成为罪人聚集的地方。我小子已经得到了几位志士仁人，愿意敬承天意，制止乱谋。中原和四方各国无不遵从。我奉行上天的定命，所以兴师东征，去安定那些士女。那些士女用筐装着玄黄二色的丝帛，帮助我周王朝。民心被上天的休美震动了，因而归附我们大国周啊！希望你们众神能够帮助我，来救助亿万老百姓。不要使你们神灵受到羞辱！'"

"不久是戊午日，周师渡过孟津。癸亥日，在商都郊外布好军阵，等待天晴。甲子日黎明时刻，纣王受率领他如林的军队，在牧野会战。纣王的军队没有愿意和我们周师为敌的，前军临阵倒戈来攻击后面的军队，因而商军败逃，血流之多竟可以浮起舂杵来。"

"一次征伐殷商，天下就很安定了。于是，废除纣王的恶政，采用商代先王旧时的做法。释放被囚的箕子，重修比干的坟墓，礼敬商容的居里。散发鹿台积聚的财货，发放钜桥贮藏的米粟，大赏天下，万民悦仁服德。"

（以上是第二段，记叙武王在周接见四方诸侯及百官时的讲话。）

【原文】

列爵惟五①，分土惟三②。建官惟贤③，位事惟能④。重民五教⑤，惟食丧祭⑥。惇信明义⑦，崇德报功⑧。垂拱而天下治⑨。

【注释】

①惟：为。五：指公、侯、伯、子、男五等爵位。

②分土惟三：《孔传》："列地封国，公、侯方百里，伯七十里，子、男五十里，为

三品。"

③贤:指任用贤才。

④位事:安排吏治。能:指选择能人。

⑤五教:指父义、母慈、兄友、弟恭、子孝五种伦理道德准则。

⑥惟食、丧、祭:《孔传》:"民以食为命,丧礼笃亲爱,祭祀崇教养,皆圣王所重。"

⑦惇:厚。明:显明。

⑧崇:尊崇。报:报答。

⑨垂拱:垂衣拱手。《孔传》:"言武王所修皆是,所任得人,故垂拱而天下治。"

【今译】

周武王列出爵位为五等,分封土地为三品。建立官职只是任用贤才,安排吏治只是挑选能人。重视对老百姓施行五教,以及民食、丧礼和祭祀。又能敦厚诚信,显明忠义,尊崇有德的,报答有功的。武王垂衣拱手,天下得到治理了。

(以上是第三段,记叙武王克殷后的重要政治措施。)

洪 范

【题解】

洪范,就是大法。相传大禹得到《洛书》,(《洛书》相传就是本篇"初一曰五行"至"威用六极"六十五字)历代十分重视。到了殷商,传给了箕子。周灭殷后,周武王向箕子询问治国方略,箕子依据《洛书》,详细阐述了九种大法,史官记录了他的话,写成《洪范》。《洪范》是《尚书》的重要篇目,是研究上古政治、哲学和文化的重要文献。根据《书序》,本篇应当作于周武王时,历代学者颇多分歧,有些人认为应当写成于战国时代。

【原文】

武王胜殷,杀受①,立武庚②,以箕子归③。作《洪范》。

【注释】

①受:殷纣王的名。
②武庚:一名禄父,殷纣王的儿子。
③箕子:殷纣王的叔父。马融说:"箕,国名也。子,爵也。"

【今译】

周武王战胜殷商,杀死纣王受,立受的儿子武庚为后,带着箕子返回镐京。史官写了这篇《洪范》。

(以上是序。)

【原文】

惟十有三祀①,王访于箕子②。王乃言曰:"呜呼!箕子,惟天阴骘下民③,相协厥居④,我不知其彝伦攸叙⑤。"

箕子乃言曰:"我闻在昔,鲧堙洪水⑥,汨陈其五行⑦。帝乃震怒,不畀洪范九畴⑧,彝伦攸斁⑨。鲧则殛死⑩,禹乃嗣兴,天乃锡禹洪范九畴⑪,彝伦攸叙。

"初一曰五行⑫,次二曰敬用五事⑬,次三曰农用八政⑭,次四曰协用五纪⑮,次五曰建用皇极⑯,次六曰乂用三德⑰,次七曰明用稽疑⑱,次八曰念用庶征⑲,次九曰向用五福⑳,威用六极。"

注释

①有:通"又",用在整数与零数之间。祀:年。十有三祀,指周文王建国后的第十三年,周武王灭商后的第二年。

②王:周武王。访:咨询。《尔雅·释诂》:"访,谋也。"

③阴:马融说:"覆也。"《释名》:"荫也。"骘(zhì 至):《史记》作"定"。阴骘,就是荫覆安定,等于说保护。

④相:使,见《吕览·诚廉篇》高诱注。协:和。厥:其。

⑤彝伦:常理。攸:《经传释词》:"犹'所以'也。"叙:次序,用作动词,等于说制定、规定。

⑥鲧(gǔn 滚):人名,夏禹的父亲。陻(yīn 因):堵塞。

⑦汩(gǔ 古):乱。陈:列。行:用。五行,指五种被人利用的物质水、火、木、金、土。《尚书大传》:"水火者,百姓之所饮食也;金木者,百姓之所兴作也;土者,万物之所资生也。是为人用。"

⑧畀(bì 币):给予。洪:大。范:法。畴:种类。九畴,就是下文初一至次九的九类治国大法。

⑨斁(dù 杜):败坏。攸:与下文"彝伦攸叙"的"攸"都是"因此"的意思。

⑩殛:诛,此义为流放。见《吕览·行论》"《书》云鲧则殛死,先殛后死也"高诱注。

⑪锡:通"赐",给予。

⑫初一:等于说第一。

⑬次:第。敬:谨。五事:五件事,详见下文。

⑭农:努力。《广雅·释诂》:"农,勉也。"八政:八种政事官员,此处代指八种政务,详见下文。

⑮协:合。纪:《广雅·释诂》:"识也。"五纪,五种记时方法。

⑯建:建立。皇:君王。极:法则。皇极,《尚书大传》作王极。朱熹说:"皇者,君之称;极者,至极之义,标准之名也。"

⑰乂(yì 义):治,此处指治民。《孔传》:"治民必用刚、柔、正直之三德。"

⑱稽:考察,当读为卟,《说文》:"卟,卜以问疑也,读与稽同。"

⑲念:经常思虑,《说文》:"念,常思也。"庶:众。征:征兆。

⑳向:读为飨,劝勉。《汉书·谷永传》:"永对曰:经曰飨用五福,畏用六极。"

用飨不用響（向）。

【今译】
　　周文王十三年，武王向箕子咨询治国常理。武王就问道："唉！箕子，上帝保护下民，使他们和睦地居住在一起，我不知道那治国常理所以规定的道理。"

　　箕子回答说："我听说从前，鲧堵塞大水，胡乱安排水、火、木、金、土五种用物。天帝震怒，不给鲧九种大法，治国的常理因此破坏了。后来，鲧被流放死了，禹就继承兴起。天帝就把九种大法赐给了他，治国的常理因此定了下来。"

　　"第一是五行。第二是认真做好五件事。第三是努力施行八种政务。第四是合用五种记时方法。第五是建立君主的法则。第六是治民用三种德行。第七是明用稽考疑难的方法。第八是经常思虑用各种征兆。第九是用五福和六极劝戒臣民。"

　　（以上是第一段，概述"洪范九畴"的产生、传授及其纲目。）

【原文】
　　"一、五行：一曰水，二曰火，三曰木，四曰金，五曰土。水曰润下①，火曰炎上，木曰曲直②，金曰从革③，土爰稼穑④。润下作咸⑤，炎上作苦，曲直作酸，从革作辛，稼穑作甘⑥。"

注释
　①润：润湿。曰：这以下的五个"曰"字都是句中语气助词，无义。
　②曲直：可曲可直。
　③从：顺从。革：变革，这里指改变形状。
　④爰：《史记》作"曰"，句中语气助词。稼穑：播种和收获。土爰稼穑，土里可以种植收获百谷。
　⑤润下：省略中心词，当指润下的水。"炎上"、"曲直"、"从革"同例。作：产生。《诗·周颂·天作》："天作高山，大王荒之。"《毛传》："作，生也。"
　⑥稼穑：这里指土里种植收获的百谷。

【今译】
　　"一、五行：第一是水，第二是火，第三是木，第四是金，第五是土。

水向下润湿,火向上燃烧,木可以弯曲可以伸直,金属可以顺从人的意愿改变形状,土壤可以种植收获百谷。向下润湿的水产生咸味,向上燃烧的火产生苦味,可曲可直的木产生酸味,可顺从人的意愿改变形状的金属产生辣味,土壤里种植收获的百谷产生甜味。"

【原文】

"二、五事:一曰貌①,二曰言,三曰视,四曰听,五曰思。貌曰恭,言曰从②,视曰明,听曰聪③,思曰睿④。恭作肃⑤,从作乂⑥,明作晰,聪作谋,睿作圣。"

注释

①貌:容貌。
②从:正当合理。《汉书·五行志》注:"言正曰从。"
③聪:听得广远。《楚辞·涉江》王逸注:"远听曰聪。"
④睿(ruì 瑞):通达。
⑤作:则,就。肃:敬。
⑥乂:治。《孔疏》:"貌能恭则心肃敬也,言可从则政必治也,视能明则所见照晰也,听能聪则所谋必当也,思通微则事无不通乃成圣也。""《洪范》本体与人主作法,皆据人主为说。"

【今译】

"二、五事:一是容貌,二是言论,三是观察,四是听闻,五是思考。容貌要恭敬,言论要正当,观察要明白,听闻要广远,思考要通达。容貌恭敬就能严肃,言论正当就能治理,观察明白就能昭晰,听闻广远就能善谋,思考通达就能圣明。"

【原文】

"三、八政①:一曰食,二曰货,三曰祀,四曰司空,五曰司徒,六曰司寇,七曰宾,八曰师。"

注释

①八政:八种政务官员。郑玄说:"食,谓掌民食之官,若后稷者也。货,掌金

帛之官,若《周礼》司货贿者也。祀,掌祭祀之官,若宗伯者也。司空,掌居民之官。司徒,掌教民之官。司寇,掌诘盗贼之官。宾,掌诸侯朝觐之官,《周礼》大行人是也。师,掌军旅之官,若司马也。"这一节列举八种官名,以代八方面的政务。

【今译】

"三、八种政务官员:一是管民食的官,二是管财货的官,三是管祭祀的官,四是管工程的官,五是管教育的官,六是管盗贼的官,七是管朝觐的官,八是管军事的官。"

【原文】

"四、五祀:一曰岁,二曰月,三曰日,四曰星辰①,五曰历数②。"

注释

①星辰:星指二十八宿,辰指十二辰。《孔传》:"二十八宿迭见以叙节气,十二辰以纪日月所会。"

②历数:指太阳月亮运行经历的周天度数。周天$365\frac{1}{4}$度,太阳每天行一度,月亮每天行$13\frac{7}{19}$度,一年按照十二个月计算,就有余日。计算太阳、月亮运行的周天度数,可以定闰月。定闰月就可以调和四季。《尧典》:"以闰月定四时成岁。"

【今译】

"四、五种记时方法:一是年,二是月,三是日,四是观察星辰的出现情况,五是推算日月运行所经历的周天度数。"

【原文】

"五、皇极:皇建其有极①。敛时五福②,用敷锡厥庶民③。惟时厥庶民于汝极④。锡汝保极⑤:凡厥庶民,无有淫朋⑥,人无有比德⑦,惟皇作极。凡厥庶民,有猷有为有守⑧,汝则念之⑨。不协于极,不罹于咎⑩,皇则受之⑪。而康而色⑫,曰:'予攸好德⑬。'汝则锡之福。时人斯其惟皇之极⑭。无虐茕独而畏高明⑮,人之有能有为,使羞其行⑯,而邦其昌。凡厥正人⑰,既富方谷⑱,汝弗能使有好于而家⑲,时人斯其辜⑳。于其无好德,汝虽锡之福,其作汝用咎㉑。无偏无陂㉒,遵王之义㉓;无有作好㉔,遵王之道;无有作恶,遵王之路。无偏无党,王道荡荡㉕;无党无偏,王道平平㉖;无反无侧㉗,王道正直。会其有极㉘,归其有极。曰㉙:皇,极之敷言㉚,是彝是训㉛,于帝其训㉜。凡厥庶民,极之敷言,是训是行,以近天子之光。曰:天子作民父母,以为天下王。"

注释

①建:立,此处指建立君权。

②敛:采取。时:这。五福:内容不详,或指下文第九条所说的寿、富、康宁、攸好德、考终命五种幸福。

③敷:普遍。锡:施予。

④于:《尚书易解》:"《方言》:大也;犹言重视。"

⑤锡:赐,贡献。保:保持、保有。

⑥淫朋:邪党。

⑦人:百官。比德:德、行为。比德,《蔡传》:"私相比附也。"

⑧猷:谋。为:作为。守:操守。

⑨念:《说文》:"常思也。"

⑩罹(lí 离):陷入。咎:罪恶。

⑪受:容纳,此义为宽容。

⑫而:连词。两个"而"连接两个形容词,表并列关系。康:安,和悦。色:温润,见《诗·泮水》"载色载笑"传。

⑬攸:《尚书易解》:"攸,与由通,遵行之意。"

⑭斯:《经传释词》:"犹乃也。"惟:思。

⑮茕(qióng 穷):孤。茕独,泛指鳏寡孤独,无依无靠的人。

⑯羞:《尔雅·释诂》:"进也。"等于说贡献。使羞其行,等于说让他们施展才能。

⑰正人:指官员,《尚书今古文注疏》:"正人谓在位之正长。"

⑱方:经常,义见《礼记·檀弓》郑注。谷:禄位。

⑲家:这里指国家。

⑳辜:责怪。时人斯其辜,这些人将责怪您了。

㉑作:焦循说:"《周礼·司士》注:作谓使之也。"用:《说文》:"可施行也。"咎:《广雅·释诂》:"恶也。"这里指恶政。

㉒无:通"勿",不要(下同)。陂(pō 坡):不正,后来写作"颇"。

㉓义:法。

㉔有：或。《吕览》《韩非》引"有"皆作"或"。好(hào 浩)：马融说："私好也。"
㉕荡荡：宽广。
㉖平平：平易。
㉗无反无侧：马融说："反，反道也；侧，倾侧也。"
㉘会：聚合，等于今言团结。
㉙曰：《尚书正读》："更端之词。"
㉚敷：陈述。极之敷言：极所陈述之言。
㉛彝：《史记》作夷，陈列宣扬的意思。训：教训。
㉜训：顺从。

【今译】

"五、君王的法则：君王建立君权要有法则。采用五种幸福，普遍地施给臣民，臣民就会尊重您的法则。贡献您保持这种法则的方法：凡是百姓没有邪恶的帮派，百官没有私相比附的行为，只在君王作出榜样。凡是百姓中有计谋有作为有操守的，您要重视他们。行为不合法则，又没有陷入罪恶的人，您要宽容他们。假若有人和悦温顺地说："我遵行美德。"您就要赐给他们幸福，这样，臣民就会思念君王的法则。不要虐待无依无靠的人，要敬畏明智显贵的人。假若某人有才能有作为，就要让他施展才能，这样，国家就会繁荣昌盛。凡百官长既然富有经常的俸禄，假如您不能使他们对国家有所贡献，这些人就将责怪您了。对于没有好德行的人，您即使赐给他们幸福，将会使您施行恶政。不要偏颇不正，要遵守王法；不要私心偏好，要遵照王道；不要为非作歹，要遵行正路。不要营私，不要结党，王道宽广；不要结党，不要营私，王道平易；不反不乱，不偏不倚，王道正直。君王团结臣民要有法则，臣民归附君王，也要有法则。君王，对于以上陈述的法则，要宣扬教导，天帝就顺从了。凡是百姓对于以上陈述的法则，要遵守实行，用来接近天子盛德的光辉。天子作臣民的父母，因而做天下的君王。"

【原文】

"六、三德：一曰正直，二曰刚克，三曰柔克①。平康正直②，强弗友刚克③，'燮友柔克④。沈潜刚克⑤，高明柔克⑥。惟辟作福，惟辟作威，惟辟玉食⑦。臣无有作福作威玉食。臣之有作福作威玉食,其害于而家,凶于而国。人用侧颇僻,民用僭忒⑧。"

注释

①克:《尔雅·释诂》:"胜也。"刚克,过分刚强;柔克,过分柔顺。刚克、柔克,是说性情过刚或过柔。

②平康:中正平和。

③友:亲近。

④燮(xiè 卸):和顺。

⑤沈潜:用作动词,抑制。

⑥高明:使动用法,推崇。

⑦玉食:马融说:"美食。"

⑧僭(jiàn 荐):越轨。忒(tè 特):作恶。僭忒,越轨作恶,等于说犯上作乱。

【今译】

"六、三种德性:一是正直,二是过分刚强,三是过分柔顺。中正平和,不刚不柔,就是正直,倔强不能亲近人就是过分刚强,和顺而不坚强就是过分柔顺。君王应当抑制刚强不能亲近的人,推崇和顺可亲的人。只有君王才有权替人造福,对人施加刑罚,吃美好的食物。百官没有这些权利。假若百官有权给人造福,对人施加刑罚,吃美好的食物,就会危害您的家和国。百官将因此背离王道,百姓也将因此犯上作乱。"

【原文】

"七、稽疑:择建立卜筮人①,乃命卜筮。曰雨,曰霁,曰蒙,曰驿②,曰克③,曰贞④,曰悔⑤,凡七。卜五,占用二,衍忒⑥。立时人作卜筮⑦。三人占,则从二人之言。汝则有大疑⑧,谋及乃心,谋及卿士,谋及庶人,谋及卜筮。汝则从,龟从,筮从,卿士从,庶民从,是之谓大同。身其康强,子孙其逢⑨。吉。汝则从,龟从,筮从,卿士逆,庶民逆,吉。卿士从,龟从,筮从,汝则逆,庶民逆吉。庶民从,龟从,筮从,汝则逆,卿士逆,吉。汝则从,龟从,筮逆,卿士逆,庶民逆,作内吉⑩,作外凶。龟筮共违于人,用静吉,用作凶⑪。"

【注释】

①卜筮(shì 是):古时占卜用龟甲占吉凶叫做卜,用蓍(shī 诗)草占吉凶叫做筮。
②驿:古文作圛。《说文》:"《尚书》曰圛。圛,升云半有半无。读若驿。"
③克:郑玄说:"如祲气之色相违也。"见《史记集解》。
④贞:内卦。
⑤悔:外卦。
⑥衍:推演。忒:变化。
⑦时:这。时人,指掌管卜筮的官员。
⑧则:假若,如果。《经传释词》:"则,犹若也。"
⑨逢:兴旺。马融说:"大也。"子孙其逢,王引之说:"犹言其后必大耳。"
⑩内:国内。下句"外",指国外。
⑪作:举事。

【今译】

"七、考察疑惑:选择任命掌管龟卜和蓍筮的官员,教导他们用龟甲或蓍草占卜吉凶。龟兆有的像雨,有的像雨后的云气,有的像雾气蒙蒙,有的像半有半无的升云,有的像阴阳之气相侵犯,卦象有内卦,有外卦,龟兆和卦象共有七种。前五种是龟兆,后两种是卦象,根据各种龟兆卦象推演变化,决定吉凶。任命这些官员进行卜筮。如果三个人占卜,就听从两个人的说法。假若您有重大的疑难,先要自己考虑,再与卿士商量,然后再与庶民商量,最后问卜占卦。假若您赞成,龟卜赞成,蓍筮赞成,卿士赞成,庶民赞成,这就叫做大同。这样,您一定会安康强健,子孙也一定兴旺发达,这是吉利的。假若您赞成,龟卜赞成,蓍筮赞成,而卿士反对,庶民反对,也是吉利的。假若卿士赞成,龟卜赞成,蓍筮赞成,您反对,庶民反对,也是吉利的。假若庶民赞成,龟卜赞成,蓍筮赞成,您反对,卿士反对,也是吉利的。假若您赞成,龟卜赞成,蓍筮反对,卿士反对,庶民反对,那么,做国内的事就吉利,做国外的事就不吉利。假若龟卜蓍筮都不合人意,那么,不做事就吉利,做事就有凶险。"

【原文】

"八、庶征:曰雨,曰旸①,曰燠②,曰寒,曰风。曰时五者来备,各以其叙③，庶草蕃庑④。一极备⑤，凶⑥；一极无⑦，凶。曰休征：曰肃，时雨若⑧；曰乂，时旸若；曰晰，时燠若；曰谋，时寒若；曰圣，时风若。曰咎征：曰狂⑨，恒雨若；曰僭⑩，恒旸若；曰豫⑪，恒燠若；曰急⑫，恒寒若；曰蒙⑬，恒风若。曰王省惟岁⑭，卿士惟月，师尹惟日。岁月日时无易⑮，百谷用成⑯，乂用民，俊民用章⑰，家用平康。日月岁时既易，百谷用不成，乂用昏不明，俊民用微⑱，家用不宁。庶民惟星，星有好风⑲，星有好雨。日月之行，则有冬有夏⑳。月之从星，则以风雨㉑。"

注释

①旸(yáng 阳)：《说文》："日出也。"这里同雨相对而言，意思是晴天。

②燠(yù 喻)：《说文》："热在中也。"这里同寒相对而言，意思是温暖。

③叙：次序。

④蕃：茂盛。庑：通"芜"，草长得丰盛。

⑤一：指雨、旸、燠、寒、风五者之一。极备：过多。

⑥凶：荒年。

⑦极无：过少。

⑧若：像。时雨若，像时雨。《尚书正读》："若，譬况之词，位于句末。如《易·离卦》出涕沱若，戚嗟若，言出涕若沱，戚若嗟也。《诗·氓》桑之未落，其叶沃若，言其叶若沃也。本文曰肃时雨若，犹《孟子》言若时雨降也。下均放此。"

⑨狂：傲慢。

⑩僭(jiàn 荐)：差错。

⑪豫：逸乐。

⑫急：严急。

⑬蒙：昏暗。

⑭省(xǐng 醒)：视察治理政事。

⑮岁月日：岁包括四时和月日，内容很广。月统属于岁。日统属于岁与月。这是正常状态。易：改变。岁月日时无易，《尚书易解》："喻君臣各顺其常。"

⑯用：因。

⑰俊民：有才能的人。章：显明，义即表彰提拔，这个意义后来写作"彰"。

⑱微：与"章"对举，不显明，义即不被提拔重用。

⑲星有好(hào 浩)风：马融说："箕星好风，毕星好雨。"

⑳日月之行，则有冬有夏：郭嵩焘《史记·札记》："冬夏者，天之所以咸岁功也，而日月之行循乎黄道以佐成岁功。以喻臣奉君命而布之民。"

㉑以：用。月之从星，则以风雨，《史记札记》"月入箕则风，入毕则雨，风雨

者,天之所以发生万物也。而月从星之好以施行之。以喻宣导百姓之欲以达之君。

【今译】

"八、各种征兆:雨天,晴天,温暖,寒冷,刮风。一年中这五种天气齐备,各根据正常的次序发生,百草就茂盛。某一种天气过多,就会是荒年;某一种天气过少,也会是荒年。好征兆是:君王能敬,就像及时降雨;君政能治,就像及时晴朗;君王明智,就像及时温暖;君王善谋,就像及时寒冷;君王通理,就像及时刮风。坏征兆是:君王狂妄,就像久雨;君王办事错乱,就像久晴;君王贪图安乐,就像久暖;君王严酷急促,就像久寒;君王昏庸愚昧,就像久风。君王视察政事,就像一年包括四时,高级官员就像一月统属于岁,普通官员就像一天统属于月。假若年月日时的关系没有改变,百谷就因此成熟,政治就因此清明,杰出的人才因此得到表彰,国家因此太平安宁。假若日月年时的关系已经改变常态,百谷就因此不能成熟,政治就因此昏暗不明,杰出的人才因此不能被重用,国家因此不得安宁。百姓好比星星,有的星喜欢风,有的星喜欢雨。太阳和月亮的运行,就有冬天和夏天。月亮顺从星星,就要用风和雨润泽它们。"

【原文】

"九、五福:一曰寿,二曰富,三曰康宁,四曰攸好德①,五曰考终命②。六极:一曰凶、短、折③,二曰疾,三曰忧,四曰贫,五曰恶④,六曰弱⑤。"

注释

①攸好德:"攸"通"由",遵行美德。

②考:老。考终命,老而善终。

③凶、短、折:均指早死。郑玄说:"未龀曰凶,未冠曰短,未婚曰折。"意思是说,还未到换牙齿的时候就死了叫做"凶",还未到二十岁成年的时候就死了叫做"短",还未结婚就死了叫做"折"。

④恶:邪恶。《尚书易解》:"恶,指善恶之恶,攸好德之反,谓为奸宄,不遵循好德也。"

⑤弱:郑玄说:"愚懦不壮毅曰弱。"

【今译】

"九、五种幸福:一是长寿,二是富贵,三是健康安宁,四是遵行美德,五是高寿善终。六种困厄:一是早死,二是疾病,三是忧愁,四是贫穷,五是邪恶,六是懦弱。"

(以上是第二段,分别详述"洪范九畴"的具体内容。)

分　器

【原文】

武王既胜殷①,邦诸侯②,班宗彝③,作《分器》。

注释

①既:已经。
②邦:封。邦和封通,《释名》:"邦,封也。"
③班:授,给予。《尔雅·释言》:"班,赋也。"宗彝:古代宗庙祭祀用的酒器。

【今译】

周武王已经战胜殷国,分封诸侯,赏赐给诸侯宗庙彝器。史官记叙这件事,写了《分器》。

(以上是序,无正文。)

旅 獒

【题解】

　　周武王灭商以后,西方旅国向武王进献大犬。太保召公害怕武王玩物丧志,劝谏武王建立王业必须慎德,不宝远方的珍物,应当重视贤能,安定国家,保护百姓。史官记叙了召公的话,写成《旅獒》。

　　本篇今文无,古文有。蔡沈认为本文属《尚书》中的训体。

【原文】

　　西旅献獒①,太保作《旅獒》②。

注释

①西旅:西方国名。獒(áo 熬):大犬。《尔雅·释畜》:"狗四尺为獒。"
②太保:官名,这里指召公奭(shì 式)。

【今译】

　　西方旅国向武王进献大犬,太保召公作了《旅獒》。

　　(以上是序。)

【原文】

　　惟克商,遂通道于九夷八蛮①。西旅厎贡厥獒②,太保乃作《旅獒》,用训于王③。

注释

①通道:打通了道路。九夷:古代东方各民族。《后汉书·东夷传》:"夷有九种,曰:畎夷、于夷、方夷、黄夷、白夷、赤夷、玄夷、风夷、阳夷。"八蛮:古代南方各民族。《尔雅·释地》:"八蛮在南方。"九夷八蛮连文,泛指周王朝四境的各民族国家。
②厎(zhǐ 纸):至,来。
③训:开导、教诲。王:指周武王。

【今译】

　　周武王胜商,便开辟道路到四周各个民族国家。西方旅国来献大犬,太保召公奭写了《旅獒》,来开导、劝谏武王。

　　(以上是第一段,史官说明写作本篇的原因。)

【原文】

　　曰:"呜呼! 明王慎德①,四夷咸宾②。无有远迩,毕献方物③,惟服食器用④。王乃昭德之致于异姓之邦⑤,无替厥服⑥;分宝玉于伯叔之国,时庸展亲⑦。人不易物⑧,惟德其物⑨!"

注释

①慎德:修身敬德。
②宾:服从、归顺。
③方物:《孔传》:"方土所生之物。"等于说地方土特产。
④惟服食器用:《尚书正义》:"惟可以供服食器用者。玄纁绨纻,供服也;橘柚菁茅,供食也;羽毛齿革,瑶琨篠荡,供器用也。"
⑤昭:昭示。德之致:《孔传》:"德之所致,谓远夷之贡。"即指上句的"方物"。
⑥替:废弃。服:职事、职务。
⑦展:展示。亲:亲情。
⑧易:改变,易换。物:事物。这句是说:人不改变的事物。
⑨惟德其物:只有德是那种事物。《孔疏》:"此戒人主使修德也。"

【今译】

　　召公说:"啊! 圣明的君王敬慎德行,所以天下归顺。不论远近,全部进献的物产,只是些穿的吃的用的而已。明君于是昭示这些贡物分赐给异姓诸侯,使他们不要荒废职事;又分赐宝玉给同姓邦国,用这个方法展示亲情。人们不改变的事物,只有德才是那种事物!"

【原文】

　　"德盛不狎侮①。狎侮君子②,罔以尽人心;狎侮小人,罔以尽其力③。不役耳目④,百度惟贞⑤。玩人丧德⑥,玩物丧志⑦。志以道宁⑧,言以道接⑨。不作无益害有益⑩,功乃成;不贵异物贱用物⑪,民乃足。犬马非其土性不畜⑫,珍禽奇兽不育于国。不宝远物⑬,则远人格⑭;所宝惟贤,则迩人安⑮。"

注释

①德盛:德行很盛。狎(xiá匣)侮:轻易、怠慢。
②③君子:指臣。小人:指民。《左传》襄公九年:"君子劳心,小人劳力。"
④不役耳目:不被耳目所役使,就是不放纵声色的意思。
⑤百度:百事。《左传》昭公元年:"兹心不爽,而昏乱百度。"杜预注:"百度,百事之节也。"贞:正。
⑥玩人:玩弄人。
⑦玩物:玩弄器物。
⑧道:这里指一种准则。宁:安。
⑨接:酬应。《朱子语类》:"接者,酬应之谓。言当以道酬应也。又曰,志,我之志;言,人之言。"
⑩⑪无益、异物:《孔传》:"游观为无益,奇巧为异物。"真德秀说:"为无益,则心志分而功不成。贵异物,则征求多而民不足。"
⑫性:同生。土性,就是土生、土产。畜:畜养。犬马非土性不畜,《孔传》说:"非此土所生不畜,以不习其用。"
⑬宝:意动用法,以……为宝。
⑭格:至、来。
⑮安:这里是安居乐业的意思。

【今译】

"君王德行很盛,就不会轻视怠慢。君王轻视怠慢官员,就没有人替您尽心;君王轻视怠慢百姓,就没有人替您尽力。君王如果不贪恋歌舞女色,任何事情的处理就会正确。玩弄人会丧失德行,玩弄物会丧失抱负。自己的志愿依靠道才能安定,别人的言谈依靠道才能酬应。不做无益的事妨害有益的事,事业才能成功;不看重奇珍异物、不轻视日常用品,百姓才能富足。犬马不是土生土长的不畜养,珍禽异兽在国内也不畜养。不看重远方的物产,远方的人就会归顺;所尊重的只是贤才,附近的人就会安居乐业。"

(以上是第二段,召公详细论述了明王慎德的情况。)

【原文】

"呜呼!夙夜罔或不勤①,不矜细行②,终累不德。为山九仞③,功亏一篑④。允迪兹⑤,生民保厥居⑥,惟乃世王⑦。"

注释

①或:有。
②矜(jīn今):慎。细行:小德。
③仞:八尺。一说七尺。
④亏:缺少。篑(kuì 馈):盛土的竹器。
⑤允:诚,信。迪:实行。兹:这,此处指召公的劝谏。
⑥生民:老百姓。
⑦王(wàng 望):称王。惟乃世王,就可以世世代代为王了。

【今译】

"啊!从早到晚,不能有不勤奋的时候。不慎小德,终将损害大德。譬如堆垒九仞高的土山,只差一筐土,还是不算完成。您真能履行这些劝告,百姓永保安居,就可以世代称王。"

(以上是第三段,召公劝勉武王早夜勤德巩固周王朝的统治。)

旅巢命

【原文】

巢伯来朝①,芮伯作《旅巢命》②。

注释

①巢伯:郑玄说:"殷之诸侯,伯爵也。南方之国,世一见者。闻武王克商,慕义而来朝。"朝:朝见。
②芮(ruì 锐)伯:姬姓,周王朝的大臣。旅:嘉,赞美。《书序》旅天子之命,《史记·鲁世家》旅作嘉。旅巢命,周武王赞美巢伯的诰命。

【今译】

巢伯来朝见周武王,芮伯写作了《旅巢命》。
(以上是序,无正文。)

金　縢（téng 腾）

【题解】

　　金縢，指金属装束的匣子。周灭商后二年，武王生了重病，周公作册书向先王祈祷，请求代替武王死。事后，史官把册书放进金属装束的匣子。武王死后，成王继位，周公摄政。三监散布流言，中伤周公，勾结殷商遗民背叛王家。周公东征，平定了判乱。成王仍然怀疑周公，后来得知金縢之书，翻然觉悟，出郊亲迎周公。史官记录这件大事，叫做《金縢》。

　　《金縢》写成于西周初年，所反映的史实是可信的。对研究周初复杂的政治局面和社会生活，具有重要价值。

【原文】

　　武王有疾①，周公作《金縢》②。

注释

　①疾：病，此指重病。
　②作：写作。

【今译】

　　周武王生了重病，周公告神，写了金縢中的册书。
　　（以上是序。）

【原文】

　　既克商二年，王有疾，弗豫①。二公曰②："我其为王穆卜③。"周公曰："未可以戚我先王④？"公乃自以为功⑤，为三坛同墠⑥。为坛于南方，北面，周公立焉。植璧秉珪⑦，乃告太王、王季、文王⑧。
　　史乃册⑨，祝曰："惟尔元孙某⑩，遘厉虐疾⑪。若尔三王是有丕子之责于天⑫，以旦代某之身。予仁若考能⑬，多材多艺⑭，能事鬼神。乃元孙不若旦多材多艺⑮，不能事鬼神。乃命于帝庭⑯，敷佑四方⑰，用能定尔子孙于下地⑱。四方之民罔不祗畏⑲。呜呼！无坠天之降宝命⑳，我先王亦永有依归。今我即命于元龟㉑，尔之许我㉒，我其以璧与珪归俟尔命；尔不许我，我乃屏璧与珪㉓。"

乃卜三龟，一习吉㉔。启籥见书㉕，乃并是吉。公曰："体㉖！王其罔害。予小子新命于三王㉗，惟永终是图㉘；兹攸俟㉙，能念予一人。"公归，乃纳册于金縢之匮中。王翼日乃瘳㉚。

注释

①豫：《尔雅·释诂》："安也。"黄式三说："疾曰弗豫，犹言身不快也。"汉代以后，天子生病叫做"弗豫"。

②二公：指太公，召(shào 绍)公。

③穆：恭敬。

④戚：读为"祷"，告事求福，见《尚书易解》。

⑤功：《史记》易为质，今意为"抵押"。自以为质，即以身为抵押。

⑥三坛：太王、王季、文王各为一坛。墠(shàn 善)：用作祭祀的场地。郑玄《礼祀·祭法》注："除地曰墠。"

⑦植：郑玄说："古置字。"璧：圆形的玉。珪：上圆下方形状的玉。古代祈祷必用珪璧。

⑧太王：武王曾祖父，名古公亶父。王季：武王祖父，名季历。文王：武王的父亲，名昌。

⑨史：内史，主作册之事。册：《史记》作策，这里作动词用，写册书的意思。

⑩惟：语气助词。元：长。某：指周武王姬发。史官避讳，不书周武王姓名。

⑪遘：遇到。厉：危。虐：恶。

⑫是：这时。丕子：布席祭祀。丕子的责任，就是助祭的职责。《尚书正读》："丕子当读为布兹。布与丕，子与兹，并声之转。《史记·周本纪》武王立于社南，毛叔奉明水，卫康叔封布兹，召公奭赞采，师尚父牵牲。《集解》云：兹，藉席之名。据此，则布兹为弟子助祭以事鬼神者之一役。本文意言三王在帝左右，如需执贱役，奉事鬼神，且尤能举其职，故请以旦代某之身也。"

⑬仁若：柔顺。考：巧，《史记》作巧。

⑭材、艺：都指技术。

⑮乃元孙：你们的长孙。

⑯乃命于帝庭：《词诠》："乃，始也，初也。"命于帝庭，被命于帝庭。

⑰敷：普遍。佑：有。王国维说："《盂鼎》云，匍有四方。知佑为有之假借，非佑助之谓矣。"

⑱下地:人间。
⑲祗:敬也。
⑳坠:丧失。宝命:指上文"命于帝庭,敷佑四方"的使命。
㉑即命:就而听命。即,靠近。
㉒尔:指三王。之:如果。
㉓屏(bǐng丙):收藏。
㉔一:都。习:重复。
㉕启:打开。籥:同"钥",锁钥。书:占卜的书。
㉖体:兆形,见《周礼·占人》注。
㉗命:《尔雅·释诂》:"告也。"
㉘惟永终是图:提宾句,即"惟图永终"。
㉙攸:所。俟:期待。
㉚翼日:翼与翌通,第二天。瘳(chōu抽):病愈。

【今译】

  周灭商后的第二年,武王生了重病,身体不安。太公、召公说:"我们为大王恭敬地卜问吉凶吧!"周公说:"不可以向我们的先王祷告吗?"周公就把自身作为抵押,清扫了一块土地,在上面筑起三座祭坛。又在三坛的南方筑起一座台子。周公面向北方站在台上,放好玉,拿着珪,于是向太王、王季、文王祷告。

  史官写了策书,祝告说:"你们的长孙姬发,遇到了危急凶恶的病。假若你们三位先王在天上现在有助祭的职责,就用我姬旦来代替姬发的身子吧!我柔顺巧能,多才多艺,能侍奉鬼神。你们的长孙不如旦多材多艺,不能侍奉鬼神。他刚被上帝那儿任命,遍有四方,因能安定你们的子孙。天下的老百姓无不敬畏他。唉!不丧失上帝降给周国的宝贵使命,我们的先王也就永远有所归依了。现在,我来听命于大龟,假若你们允许我的请求,我就拿着璧和珪回去等待你们的命令;如果你们不允许我,我就收藏璧和珪,不敢再请了。"

  卜问了三龟,都重复出现吉兆。打开锁钥看书,也都是吉利的。周公说:"根据兆形,大王的病将没有危险。我刚刚祷告三位先王,只谋求国运长远;现在所期待的,是先王能思念我侍奉鬼神。"周公回去,史官把周公祷告的简书放进金属装束的匣子。第二天,周武王就痊愈了。

周书 199

（以上是第一段，写周武王病重时，周公以身为质，祈求先王，请代武王死。）

【原文】

武王既丧①，管叔及其群弟乃流言于国②，曰："公将不利于孺子③。"周公乃告二公曰："我之弗辟④，我无以告我先王。"周公居东二年⑤，则罪人斯得⑥。于后，公乃为诗以贻王，名之曰《鸱鸮》⑦。王亦未敢诮公⑧。

【注释】

①丧：死。《史记·封禅书》："武王克殷二年，天下未宁而崩。"
②管叔：名鲜，文王第三子。郑玄说："周公兄，武王弟，封于管。"群弟：指蔡叔、霍叔。《逸周书·作雒解》说："武王克殷，乃立王子禄父俾守商祀，建管叔于东，建蔡叔霍叔于殷，俾监殷臣。"
③公将不利于孺子：孺子，年幼的人，指成王。《史记·鲁世家》："武王既崩，成王少，周公恐天下闻武王崩而畔。周公乃践阼代成王，摄行政当国。管叔及其群弟流言于国曰：'周公将不利于成王。'"
④辟（bì 必）：曾运乾说："辟即摄政也。《洛诰》：朕复子明辟，即还政成王也。管叔言周公摄政，将不利于孺子；周公言我不摄政，将无以告我先王也。"
⑤居东：居在东方，指周公东征。罪人：指三叔和武庚。
⑥斯：帮助宾语前置的结构助词，"罪人斯得"就是得罪人。
⑦鸱（chī 吃）鸮（xiāo 销）：即《诗·豳风·鸱鸮》。《诗序》说："《鸱鸮》，周公救乱也。成王未知周公之志，公乃为诗以遗王，名之曰《鸱鸮》焉。"此诗用鸱鸮设喻，向成王申述周室危急，自己历尽艰辛，救乱扶倾的苦心。
⑧诮（qiào 窍）：责备。

【今译】

武王死后，管叔和他的几个弟弟就在国内散布谣言，说："周公将对年幼的成王不利。"周公就告诉太公、召公说："假若我不摄政，我将无辞告我先王。"周公留在东方两年，就捕获了罪人。后来，周公写了一首诗送给成王，叫做《鸱鸮》。成王也不敢责备周公。

（以上是第二段，写武王死后周王朝危险的政治形势，依靠周公才转危为安。）

【原文】

秋①,大熟,未获,天大雷电以风②,禾尽偃③,大木斯拔④,邦人大恐。王与大夫尽弁以启金縢之书⑤,乃得周公所自以为功代武王之说⑥。二公及王乃问诸史与百执事⑦。对曰:"信⑧。噫⑨!公命我勿敢言。"

王执书以泣,曰:"其勿穆卜!昔公勤劳王家,惟予冲人弗及知⑩。今天动威以彰周公之德,惟朕小子其新逆⑪,我国家礼亦宜之。"王出郊⑫,天乃雨,反风,禾则尽起⑬。二公命邦人凡大木所偃,尽起而筑之⑭。岁则大熟。

注释

①秋:就是"周公居东二年,罪人斯得"以后的秋天。
②以:《广雅》:"与也。"
③偃:倒伏。
④斯:尽,见《吕览》注。
⑤弁(biàn 便):爵弁,礼服。
⑥说:指周公祷告时的祝词。
⑦百执事:办事官员。
⑧信:确实。
⑨噫:唉,叹词。
⑩冲人:年幼的人。
⑪新:当作亲,马融本作"亲"。逆:迎。
⑫王出郊:成王出郊亲迎周公。
⑬起:立起,扶起。
⑭筑:用土培根。《释文》:"谓筑其根。"

【今译】

秋天,百谷成熟,还没有收获,天空雷电大作,刮起大风,庄稼都倒伏了,大树也都被拔起。国人非常恐慌。周成王和大夫们都穿上朝服,打开金属装束的匣子,得到了周公以自身为质,请代武王的祝词。太公、召公和成王就询问史官以及办事官员。他们回答说:"确实的。唉!周公命令我们不能说出来。"

成王拿着简书哭泣,说:"不要再去恭敬地占卜了!过去,周公勤劳王室,我这年轻人来不及知道。现在上天动怒来显示出周公的功德,我小子要亲自去迎接,我们国家的礼制也应该这样。"成王走出郊外,天还下着雨,风向反转,倒伏的庄稼又全部立起来。太公、召公命令国人,凡被倒树压着的庄稼,要全部扶起,用土培好根。这一年获得了大丰收。

(以上是第三段,写成王悔悟,出郊亲迎周公。)

大　诰

【题解】

　　大诰,就是普遍告喻。根据《书序》和《史记》的《周本纪》《鲁世家》记载,周武王死后,管叔、蔡叔、武庚联合淮夷等叛乱,周公决定率兵东征。出师前,他召集各个诸侯国的邦君和他们的各级官员,假借成王的口吻反复申述理由,说明东征的必要性,劝导他们顺从天意,同心同德,去平定叛乱。

　　本篇文辞古奥,类似西周金文,学术界公认为西周初年的作品。东征是周初的大事,《大诰》具有很高的史料价值。

【原文】

　　武王崩,三监及淮夷叛①,周公相成王,将黜殷②,作《大诰》。

注释

　　①三监:指管叔、蔡叔和商纣王的儿子武庚。《汉书·地理志》记载:周灭殷以后,把殷商分为三个国家,就是《诗经》国风中的邶、鄘、卫三国。邶国,封给纣王的儿子武庚;鄘国,管叔治理;卫国,蔡叔治理。管叔、蔡叔和武庚三人共同监理殷民,所以叫做三监。一说三监是管、蔡、康;一说三监是管、蔡、霍。武王伐纣后,立武庚,命三叔监殷。

　　②黜(chù 触):消灭。

【今译】

　　周武王死后,三监和淮夷叛乱,周公辅助成王,将要消灭殷商,作了《大诰》。

　　(以上是序。)

【原文】

　　王若曰①:"猷②!大诰尔多邦越尔御事③。弗吊④!天降割于我家⑤,不少延⑥。洪惟我幼冲人⑦,嗣无疆大历服⑧。弗造哲⑨,迪民康⑩,矧曰其有能格知天命⑪?已⑫!予惟小子,若涉渊水,予惟往求朕攸济⑬。敷贲敷前人受命⑭,兹不忘大功⑮。予不敢闭于天降威⑯,用宁王遗我大宝龟⑰,绍天明⑱。即命曰⑲:'有大艰于西土,西土人亦不静,越兹蠢⑳。殷小腆诞敢纪其叙㉑。天降威㉒,知我国有疵㉓,民不康,曰:予复! 反鄙我周邦㉔,今蠢今翼㉕。日㉖,民献有十夫予翼㉗,以于敉宁、武图功㉘。我有大事,休? 朕卜并吉。"

注释

①王:指成王。王若曰:在《尚书》中,凡臣下转述国君的话,多用"王若曰"字样。清代简朝亮《尚书集注述疏》:"'若曰'者,史约叙其辞也。"等于说"王是这样说的"。

②猷:啊。《蔡传》:"猷,发语辞也。"

③多邦:指各诸侯国。越:与、和。《广雅》:"越,与也。"御:治。御事,治事大臣。

④吊:善。

⑤割:《广雅》:"害也。"《经典释文》:"割,马本作害。"

⑥少:稍微。延:间断、间隔。《尔雅·释诂》:"延,间也。"

⑦洪惟:句首语气助词,无义。参见《多方》:"洪惟图天之命。"幼冲人:年轻人。

⑧历:《小尔雅》:"久也。"服:事。大历服,此处指王业。

⑨造:遭遇。"造"、"遭"古通用。哲:明智的人。

⑩迪:引导。

⑪矧(shěn 审):况且。格:度量,详见《尚书易解》。

⑫已:叹词。

⑬攸济:攸,所;济,渡。攸济,渡过的方法。

⑭敷:《诗·常武》《释文》引《韩诗》:"大也。"贲(fén 坟):《尔雅·释鱼》:"龟三足,贲。"敷贲,大龟。敷前人:敷通辅,辅助前人。均见《尚书易解》。

⑮大功:指辅助前人开国的功业。

⑯闭:闭藏。天降威:即天降灾难。

⑰宁王:即文王,古时宁、文形近易误,详吴大澂《字说》。

⑱绍:《尚书故》:"绍为邵之借字。《说文》:"邵,卜问也。"天明:即天命。杨树达说:"明是命之假借字。"

⑲即命:走近大龟祷告。

⑳越:在。兹:指此时。蠢:动。

㉑腆通"覥"。覥,主。小主指武庚。纪其叙:纪,组织。叙,残余。组织他

们的残余力量。

㉒天降威:这里指武王死。

㉓疵(cī):病、困难。此处指成王年幼,周公被人怀疑。

㉔鄙:图谋。王先谦说:"古文啚为鄙,与图字形近,其义当为图。"

㉕蠢:动。翼:通翋,翋即翊字。翊,飞动的样子。今蠢今翼,现在已经动乱起来,形容形势十分危急。详俞樾说。

㉖日:近日。

㉗献:贤,这里指贤者。予翼:即翼予,宾语前置。翼,辅佐。

㉘收:黄式三《尚书启蒙》:"收弥通,终也。"这里是完成的意思。图功:图谋的事业,指统一国家。

【今译】

成王这样说:"啊,遍告你们各国诸侯和你们这些办事大臣,不幸啊!上帝在我们国家降下灾祸,不稍间断。我这个年轻人,继承了远大悠久的王业。没有遇到明智的人,引导老百姓安定下来,何况说会有能度知天命的人呢?唉!我年纪小,像要渡过深渊,我只想前往寻求渡过的办法。大宝龟帮助先王接受天命,至今不能忘记它的大功。在上天降下灾难的时刻,我不敢把它闭藏着,用文王留给我们的大宝龟,卜问天命。我走到大龟面前祷告说:'西方有大灾难,西方的人心也不安静,现在也蠢动了。殷商的小主竟敢组织他的残余力量。因上帝降下灾祸,他们知道我们国家有困难,人心不定。他们说:我们要复国!反而打我们周王室的主意。现在他们乱动乱跑起来了。这几天,有十位贤者来帮助我,我要和他们前往完成文王、武王所谋的功业。我国将有战事,会吉利吗?'我的卜兆全都吉利。"

【原文】

"肆予告我友邦君越尹氏、庶士、御事①,曰:'予得吉卜,予惟以尔庶邦于伐殷逋播臣②。'尔庶邦君越庶士、御事罔不反曰:'艰大,民不静,亦惟在王宫邦君室③。越予小子考④,翼不可征⑤,王害不违卜⑥?'"

"肆予冲人永思艰曰⑦,呜呼!允蠢鳏寡⑧,哀哉!予造天役⑨,遗大投艰于朕身⑩,越予冲人,不卬自恤⑪。义尔邦君越尔多士、尹氏、御事绥予曰⑫:'无毖于恤⑬,不可不成乃宁考图功⑭!'"

"已！予惟小子，不敢替上帝命⑮。天休于宁王⑯，兴我小邦周，宁王惟卜用，克绥受兹命⑰。今天其相民，矧亦惟卜用。呜呼！天明畏⑱，弼我丕丕基⑲！"

注释

①肆：故，所以。越：与。尹氏：史官。庶士：众士。
②惟：谋。以：与。于：往。逋（bū）：逃亡。播：散，播迁。
③惟：有，见《东京赋》薛综注。管叔、蔡叔都是王室的人，武庚是邦君，所以说有在王宫邦君室。
④越：句首语气助词，无义。予小子：庶邦君等谦称小子。考：考虑。
⑤翼：《尚书易解》："当读为意，犹或也。"
⑥害（hé合）：何，为什么。
⑦肆：《尔雅·释诂》："今也。"
⑧允：信，实在。蠢：扰动。鳏寡：泛指苦难的人。
⑨役：役使。
⑩遗：《尚书易解》："当读为惟，《诗》'其鱼唯唯'，《韩诗》作'遗遗'。知遗与惟古代相通也。"投：掷，这里是委任、托付的意思。艰：艰难的事。
⑪卬（áng昂）：我。恤：忧虑。
⑫义：宜，应当。绥：安慰。
⑬无：通"勿"。毖：恐惧，畏慎。
⑭宁考：即文考。
⑮替：废弃。不敢替上帝命，《孔传》："不敢废天命，言卜吉当必征之。"
⑯休：用作动词，嘉惠。
⑰绥：安。
⑱天明畏：即畏天明。天明，天命。
⑲丕：大。基：事业。

【今译】

"所以我告诉我友邦的国君和各位大臣说：'我现在得到了吉卜，打算和你们众国去讨伐殷商那些动乱的罪人。'你们各位国君和各位大臣没有不反对说：'困难太大了，老百姓不安宁，也有在王室和邦君室的人。我们这些小子考虑，或者不可征伐，大王为什么不违背龟卜呢？'"

"现在我长久地考虑着这件艰难的事。唉！确实惊扰了苦难的人民,真痛心啊!我受上帝的役使,上帝把艰难的事重托给我,我不能只为自身忧虑。应该你们各位邦君与各位大臣安慰我说:'不要被忧患所恐惧,不可不完成您文王所谋求的功业。'"

"唉,我这年轻人,不敢废弃上帝的命令。上帝嘉惠文王,振兴我们小小的周国。当年文王只用龟卜,能承受这个天命。现在上帝帮助老百姓,何况我们也只是用龟卜呢?唉!天命可畏,辅助我们伟大的事业吧!"

(以上是第一段,宣布吉卜,劝导邦君和群臣顺从天意,参加东征。)

【原文】

王曰:"尔惟旧人①,尔丕克远省②,尔知宁王若勤哉③!天閟毖我成功所④,予不敢不极卒宁王图事⑤。肆予大化诱我友邦君⑥,天棐忱辞⑦,其考我民⑧,予曷其不于前宁人图功攸终?天亦惟用勤毖我民⑨,若有疾,予曷敢不于前宁人攸受休毕⑩?"

王曰:"若昔朕其逝⑪,朕言艰日思⑫。若考作室,既厎法⑬,厥子乃弗肯堂,矧肯构⑭?厥父菑⑮,厥子乃弗肯播⑯,矧肯获⑰?厥考翼其肯曰⑱:予有后弗弃基?肆予曷敢不越卬敉宁王大命⑲?若兄考⑳,乃有友伐厥子㉑,民养其劝弗救㉒?"

【注释】

①惟:是。《玉篇》:"为也。"旧人:老臣。
②丕:大,多。省:省识。
③若:《尚书正读》:"若,如何也。"
④閟(mì秘):秘密。毖:告诉。所:意,此处义为天意,详杨树达《古书疑义举例续补·'所'作'意'义用例》。
⑤极:通"亟",快速,见《经义述闻》。
⑥化诱:教导。
⑦棐(fěi匪):辅助。忱辞:诚信的话,指大宝龟显示吉兆。
⑧考:成。
⑨毖:劳。
⑩休:善。毕:攘除疾疫。
⑪若昔:如同昔日,指过去周公随武王伐纣。《史记·鲁世家》记载:武王东

伐,至盟津,周公辅行。十一年伐纣,至牧野,周公佐武王破殷。其:将要。逝:往。

⑫言:说。艰日思:艰难日子的想法。句意是说,我向你们说点艰难日子里的想法。见《尚书易解》。

⑬厎:定。

⑭堂:基,打基础。构:盖,盖屋。

⑮菑(zī 资):新垦的土地。

⑯播:播种。

⑰获:收割。

⑱翼:或。

⑲越:在。越卬,在我自己身上。

⑳考:终,见《楚辞·九叹》注。兄考,就是兄死。

㉑友:《尚书易解》:"犹群也。"

㉒养:长。民养,人民的长官,指诸侯和各级官员。

【今译】

　　王说:"你们是老臣,大多数能够远知往事,你们知道文王是如何勤劳的啊!老天秘密地告诉我们成功的意思,我不敢不快速完成文王图谋的事业。现在我劝导我们友邦的君主:老天用诚信的话帮助我们,要成就我们的百姓,我们为什么不去完成文王所图谋的功业呢?老天或许也要使我们的臣民勤劳,好像有疾病,我们怎敢不去好好攘除文王所受的疫病呢?"

　　王说:"像往日讨伐纣王一样,我将要前往,我说点在艰难日子里的想法。好像父亲建屋,已经确定了办法,他的儿子却不愿意打地基,何况愿意盖屋呢?他的父亲新开垦了田地,他的儿子却不愿意播种,何况愿意收获呢?这样,他的父亲或者会愿意说,'我有后人,不废弃我的基业吗?'所以我怎敢不在我自己身上完成文王伟大的使命呢?又好比兄长死了,却有人群起攻击他的儿子,为民的长官难道能够相劝不救吗?"

　　(以上是第二段,劝导邦君和群臣不畏艰难,共同完成文王未竟的事业。)

【原文】

　　王曰:"呜呼!肆哉①,尔庶邦君越尔御事。爽邦由哲②,亦惟十人迪知上帝命越天棐忱③,尔时罔敢易法④,矧今天降戾于周邦⑤?惟大艰人诞邻胥伐于厥室⑥,尔亦不知天命不易?予永念曰⑦:天惟丧殷,若穑夫,予曷敢不终朕亩⑧?天亦惟休于前宁人⑨,予曷其极卜⑩?敢弗于从率宁人有指疆土⑪?矧今卜并吉?肆朕诞以尔东征⑫。天命不僭,卜陈惟若兹⑬!"

注释

①肆:肆力,尽力。《尔雅·释诂》:"肆,力也。"
②爽:《说文》:"明也。"哲:指明智的人。
③十人:指上文的"十夫"。迪:指导。天棐忱:老天用诚信辅助。
④易法:即易废。易度就是怠弃的意思。尔时罔敢易法,否定句宾语前置,即尔罔敢易法时。见《尚书易解》。
⑤戾:定,《汉书》作定,此处指上帝的定命。
⑥大艰人:大罪人,指管叔、蔡叔。诞:《尚书覈诂》:"读为延,谓延邻敌相伐也。"《无逸》既诞,《石经》作既延,诞与延古通。邻:邻国,指武庚。胥:相。
⑦永:长时间。穑夫:农夫。
⑧终朕亩:即终竟我农亩的事。
⑨惟:思。休:嘉惠。
⑩极:放弃。《仪礼·大射礼》郑玄注:"犹放也。""极卜"与上文"王害不违卜"的"违卜",义相应。
⑪于:往。率:行视。指:《孔疏》作旨。《汉书·王莽传》也作旨。有旨,复音词,美好。
⑫以:率领。
⑬陈:《国语·齐语》韦昭注:"示也。"若,顺从。兹:语末助词,与"哉"同,详见《词铨》。

【今译】

王说:"啊!努力吧,你们各位邦君和各位官员。使国家清明必用明智的人,现在也有十个人引导我们知道天命和上帝助以诚信的事,你们不能轻视这些事,何况上帝已经给周邦降下了定命呢?那些发动叛乱的大罪人,勾结殷人,同室操戈。你们也不知道天命不可改变吗?我长时间考虑着:老天想灭亡殷国,好像农夫一样,我怎敢不完成我的田亩的工作呢?上帝也想嘉惠我们先辈先王,我们怎能放弃占卜呢?

怎敢不前去重新行视文王美好的疆土呢？何况今天的占卜都是吉兆呢？所以，我要大规模地率领你们东征，天命不会有差错，卜兆的指示必须遵从呀！"

（以上是第三段，劝导邦君和群臣遵从天命，合力东征。）

微子之命

【题解】

微子,名启,商纣王的庶兄。"命",封命。本文是周成王分封微子的命令。

《商书·微子篇》《史记》的《殷本纪》和《宋世家》记载:微子启见商纣王酗酒失德,荒淫无道,不听谏劝,便隐遁荒野,周武王灭商后,主动归顺周室。周公东征杀武庚,周成王就册命微子为宋国国君。鉴于武庚叛乱的历史教训,成王申告微子,必须遵从旧典,管束臣民,拥戴周王室。

本篇今文无,古文有。

【原文】

成王既黜殷命①,杀武庚,命微子启代殷后②,作《微子之命》。

注释

①既:已经。黜:绝。
②代:代替。后:后裔。

【今译】

周成王断绝了殷商的国运,杀死武庚,就册命微子启代替武庚为殷商后裔。史官记录成王的封命,作了《微子之命》。

(以上是序。)

【原文】

王若曰:"猷!殷王元子①。惟稽古②,崇德象贤③。统承先王④,修其礼物⑤,作宾于王家⑥,与国咸休⑦,永世无穷。呜呼!乃祖成汤,克齐、圣、广、渊⑧,皇天眷佑,诞受厥命。抚民以宽⑨,除其邪虐,功加于时⑩,德垂后裔⑪。尔惟践修厥猷⑫,旧有念闻⑬,恪慎克孝⑭,肃恭神人⑮。予嘉乃德,曰笃不忘⑯。上帝时歆⑰,下民祗协,庸建尔于上公⑱,

尹兹东夏⑲。"

注释

①猷:叹词。元子:长子。微子是帝乙的长子,纣王的母亲做妾时所生。
②稽古:稽考古代。
③崇德:尊崇盛德。象:效法。象贤,就是效法贤人。
④统:嫡系血统。统承先王,就是继承先王的血统。
⑤修:行使。礼物:礼制文物。
⑥宾:客。《蔡传》:"以客礼遇之也。"
⑦休:美。
⑧齐、圣、广、渊:《孔传》:"齐德、圣达、广大、深远。"《蔡传》:"齐、肃也。齐则无不敬,圣则无不通。广言其大,渊言其深也。"
⑨宽:宽政。
⑩加:施加。时:当时。功加于时,是说汤的功绩施于当时。
⑪垂:流传。德垂后裔,《蔡传》:"言其所传者远也。"
⑫尔:指微子。践修:履行。古代履叫践,行叫修。猷:道。
⑬令闻:美好的名声。
⑭恪:谨。
⑮肃恭神人:肃,敬。"肃恭神人",以恭敬事神治人。
⑯笃:厚。
⑰歆(xīn 新):享受。
⑱庸:用。上公:周制,三公八命,出封时加一命,称上公。《周礼·春官·典命》:"上公九命为伯,其国家宫室、车、旗、衣服、礼仪,皆以九为节。"
⑲尹:治理。东夏:指宋国。《蔡传》:"宋亳(bó博)在东,故曰东夏。"

【今译】

　　成王这样说:"啊!殷王帝乙的长子。稽考古代,有尊崇盛德,效法贤人的制度。继承先王的血统,使用他的礼制文物,作王家的宾客,和王家同样美好,世世代代,无穷无尽。唉!你的祖先成汤,能够恭敬、通达、广大、深远,上天关心保佑,大受天命。他用宽缓的政教抚治臣民,除掉邪恶暴虐的人,他的功绩施于当时,德泽流传后世。你履行成汤的德政,久有美好的名声,谨慎能孝,恭敬神灵和百姓。我欣赏你的美德,深深地不能忘怀。上帝时常享受你的祭祀,百姓和睦,因此,立你为上公,治理宋国。"

（以上是第一段，周成王称颂成汤的功德，赞扬微子能够履行其德，敬恭神人，册命微子治理宋国。）

【原文】

"钦哉①，往敷乃训，慎乃服命②，率由典常，以蕃王室③。弘乃烈祖④，律乃有民⑤，永绥厥位，毗予一人⑥。世世享德，万邦作式⑦，俾我有周无斁⑧。"

"呜呼！往哉惟休⑨，无替朕命⑩。"

注释

①钦：敬。
②乃：你的。服命：服，职务。命，使命。慎乃服命，就是慎重地执行你的职务和使命。
③蕃：通"藩"，屏障。这里是作为屏障的意思。
④弘：弘大，弘扬。烈：英明、显赫。《国语·晋语九》："君有烈名，臣无叛质。"韦昭注："烈，明也。"
⑤律：管束。
⑥毗（pí 皮）：辅佐。予：我，成王自指。
⑦式：法，榜样。
⑧俾：服从，见《尔雅·释诂》。斁（yì 译）：懈怠。
⑨休：美、善。
⑩无：通"毋"，不要。替：废弃。

【今译】

"要敬慎啊，前往宋国发布你的政令，慎重执行你上公的职务和使命，遵从常法，护卫我们周王室。你还要发扬你的英明祖先成汤的盛德，管束你的臣民，永远安居上公之位，辅佐我一人。这样，你的子孙世世享受你的功德，万国诸侯也把你作为榜样，服从我们周王朝不会懈怠。哎，去吧！应当施行美政，不要废弃我的训令！"

（以上是第二段，告诫微子慎重执行使命，遵守常法，辅佐周王室。）

归 禾

【原文】

　　唐叔得禾①,异亩同颖②,献诸天子③。王命唐叔归周公于东④,作《归禾》。

注释

　　①唐叔:周成王的弟弟,后封于晋。
　　②亩:垄。颖:穗。异亩同颖,郑玄说:"禾各生一垄而合为一穗。"
　　③诸:"之于"的合音词。之,代词,指禾。于,介词。天子:指周成王。
　　④归(kuì 愧):通馈,赠送。归周公于东,唐叔献禾时,东征还没有结束,所以唐叔需要到东方去馈赠周公。《史记·周本纪》:"晋唐叔得嘉谷,献之成王,成王以归周公于兵所。"

【今译】

　　唐叔得到了优良的禾,它各生一垄却合成一穗。唐叔把这种禾献给周成王。周成王命唐叔到东方去馈赠给周公。史官记叙这件事,作了《归禾》。

　　(以上是序,无正文。)

嘉 禾

【原文】

　　周公既得命禾①,旅天子之命②,作《嘉禾》③。

注释

　　①命禾:命,赐予。《小尔雅》:命,予也。命禾,指成王赐予的"异亩同颖"的禾。
　　②命:指周成王赐禾的诰命。
　　③嘉:美、善。

【今译】

　　周公已经接收成王赐给的禾,宣布周成王赐禾的诰命,作了《嘉禾》。(以上是序,无正文。)

康　诰

【题解】

《史记·卫世家》记载:"卫康叔名封,周武王同母少弟也。……周公旦以成王命兴师伐殷,杀武庚禄父、管叔,放蔡叔。以武庚殷馀民封康叔为卫君,居河、淇间故商墟。"这篇是周公告诫康叔治理卫国的诰词。全篇阐明了尚德慎罚、敬天爱民的道理,具体规定了施用刑罚的准则以及刑律的条目,强调用德政教化殷民,巩固周王朝的统治。

《康诰》反映了周初的政治制度、司法制度以及意识形态,对于研究古代政治史和思想史有参考价值。

【原文】

成王既伐管叔、蔡叔①,以殷馀民封康叔②,作《康诰》《酒诰》《梓材》。

注释

①伐:讨伐,此处指周公奉成王命东征。
②殷馀民:殷商遗民。康叔:名封。周武王的同母弟弟,周武王同母弟兄十人,周公旦排行第四,康叔封排行第九。

【今译】

周成王讨伐管叔、蔡叔以后,把殷商的遗民封给康叔,周公根据成王的命令告诫康叔。史官记录周公的诰词,写了《康诰》《酒诰》和《梓材》。

(以上是序。)

【原文】

惟三月哉生魄①,周公初基作新大邑于东国洛②,四方民大和会③。侯甸男邦④、采卫百工⑤、播民和见⑥,士于周⑦。周公咸勤⑧,乃洪大诰治⑨。

【注释】

①三月:周公摄政第四年的三月。哉:《尔雅·释诂》:"始也。"魄:金文通"霸"。《说文》:"霸,月始生霸然也。承大月二日,承小月三日。"王国维认为每月二、三日至五、六日是哉生霸。

②基:谋划。郑玄说:"基,谋也。"新大邑:指王城。洛:指洛水附近。

③和:和悦。会:集合。

④侯、甸、男邦:侯、甸、男是三种不同的诸侯国。邦,指邦君。

⑤采、卫:也是诸侯国。百工:百官。

⑥播民:即移民,此指殷民。见:会见,一说效力,《尚书释义》:"见,犹效也,致力也。"

⑦士:服务。《说文》:"士,事也。"

⑧咸:都。勤:慰劳。

⑨洪:代替。郑玄说:"洪,代也。言周公代成王诰。"治:治道,指治殷的大法。

【今译】

三月初,周公开始计划在东方洛水的附近建造一个新的大城市,四方的臣民都聚集到这里。侯、甸、男的邦君,采、卫的百官,殷商的遗民都来会见,为周王室服务。周公普遍慰劳了他们,于是代替成王大诰康叔治殷的方法。

【原文】

王若曰:"孟侯①,朕其弟②,小子封。惟乃丕显考文王③,克明德慎罚④;不敢侮鳏寡,庸庸⑤,祗祗⑥,威威⑦,显民⑧,用肇造我区夏⑨,越我一、二邦以修我西土。惟时怙冒⑩,闻于上帝,帝休⑪,天乃大命文王。殪戎殷⑫,诞受厥命越厥邦厥民,惟时叙⑬,乃寡兄勖⑭。肆汝小子封在兹东土⑮。"

【注释】

①孟侯:周公的弟弟康叔。《汉书·地理志》:"周公封弟康叔,号曰孟侯,以夹辅周室。"

②其:的。《经传释词》:"其,犹之也。"

③乃:你的。显:明。考:先父。

④明德慎罚:崇尚德教,慎用刑罚。这一句是本篇的纲领。

⑤庸庸:用用,任用可用的人。

⑥祗祗:祗,敬。祗祗,尊敬可敬的人。

⑦威威:威,畏。威威,畏可畏的事。

⑧显:光显。《尚书易解》:"显民,光显其民,谓尊宠之也。"

⑨用:因此。肇(zhào 兆):始。夏:中夏,指今山西南部、陕西东南部和河南的西部地区。周朝原居陕西西部,文王时开始向东发展,进入中夏地区,所以说"肇造我区夏"。

⑩时:这。怙:大。冒(xù 序):通勖。《说文》:"勖,勉也。"

⑪休:高兴,《广雅·释诂》:"休,喜也。"

⑫殪(yì 意):死,此指灭亡。戎殷:大殷,西周初年仍称殷为大邦殷。

⑬时:承。叙:基业。《尔雅·释诂》:"叙,绪也。"

⑭寡兄:大兄,此指周武王,详《尚书正读》。

⑮东土:指殷商故地,卫国在东方河淇间的商墟。

【今译】

　　王这样说:"康叔,我的弟弟,年轻的封啊!你的伟大英明的父亲文王,能够崇尚德教,慎用刑罚;不敢欺侮无依无靠的人,善于任用那些可以任用的人,尊重那些可以尊重的人,畏惧应当畏惧的事,尊宠人民,因而在中夏开创了我们的活动区域,和我们的几个友邦共同治理我们西方。文王这样大量努力,被上帝知道了,上帝非常高兴,就降大命给文王。灭亡大国殷,接受上帝的大命和殷国殷民,继承文王的基业,是你的长兄武王努力所致,所以,你这年轻人被分封在这东土。"

　　(以上是第一段,周公总结历史经验,指明尚德慎刑是治殷的根本原则。)

【原文】

　　王曰:"呜呼!封,汝念哉!今民将在祗遹乃文考①,绍闻衣德言②。往敷求于殷先哲王用保乂民③,汝丕远惟商耇成人宅心知训④。别求闻由古先哲王用康保民⑤。宏于天⑥,若德裕乃身⑦,不废在王命⑧!"

　　王曰:"呜呼!小子封,恫瘝乃身⑨,敬哉⑩!天畏棐忱⑪;民情大可见,小人难保。往尽乃心,无康好逸豫⑫,乃其乂民。我闻曰:'怨不在大,亦不在小;惠不惠⑬,懋不懋⑭。'已!汝惟小子,乃服惟宏王应保殷民⑮,亦惟助王宅天命,作新民⑯。"

注释

①在:观察。《尔雅·释诂》:"在,察也。"遹(yù域):遵循。《尔雅·释诂》:"遹,循也。"

②绍:通劭,尽力。闻:听取。衣:即殷。《中庸》:"壹戎衣而有天下。"郑玄注:"衣读为殷,声之误也。齐人言殷声如衣。"

③敷:普遍。乂:养。

④惟:思。耇(gǒu苟):老。老成人,德高望重的长者。宅:揣度。训:教训。

⑤别:另外。由:于,对于。康:安。古先哲王:与上文"殷先哲王"对举,当指虞夏时代的哲王。

⑥宏:大。

⑦若:顺。裕:指导。

⑧废:止。在:完成。《尔雅·释诂》:"在,终也。"不废在王命,不停地完成王命。

⑨恫(tōng通):痛。瘝(guān关):病。

⑩敬:谨慎。

⑪畏:通"威"。《广雅·释言》:"威,德也。"

⑫豫:乐。

⑬惠:顺从。

⑭懋(mào贸):勉力。

⑮服:职责。宏:大。《尚书易解》:"此作动词,谓宽大之也。"应保:《经义述闻》:"应保犹受保也。"

⑯作新民:革新殷民,使他们弃旧图新。

【今译】

王说:"唉!封,你要考虑啊!现在殷民将观察你恭敬地追随文王努力听取殷人的好意见。你去殷地,要遍求殷代圣明先王用来保养百姓的方法,你还要深长思考殷商长者揣度民心的明智教训。另外,你还要探求古时圣明帝王安定百姓的遗训。要比天还宏大,用和顺的美德指导自己,不停止地去完成王命!"

王说:"唉!年轻的封,治理国家应当苦身劳形,要谨慎啊!上天辅助诚信的人,民情大致可以看出,百姓难于安定。你去殷地要尽你的心意，不要贪图安乐，才可以治理好百姓。我听说：'民怨不在于大，也不在于小。要使不顺从的顺从，不努力的努力。'唉！你这个年轻人，你的职责就是宽大对待王家所接受保护的殷民，也是辅佐王家揣度天命，革新殷民。"

（以上是第二段，周公告诫康叔尚德保民。）

【原文】

　　王曰："呜呼！封，敬明乃罚①。人有小罪，非眚②，乃惟终自作不典③；式尔④，有厥罪小⑤，乃不可不杀。乃有大罪，非终，乃惟眚灾⑥；适尔，既道极厥辜⑦，时乃不可杀。"

　　王曰："呜呼！封，有叙时⑧，乃大明服⑨，惟民其勑懋和⑩。若有疾，惟民其毕弃咎⑪。若保赤子⑫，惟民其康乂。"

　　"非汝封刑人杀人，无或刑人杀人。非汝封又曰劓刵人⑬，无或劓刵人。"

　　王曰："外事⑭，汝陈时臬司师⑮，兹殷罚有伦⑯。"又曰："要囚⑰，服念五、六日至于旬时⑱，丕蔽要囚⑲。"

　　王曰："汝陈时臬事罚⑳。蔽殷彝㉑，用其义刑义杀㉒，勿庸以次汝封㉓。乃汝尽逊曰时叙㉔，惟曰未有逊事㉕。已！汝惟小子，未其有若汝封之心㉖。朕心朕德，惟乃知。"

注释

①明：严明。
②眚（shěng 省）：过失。
③终：常。典：法。
④式：句首语气助词。尔：如此。
⑤有：虽然。《尔雅·释训》："有，虽也。"
⑥眚灾：因过失而造成的灾害。
⑦道：说。极：尽。
⑧叙：顺从。时：这，指代上节"杀终赦眚"的方法。
⑨服：诚服。
⑩勑（chī 斥）：同敕，告诫。《说文》："敕，诫也。"和：顺。
⑪咎：罪恶。
⑫赤子：小孩。

⑬劓(yì义)刵(èr二):古代刑法。劓,割鼻。刵,断耳。

⑭外事:判断案件的事。江声《尚书集注音疏》:"外事,听狱之事也。听狱在外朝,故云外事。"

⑮陈:宣布。臬(niè聂):法律。司:治理、管理。师:士师,狱官。

⑯伦:条理。有伦:言不乱。

⑰要囚:囚禁犯人。古代要、幽同音,要囚即幽囚。

⑱服:思考。《诗·周南·关雎》:"寤寐思服。"《毛传》:"服,思之也。"

⑲丕:《经传释词》:"犹乃也。"蔽:判断。

⑳事罚:施行刑罚。

㉑彝:法。蔽殷彝,即蔽以殷彝,用殷法判断案件。

㉒义:宜,合理。

㉓勿庸:不用。次:《荀子·宥坐篇》引作即。即,就、从。以次汝封,顺从你封的心意。

㉔乃:假如。逊:顺从。

㉕惟:应当。《吕览·知分》注:"惟,宜也。"

㉖其:句中语气助词。有:或。若:顺从。

【今译】

王说:"唉!封,要谨慎严明你的刑罚。一个人犯了小罪,不是无意的过失,而是经常自作不法。这样,即使他的罪行小,却不可不杀。一个人犯了大罪,不是坚持作恶不肯悔改,而是过失造成的祸害,假如这样,他已经说尽他的罪过,这个人就不可以杀。"

王说:"唉!封,能够顺从这样去做,就大明上意,心悦诚服;人民就会互相告诫,和顺相处。看待臣民犯罪,好像自己生了病一样,臣民就会完全抛弃罪恶;保护臣民,好像保护小孩一样,臣民就会康乐安定。"

"你要亲自掌管刑杀大权。要做到不是你封刑人杀人,没有人敢刑人杀人;不是你封有言要割鼻断耳,没有人敢施行割鼻断耳的刑罚。"

王说:"对于判断案件的事,你要宣布上述法则管理狱官。这样,殷人的刑罚就会有条不紊。"王又说:"对于监禁犯人的事,必须考虑五六天,甚至十天时间,才断定它。"

王说:"你宣布这些法律进行刑罚。判断案件,要依据殷人的常法,采用合理的刑杀条律,不要顺从你的心意。假如全顺从你的意志断案就叫承顺,应当说没有办好那件事。唉!你这个年轻人,不可顺从你封的心意。我的心意,只有你才知道。"

(上述五小节,分别阐述施用刑罚的五项准则。)

【原文】

"凡民自得罪①:寇攘奸宄②,杀越人于货③,暋不畏死④,罔弗憝⑤。"

王曰:"封,元恶大憝⑥,矧惟不孝不友⑦。子弗祗服厥父事⑧,大伤厥考心;于父不能字厥子⑨,乃疾厥子⑩;于弟弗念天显⑪,乃弗克恭厥兄;兄亦不念鞠子哀⑫,大不友于弟。惟吊兹⑬,不于我政人得罪⑭,天惟与我民彝大泯乱⑮。曰:乃其速由文王作罚⑯,刑兹无赦⑰。"

"不率大戛⑱,矧惟外庶子、训人惟厥正人越小臣、诸节⑲。乃别播敷造民⑳,大誉弗念弗庸,瘝厥君;时乃引恶㉑,惟朕憝。已!汝乃其速由兹义率杀㉒。"

"亦惟君惟长㉓,不能厥家人越厥小臣、外正;惟威惟虐,大放王命㉔;乃非德用乂。"

注释

①自:由。自得罪,由此得罪。

②奸:在外作乱。宄:在内作乱。

③越:《广雅·释诂》:"远也。"越人,远人。于:《尚书故》:"取也。"

④暋(mǐn 闵):强横。

⑤憝(duì 对):怨恨。罔弗憝,没有人不怨恨,意思是说应当顺从民怨刑罚他们。

⑥元:大。大憝:被人大恨的人。

⑦矧:也。《经传释词》:"矧,犹亦也。"孝、友:《尔雅·释训》:"善父母为孝,善兄弟为友。"

⑧祗:恭敬。服:治理。

⑨于:为,见《仪礼·士冠礼》郑玄注。字:爱。

⑩疾:恶。

⑪天显:指天伦。

⑫鞠子:幼子。《尔雅·释言》:"鞠,稚也。"哀:痛苦。
⑬吊:《尔雅·释诂》:"至也。"兹:这,指代上文不孝不慈不恭不友的情况。
⑭于:《孔疏》:"犹由也。"政人:执政的人。
⑮泯(mǐn 敏):混乱。
⑯由:用。
⑰兹:这,指代上文不孝不友的人。
⑱率:遵循。戛(jiá 夹):常法。《蔡传》:"戛,法也。"
⑲庶子、训子:官名,掌管教育。小臣:内侍官员。《尚书集注音疏》:"小臣,掌君之小命者。"诸节:官名,掌管符节。《泰誓》马融注:"诸节,诸受符节有司也。"
⑳播敷:播布。造:通"告"。《列子·杨朱篇》《释文》:"造本作告。"
㉑引:增长。
㉒率:捕。率杀,捕杀。《说文》:"率,捕鸟毕也。"
㉓君、长:指诸侯。外正:外官。小臣、外正,泛指内外官员。
㉔放:违背。

【今译】

"老百姓凡因这些行为犯罪:偷窃、抢夺、内外作乱、杀远人取财货,强横不怕死。这些罪行没有人不怨恨。"

王说:"封啊,罪大恶极的人,也有些是不孝顺不友爱的。做儿子的不认真治理他父亲的事,大伤他父亲的心;做父亲的不能爱怜他的儿子,反而厌恶儿子;做弟弟的不顾天伦,不尊敬他的哥哥;哥哥也不顾念小弟弟的痛苦,对弟弟极不友爱。父子兄弟之间竟然到了这种地步,执政的人不惩罚他们,上帝赐给老百姓的常法就大混乱。我说,你应该赶快运用文王制定的刑罚,惩罚这些人,不要赦免。"

"不遵守国家大法的,也有诸侯国的庶子、训人和正人、小臣、诸节等官员。他们另外发布政令,告谕百姓,大肆称誉不考虑不执行国家法令的人,危害国君;这就助长了恶人,我怨恨他们。唉! 你应当迅速根据这些条例捕杀他们。"

"也有这种情况,诸侯不能教育好他们的家人和内外官员,作威肆虐,完全违背王命;这些人不能用德去治理,也应当惩罚。"

(上述四小节,分别阐明四条刑律。)

【原文】

"汝亦罔不克敬典①,乃由裕民②,惟文王之敬忌③;乃裕民曰:'我惟有及④。'则予一人以怿⑤。"

注释

①典:法。
②乃:往,见《广雅·释诂》,下文"乃"同。由:同猷。由裕,就是猷裕,同义复合词,教导。《方言》:"裕,猷,道也。东齐曰裕,或曰猷。"
③敬忌:敬和忌,指敬德忌恶。
④及:即及之,承上文省。及之,就是及(文王那样赏善罚恶)。
⑤怿(yì义):高兴。

【今译】

"你也要能够遵行法令。前往教导老百姓,考虑文王的敬德忌恶;前往教导老百姓说:'我们只求继承文王。'那么,我就高兴了。"

(以上是第三段,周公告诫康叔必须谨慎地施用刑罚。)

【原文】

王曰:"封,爽惟民迪吉康①,我时其惟殷先哲王德②,用康乂民作求③。矧今民罔迪,不适④;不迪,则罔政在厥邦⑤。"

王曰:"封,予惟不可不监⑥,告汝德之说于罚之行⑦。今惟民不静,未戾厥心⑧,迪屡未同⑨,爽惟天其罚殛我⑩,我其不怨。惟厥罪无在大,亦无在多,矧曰其尚显闻于天⑪。"

王曰:"呜呼!封,敬哉!无作怨⑫,勿用非谋非彝蔽时忱⑬。丕则敏德⑭,用康乃心⑮,顾乃德,远乃猷⑯,裕乃以⑰;民宁,不汝瑕殄⑱。"

注释

①爽惟:句首语气助词。《经传释词》:"凡《书》言爽惟、丕惟、洪惟、诞惟、迪惟、率惟,皆词也。"迪:教导。吉:善。
②时:时时。其:将要。惟:思念。
③求:同"逑",匹配。《诗·周南·关雎》:"窈窕淑女,君子好逑。"《毛传》:"逑,匹也。"
④适:《广雅》:"善也。"

⑤罔政:没有德政。则罔政在厥邦,《孔传》:"则无善政在其国。"
⑥监:视。
⑦于:《经传释词》:"犹越也,与也。"行:道理。
⑧戾:安定。
⑨屡:屡次。同:和。
⑩殛:诛责。
⑪曰:通"聿",句中语气助词。
⑫作:造作。
⑬蔽:堵塞。忱:诚。
⑭丕则:于是。见《经传释词》。敏:努力。《礼记·中庸》:"人道敏政,地道敏树。"郑玄注:"敏,犹勉也。"
⑮乃:相当于其。指殷民。
⑯猷:通猺,猺役。《诗·小雅·巧言》:"秩秩大猷。"《汉书·叙传》注作"秩秩大猺"。
⑰以:用也。裕乃以,即足其衣食。
⑱瑕(xiá 霞):病。挑毛病,责备。殄:病。

【今译】

　　王说:"封啊,老百姓经受教化就善良安定,我们时时要思念着殷代圣明先王的德政,用安治殷民和他们媲美。并且现在的殷民不加教导,就不会善良;不加教导,殷国也就没有德政了。"

　　王说:"封啊,我想不可不看民情,我已经告诉你如何施行德政和刑罚了。现在老百姓不安静,心还没有安定下来,教导屡次,仍然不和顺,上天将要责罚我们,我们就不可怨恨。罪过不在于大,也不在于多,都应自责,况且殷民不静,还被上帝清清楚楚地知道呢。"

　　王说:"唉!封,要谨慎啊!不要制造怨恨,不要使用不好的计谋,不要采取不合法的措施,蔽塞你的诚心。现在要努力施行德政,以安定殷民的心,顾念他们的善德,宽缓他们的徭役,丰足他们的衣食;这样,人民安宁了,就不会责备你了。"

　　(以上是第四段,周公告诫康叔必须以仁德教化百姓。)

【原文】

　　王曰:"呜呼!肆汝小子封①。惟命不于常②,汝念哉!无我殄享③,明乃服命④,高乃听⑤,用康乂民。"

王若曰:"往哉!封,勿替敬,典听朕告⑥,汝乃以殷民世享⑦。"

注释

①肆:努力。
②命:郑玄说:"命,天命也。天命不于常,言不专佑一家也。"
③享:劝告。
④明:勉。乃:你的。
⑤高:《广雅·释诂》:"敬也。"
⑥典:常。
⑦以:与。世享:世世享有殷国。以殷民世享,康叔封在卫国,卫国的老百姓都是殷商遗民,所以说与殷民世享。

【今译】

王说:"啊,努力吧!你这年轻的封,天命无常,你要小心啊!不要拒绝我的忠告,努力履行你的职责,敬慎地对待你的听闻,用安康的方法治理老百姓。"

王如此说:"去吧!封啊,不要放弃警惕,经常听取我的忠告,你和殷民就可以世世代代享有殷国了。"

(以上是第五段,周公告诫康叔必须听从教命。)

酒 诰

【题解】

　　本篇是周公命令康叔在卫国宣布戒酒的诰词,所以叫做《酒诰》。殷末风气奢华,酗酒乱德,纣王建造酒池肉林,放纵淫乐。卫国原是殷商故地,周公想改变这种恶习,告诫康叔到卫国去宣传戒酒。诰词认真总结了历史经验教训,阐述了戒酒的重要性,规定了严厉的法令条例,具有重要的史料价值。

　　《韩非子·说林上》引用《酒诰》文句称为《康诰》,《书序》以《康诰》《酒诰》《梓材》三篇合用一序。因此,有些学者认为周秦时代只有《康诰》,西汉伏生把它分成三篇。

【原文】

　　王若曰:"明大命于妹邦①。乃穆考文王②,肇国在西土③。厥诰毖庶邦庶士越少正御事朝夕曰④:'祀兹酒⑤。'惟天降命⑥,肇我民⑦,惟元祀⑧。天降威⑨,我民用大乱丧德⑩,亦罔非酒惟行⑪;越小大邦用丧,亦罔非酒惟辜⑫。"

　　"文王诰教小子有正有事⑬:无彝酒⑭。越庶国⑮:饮惟祀,德将无醉⑯。惟曰我民迪小子惟土物爱⑰,厥心臧⑱。聪听祖考之遗训⑲,越小大德⑳。"

　　"小子惟一妹土㉑,嗣尔股肱㉒,纯其艺黍稷㉓,奔走事厥考厥长㉔。肇牵车牛㉕,远服贾用㉖,孝养厥父母;厥父母庆㉗,自洗腆㉘,致用酒㉙。"

　　"庶士有正越庶伯君子㉚,其尔典听朕教㉛!尔大克羞耇惟君㉜,尔乃饮食醉饱。丕惟曰尔克永观省㉝,作稽中德㉞,尔尚克羞馈祀㉟。尔乃自介用逸㊱,兹乃允惟王正事之臣㊲。兹亦惟天若元德㊳,永不忘在王家㊴。"

【注释】

　　①王:指周公。明:昭告,宣布。妹邦:指卫国,妹是古沫字,《诗·鄘风·桑

中》:"爱采唐矣,沫之乡矣。"《毛传》:"沫,卫邑。"

②乃:时间副词,当初。穆:敬。穆考,尊敬的先王。《蔡传》:"穆,敬也。《诗》曰:'穆穆文王'是也。"按《孔传》:"父昭子穆,文王第称穆。"也通。

③肇(zhào 兆):通肁,创建。《说文》:"肁,始开也。"西土:西方,周朝自从始祖后稷封于邰,公刘迁邠,大王迁岐,都在西方。文王治岐,后来迁丰,丰在今陕西省咸宁县,也在西方。

④厥:其,指文王。毖:《尚书今古文注疏》:"毖同必。"《广雅·释诂》:"必,敕也。"庶邦:此指各国诸侯。庶士:众卿士。少正:副长官。《蔡传》:"少正,官之副贰。"御事:指一般办事官员。

⑤兹:《尚书正读》:"则也,声之转。祀兹酒,犹云祀则酒,即下文诰教小子饮惟祀也。"

⑥惟:语气助词。命:福命,与下文"威"相对。

⑦肇:敏,指劝勉,《尔雅·释言》:"肇,敏也。"

⑧惟:只有。元:大。

⑨威:罚。

⑩用:通"庸",平常。

⑪惟:为。行:言语,指口实。《尔雅·释诂》行,言也。亦罔非酒惟行,也没有不是用酒作为口实。

⑫辜:罪。

⑬小子:指文王的子孙。正:就是政。有正,指大臣。有事:指小臣。有正有事,指在中央王朝担任大小职务的文王子孙。

⑭无:通"毋",不要。彝:经常。

⑮越:和。庶国:指在诸侯国任职的文王子孙。

⑯将:扶助。德将,以德自助。

⑰小子:这里指臣民的子孙。土物:指土里生长出来的农作物。爱:惜。

⑱臧(zāng 脏):善。

⑲聪:听清楚。

⑳越:发扬。《尔雅·释诂》:"越,扬也。"

㉑小子:卫国的老百姓,指殷民,与下文"庶士有正"义正相对。

㉒股肱(gōng 公):股,大腿。肱,胳膊从肘到肩的部分。

㉓纯:专一,专心。《国语·晋语》贾逵注:"纯,专也。"艺:种植。

㉔奔走:《尚书释义》:"意谓勤勉也。"事:侍奉。

㉕肇:敏,这里作勉力解。

㉖服:从事。贾(gǔ 古):本义指坐商。《白虎通义》贾用连文,贾用,贸易。

㉗庆:高兴。

㉘腆:《说文》:"设膳腆腆多也。"洗腆,洁治丰盛的膳食。《蔡传》:"洗以致其洁,腆以致其厚。"

㉙致:得到。

㉚伯:邦伯。君子:指在位官员。庶士、有正、庶伯、君子,都指卫国的群臣。

㉛其:希望,表示祈使语气。

㉜羞:进献。耇(gǒu苟):指长辈。惟:与。

㉝丕:语气助词,无义。惟:思。省(xǐng醒):察、视。观省,等于说检点。

㉞作:举动,泛指言行。稽:《周礼·小宰》郑众注:"合也。"谓符合。中德:中正的美德。

㉟馈(kuì愧)祀:郑玄说:"助祭于君。"国君祭祀时,照例选择贤臣助祭。

㊱乃:假如。介:通"界"。界,限制。《后汉书·马融传》注:"界,犹限也。"见《尚书易解》。用:行。行逸,指饮酒。

㊲允:长期。杨遇夫《尚书说》:"允,当读为骏,长也。"惟:是。正:主管官员。事:一般办事官员。

㊳若:善,赞美。元:善。

㊴忘:被忘记。王充耘说:"永不忘在王家,所谓有成绩以纪于太常之类。"

【今译】

王这样说:"到卫国去宣布一项重大教令。当初,穆考文王在西方创立了国家。他早晚告诫各国诸侯,各位卿士和各级官员们说:'在祭祀时,才饮酒。'上帝降下福命,劝勉我们臣民,只在大祭时才饮酒。上帝降下惩罚,我们臣民平常大乱失德,也没有不是用酗酒作口实;大小国家平常灭亡,也没有不是用酗酒作为罪过。"

"文王还告诫在王朝担任大小官职的子孙们:不要经常饮酒。告诫在诸侯国任职的子孙们:只有在祭祀时才可以饮酒,要用酒德帮助自己,不要喝醉了。文王还告诫我们的臣民要教导子孙珍惜粮食,使他们的思想善良。我们一定要听清祖辈的经常教训,发扬大大小小的美德。"

"殷民们,你们要在卫国专心住下来,用你们的力量,专心种植黍稷,勤勉地侍奉你们的父辈和长辈。农事完毕以后,勉力牵牛赶车,到外地去从事贸易,孝顺赡养父母;父母高兴,你们亲自洁治膳食、可以饮酒。"

"各级官员们,希望你们经常听从我的教导!你们能够进献酒食给老人和君主，你们就可以喝醉吃饱。我想告诉你们能够长久地检点自己，使自己的言行举止符合中正的美德，你们还能够参与国君举行的祭祀。你们如果自己限制行乐饮酒，就可以长期成为王家的治事官员。这也是上帝所赞赏的美德，王家将永远不会忘记你们。"

（以上是第一段，阐述戒酒的重要性，告诫卫国臣民必须节制饮酒。）

【原文】

王曰："封，我西土棐徂，邦君御事小子尚克用文王教①，不腆于酒②，故我至于今，克受殷之命。"

王曰："封，我闻惟曰③：'在昔殷先哲王迪畏天显小民④，经德秉哲⑤。自成汤咸至于帝乙⑥，成王畏相惟御事⑦，厥棐有恭⑧，不敢自暇自逸，矧曰其敢崇饮⑨？越在外服⑩，侯甸男卫邦伯，越在内服，百僚庶尹惟亚惟服宗工越百姓里居⑪，罔敢湎于酒。不惟不敢，亦不暇，惟助成王德显越⑫，尹人祗辟⑬。'

"我闻亦惟曰：'在今后嗣王⑭，酗⑮，身厥命⑯，罔显于民祗⑰，保越怨不易⑱。诞惟厥纵⑲，淫泆于非彝⑳，用燕丧威仪㉑，民罔不尽伤心㉒。惟荒腆于酒，不惟自息乃逸㉓。厥心疾很㉔，不克畏死㉕。辜在商邑㉖，越殷国灭，无罹㉗。弗惟德馨香祀㉘，登闻于天㉙；诞惟民怨㉚，庶群自酒㉛，腥闻在上。故天降丧于殷㉜，罔爱于殷㉝，惟逸。天非虐，惟民自速辜㉞。'"

【注释】

①棐：辅。徂：往，指往日。
②腆：丰厚。不腆于酒，等于说不沉湎在酒中。
③惟：有。
④迪：语气助词。天显："天明"，就是天命。
⑤经：行。秉：持。哲：同"悊"。《说文》："悊，敬也。"
⑥成汤：商的第一代国君。咸：通"覃"。覃，延续，见《尚书正读》。帝乙：商纣王的父亲。
⑦成王畏相：《尚书易解》认为就是有成就的国王和可敬畏的辅相。
⑧有恭：恭敬。
⑨崇：聚会。

⑩外服:外官,指诸侯。

⑪仦:官。尹:正。亚:次,正官的副职。服:事。宗工:指做官的宗室成员。百姓里居:指百官中退休后住在家里的人,见《尚书今古文注疏》,王国维、郭沫若认为"里居"为"里君",可备参考。

⑫显越:《尚书易解》:"显越,当连读,《释言》:'越,扬也'显越,即显扬。"

⑬祗:敬,重视。辟:法。《蔡传》:"惟欲上助成君德,而使之昭著;下以助尹人祗辟,而使之益不怠耳。"

⑭后嗣王:指纣王。

⑮酗:乐酒。《说文》:"酗,酒乐也。"

⑯身:通"侁"。《说文》:"侁,神也。"神厥命,以其命为神,意谓有命在天。《尚书说》:"纣为长夜之饮,是甘酒也。纣言我生不有命在天,是信厥命也。"

⑰显:明,昭著。民祗:臣民所重视的事。

⑱保:安。越:于。

⑲诞:大。惟:《玉篇》:"为也。"纵:《尔雅·释诂》:"乱也。"

⑳洪:通"佚",乐。

㉑燕:通"宴",宴饮。《尚书集注音疏》:"纣为酒池肉林,使男女裸而相逐其间,故言大放纵淫洪于非法,以燕饮丧其威仪。"

㉒衋(xì系):《说文》:"伤痛也。"

㉓乃:他的。《经传释词》:"乃,犹其也。"逸:过失。《尔雅·释言》:"过也。"

㉔很:狠。

㉕克:《尚书覈诂》:"犹肯也。"

㉖辜:罪过,这里用作动词,等于说作恶。

㉗罹:忧。无罹,即不忧。《蔡传》:"虽灭国而不忧也。"

㉘弗:不。惟:有。馨(xīn心)香:芳香。

㉙登:升。

㉚诞:句首语气助词。

㉛庶群:指纣王的群臣。自酒:私自饮酒。

㉜丧:灭亡,此指亡国的灾祸。

㉝罔:不。

㉞速:招致。

【今译】

王说:"封,我们西方辅导诸侯和官员都能够遵从文王的教导,不多饮酒,所以我们到今天,能够接受上帝赐给的大命。"

王说:"封啊,我听到有人说:'过去,殷代圣明的先王上畏天命,下畏百姓，施行德政，保持恭敬。从成汤延续到帝乙，明君贤相都只是考虑着治理国事，他们的辅佐非常恭敬，不敢使自己安闲逸乐，何况敢聚众饮酒呢？在外地的侯、甸、男、卫等的诸侯们，在朝中的各级官员、宗室贵族以及退职后住在家里的官员们，没有人敢沉溺在酒中。不但不敢，他们也没有闲暇，他们只考虑辅助君王的美德显扬，帮助百官重视法令。"

"我听到也有人说：'在近世的商纣王，好酒纵乐，以为有命在天，不明白臣民所重视的事，安于百姓的怨恨，不思悔改。他大作淫乱，贪图安乐，不遵守法律，由于宴饮无度，丧失了君王的威仪，臣民没有不悲痛伤心的。商纣王只考虑纵酒取乐，不考虑改正他的过失。他心地狠恶，不肯怕死。他在商都作恶，对于殷商的灭亡，不加考虑。没有清明的德政和芳香的祭祀让上帝知道；只有老百姓的怨气，只有群臣私自饮酒的腥气，被上帝知道。所以，上帝在殷邦降下了灾祸，不喜欢殷国，是因为商纣王贪图享乐。上帝并不暴虐，只是殷商的臣民自己招来罪罚。'"

（以上是第二段，从正反两方面总结了殷商戒酒兴国和纵酒亡国的经验教训。）

【原文】

王曰："封，予不惟若兹多诰①。古人有言曰：'人无于水监，当于民监②。'今惟殷坠厥命，我其可不大监抚于时③！予惟曰汝劼毖殷献臣④，侯甸男卫，矧太史友⑤、内史友、越献臣百宗工⑥，矧惟尔事⑦、服休服采⑧，矧惟若畴⑨、圻父薄违⑩、农夫若保⑪、宏父定辟⑫：'矧汝刚制于酒⑬。'

"厥或诰曰⑭：'群饮。'汝勿佚⑮。尽执拘以归于周⑯，予其杀⑰。又惟殷之迪诸臣惟工⑱，乃湎于酒，勿庸杀之⑲，姑惟教之⑳。有斯明享㉑，乃不用我教辞㉒，惟我一人弗恤弗蠲㉓，乃事时同于杀㉔。"

王曰："封，汝典听朕毖㉕，勿辩乃司民湎于酒㉖。"

注释

① 惟：想。若兹：如此。
② 无：通"毋"，不要。监：察看。

③其:语气副词,难道。抚:《文选·神女赋序》注:"览也。"监抚,省察。时:这。

④曰:同"谓",见《尚书说》。劼(jié 结):谨慎。毖:《广韵》:"告也。"献:贤。《尚书易解》:"从'殷献臣'至'宏父定辟'共四十四字,均为'劼毖'之宾语。"

⑤矧:《经传释词》:"又也。"下文二"矧"同。太史:与下文的内史都是史官。太史记事,内史记言。友:同僚。

⑥越:与。百:概数。宗:尊。工:官。百宗工,许多尊贵的官员。

⑦尔:你的。事:治事官员。

⑧服休:管理国君游宴休息的近臣。服采:管理国君朝祭的近臣。

⑨若:你们。畴:通"寿"。三寿,指下文圻父、农父、宏父三卿。《诗·鲁颂·閟宫》:"三寿作朋。"郑笺:"三寿,三卿也。"见《尚书正读》。

⑩圻(qí 其)父:司马,掌管军事的卿。薄:迫逐,这里作讨伐解。违:违戾不顺,这里作叛乱解。

⑪农父:掌管农业的卿。若:顺。保:养。

⑫宏父:掌管度量土地和居民的卿。辟:法。

⑬矧:句首语气助词。刚:强。制:断绝。制于酒,制止饮酒。

⑭或:有。诰:同"告",报告。

⑮佚:放纵。

⑯执拘:逮捕。

⑰其:将要。周初群饮罪行严重。《周礼·地官》:"司暴掌宪市之禁令,禁其属游饮食于市者,若不可禁,则搏而戮之。"

⑱迪:《经传释词》以此为"句中语助也。"惟:与。

⑲勿庸:即不用。

⑳姑:暂且。

㉑享:劝勉的意思,详《尚书骈枝》。

㉒乃:竟。教辞:教导的话。

㉓我一人:就是"予一人",古代君王自称予一人。恤:忧,这里义为怜惜。蠲(juān 涓):免除。

㉔事:治。时:这,指这种人。同于杀:同于群饮杀戮的罪。

㉕毖:告诫。

㉖辩:王念孙说:"辩之言俾也。""俾亦使也"详《经义述闻》卷四。司:治。司民,指治民的官员。

【今译】

王说:"封啊,我不想如此详告了。古人有句格言:'人不要只在水中察看自己,应当在民情上察看自己。'现在殷商已丧失了他的福命,我们难道可以不大大地省察这个事实!我想你要慎重地告诫殷国的贤臣,侯、甸、男、卫的诸侯,又朝中记事记言的史官,贤良的大臣和许多尊贵的官员,还有你的治事官员,管理游宴休息和祭祀的近臣,还有你的三卿,讨伐叛乱的圻父,顺保百姓的农父,制定法规的宏父:'你们都要强行戒酒!'"

"假如有人报告说:'有人群聚饮酒。'你不要放纵他们,要全部逮捕起来押送到周的京城,我将要把他们杀掉。假如是殷商的旧臣百官沉溺在酒中,不用杀他们,暂且先教育他们。有这样明显的劝戒,竟然还有人不遵从我的教令,我不会怜惜他们,不会赦免他们,处治这类人,和群聚饮酒的人一样,一律杀掉。"

王说:"封啊,你要经常听从我的告诫,不要使你的官员沉湎在酒中。"

(以上是第三段,周公宣布禁酒的法令条例。)

梓　材

【题解】

　　本篇也是周公对康叔的诰词。在诰词中,周公规定了治理殷商故地的具体政策,并且阐明了制订这些政策的理由,勉励康叔施行明德,和睦殷民,努力完成先王未竟的事业。因篇中用"若作梓材"比喻治国的道理,所以,史官取"梓材"二字作为篇名。

　　《梓材》的本来面目怎样,是《尚书》历史上争论最多的问题之一。多数学者认为本篇内容前后不类,后一段是大臣劝谏君王的话,怀疑是《尚书》别的篇目的错简。《尚书易解》认为全篇"首尾连贯,条理井然"。我们的注释和译文主要依据《尚书易解》的说法。

【原文】

　　王曰①:"封,以厥庶民暨厥臣达大家②,以厥臣达王惟邦君③,汝若恒④。"

　　"越曰我有师师⑤、司徒、司马、司空⑥、尹旅⑦曰⑧:'予罔厉杀人⑨。'亦厥君先敬劳⑩,肆徂厥敬劳⑪。"

　　"肆往⑫,奸宄、杀人、历人⑬,宥⑭;肆亦见厥君事⑮、戕败人⑯,宥。"

　　"王启监⑰,厥乱为民⑱。曰⑲:'无胥戕⑳,无胥虐,至于敬寡㉑,至于属妇㉒,合由以容㉓。'王其效邦君越御事㉔,厥命曷以㉕?'引养引恬㉖。'自古王若兹,监罔攸辟㉗!"

注释

　　①王:指周公。

　　②以:由。达:至。《潜夫论·遏利篇》:"自古于今,上以天子,下至庶人,蔑有好利而不亡者。""以……至……"与"以……达……"句式相同。大家:指卿大夫。

　　③王:此指诸侯。王国维说:"古时天泽之分未严,诸侯在其国自有称王之法。"邦君:国君。

　　④若:顺从。恒:常,此指常典。若恒,就是遵从殷先哲王制定的典章,治理殷民。这是周公治殷的重要策略思想。周公在《康诰》中就告诫康叔:"往敷求于殷先哲王用保乂民,汝丕远惟商耇成人宅心知训。"遵从常典,以殷治殷,崇尚仁德,

谨慎地施用刑罚,才能安定殷民,巩固周王朝的统治。

⑤越:句首语气助词。曰:谓。师师:众位官长。《尚书今古文注疏》:"上师,《释诂》云:众也。下师,郑注《周礼》云:犹长也。"

⑥司徒、司马、司空:都是官名。

⑦尹:正,指大夫。旅:众,指众士。

⑧曰:说。

⑨厉:杀戮无罪的人叫做厉,见《周书·谥法解》。

⑩敬劳:恭敬慰劳,认真慰劳。

⑪肆:努力。《尔雅·释诂》:"力也。"徂:施行。《诗·大雅·桑柔》笺:"徂,行也。"

⑫肆:《尔雅·释诂》:"故也。"肆往,指往日,以往的事。奸宄:犯法作乱。

⑬历:俘虏。《周书·世俘篇》作磿,二字古通用。

⑭宥:宽恕,赦免。

⑮见:泄露。《广韵》见,露也。

⑯戕(qiāng腔):残害。

⑰王:泛指君王。启:建立。《广雅》:开也。开义与立同。监:诸侯。《尚书易解》:"公侯伯子男各监一国,所以诸侯称为监。"

⑱乱:或作率。率,大抵,大都。厥乱为民,《论衡·效力篇》引作"厥率化民"。为:教化。

⑲曰:以下是王者建监时的诰词。

⑳胥:相。

㉑敬:通矜、鳏,老而无妻的人。《书·吕刑》"哀敬折狱",《尚书大传》作"哀矜",《汉书·于定国传》作"哀鳏"。敬寡,就是矜寡、鳏寡,指无妻无夫的老人。

㉒属:或作嬬,怀孕。《说文》:"嬬,妇人妊身也。《周书》曰:至于嬬妇。"

㉓合:共同。由:教导。《方言》:"道也。"以:与、和。容:宽容。合由以容,同样教导和宽容他们。

㉔效:教。《尚书正读》:"效,当为效,形之讹也。效、教古今字。

㉕厥:其。曷:何。"厥命曷以",问词。

㉖引:长。恬:安。"引养引恬",答词。

㉗攸:所。辟:通"僻",偏也。

【今译】

王说:"封,从殷的老百姓和他们的官员到卿大夫,从他们的官员到诸侯和国君,你要顺从常典办事。"

"对我们的各位官长、司徒、司马、司空、大夫和众士说:'我们不滥杀无罪的人。'对邦君也要注重认真慰劳,努力去施行那些认真慰劳的事。"

"往日,内外作乱的罪犯、杀人的罪犯、虏人的罪犯,要宽恕;往日,泄露国君大事的罪犯、残坏人身体的罪犯,也要宽恕。"

"王者建立诸侯,大都是教化老百姓。他说:'不要互相残害,不要互相虐待,至于无妻无夫的老人,至于孕妇,即使犯了罪,同样教育和宽容。'王者教育诸侯和诸侯国的官员,他的诰命怎样呢?就是'要不停地教养百姓,要不断地安抚百姓。'自古以来君王都是这样的,你往监督,不要发生偏差!"

(以上是第一段,周公阐述治理殷商故地的四项政策:顺从常典,慰劳邦君,宽恕罪人,安抚百姓。)

【原文】

"惟曰:若稽田①,既勤敷菑②,惟其陈修③,为厥疆畎④。若作室家,既勤垣墉⑤,惟其涂塈茨⑥。若作梓材⑦,既勤朴斲⑧,惟其涂丹雘⑨。"

"今王惟曰⑩:先王既勤用明德⑪,怀为夹⑫,庶邦享作⑬,兄弟方来⑭。亦既用明德⑮,后式典集⑯,庶邦丕享⑰。"

"皇天既付中国民越厥疆土于先王,肆王惟德用⑱,和怿先后迷民⑲,用怿先王受命⑳。已!若兹监㉑,惟曰欲至于万年㉒,惟王子子孙孙永保民㉓。"

注释

①惟:思。稽:《周礼·质人》郑玄注:"治也。"
②敷:布,这里指播种。菑(zī 资):新开垦的土地。
③陈修:《经义述闻》:"皆治也。"
④疆:界。畎(quǎn 犬):田间水沟。
⑤垣(yuán 元):矮墙。墉(yōng 庸):高墙。
⑥涂:当依《尚书正义》和《群经音辨》作致。《说文》:"致,一曰终也。"下文的涂也相同。塈(xì 戏):仰涂,涂上泥巴。茨:用茅草盖屋。
⑦梓材:上等的木材。
⑧朴:《说文》:"木素也。"这里作动词,义为砍去树皮。斲(zhuó 琢):用斧砍。
⑨丹雘(huò 获):朱色颜料,这里指油漆彩饰。
⑩王:王家。周秉钧《〈尚书·梓材篇〉析疑》:"这个王字,是指王家,不是周公自谓。不说王家而说王,这是以小名代大名之例,详见俞氏《古书疑义举例》。

今王惟曰,即'现在我们王家考虑说'的意思。"

⑪用:施行。《方言》:"用,行也。"

⑫怀:来。夹:同郏,洛邑。《尚书易解》:"《国语·周语》注:'郏,洛邑。'怀为夹者,来营洛邑也。《周本纪》:'成王在丰,使召公复营洛邑,如武王之意。'成王时为复营,则武王时已营之,可知也。"

⑬享:进献。作:从事劳役。《尚书骈枝》:"作谓兴作,任劳役之事。"

⑭方:就是国。这里与《易》"不宁方",《诗》"不庭方"的"方"义同。兄弟方就是兄弟之国。

⑮既:已经。

⑯后:指诸侯。式:用。典:常。集:聚集、会合。这里指朝会。

⑰丕:《词诠》:"乃也。"

⑱肆:《尔雅·释诂》:"今也。"

⑲和怿(yì译):和悦、和睦。先后:教导。《诗·大雅·緜》"予曰有先后。"《毛传》:"相道前后曰先后。"迷民:指殷商还没有真正服从周王朝的臣民。

⑳怿:终,完成。《尚书易解》:"'用怿'之怿,当读为致,终也。《释文》:'怿字又作致'。是也。"

㉑监:治理百姓。《说文》:"临下也。"

㉒惟:乃,就。欲:将,见《词诠》。

㉓惟:与、和。

【今译】

"我想,治理国家好比种田,既已勤劳地开垦、播种,就应当考虑整治土地,修筑田界,开挖水沟。好比建造房屋,既已勤劳地筑起了墙壁,就应当考虑完成涂泥和盖屋的工作。好比制作梓木器具,既已勤劳地去皮砍削,就应当考虑完成油漆彩饰的工作。"

"现在我们王家考虑:先王既然施行明德来作洛邑,各国都来进贡任役,兄弟邦国也都来了,也是已经施行明德,诸侯因此常来朝见,各国于是也来进贡。"

"上天既然把中国的臣民和疆土都托付给先王,今王也只有施行德政,来和谐、教导殷商那些执迷不悟的遗民,用来完成先王从上帝那儿接受的大命。唉!像这样治理殷民,就将直到千年万载,和王的子孙永远保有殷民。"

(以上是第二段,申述制定治殷政策的理由,勉励康叔施行明德,完成先王未竟事业。)

召 诰

【题解】

根据《史记·周本纪》的记载,周公执政的第七年,成王长大了,周公把朝政交给成王。成王决定重新营建洛邑,委派召公主持营建工程。本篇记叙了在营建过程中,周公曾经去洛邑视察,祭祀天神地祇。后来,成王也到了洛邑。召公率领各国诸侯朝见周公和成王,召公向成王分析了当时的形势,总结了夏和殷灭亡的历史教训,勉励成王施行德政,爱护百姓,发扬光大文王、武王开创的王业。召公的诰词是本篇的主体部分,所以用《召诰》作为篇名。

【原文】

成王在丰①,欲宅洛邑②,使召公先相宅③,作《召诰》。

注释

①丰:周文王时的国都,在今陕西省户县(载籍多作鄠(hù 户)县),后来,周武王迁都镐京,但文王庙仍在丰。
②宅:动词,居住。
③相:视,这里的意思是勘察。宅:居处,指宗庙、宫室、朝市的地址。

【今译】

周成王在丰,打算居住到洛邑,委派召公先去勘察宗庙、宫室、朝市的地址。后来,史官写了《召诰》。

(以上是序。)

【原文】

惟二月既望①,越六日乙未②,王朝步自周③,则至于丰④。
惟太保先周公相宅⑤。越若来三月⑥,惟丙午朏⑦。越三日戊申,太保朝至于洛⑧,卜宅⑨。厥既得卜⑩,则经营⑪。越三日庚戌⑫,太保乃以庶殷攻位于洛汭⑬。越五日甲寅⑭,位成⑮。

若翼日乙卯⑯,周公朝至于洛,则达观于新邑营⑰。越三日丁巳⑱,用牲于郊⑲,牛二⑳。越翼日戊午㉑,乃社于新邑㉒,牛一,羊一,豕一。越七日甲子㉓,周公乃朝用书命庶殷侯甸男邦伯㉔。厥既命殷庶,庶殷丕作㉕。

太保乃以庶邦冢君出取币㉖,乃复入锡周公㉗。曰㉘:"拜手稽首旅王㉙,若公诰告庶殷越自乃御事㉚。"

注释

①二月:成王七年的二月。既望:十六日。《尚书正读》根据《三统历》和《周历》推算,认为这一年二月小,乙亥日朔,己丑日望。庚寅日既望,为二月十六日。

②越:及。《经传释词》:"越,犹及也。"

③王:周成王。朝(zhāo 招):早晨。周:指周武王时西周国都镐京,在今西安市西南,距旧都丰二十五里。

④至于丰:周文王庙在丰,建洛迁都是大事,成王必须到文王庙祭告文王。《孔疏》:"告庙当先祖后考,此必于丰告文王,于镐告武王也。"

⑤太保:官名。周成王时召公奭为太保。先周公:就是先于周公,在周公的前面。

⑥越若:句首语气助词。来:表示将来,如来日,就是明日。来三月,承上文"二月既望",指二月后的三月。

⑦朏(fěi 匪):新月开始生明。一般用作阴历每月初三的代称。

⑧朝至于洛:早晨到达洛邑。《尚书正读》:"太保二月乙未受命于丰,三月戊申朝至于洛,共行十四日。吉行日五十里,丰至洛七百里也。"

⑨卜宅:《周官·太卜》:"国大迁则贞龟。"这里指用龟卜问地址的吉凶。

⑩得卜:得到吉祥的卜兆。

⑪经营:指测量地基。《义府·上》:"径直为经,周回为营,谓相步其基址也。"

⑫庚戌:三月七日。

⑬以:率领。庶殷:众殷民。攻:治。位:指城廓、宗庙、宫室的方位。攻位,指测定宗庙、宫室、朝市的方位。汭(ruì 锐):河流的汇合处。洛汭,指洛水流入黄河的地方。

⑭甲寅:三月十一日。

⑮位成:《蔡传》:"位成者,左祖右社前朝后市之位成也。"

⑯若:《经传释词》:"及也。"翼:通翌。翌日,明日。乙卯:三月十二日。

⑰达观:段玉裁《古文尚书撰异》:"如今俗语云通看一遍;达,通也。"营:所经

营的区域。
⑱丁巳:三月十四日。
⑲郊:南郊。周代祭天在都邑的南郊。
⑳牛二:用两头牛祭祀。
㉑戊午:三月十五日。
㉒社:祭土神。
㉓甲子:三月二十一日。
㉔书:文告。《左传》昭公三十二年:"士弥牟营成周,计丈数,揣高卑,度厚薄,仞沟洫,物土方,计远迩,量事期,计徒庸,虑材用,书糇粮,以令役于诸侯。"用书,就是发布文告,布置任务。
㉕庶:众。丕:大。作:就是指动工兴建。
㉖以:与、和。冢(zhǒng 肿)君:长君。币:玉帛之类。将要陈言,先以玉帛等礼物表其诚敬。
㉗锡:古代下对上也称锡,今天说进献。
㉘曰:召公说。
㉙拜手稽首:跪拜叩头。旅:陈述。《尔雅·释诂》:"旅,陈也。"旅王,向成王陈述。成王在丰祭告文王庙后,也来到洛,所以说向成王陈述。《洛诰》:"公既定宅,伻来,来视予卜,休,恒吉。"《尚书今古文注疏》:"相宅时王留西都未来,当于使来告卜之后来洛也。"
㉚若:遵从。《尚书易解》:"'若公'十一字为一句,谓顺从周公诰告庶殷与用其御事之臣,下文'旦曰'以下,即其事也。"我们采取这种读法。自:用。乃:其。

【今译】

二月十六日以后,到第六天乙未,成王早晨从镐京步行,到了丰。

太保召公在周公之前,到洛地勘察营建的地址。三月初三丙午,月牙儿新放光辉。到了第三天戊申,太保早晨到达洛邑,卜问所选的地址。太保得了吉兆,就开始营造。到第三天庚戌,太保便率领众殷民,在洛水与黄河汇合的地方测定各建筑物的位置。到第五天甲寅,各建筑物的位置都确定了。

到了次日乙卯,周公早晨到达洛地,就全面视察新邑的规模。到第三天丁巳,在南郊用牲祭祀上帝,用了两头牛。到明日戊午,又在新邑举行祭地的典礼,用了一头牛、一头羊和一头猪。到第七天甲子,周公就在早晨发布文告,命令殷民以及侯、甸、男各国诸侯营建洛邑。已经命令了殷民,殷民就大举动工。

太保和各国君长出来取了玉帛等礼品,再入内进献给周公和成王。太保说:"跪拜叩头禀报我王,要顺从周公的意见告诫殷商遗民和任用殷商的旧臣。"

(以上是第一段,史官记叙营建洛邑的过程。)

【原文】

"呜呼!皇天上帝改厥元子①,兹大国殷之命②。惟王受命③,无疆惟休④,亦无疆惟恤⑤。呜呼!曷其奈何弗敬⑥?"

"天既遐终大邦殷之命⑦,兹殷多先哲王在天⑧,越厥后王后民⑨,兹服厥命⑩。厥终⑪,智藏瘝在⑫。夫知保抱携持厥妇子⑬,以哀吁天⑭,徂厥亡⑮,出执⑯。呜呼!天亦哀于四方民⑰,其眷命用懋⑱。王其疾敬德⑲!"

"相古先民有夏⑳,天迪从子保㉑;面稽天若㉒,今时既坠厥命㉓。今相有殷,天迪格保㉔,面稽天若,今时既坠厥命。今冲子嗣㉕,则无遗寿耇㉖,曰其稽我古人之德㉗,矧曰其有能稽谋自天㉘?"

【注释】

①改:改变。元子:首子,就是天子。郑玄说:"言首子者,凡人皆天之子,天子为之首耳。"

②兹:通"已",终止。《尚书易解》:"兹,当读为已,止也。《皋陶谟》:'尔可远在兹',《史记·夏本纪》兹作已,是兹、已通用之证。下文:天既遐终大邦殷之命,兹大国殷之命,犹终大邦殷之命也。"

③命:治理国家的大命。

④休:吉祥。

⑤恤:忧患。

⑥曷其:与"奈何"同义复用,以加强语气,相当今语"怎么能"的意思。

⑦遐:远。

⑧多先哲王:殷商从成汤到武丁,有六七位圣明的君王,所以说多先哲王。

⑨越:句首语气助词。厥:其,代词。下句厥字同。

⑩服:受。

⑪厥终:《尚书易解》:"谓后王之终,即纣之末年。"

⑫瘝(guān 官):通"鳏",病。这里指作恶的人。在:在位。纣王末年,明智的人都隐藏起来,奸邪作恶的人掌权在位。

⑬夫:男子。保:背负。《尚书释义》根据金文字形认为"象人负子而子有裸护之之状;即褓字,亦当有负义"。
⑭吁:呼告。
⑮诅:通"诅",诅咒。
⑯执:通"垫"。曾运乾说:"读为垫,《说文》:'垫,下也。'《书·益稷》:下民昏垫,郑玄注:陷也。"这里指困境。
⑰哀:哀怜。
⑱眷:眷顾,这里是说关怀、爱护。懋(mào 贸):移易。
⑲疾:加速。《尔雅·释诂》:"速也。"
⑳相:观察。
㉑迪:教导。从:顺从。子保:慈保,指贤人。《经义述闻》:"子当读为慈,古字子与慈通。"
㉒面:通"勔",勉,努力。
㉓坠:丧失。
㉔格保:嘉保,指贤人。《双剑誃尚书新证》:"格假古通,《中庸》《释文》:假,嘉也。"
㉕冲子:年轻人,指成王。
㉖遗:多余。《广雅·释诂》:"余也。"寿耇(gǒu 苟):指年长德高的老成人。
㉗曰:句首语气助词。其:庶几,等于今语差不多的意思。
㉘矧:何况。

【今译】

"唉！皇天上帝改变了他的长子,结束了大国殷的福命。大王接受了治理天下的大命,幸福无穷无尽,忧患也无穷无尽。唉！怎么能够不谨慎啊?"

"上帝早想结束大国殷的福命,这个殷国许多圣明的先王都在天上,殷商后来的君王和臣民,才能够接受天命。到了纣王的末年,明智的人隐藏了,害民的人在位。男子背着、抱着、牵着、扶着他们的妻子儿女,悲哀地呼告上天,诅咒纣王灭亡,希望脱离困境。唉！上帝哀怜四方的老百姓,它爱护老百姓的使命因此转移了,大王要赶快敬重有德的人！"

"观察古时的先民夏代,上帝教导顺从慈保,努力考求天意,现在已经丧失了王命。现在观察殷代,上帝教导顺从嘉保,努力考求天意,现在也已经丧失了王命。如今你这年轻人继承了王位,没有多余的老成人,能够考求我们古代先王的德政,何况说能考求天意呢?"

（以上是第二段,召公分析了当时周王朝的隐忧:休恤相依,天命无常,缺乏辅臣。希望成王执政后继续倚重周公,敬德保民。）

【原文】

"呜呼！有王虽小,元子哉①。其丕能諴于小民②。今休③:王不敢后④,用顾畏于民碞⑤;王来绍上帝⑥,自服于土中⑦。"

"旦曰⑧:'其作大邑,其自时配皇天⑨,毖祀于上下⑩,其自时中乂⑪;王厥有成命治民⑫。'今休:王先服殷御事⑬,比介于我有周御事⑭,节性惟日其迈⑮。"

注释

①有王虽小,元子哉:《蔡传》:"谓其年虽小,其任则大也。"

②丕:大。諴(xián 咸):《说文》:"和也。"

③休:这里指美善的事。

④后:迟缓。《说文》:"后,迟也。"

⑤用:以。碞:同"岩",险。民碞,就是民险,等于说殷民难治。

⑥绍:通"卟",卜问。

⑦服:治。土中:指洛邑。洛邑在九州的中心。《白虎通·京师篇》:"《尚书》王者必即土中何？所以均教道,平往来,使善易以闻,恶易以闻,明当惧慎。"这就是说明"自服土中"的理由。

⑧旦:周公名。《礼记·曲礼》:"君前臣名。"召公对成王引述周公的话,所以称周公的名。

⑨自时:从此。配:配享。配皇天,意思是说祭天时用周的始祖配享。《孝经》:"昔在周公,郊祀后稷以配天,宗祀文王于明堂以配上帝。"

⑩毖:谨慎。上下:上指天神,下指地祇。

⑪时中:这个中心,指洛邑。乂:治。

⑫厥:句中语气助词。成命:定命。

⑬先:重视。《吕览·先己》注:"先,犹尚也。"见《尚书易解》。服:《说文》:"用也。"

⑭比:亲近。《周礼·夏官·形方氏》:"使小国事大国,大国比小国。"郑玄注:"比犹亲也。"介:阮元《尚书注疏·校勘记》卷十五:"古本介作尒,今文《尚书》当作迩;后误为介,则因尒字而讹也。"迩,近。

⑮节:《吕览·重己》:"节乎性也。"注:"节,犹和也。"惟:《经传释词》:"犹乃

也。"迈:进。

【今译】

"啊！王虽然年轻,天子责任重大啊。要能够很好地和谐老百姓。现在可喜的是:王不敢迟缓营建洛邑,顾忌畏惧殷民难于治理;王来卜问上帝,在洛邑亲自治理天下。"

"旦对我说:'要营建洛邑,要从这里以后稷配享皇天,谨慎地祭祀天神和地神,要从这个中心地方治理国事;王已经有定命了。'现在可喜的是:王重视使用殷商旧臣,并使他们亲近我们周王朝的治事官员,使和谐融洽的感情一天天地增长。"

(以上是第三段,赞美周成王营洛治事,和谐殷民。)

【原文】

"王敬作①,所不可不敬德②。"

"我不可不监于有夏③,亦不可不监于有殷。我不敢知曰④:有夏服天命,惟有历年⑤;我不敢知曰:不其延⑥。惟不敬厥德⑦,乃早坠厥命。"

"我不敢知曰:有殷受天命,惟有历年;我不敢知曰:不其延。惟不敬厥德,乃早坠厥命。今王嗣受厥命⑧,我亦惟兹二国命⑨,嗣若功⑩。"

"王乃初服⑪。呜呼！若生子⑫,罔不在厥初生,自贻哲命⑬。今天其命哲⑭,命吉凶⑮,命历年;知今我初服⑯,宅新邑⑰。肆惟王其疾敬德⑱？王其德之用⑲,祈天永命⑳。"

"其惟王勿以小民淫用非彝㉑,亦敢殄戮用乂民㉒,若有功㉓。其惟王位在德元㉔,小民乃惟刑用于天下㉕,越王显㉖。上下勤恤㉗,其曰我受天命㉘,丕若有夏历年㉙,式勿替有殷历年㉚。欲王以小民受天永命㉛。"

注释

①敬:谨慎,认真。作:工作,做事。
②所:且,见《书·牧誓》郑玄注。
③监:与下句"监"字皆同"鉴",鉴戒。
④敢:表示谦敬语气。下文"敢"字同。

⑤历:《小尔雅·广诂》:"久也。"历年,多年。
⑥其:句中语气助词。延:延续,长久。不其延,意指短祚。
⑦惟:只。
⑧嗣:继。
⑨惟兹二国命:就是惟兹二国命是监,承上文省略"监"字。见《尚书易解》。
⑩若:他们的。王念孙说:"若,犹其也。"见《经传释词》。
⑪服:任事。初服,初理政务。
⑫生:养,这里是教养的意思。
⑬贻:传。哲:明。
⑭命:给予。《小尔雅·广言》:"命,予也。"
⑮吉凶:偏指吉祥。
⑯知:闻知。
⑰宅:居住。
⑱肆:今。疾:加速。
⑲其:庶几。
⑳祈:求。永命:永久的国运。
㉑其:庶几,这里是但愿、希望的意思。以:使。淫:过度。彝:法。
㉒亦敢:《尚书正读》:"犹言亦勿敢,蒙上文勿字而省也。"殄(tiǎn 舔):灭。用:以。乂:治。
㉓若:乃,见《经义述闻》。
㉔位:立。《尚书易解》:"位、立古通用。"在:存问。《左传》襄公二十六年杜预注:在,存问之。元:首。
㉕刑:与"型"同义,效法。用:《说文》:"可施行也。"
㉖越:《尔雅·释言》:"扬也。"郭璞注:谓发扬。显:显德。
㉗上下:这里上指天子,下指臣民。
㉘其:或许,也许。曰:说。
㉙丕:与下句"式",都是句首语气助词。
㉚替:止。
㉛以:与,和。

【今译】

"王要认真做事,将不可以不认真行德。

"我们不可不鉴戒夏代,也不可不鉴戒殷代。我不知道夏接受天命,该有多久时间;我也不知道,夏的国运不会延长。我只知道他们不认真行德,才早失去了他们的福命。"

"我不知道,殷接受天命,该有多久时间;我也不知道,殷的国运不会延长。我只知道他们不认真行德,才早失去了他们的福命。现今王继受了治理天下的大命,我们也该鉴戒这两个国家的命运,继承他们的功业。"

"王初理政事。啊!好像教养小孩一样,没有不在开初教养时,就亲自传给他明哲的教导。现今上帝该给予明哲,给予吉祥,给予永年;因为上帝知道我王初理国事,就会住到新邑。现在王该加急认真推行德政!王该用美德,向上帝祈求长久的福命。"

"愿王不要使老百姓多行违犯的事,也不要用杀戮来治理老百姓,才会有功绩。愿王树立和慰问仁德的领导,让老百姓效法施行于天下,发扬王的美德。君臣上下勤劳忧虑,也许可以说,我们接受的大命会偈夏代那样久远,不止殷代那样久远,愿君王和臣民共同接受上帝的永久大命。"

(以上是第四段,召公总结夏、殷灭亡的历史教训,勉励成王敬德忧民。)

【原文】

拜手稽首,曰:"予小臣敢以王之仇民百君子越友民①,保受王威命明德。王末有成命②,王亦显③。我非敢勤④,惟恭奉币⑤,用供王能祈天永命⑥。"

注释

①予小臣:召公自称,谦词。郑玄说:"曰我小臣以下,言召公拜讫而复言也。"仇民:指殷遗民。《梓材》称为"迷民",《多方·序》称为"顽民"。百:众多。君子:《礼记》郑玄注:君子谓大夫以上。百君子,这里指殷的众官员。友民:仇民的对文,指顺从周王朝的臣民。保:安。
②末:终。成:定。成命,这里指成王营建洛邑的决定。
③亦:也。亦显,指成王也与文王、武王、周公一样功德显赫。
④勤:慰劳。
⑤币:就是上文太保和庶邦冢君出取的玉帛之类。
⑥供:进献。《广雅·释诂》:"供,进也。"能:善。见《汉书·百官公卿表上》集注。《尚书易解》:"善祈者,谓王当用德以祈之也。"

【今译】

　　召公跪拜叩头后说:"我这小臣和殷的臣民以及友好的臣民,会安然接受王威严的命令,宣扬王的大德。王终于决定营建洛邑,王的功德也会光显了。我不敢慰劳王,只想恭敬地奉上玉帛,以献给王善于祈求上帝赐给永久的福命。"

　　(以上是第五段,召公表明拥戴成王的诚意。)

洛 诰

【题解】

洛邑建成后,周公劝导周成王居洛主持政事,成王根据当时的形势,仍要倚重周公治洛,安定殷民。君臣反复商讨,最后决定周公继续治理洛邑。成王将这一重大决策,册告天下,所以名为《洛诰》。

《洛诰》写法独特,大部分内容是史官记叙周公和成王的对话。对话的时间、地点富于变化,内容涉及面广,既有周公和成王在洛邑的定都对话,又有在镐京商定治洛的对话,还有成王在洛邑命令周公治洛和周公接受王命的对话,对话中又有引言和祭祀的祝祷词,很难辨清各自的界限。历来学术界认为有"阙文错简",宋代金履祥说:"《洛诰》所记,若无伦次。"我们根据《尚书易解》的意见,划分段落,解释词义,全文脉络比较清楚,文意也显明些。

【原文】

召公既相宅①,周公往营成周②,使来告卜③,作《洛诰》。

注释

①相宅:勘察(宗庙、宫室、朝市)地址。
②营:这里是营建的意思。
③使来:使成王来。告卜:报告吉卜。

【今译】

召公已经勘察了宫室、宗庙、朝市的地址,周公前往营建洛邑,派遣使者请成王来,把所卜的吉兆报告周成王,史官写了《洛诰》。

(以上是序。)

【原文】

周公拜手稽首曰①:"朕复子明辟②。王如弗敢及天基命定命③,予乃胤保大相东土④,其基作民明辟⑤。"

"予惟乙卯⑥,朝至于洛师⑦。我卜河朔黎水⑧,我乃卜涧水东、瀍水西⑨,惟洛食⑩;我又卜瀍水东,亦惟洛食。伻来以图及献卜⑪。"

王拜手稽首曰:"公不敢不敬天之休⑫,来相宅,其作周配⑬,休!公既定宅,伻来,来⑭,视予卜⑮,休恒吉⑯。我二人共贞⑰。公其以予万亿年敬天之休⑱。拜手稽首诲言⑲。"

注释

①拜手稽首:古代最敬的礼节,可译为"跪拜叩头"。

②朕:我。复:白,告诉。子:你,指成王。明辟:明法,这里指治洛的光辉措施。

③王如不敢:王似乎不敢,这里是说成王谦虚。及:参预。基:《尔雅·释诂》:"谋也。"命定命:上命字,动词;下命字,名词。定命,根据《逸周书·作雒篇》,周公作洛,是为了延长周室的王命,所以叫做定命。又根据《度洛篇》,武王称居洛为天之明命。所以周公也称天谋命定命。说见《尚书易解》。

④胤:继。东土:这里指洛邑。因洛邑在镐京的东面,所以称东土。胤保大相东土,就是继太保后全面视察洛邑。《召诰》载:"太保先周公相宅。"

⑤其:乃也,见《经传释词》。基:商定。作:振作,鼓舞。

⑥乙卯:根据《召诰》,知为成王七年三月十二日。

⑦洛师:洛邑。洛邑称洛师,等于京城称为京师。

⑧河朔:黄河的北方。黎水:清《续文献通考》:"卫河淇水合流至黎阳故城为黎水,亦曰潠(xùn 讯)水。"黎旧故城在今河南省濬县东北,距离纣都朝歌最近,朝歌就是今河南省淇县。

⑨涧水:发源于今河南省渑(miǎn 免)池县东北白石山,至洛阳西南入洛水。瀍(chán 缠):源出今河南省洛阳市西北,至洛阳东入洛水。

⑩惟:仅。食:龟兆。《孔传》:"卜必先墨画龟,然后灼之,兆顺食墨。"这里指吉兆。《尚书正读》:"食者,兆;不食者,不兆。"

⑪伻(bēng 绷):使。伻来,使成王来洛。图:谋。

⑫休:美善,福祥。

⑬周:指镐京。匹:配匹。

⑭来:指我(成王)已来了。

⑮视:示。视予卜,示我以卜。休:《广雅·释诂》:"喜也。"

⑯恒:《尚书故》:"遍也。"

⑰贞:马融说:"当也。"共贞,共同承当(吉兆)。

⑱其:愿,希望。以:《词诠》:"表领率之义。"

⑲诲:教诲。

【今译】

周公跪拜叩头说:"我告诉您治理洛邑的光辉措施。王谦逊似乎不敢参预上帝想命周家居洛的大事,我继太保之后,全面视察了洛邑,就商定了鼓舞老百姓的光辉措施。"

"我在乙卯这天早晨到了洛京。我先占卜了黄河北方的黎水地区营建都邑,我又占卜了涧水以东、瀍水以西地区,结果仅有洛地吉利。我又占卜了瀍水以东地区,也仅有洛地吉利。于是请您来商量,并献上卜兆。"

成王跪拜叩头,回答说:"公不敢不敬重上帝赐给的福祥,亲来勘察地址,将营建与镐京相配的新邑,很好啊!公既已选定地址,使我来,来了,又让我看了卜兆,我喜欢卜兆并吉。让我们二人共同享受这一吉祥。愿公领着我永远敬重上帝赐给的福祥。跪拜叩头接受公的教诲。"

(以上是第一段,记叙周公、成王在洛邑讨论定都大事。)

【原文】

周公曰:"王,肇称殷礼①,祀于新邑,咸秩无文②。予齐百工③,伻从王于周④,予惟曰⑤:'庶有事⑥。'今王即命曰⑦:'记功,宗以功作元祀⑧。'惟命曰⑨:'汝受命笃弼⑩,丕视功载⑪,乃汝其悉自教工⑫。'"

"孺子其朋⑬,孺子其朋,其往⑭!无若火始焰焰⑮;厥攸灼叙⑯,弗其绝。厥若彝及抚事如予⑰,惟以在周工往新邑⑱。伻向即有僚⑲,明作有功⑳,惇大成裕㉑,汝永有辞㉒。"

注释

①肇:始。称:举行。殷礼:殷,众。殷礼,会见众诸侯的典礼。陈栎说:"自此下至'无远用戾',乃洛邑既成,公自洛还镐,告王以宅洛所当行之事,而请王以行,及自陈欲退老之辞也。"

②咸:都。秩:次序,这里作动词,等于说安排。文:通"紊",乱。《经义述闻》:"《盘庚》曰:'若网在纲,有条而不紊。'《释文》紊,徐音文,是紊与文古同音,故借文为紊。咸秩无紊者,谓自上帝以至群神,循其尊卑大小之次而祀之,无有殷

乱也。"

③齐:率领。《尔雅·释诂》:"齐,将也。"百工:百官。

④周:指镐京。

⑤惟:思。

⑥庶:大概,也许。事:指祭祀的事。

⑦即命:就这件事下令。

⑧宗:就是宗人,官名。《鲁语》注:"主礼乐者也。"以:率领。作:举行。元祀:大祀。

⑨惟:《尚书易解》:"惟,有也。见《东京赋》薛注。"

⑩受命:《尚书故》:"受命,受武王顾命也。"笃:通督,督导。弼:辅助。

⑪丕:句首语气助词。视:阅。功载:记功的书。

⑫乃:于是,然后。悉:尽心。教工:指导工作。

⑬孺子:小孩,这里指成王。朋:古凤字,引申有奋起、振奋义。

⑭往:往新邑。章太炎说:"正当言孺子其朋往,以告诫丁宁,故分为三逗,正如口吃语矣。"

⑮焰焰:火微微燃烧的样子。

⑯厥:其,那。攸:所。灼:烧。叙:绪。《尚书易解》:"无若句,欲其气之壮。厥攸句,欲其绪之长。"

⑰及:汲汲,努力的意思。抚:持。抚事,主持国事。

⑱周工:指在镐京的官员。

⑲向:《荀子·仲尼篇》注:"趋也。"有:词头。僚:官职。伻向即有僚,《尚书易解》:"使其趋就官职。"等于说使其各尽其职。

⑳明:勉。

㉑惇(dūn 敦):厚。这里作动词,重视的意思。裕:大。惇大成裕,《尚书易解》:"惇其大而成其裕也,指举行殷祀元祀等大事。"

㉒辞:这里指赞美的言辞。

【今译】

周公说:"王啊,您开始用殷礼接见诸侯,在洛邑举行祭祀,都已安排得有条不紊。我率领百官,使他们在镐京跟随着王,我想:'将会有祭祀的事。'现在王命令道:'记下功绩,宗人率领功臣举行大祭祀。'王又有命道:'你接受先王遗命,督导辅助我治理国家,全面查阅记功的书,然后你要亲自悉心教导这件事。'"

"王啊!您要振奋,您要振奋,要到洛邑去!不要像火刚开始燃烧时那样气势微弱；那燃烧的火，不可让它熄灭。你要像我一样顺从常法，率领在镐京的官员到洛邑去。使他们各尽其职，勉力建立功勋，注重大事，完成大业，您就可以长有美誉了。"

（以上是周公在镐京劝告成王赴洛的诰词。）

【原文】

公曰："已①！汝惟冲子②，惟终③。汝其敬识百辟享④，亦识其有不享。享多仪⑤，仪不及物⑥，惟曰不享⑦。惟不役志于享⑧，凡民惟曰不享，惟事其爽侮⑨。乃惟孺子颁⑩，朕不暇听⑪。"

"朕教汝于棐民彝⑫，汝乃是不蘉⑬，乃时惟不永哉⑭！笃叙乃正父罔不若予⑮，不敢废乃命⑯。汝往敬哉！兹予其明农哉⑰！彼裕我民⑱，无远用戾⑲。"

注释

①已：感叹词，唉。
②惟：《玉篇》："为也。"冲子：义同上文"孺子"，也是指成王。
③惟终：思终，意思就是考虑完成先王未竟的功业。
④识：察识。辟：君。百辟，指诸侯。享：享礼，诸侯朝见天子时的礼节。
⑤多：重，重视。仪：礼仪。
⑥仪不及物：《尚书易解》："谓物有余而礼不足。"
⑦惟：句首语气助词。曰：谓。
⑧役志：用心。
⑨事：政事。爽：差错。侮：轻慢。《尚书正读》："百辟不役志于享，则亦不役志于王朝所颁布之政令，故曰惟事其爽侮也。时周公欲成王亲受朝享，以瞻诸侯向背，故使之不观其物而观其仪如此。"
⑩颁：分。《礼记·祭义》郑玄注："颁之言分也。"
⑪听：听政。《尚书今古文注疏》："听政之事繁多，孺子分其任，我有所不遑也。"
⑫于：《词诠》："以也。"棐：辅助。
⑬乃：假如。《经传释词》："乃，犹若也。"蘉（máng忙）：勉力。
⑭时：善，指善政。永：远，推广的意思。
⑮笃：通"督"，这里是督察的意思。叙：铨叙，升迁官员。正：长。父：同姓官长。

⑯废:废弃。乃命:你的命令。
⑰兹:此,现在。明、农:都是勉的意思,见《广雅》。
⑱彼:往。《说文》:"彼,往有所加也。"裕:这里的意思是教导。《方言》:"裕,道也。"
⑲无:句首语气助词。用:因此。戾:至。《尔雅·释诂》:"戾,至也。"

【今译】

　　周公说:"唉!您虽然是个年轻人,该考虑完成先王未竟的功业。你应该认真考察诸侯的享礼,也要考察没有重视享礼的。享礼注重礼节,假如礼节赶不上礼物,应该叫做没有重视享礼。因为诸侯对享礼不诚心,老百姓知道了,就会认为可以不朝享了。这样,政事将会错乱轻慢。我急想您这年轻人分担政务,我没有闲暇管理这么多的政事。"

　　"我教给您辅导百姓的法则,您假如不努力办这些事,您的善政就不会推广啊!全像我一样监督铨叙您的官长,他们就不敢废弃你的命令了。您到新邑去,要谨慎啊!现在我们公卿百官要奋发努力啊!去教导好我们的百姓,远方的百姓因此也会归附我们。"

　　(以上是周公劝勉成王听政的诰词。)

【原文】

　　王若曰:"公①!明保予冲子②。公称丕显德③,以予小子扬文武烈④,奉答天命,和恒四方民⑤,居师⑥;惇宗将礼⑦,称秩元祀⑧,咸秩无文⑨。惟公德明光于上下⑩,勤施于四方,旁作穆穆⑪,迓衡不迷⑫。文武勤教⑬,予冲子夙夜毖祀⑭。"

　　王曰:"公功棐迪⑮,笃罔不若时⑯。"

注释

① 公:《尚书易解》:"此下成王面答周公之辞。公,句绝,呼而告之也。"
② 予冲子:我这个年轻人。成王对自己的谦称。
③ 称:发扬。
④ 以:使,见《战国策·秦策》注。扬:继续。烈:事业。
⑤ 和恒:双声联绵词,等于说和悦。
⑥ 师:洛师,就是洛邑。
⑦ 宗:尊。将:大。惇宗将礼,《尚书易解》:"重视大礼也。"

⑧秩:次序,安排。元祀:大祀。
⑨文:通"紊"。《尚书易解》:"自'以予'至'无文'皆复述周公之意。"
⑩上下:天上人间。
⑪旁:普。穆穆:美。
⑫迓:一作御,章太炎说:"御从午声,午者逆也。衡与横同。御衡不迷,言遭横逆而心不乱。"迷:迷乱。
⑬文武:指文武百官。
⑭毖:谨慎。
⑮功:通"攻",善于。棐迪:辅导。
⑯笃:信。若:顺。时:承。

【今译】

　　王这样说:"公啊!请努力保护我这年轻人。公发扬伟大光显的功德,使我继承文王、武王的事业,奉答上帝的教诲,使四方百姓和悦,居在洛邑;隆重举行大礼,举行安排盛大祭祀,都有条不紊。公的功德光照天地,勤劳施于四方,普遍推行美好的政事,虽遭横逆的事而不迷乱。文武百官努力实行您的教化,我这年轻人只有早晚慎重进行祭祀罢了。"

　　王说:"公善于辅导,我真的无不顺从。"

　　(以上记叙成王面答周公,接受周公建议去洛邑。)

　　(以上是第二段,记叙周公和成王在镐京商定治洛大计。)

【原文】

　　王曰:"公!予小子其退①,即辟于周②,命公后③。四方迪乱未定④,于宗礼亦未克敉⑤,公功迪将⑥,其后监我士师工⑦,诞保文武受民⑧,乱为四辅⑨。"

　　王曰:"公定⑩,予往已⑪。公功肃将祗欢⑫,公无困哉⑬!我惟无斁其康事⑭,公勿替刑⑮,四方其世享⑯。"

注释

　　①退:自洛退去。陈栎说:"成王自谓其退,即位于周,昧'退'之一字,则王时进洛邑可知。据身在洛邑言,故以还归宗周为退,退固王之谦词,亦往返语势之当然耳。"

②辟:这里指君位。
③后:《尚书易解》:"犹言后续,继续,谓继续治洛也。"
④迪:教导。
⑤宗礼:宗人典礼。敉:通弭,完成。
⑥将:扶持。
⑦士、师、工:这里指各级官员。
⑧诞:句首语气助词。受民:所受于天之民。
⑨四辅:帮助天子处理政事的四种大臣。《尚书大传》说天子有四邻,前面的叫做疑,后面的叫做丞,左面的叫做辅,右面的叫做弼,统称四辅。《后汉书·桓郁传》:"昔成王幼少,越在襁褓,周公在前,史佚在后,太公在左,召公在右,中立听朝,四圣维之,是以虑无遗计,举无过事。"
⑩定:止,留下的意思。
⑪往:指往镐京。已:句末语气助词。
⑫肃:通"速",迅速。将:行。欢:和。
⑬困:困苦。哉:句末语气助词。
⑭勚(yì异):厌倦。引申为懈怠。康事:章太炎说:"康,读为庚。《说文》:庚,更事也,更事即更习吏事。不言莅政,言更事者,谦也。次言公勿替刑,仍欲公为仪刑,则自处于学习之地。"
⑮替:止,停止。刑:通"型",示范。
⑯享:朝享。

【今译】

　　王说:"公啊!我这年轻人就要返回镐京就位了,请公继续治洛。四方经过教导治理还没有安定,宗礼也没有完成,公善于教导扶持臣民,要继续监督我们的各级官员,安定文王武王所接受的殷民,做我的辅佐大臣。"

　　王说:"公留下吧!我要往镐京去了。公要妥善迅速地进行敬重和睦殷民的工作,公不要以为困苦呀!我只是不懈地学习政事,公要不停地示范,四方臣民将会世世代代来朝享了。"

　　(以上是第三段,记叙成王在洛邑分析当时政治形势,恳切要求周公继续居洛执政。)

【原文】

　　周公拜手稽首曰:"王命予来,承保乃文祖受命民①,越乃光烈考武王弘②,朕恭③。孺子来相宅④,其大惇典殷献民⑤,乱为四方新辟⑥,作周恭先⑦。曰⑧:'其自时中乂⑨,万邦咸休,惟王有成绩⑩。予旦以多子越御事笃前人成烈⑪,答其师⑫,作周孚先⑬。'考朕昭子刑⑭,乃单文祖德⑮。"

"伻来毖殷⑯,乃命宁予以秬鬯二卣⑰。曰⑱:'明。禋⑲,拜手稽首休享⑳。'予不敢宿㉑,则禋于文王、武王。'惠笃叙㉒,无有遘自疾㉓,万年厌于乃德㉔,殷乃引考㉕。'王伻殷乃承叙万年㉖,其永观朕子怀德㉗。"

注释

①民:指殷民。

②烈:业,有功。考:先父。

③恭:《孔传》训"恭奉"。《尚书易解》:"弘字绝句,恭字绝句。此言王命予来,承保文祖所受之殷民,宣扬武王之宏大,我奉行之。此答王命,允继续治洛也。"

④相宅:这里是视察洛邑的意思。

⑤其:通"基",谋。典:礼。献民:贤民。

⑥乱:语气助词,用法同上文"乱为四辅"的"乱"。辟:法。

⑦恭:通"共",法。作周恭先,指作周法的先例。

⑧曰:周公追述在相宅时申告成王的话。

⑨时:这。

⑩惟:宜。

⑪子:古代对男子的美称。多子,这里指众卿大夫。笃:理。武王始议宅洛,所以说治洛为"笃前人成烈"。

⑫答:通"合",集合。师:众。

⑬周孚:孚,通"郛",周郛,周王城的外城,这里代指洛邑。章太炎说:"周孚者,周郛(fú孚)也。《逸周书·作雒解》周公将致政,乃作大邑成周于土中,城方千七百二十丈,郛方七十里,南系于洛水,北因于郏山,以为天下之大凑。据此,城专指王城,郛则包络王城成周悉在其中。此地中建国之始,故曰作周郛先。"

⑭考:成。昭:通"诏",告。刑:法。告子刑,就是指上文"其自时中乂"至"作周孚先"三十四字。见《尚书易解》。

⑮单:《说文》:"大也。"这里义为光大。

⑯伻:使,指成王派遣使者来。毖:慰劳。

⑰宁:安,等于今语问安、问候的意思,见王国维《雒诰解》。秬(jù巨)鬯

(chàng 唱):黑黍酒,古时用来祭祀的一种香酒。卣(yǒu 酉):商和西周初期的一种酒器。

⑱曰:成王说。

⑲禋(yīn 因):古代祭天的一种典礼。先烧柴升烟,再加牲体和玉帛在柴上焚烧。这里引申为祭祀。

⑳休:庆幸。享:献。

㉑宿:经宿,隔夜。

㉒惠:《尚书正读》:"读为惟,语词。《酒诰》予不惟若兹多诰,《石经》惟作惠,可证。"叙:顺。

㉓有:或,见《经传释词》。遘:遇。自疾:罪疾。章太炎说:"自,即皋之烂余。皋疾连文,见《春官·小祝》及《盘庚》篇。谦不敢言受福,故言不遇皋疾耳。"

㉔厌:饱。

㉕乃:能够。引:长。考:成功。自"惠笃叙"至"殷乃引考"是周公的祈福词。

㉖承叙:承顺。

㉗朕子:我民。怀:思。"王……怀德"是周公为成王祈福的祝词。

【今译】

周公跪拜叩头说:"王命令我到洛邑来,继续保护您的先祖文王所受的殷民,宣扬您光明有功的父亲武王的伟大,我奉行着。王来视察洛邑,考虑厚礼对待殷商贤良的臣民,制定治理四方的新法,作创立周法的先导。我曾经说过'从这九州的中心治理百姓,万国都会喜欢,王也会有功绩,我姬旦率领众卿大夫和治事官员,经营先王的成业,集合众庶,作修建洛邑的先导。'实现了我告诉您的上述法则,就发扬光大了先祖文王的美德。"

"您派遣使者来洛邑慰劳殷人,又送来两卣黍香酒问候我,使者传达王命说:'明洁地举行祭祀,要跪拜叩头庆幸地献给文王和武王。'我不敢停留过夜,立即用黍香酒祭祀文王和武王。我祈祷说:'愿让我很顺遂,不常遇到罪疾,万年饱受您的德泽,殷事能够长久成功。''愿成王使殷民能够顺从万年,将长久看到我们的人民怀念王的德惠。'"

(以上是第四段,记叙周公接受王命,继续居洛理政。)

【原文】

戊辰①,王在新邑烝②,祭岁③,文王骍牛一④,武王骍牛一。王命作册逸祝册⑤,惟告周公其后⑥。王宾杀禋咸格⑦,王入太室⑧,祼⑨。王命周公后,作册逸诰⑩,在十有二月⑪。惟周公诞保文武受命⑫,惟七年⑬。

注释

①戊辰:戊辰日。刘歆《三统历》推算为成王七年十二月晦日。
②烝(zhēng 征):冬祭。
③祭岁:报告岁事。《仪礼·少牢馈食礼》:"用荐岁事于皇祖伯某。"
④骍(xīn 辛):赤色。
⑤作册:官名。逸:人名,或说就是史佚。祝:《孔疏》:"读册告神谓之祝。"
⑥其:将。后:后续,指继续治洛。
⑦王宾:指助祭的诸侯。杀:杀牲。禋:祭祀。格:至。
⑧太室:王肃说:清庙中央之室。
⑨祼(guàn 贯):灌祭。《孔疏》:"王以圭瓒酌郁鬯之酒以献尸,尸受祭而灌于地,因奠不饮,谓之祼。"
⑩诰:告喻。王国维说:"谓告天下。成王即命周公,因命史逸书王与周公问答之语并命周公时之典礼,以告天下,故此篇名《洛诰》。《尚书》记作书人名者,惟此一篇。"
⑪十有二月:成王命周公治洛的月份。
⑫诞保文武受命:担任文王、武王所受的使命。
⑬惟七年:皮锡瑞说:"经云戊辰,有日无月;在十有二月,有月无年;于末结之曰惟七年,则当为七年十二月戊辰日无疑。古人文法多倒装,故先日次月又次年。"王国维说:"书法先日次月次年者,乃殷、周间记事之体。"

【今译】

戊辰这天,成王在洛邑举行冬祭,向先王报告岁事,用一头红色的牛祭文王,也用一头红色的牛祭武王。成王命令作册官名逸的宣读册文,报告文王、武王,周公将继续住在洛邑。助祭诸侯在杀牲祭祀先王的时候都来到了,成王进入太室,举行灌祭。成王命令周公继续治理洛邑,作册官名逸的将这件大事告喻天下,时间是十二月。周公留居洛邑担任文王、武王所受的使命。时间是成王七年。

(以上是第五段,记叙成王在洛邑举行祭祀,大会诸侯,并且册告天下周公继续居洛治事。)

多　士

【题解】

多士,就是众士,指殷商的旧臣。《孔传》:"所告者皆众士,故以名篇。"

三监叛乱,震撼了刚刚建立的西周王朝。西周君臣认识到要巩固政权,必须彻底征服殷人,特别要加强对殷商旧臣的控制,于是,在新都洛邑附近营建成周,把殷人迁徙到成周。殷民留恋故土,多有怨恨,周公就代替成王发布诰令,说明迁徙的原因,宣布政策,指明前途。史官记叙这件事,写了《多士》。

本篇在《周书》中也属于诰体,写作时间在《洛诰》以后。

【原文】

成周既成①,迁殷顽民②,周公以王命诰③,作《多士》。

【注释】

①成周:地名,故址在今河南省洛阳市的东面,西周迁徙殷民住在这里。《孔疏》:"周之成周于汉为洛阳也,洛邑为王都,故谓此为下都,迁殷顽民以成周道,故名此邑为成周"。成:建成。

②殷顽民:指不服从周王朝统治的殷商旧臣。迁徙顽民,便于管教。《孔传》:"殷大夫、士心不则德义之经,故徙近王都教诲之。"

③以:用。诰:告诫。

【今译】

成周建成以后,周王朝就把不服从统治的殷商旧臣迁徙到成周,周公用周成王的命令告诫他们,写了《多士》。

（以上是序。）

【原文】

惟三月①,周公初于新邑洛②,用告商王士③。

王若曰:"尔殷遗多士!弗吊旻天④,大降丧于殷⑤,我有周佑命⑥,

将天明威⑦,致王罚⑧,勑殷命终于帝⑨。肆尔多士⑩!非我小国敢弋殷命⑪。惟天不畀允罔固乱⑫,弼我⑬,我其敢求位⑭?惟帝不畀⑮,惟我下民秉为⑯,惟天明畏⑰。"

"我闻曰:'上帝引逸⑱。'有夏不适逸⑲,则惟帝降格⑳,向于时夏㉑。弗克庸帝㉒,大淫泆有辞㉓。惟时天罔念闻㉔,厥惟废元命㉕,降致罚㉖;乃命尔先祖成汤革夏㉗,俊民甸四方㉘。"

"自成汤至于帝乙,罔不明德恤祀㉙。亦惟天丕建保乂有殷㉚,殷王亦罔敢失帝㉛,罔不配天其泽㉜。在今后嗣王㉝,诞罔显于天㉞,矧曰其有听念于先王勤家㉟?诞淫厥泆㊱,罔顾于天显民祇㊲,惟时上帝不保,降若兹大丧㊳。"

"惟天不畀不明厥德㊴,凡四方小大邦丧,罔非有辞于罚。"

注释

①惟:句首语气助词。三月:周成王元年三月。

②初:始。

③商王士:泛指殷商旧臣。俞樾《尚书平议》:"'王士'二字连文,'王士'之称犹《周易》言'王臣',《春秋》书'王人',《传》称'王官',其义一也。"

④弗:不。吊:善。旻(mín 民)天:秋天,这里泛指上天。《尚书易解》:"弗吊旻天指纣,谓纣王不善乎旻天也。"

⑤降丧:降下灾祸。

⑥有:词头。佑:佑助。

⑦将:奉行。《仪礼·聘礼》郑玄注:"将,犹奉也。"

⑧致:通"至"。《乐记》注:"至,行也。"

⑨勑:同"敕",告、令。终于帝:被上帝终绝了。

⑩肆:现在。

⑪弋:曾运乾《喻母古读考》:"弋亦代也。"马融本、郑玄、王肃本弋作翼。马融说:"翼,取也。"郑玄说:"翼,犹驱也。"小国:《孔疏》:"周本殷之诸侯,故周公自称小国。"

⑫畀:给予。允:信。罔:诬。固:通"怙"(hù 户),仗恃。允罔固乱,相信诬罔,仗恃暴乱的人。

⑬弼:辅助。

⑭其:岂,怎么。位:王位。

⑮不畀:下省"允罔固乱"。

⑯秉:执。为:作为、行事。

⑰天明畏:就是畏天明。天明,天命。
⑱引:《尚书易解》:"制引,制止也。"逸:淫逸。
⑲适:节制,见《吕览》高诱注。
⑳格:通"恪"。《玉篇》:"恪,教令严也。"
㉑向:劝。时:这。
㉒庸:用,这里是"听取"的意思。弗克庸帝,不能听取上帝的教令。
㉓淫:《广雅·释言》:"游也。"泆:音逸,乐。有:又。辞:通"怠",疑惑,详见《经义述闻·通说》。"弗克庸帝,大淫泆有辞。"义同《多方》:"乃大淫昏,不克终日劝于帝之迪。"
㉔惟时:因此。念:眷念。闻:通"问",恤问,详见《经义述闻》卷二"终莫之闻也"条和卷五"亦莫我闻"条。
㉕厥:句首语气助词。元命:大命,指国运。
㉖致:通"至",大,见《吕览·求人》"至劳也"注。
㉗革:改革。
㉘俊民:杰出的人才。甸:治。
㉙恤:通"邮",慎。
㉚保乂:安治。《尚书易解》:"保乂有殷,即谓安治殷国之人,乃建之宾语。"
㉛罔敢失帝:就是不敢违失天意。
㉜其:《经传释词》:"其,犹之也。"泽:恩泽。
㉝后嗣王:指纣王。
㉞显:明。诞罔显于天,句式同《酒诰》"罔显于民祗"。
㉟矧:何况。勤家:勤劳家国。
㊱厥:句中语气助词。诞淫厥泆,义同上文"大淫泆"。
㊲顾:念。天显:天所明示,这里指天意。《康诰》:"于弟弗念天显。"民祗:祗,通"痻"。《诗·小雅·白华》:"俾我痻兮。"《毛传》"痻,病也。"
㊳若兹:如此。丧:丧亡,指亡国的惩罚。
㊴不明厥德:即不明厥德者,指不努力施行德政的人。

【今译】

周成王元年三月,周公初在新都洛邑,用成王的命令告诫殷商的旧臣。

王这样说:"你们这些殷商的旧臣们!纣王不敬重上天,他把灾祸大降给殷国。我们周国佑助天命,奉行上天的明威,执行王者的诛罚,宣告殷的国命被上天终绝了。现在,你们众位官员啊!不是我们小小的周国敢于改变殷命,因为上天不把大命给予那信诬怙恶的人,辅助我们,我们岂敢擅求王位呢?上天不把大命给予信诬怙恶的人,我们下民的所作所为,应当敬畏天命。"

"我听说:'上帝制止游乐。'夏桀不节制游乐,上帝就降下教令,劝导夏桀。他不能听取上帝的教令,大肆游乐,并且怀疑上帝的教令。因此,上帝就不再眷念他、怜悯他,废除了给夏的大命,降下了大惩罚;上帝于是命令你们的先祖成汤改革了夏,任用杰出的人才治理天下。"

"从成汤到帝乙,殷的先王没有人不力行德政,慎行祭祀。也因为上天建立安治殷国的贤人,殷的先王没有人敢于违背天意,无不配合施行上天的恩泽。后来继位的纣王,很不明上天的意旨,更何况说他能听从、考虑先王勤劳家国的训导呢?纣王淫游逸乐,不顾天意和民困,因此,上帝不保佑了,降下这些大的丧乱。"

"上帝不把大命给予不行德政的人,凡是四方小国大国的灭亡,无人不是怀疑上帝的惩罚。"

(以上是第一段,分析夏、商两代兴亡的原因,说明周灭殷是顺从天命。)

【原文】

王若曰:"尔殷多士,今惟我周王丕灵承帝事①,有命曰:'割殷②,告敕于帝。'惟我事不贰适③,惟尔王家我适。予其曰惟尔洪无度④,我不尔动,自乃邑⑤。予亦念天⑥,即于殷大戾⑦,肆不正⑧。"

王曰:"猷⑨!告尔多士,予惟时其迁居西尔⑩,非我一人奉德不康宁⑪,时惟天命⑫。无违,朕不敢有后⑬,无我怨。"

"惟尔知,惟殷先人有册有典⑭,殷革夏命。今尔又曰:'夏迪简在王庭⑮,有服在百僚⑯。'予一人惟听用德⑰;肆予敢求尔于天邑商⑱,予惟率肆矜尔⑲。非予罪,时惟天命⑳。"

注释

①灵:善。帝事:上帝命令的事。
②割:取,见《战国策·齐策》"然后王可以多割地"注。
③事:指征伐的事。适:通"敌"。《论语·里仁》《释文》:"适,郑本作敌。"
④曰:《尚书易解》:"谓也,意料之意。"洪:大。度:量。

⑤乃邑：你们殷众卿士的封邑。

⑥念天：意思是说念天意割夏。

⑦即：则。戾：定。

⑧肆：所以。正：治罪。《周礼·大司马》注："正之者，执而治其罪。"

⑨猷：感叹词。

⑩其：《经传释词》："其，犹乃也。"迁居西尔：就是迁尔居西。西，指成周，成周在商都朝歌西南，所以称西。

⑪奉：秉。德：《左传》成公十六年："民生厚而德正"疏："德，谓人之性行。"康宁：安静。

⑫惟：《玉篇》："为也。"

⑬有：或。《经传释词》："犹或也。"后：《说文》："迟也。"

⑭典：《说文》："大册也。"册典，记载史实的典籍。

⑮迪：通"由"。《方言》："由，辅也。"这里用作名词，指辅臣。简：选。

⑯服：《尔雅·释诂》："事也。"这里指职务、职位。百僚：百官。"夏迪简在王庭，有服在百僚。"这是多士怨恨周不任用他们。

⑰听：听从。德：这里指有德的人。

⑱肆：今。求：《礼记·学记》注："招徕也。"天邑：大邑。

⑲率：用。肆：缓，等于说赦宥。矜：怜悯。予惟率肆矜尔，是说我惟用肆尔之罪矜尔之愚而已，详见《经义述闻》卷四。

⑳惟：为。

【今译】

王这样说："你们殷国的众臣，现在只有我们周王能够很好地奉行上帝的使命，上帝有命令说：'夺取殷国，并报告上天。'我们讨伐殷商，不是把你们作为敌人，只是把你们的王家作为敌人。我怎么料想到你们众官员太不自量，我并没有动你们，蠢动是从你们的封邑开始的。我也考虑到天意仅仅在于灭亡殷国，在殷事平定之后，所以不治你们的罪。"

王说："啊！告诉你们众官员，我将把你们迁居西方，并不是我秉性好动，这是天命。不可违背天命，我不敢迟缓执行天命，你们不要怨恨我。"

"你们知道，殷人的祖先有记载历史的典籍，典籍上记载着殷国革了夏国的命。现在你们又说：'当年夏的官员被选在殷的王庭，在百官之中都有职位。'我只听从、使用有德的人。现在我敢从大邑商招徕你们,并不是因为你们有德要任用你们,我是赦免你们的罪过和怜悯你们。这不是我的差错,这是天命。"

(以上是第二段,说明迁徙殷民,不用殷士,是顺从天命。)

【原文】

　　王曰:"多士,昔朕来自奄①,予大降尔四国民命②。我乃明致天罚,移尔遐逖③,比事臣我宗多逊④。"

　　王曰:"告尔殷多士,今予惟不尔杀⑤,予惟时命有申⑥。今朕作大邑于兹洛,予惟四方罔攸宾⑦,亦惟尔多士攸服奔走臣我多逊⑧。"

　　"尔乃尚有尔土⑨,尔乃尚宁干止⑩。尔克敬,天惟畀矜尔⑪;尔不克敬,尔不啻不有尔土⑫,予亦致天之罚于尔躬⑬!"

　　"今尔惟时宅尔邑⑭,继尔居⑮;尔厥有干有年于兹洛⑯。尔小子乃兴⑰,从尔迁。"

　　王曰:"又曰时予⑱,乃或言尔攸居⑲。"

注释

①奄:古国名,也作郁、盖,今山东省曲阜市东。《尚书大传》:"周公摄政三年,践奄。"

②降:下达。四国:指管、蔡、商、奄四国。

③遐、逖:都是遥远的意思。移尔遐逖,就是迁尔自远方。来自四国,所以称远。

④比:近日。事:服事。我宗:我周族,指宗周和鲁、卫。逊:恭顺。

⑤不尔杀:就是不杀尔。

⑥时命:指上文"大降尔四国民命"。有:又,重。申:申述。又申,就是重申的意思。

⑦惟:因为。四方:指四方诸侯。宾:朝贡。四方罔攸宾,金履祥说:"镐京远在西偏,四方道里不均,无所于宾贡。"

⑧服:服事。奔走:奔走效劳。

⑨尚:犹,还。

⑩宁:安。干:《广雅·释诂》:"安也。"宁干,就是安宁。止:句末语气助词。

⑪畀:赐。畀矜尔,赐予你们怜爱。

⑫啻:但。不啻,不但。

⑬躬:身。

⑭惟:思。时:《广雅·释诂》:"善也。"宅:安。
⑮居:事业。江声说:"《诗·蟋蟀》'职思其居',亦谓所为之事为居也。"
⑯厥:其,也许,大概。有干:有安乐。有年:有丰年。尔厥有干有年于兹洛,《孔传》:"汝其有安事有丰年于此洛邑。"
⑰小子:这里指子孙。兴:兴盛。
⑱又曰:《尚书正读》:"本文又曰,重言'时予'也。……。言终丁宁之意。"时:顺从。
⑲或:通"克",能够。《文侯之命》"罔或耆寿",《汉书·成帝纪》引"或"作"克"。攸:通"悠",长久。

【今译】

　　王说:"殷的众臣,从前我从奄地来,对你们管、蔡、商、奄四国臣民广泛地下达命令。我然后明行上天的惩罚,把你们从远方迁徙到这里,近来你们侍奉和臣属我们周族很恭顺。"

　　王说:"告诉你们殷商的众臣们,现在我不想杀害你们,我想重申这个命令。现在我在这洛地建成了一座大城市,我是为了四方诸侯没有地方朝贡,也是为了你们服务奔走臣属我们很恭顺的缘故。"

　　"你们还可以保有你们的土地,你们还会有安宁的生活。你们能谨慎恭敬,老天将会赐给你们怜爱;你们不能谨慎恭敬,你们不但不能保有你们的土地,我也将会把老天的惩罚降到你们身上。"

　　"现在你们要好好地住在你们的城邑,继续你们的事业;你们在洛邑会有安乐会有丰年的。从你们迁洛开始,你们的子孙也将兴旺发达。"

　　王说:"顺从我,顺从我! 才能够说到你们长久安居。"

　　(以上是第三段,宣布政策,指明前途,鼓励殷商众士顺从周王朝的统治。)

无 逸

【题解】

无,通"毋",不要。逸,逸乐。无逸,《汉石经》作"毋劮",《尚书大传》作"毋佚"。

周公还政于成王以后,害怕成王贪图享乐,荒废政事,所以告诫成王不可逸乐,史官记录了周公的诰词,名为《无逸》。

本篇的首节是全文的纲领。周公提出:"君子所,其无逸。"强调"无逸"必须"先知稼穑之艰难","知小人之依(痛苦)",这些思想具有进步意义,对于研究上古思想史和孟子的"民本"思想有重要的参考价值。

【原文】

周公作《无逸》。

【今译】

周公写作了《无逸》。

(以上是序。)

【原文】

周公曰:"呜呼!君子所①,其无逸②。先知稼穑之艰难,乃逸③,则知小人之依④。相小人⑤,厥父母勤劳稼穑⑥,厥子乃不知稼穑之艰难,乃逸乃谚⑦。既诞⑧,否则侮厥父母曰⑨:'昔之人无闻知⑩。'"

注释

①所:诸家多训处所。按:所,指所居官。见《左传》昭公二十年"入复而所"注。

②其:副词,表示命令。郑玄注:"君子处位为政,其无自逸豫也。"逸:逸乐。

③乃:才。

④小人:老百姓,与上句"君子"相对。依:《经义述闻》:"依,隐也,谓知小人之隐也。《周语》'勤恤民隐'韦注曰'隐,痛也。'小人之隐,即上文稼穑之艰难,下

文所谓小人之劳也。云隐者,犹今人言苦衷也。"

⑤相:看。

⑥厥:其,他们的。

⑦乃:就。谚:《汉石经》作宪。宪,欣乐,《诗·大雅·板》:"天之方难,无然宪宪。"《毛传》:"宪宪犹欣欣。"

⑧诞:《汉石经》作延。《尔雅·释诂》:"延,长也。"这里是说时间长久。

⑨否:《经传释词》:《汉石经》'否'作'不',不则,犹于是也。言既已妄诞,于是轻侮其父母也。"一说否与丕通。周书屡见"丕则","丕则"犹"于是"。王引之说。侮:轻侮。

⑩昔之人:当指上了年纪的人,老人。昔之人无闻知,《蔡传》:"古老之人无闻无知,徒自劳苦而不知所以自逸也。"

【今译】

周公说:"唉!君子做官不可贪图安逸享乐。首先了解耕种收获的艰难,然后再逸乐,就会知道老百姓的痛苦。看那些老百姓,他们的父母勤劳地耕种收获,他们的儿子却不知道耕种收获的艰难,贪图安逸享乐。对时已经久了,于是就轻视侮慢他们的父母说:'老人们没有知识。'"

(以上是第一段,周公指明无逸必须知道耕种收获的艰难。)

【原文】

周公曰:"呜呼!我闻曰:昔在殷王中宗①,严恭寅畏②,天命自度③,治民祗惧④,不敢荒宁⑤。肆中宗之享国七十有五年⑥。"

"其在高宗⑦,时旧劳于外⑧,爰暨小人⑨。作其即位⑩,乃或亮阴⑪,三年不言⑫。其惟不言⑬,言乃雍⑭。不敢荒宁,嘉靖殷邦⑮。至于小大⑯,无时或怨⑰。肆高宗之享国五十有九年。"

"其在祖甲⑱,不义惟王⑲,旧为小人⑳。作其即位,爰知小人之依,能保惠于庶民㉑,不敢侮鳏寡㉒。肆祖甲之享国三十有三年。"

"自时厥后㉓,立王生则逸㉔,生则逸㉕,不知稼穑之艰难,不闻小人之劳,惟耽乐之从㉖。自时厥后,亦罔或克寿㉗。或十年,或七、八年,或五、六年,或四、三年㉘。"

周公曰:"呜呼!厥亦惟我周太王、王季,克自抑畏㉙。文王卑服㉚,即康功田功㉛。徽柔懿恭㉜,怀保小民㉝,惠鲜鳏寡㉞。自朝至于日中昃㉟,不遑暇食㊱,用咸和万民㊲。文王不敢盘于游田㊳,以庶邦惟正之供㊴。文王受命惟中身㊵,厥享国五十年㊶。"

注释

①中宗:有两说。一说中宗为太戊,殷代第五世贤主。《史记·殷本纪》《毛传》《郑笺》《孔传》《孔疏》主此说。一说为祖乙,殷代第七世贤主。《太平御览》引《竹书纪年》主此说,王国维根据甲骨文资料有详细考证。详《观堂集林·殷卜辞中所见先公先王续考》。

②严:庄正。恭、寅:都是恭敬的意思。恭,指外貌恭敬;寅,指内心恭敬。《尚书集注音疏》:"严恭在貌,寅畏在心。"

③度(duó夺):忖度,揣度。

④祗(zhī支)惧:敬畏,等于说恭敬谨慎。

⑤荒宁:荒废自安。

⑥肆:所以。享国:指在帝位。下文高宗、祖甲、文王"享国"义同。有:又。用在整数与零数之间。

⑦高宗:武丁,殷代第十一世贤主。

⑧时旧劳于外:时,指武丁做太子时。旧,《史记》作久。《史记集解》引马融说:"武丁为太子时,其父小乙使行役,有所劳苦于外。"

⑨爰:于是,因此。暨:惠顾,爱护。《尚书易解》:"暨盖懿之借,《说文》:忞,惠也,古文作懿。爰惠小人,与下文'惠鲜鳏寡'同义。"

⑩作:等到。《经传释词》:"作,犹及也。"

⑪或:有时。亮阴:实在沉默。马融说:"亮,信也。阴,默也。为听于冢宰,信默而不言。"

⑫不言:不轻言,详《东莱书说》第二十五卷。又《吕览·审应篇》:"高宗,天子也,即位谅闇(《礼记·丧服四制》引《无逸》亮阴作谅闇),三年不言。卿大夫恐惧患之。高宗乃言曰:'以余一人正四方,余唯恐言之不类也,兹故不言。'古之天子,其重言如此,故言无遗者。"

⑬其:或许。

⑭雍:和,和顺合理也。

⑮嘉:《尔雅·释诂》:"善也。"靖:和。

⑯小大:小指老百姓,大指群臣。

⑰时:是,即是人,指高宗。或:有。无时或怨,就是无有怨之。

⑱祖甲:武丁的儿子帝甲,殷代第十二世贤主。

⑲惟:为。

⑳旧:久。不义惟王,旧为小人。马融说:"祖甲有兄祖庚,而祖甲贤,武丁欲

立之。祖甲以王废长立少,不义,逃亡民间。故曰'不义惟王,久为小人'也。武丁死,祖庚立;祖庚死,祖甲立。"

㉑保:安。惠:爱。

㉒鳏(guān官)寡:泛指孤苦无依的人。

㉓自:从。时:是,这。

㉔立王:在位的君王。《诗·大雅·桑柔》:"天降丧乱,灭我立王。"

㉕生则逸:《尚书正读》:"生则逸,一语已足,两言之者,周公喜重言也。《洛诰》'孺子其朋,孺子其朋,其往'亦此类。"

㉖耽(dān眈):《孔传》:"过乐谓之耽。"耽乐,沉溺在享乐之中。从:追求。《诗·齐风·还》:"并驱从两肩兮。"《毛传》:"从,逐也。"

㉗罔:无。克:能够。寿:长寿。

㉘或四、三年:《中论·夭寿篇》引作"或三、四年"。《孔传》:"高者十年,下者三年,言逸乐之损寿。"

㉙抑:指谦虚谨慎。畏:指敬畏天命。

㉚卑服:贱服。《蔡传》:"犹禹所谓恶衣服也。"

㉛即:就,从事。康功:《孔传》《孔疏》《蔡传》都以为指安民之功。孙星衍以为指建造房屋之事。章太炎以为指平易道路之事,杨筠如、曾运乾以为披荆斩棘,开垦山泽荒地之事。按上节述殷后王不知稼穑,所以在位日短,这一节述文王也应言稼穑之事。今从杨、曾之说。

㉜徽:和。懿:美。

㉝怀保:保护安定。

㉞鲜:《尔雅·释诂》:"善也。"

㉟日中:日正中。昃:一作仄,日西斜。

㊱遑:闲暇。

㊲咸:通"諴",和。

㊳盘:通般。《尔雅·释诂》:"般,乐也。"游:游乐。田:同畋,打猎。盘于游田,就是乐于游乐和田猎。

㊴以:使。正:《尚书正读》:"税也。"供:进献。《广雅·释诂》:"供,进也。"

㊵受命:接受天命,即君位。中身:中年。《礼记·文王世子》:"文王九十七乃终。"知其即位时为四十八岁。

㊶五十年:《吕览·制乐篇》和《韩诗外传》卷三皆称文王在位五十一年。这里说五十年,举整数。

【今译】

周公说:"唉!我听说:过去殷王中宗,神态庄正,心怀敬畏,自己谋求天命,治理百姓,恭敬谨慎,不敢荒废政事、贪图安逸。所以中宗在位长达七十五年。"

"在高宗,他做太子时,长期在外劳役,于是他爱护老百姓。等到他即位,有时沉默,三年不轻易说话。或许因为他不轻易说话,话一说出来就和顺合理。他不敢荒废政事、贪图安逸,使殷国美好和睦。从老百姓到群臣,没有怨恨他的。所以高宗在位五十九年。"

"在祖甲,他以为代替兄长称王不合理,逃亡民间,做了很久的平民百姓。等到他即位后,于是知道老百姓的痛苦,能够安定爱护人民,对于孤苦伶仃、无依无靠的人也不敢轻慢。所以祖甲在位三十三年。"

"从这以后,在位的殷王生来就安闲逸乐,生来就安闲逸乐,不知耕种收获的艰难,不知老百姓的劳苦,只是追求过度的逸乐。从这以后,在位的殷王也没有能够长寿的。有的十年,有的七八年,有的五六年,有的只有三四年。"

周公说:"啊!只有我们周的太王、王季能够谦虚谨慎,敬畏天命。文王穿着平民的衣服,从事开山垦荒,耕种田地的劳役。他和蔼柔顺,善良恭敬,保护安定老百姓,爱护关心孤苦无依的人。从早晨到中午,从中午到下午,他忙得没有闲暇吃饭,以求万民和谐。文王不敢乐于嬉游田猎,不敢用各国进献的赋税享乐。文王中年即位为君,在位五十年。"

(以上是第二段,周公引述历史事实,从正反两方面论述"无逸"的重要。)

【原文】

周公曰:"呜呼!继自今嗣王①,则其无淫于观、于逸、于游、于田②,以万民惟正之供。无皇曰③:'今日耽乐。'乃非民攸训④,非天攸若⑤,时人丕则有愆⑥。无若殷王受之迷乱⑦,酗于酒德哉⑧!"

周公曰:"呜呼!我闻曰:'古之人犹胥训告⑨,胥保惠⑩,胥教诲,民无或胥诪张为幻⑪'。此厥不听⑫,人乃训之,乃变乱先王之正刑⑬,至于小大⑭。民否则厥心违怨⑮,否则厥口诅祝⑯。"

周公曰:"呜呼!自殷王中宗及高宗及祖甲及我周文王,兹四人迪哲⑰。厥或告之曰⑱:'小人怨汝詈汝⑲。'则皇自敬德⑳。厥愆㉑,曰:'朕之愆允若时㉒。'不啻不敢含怒㉓。此厥不听,人乃或诪张为幻,曰小人怨汝詈汝,则信之,则若时㉔:不永念厥辟㉕,不宽绰厥心㉖,乱罚无罪,杀无辜。怨有同㉗,是丛于厥身㉘。"

周公曰:"呜呼!嗣王其监于兹㉙。"

注释

①继自今:从今以后。

②淫:过度。观:特殊的观赏。

③皇:通"偟"。《尔雅·释诂》:"偟,暇也。"无皇,《尚书易解》:"无自宽暇也。"

④⑤攸:所。训、若:都是顺从的意思。

⑥丕则:于是。愆:过错。

⑦受:商纣王名。

⑧酗(xù 序):同"酗"。《广韵》:"醉怒也。"于:《经传释词》:"为也。"

⑨胥:互相。下文同。训告:劝导。

⑩保:安。惠:爱。

⑪诪(zhōu 周)张:欺诈。幻:互相诈惑。《说文》:"幻,相诈惑也。"

⑫此:这些,指代上述劝告的话。听:依从。

⑬正:政治。刑:法令。

⑭小大:这里指小法大法。

⑮否则:同"丕则",于是。违:恨。《诗·邶风·谷风》:"中心有违。"《韩诗》:"违,很也。"很就是恨。见马瑞辰《毛诗传笺通释》。

⑯诅祝:诅咒。

⑰迪:导。《尔雅·释诂》:"道也。"道通导。迪智,意思是领导得明智。见《尚书易解》。

⑱或:有人。

⑲詈(lì 利):骂。

⑳皇:更加。《汉石经》作兄。《国语》韦昭注:"兄,益也。"

㉑厥愆(qiān 牵):《尚书易解》:"厥或愆之之省文,此愆用作动词,谓举其过失也。"

㉒允:确实。时:这样。

㉓不啻(chì 赤):不但。不啻不敢含怒,下有省略。郑玄说:"不但不敢含怒,乃欲屡闻之,以知己政得失之源也。"

㉔则若时:就像这样。

㉕辟:法度。

㉖绰(chuò 辍):宽。
㉗有:《尚书易解》:"盖借为尤,同声通用。怨有同,怨尤会同也。"
㉘丛:聚集。
㉙嗣:继承。嗣王,指成王。监:同"鉴",鉴戒。兹:这些。

【今译】

周公说:"唉!从今以后的继位君王,绝不可过度沉溺在观赏、安逸、嬉游和田猎之中,绝不可只使老百姓进献赋税。不要自我宽慰说:'只是今天快乐快乐。'这样,就不是老百姓所能顺从的,也不是上天所能依从的,这样的人就会有罪过。不要像商纣王那样迷惑昏乱,把酗酒作为酒德啊!"

周公说:"唉!我听说:'古时的人还能互相劝导,互相爱护,互相教诲,老百姓没有互相欺骗互相诈惑的。'不听从这些劝诫,人们都顺从自己的意愿,变动先王的政治法度,以至于大大小小的法令。老百姓于是就内心怨恨,口头诅咒了。"

周公说:"唉!从殷王中宗,到高宗,到祖甲,到我们的周文王,这四位君王领导都很明智。有人告诉他们说:'老百姓在怨恨你骂你。'他们就更加敬慎自己的行为;有人举出他们的过错,他们就说:'我的过错确实像这样。'不但不生气。不依照这样,人们就会互相欺骗互相诈惑,有人说老百姓在怨恨你咒骂你,你就相信了,就会像这样:不能从长考虑国家的法度,不能使自己的心怀宽大,乱罚没有过错的人,乱杀没有罪过的人。老百姓的怨恨会合起来,于是会聚集到你自己的身上。"

周公说:"唉!继王要鉴戒这些啊!"

(以上是第三段,周公告诫成王勤劳政事的方法。)

君 奭

【题解】

本篇是周公对召公的答辞。君,周公对召公的尊称。奭(shì 示),召公名。

西周初年,东方各国的叛乱平定以后,天命说又盛行起来。召公恐怕在朝官员相信天命,怠于政事,主张事在人为。周公赞赏召公的看法。明确表示倚重召公,勉励召公共同辅佐成王完成大业。史官记录了周公的重要讲话,名为《君奭》。

《史记·燕召公世家》认为本篇作于周公摄政时,《书序》以为作于周公还政成王以后,《尚书孔传参证》从《史记》,论证有说服力。今从其说。

本篇是研究我国上古思想史的重要资料,可惜被注家忽略了。

【原文】

召公为保①,周公为师②,相成王为左右③。召公不说④,周公作《君奭》。

【注释】

①保:太保,官名,三公之一。
②师:太师,官名,三公之一。
③相:辅佐。左右:这里指君王左右的辅佐大臣。
④说:通悦,高兴。

【今译】

周成王时,召公是太保,周公是太师,辅佐成王为左右大臣。召公不高兴,周公写作了《君奭》。

(以上是序。)

【原文】

周公若曰:"君奭!弗吊天降丧于殷①,殷既坠厥命②,我有周既受。我不敢知曰:厥基永孚于休③。若天棐忱④,我亦不敢知曰:其终出于不祥⑤。"

"呜呼!君已曰⑥:'时我⑦,我亦不敢宁于上帝命⑧,弗永远念天威越我民⑨;罔尤违⑩,惟人。在我后嗣子孙⑪,大弗克恭上下⑫,遏佚前人光在家⑬,不知天命不易⑭,天难谌⑮,乃其坠命⑯,弗克经历⑰。嗣前人,恭明德,在今。'"

"予小子旦非克有正⑱,迪惟前人光施于我冲子⑲。又曰⑳:'天不可信。'我道惟宁王德延㉑,天不庸释于文王受命㉒。"

注释

①吊:善。弗吊天,《尚书易解》:"谓纣不善天也。"
②坠:丧失。
③厥:其,那(王业)。基:始。永:长,这里是经常、总是的意思。孚:通"付",给予。《书·高宗肜日》:"天既孚命正厥德。"《汉石经》"孚"作"付"。休:美。
④棐(fěi匪):辅助。忱:诚信。
⑤终:终结。祥:吉祥。
⑥君:指召公。
⑦时:通"恃",依靠。我:我们,我辈。
⑧宁:安,作动词,安然享受的意思。
⑨越:与、和。
⑩尤:过失。违:违失。
⑪在:考察。《尔雅·释诂》:"在,察也。"
⑫上下:这里指上天和下民。
⑬遏(è厄):绝。佚:同"失"。光:指文王、武王圣德的光辉。
⑭不易:不容易。
⑮谌(chén忱):信。
⑯其:将要。
⑰经历:长久。
⑱旦:周公名。有正:《尚书易解》:"有所改正。"非克有正,不能有什么改正,等于说赞成召公的看法。
⑲迪:句首语气助词。施:延。冲子:这里泛指后代子孙。
⑳又曰:指召公又说。《墨子·非命中》引"天不可信"为召公的话。
㉑道:《汉石经》作迪,句中语气助词。宁王:文王。
㉒庸释:舍弃、废弃。王国维说:"'庸释'连文,言舍去也。"

【今译】

周公这样说:"君奭!商纣王不能很好地顺从上天,上天就给殷国降下了大祸,殷国已经丧失了福命,我们周国已经接受了。我不敢认为:王业开始的时候,上天总是赋予休美的事情。顺从上天,任用诚信的人辅助国事,我也不敢认为:王业的结局会出现不吉祥。"

"唉!您曾经说过:'依靠我们自己,我们也不敢安然享受上帝赐给的福命,不去经常顾念上天的威严和我们的人民;没有过错和违失,应当依靠人。考察我们的后代子孙,大多数不能够恭敬上天,顺从下民,把前人的光辉限制在我们国家之内,不知道天命难得,不懂得上帝难信,就将会失去天命,不会长久。继承前人,奉行明德,就在今天了。'"

"我小子姬旦赞成你的看法,勤劳王事,只想把前人的光美传给我们的后代。您还说过:'上天不可信赖。'我只要把文王的美德加以推广,上天将不会废弃文王所接受的福命。"

(以上是第一段,周公赞成召公不相信天命的说法,强调事在人为。)

【原文】

公曰:"君奭!我闻在昔成汤既受命,时则有若伊尹①,格于皇天②。在太甲③,时则有若保衡④。在太戊⑤,时则有若伊陟、臣扈⑥,格于上帝;巫咸乂王家⑦。在祖乙⑧,时则有若巫贤⑨。在武丁⑩,时则有若甘盘⑪。"

"率惟兹有陈⑫,保乂有殷,故殷礼陟配天⑬,多历年所⑭。天维纯佑命⑮,则商实百姓王人⑯,罔不秉德明恤⑰,小臣屏侯甸⑱,矧咸奔走⑲。惟兹惟德称⑳,用乂厥辟㉑,故一人有事于四方㉒,若卜筮罔不是孚㉓。"

公曰:"君奭!天寿平格㉔,保乂有殷,有殷嗣㉕,天灭威㉖。今汝永念,则有固命㉗,厥乱明我新造邦㉘。"

注释

①时:当时。若:其,那。王念孙说:"若,犹'其'也。"见《经传释词》。伊尹:名挚,成汤的大臣。

②格：嘉许。《史记·燕召公世家》引作"假"。《中庸》《释文》："假，嘉也。"
③太甲：汤的孙子。
④保衡：伊尹。保，官名。衡，伊尹名衡。
⑤太戊：太甲的孙子。
⑥伊陟、臣扈：都是太戊的贤臣。
⑦巫咸：人名，太戊的大臣。乂：治理。
⑧祖乙：名滕，殷国的第七世贤王。
⑨巫贤：祖乙的贤臣。
⑩武丁：殷高宗。
⑪甘盘：武丁的贤臣，《史记》作甘般。
⑫率：句首语气助词。惟：以，凭借。陈：道。《尚书今古文注疏》："陈者，《汉书·哀帝纪》注，李斐云：'道也。'"有陈，有道的贤臣。
⑬殷礼陟（zhì 至）配天：《尚书平议》："谓殷人之礼死则配天而称帝也。《竹书纪年》凡帝王之终皆曰陟，此经陟字，义与彼同。"
⑭所：《经传释词》："语助也。"
⑮纯佑：古成语。金文多作"屯右"。纯，专一。佑，帮助。纯佑，这里作名词，辅国贤臣。命：告，教。
⑯实：《尚书易解》："实字，本当置于罔字之前，谓商百姓王人实罔不秉德明慎，为了强调，所以前置。"百姓：这里指商的异姓官员。王人：这里指商的同姓官员。
⑰恤：谨慎。
⑱屏：并。魏《三体石经》古文作并。侯甸：指侯、甸诸侯国的官员。
⑲矧：也。奔走：指效劳。
⑳兹：指上述群臣。称：举。
㉑乂：同艾，辅助。《尔雅·释诂》："艾，相也。"厥：其，他们的。辟：君王。
㉒一人：指国君。
㉓孚：信。
㉔寿：使动用法，使……寿。平格：平康，见《尚书易解》，这里指平康正直的官员。
㉕有殷嗣：殷继承夏。
㉖天灭威：意思是说上天不再降下惩罚。
㉗固命：定命。
㉘厥：句首语气助词。乱：治理。

【今译】

周公说："君奭！我听说从前成汤既已接受天命，当时就有那个伊尹得到上天的嘉许。在太甲,当时就有那个保衡。在太戊,当时就有那个伊陟和臣扈,得到上天的嘉许,又有巫咸辅助太戊治理国家。在祖乙,当时就有那个巫贤。在武丁,当时就有那个甘盘。"

"凭借这些有道的贤臣,安定治理殷国,所以殷人的制度,君王死后,他们的神灵都配天称帝,经历了许多年代。上天用辅国贤臣教告下民,于是,殷商异姓同姓的官员们,没有人不保持美德,小心谨慎,君王左右卑微的小臣和诸侯的官员,也都奔走效劳。因为这些官员是依据美德被推举,来辅助他们的君王,所以君王施政于四方,如同卜筮一样,没有人不相信。"

周公说:"君奭!上天使平康正直的官员长寿,安定治理殷国,于是,殷国继承了夏国的王业,上天也不降下惩罚了。现在您长久念及这些,那么上天当有定命,治好我们这个新建立的国家。"

(以上是第二段,周公广泛征引史实,说明辅臣的重要作用。)

【原文】

公曰:"君奭!在昔上帝割申劝宁王之德①,其集大命于厥躬②?惟文王尚克修和我有夏③;亦惟有若虢叔④,有若闳夭,有若散宜生,有若泰颠,有若南宫括。"

"又曰⑤:无能往来⑥,兹迪彝教⑦,文王蔑德降于国人⑧。亦惟纯佑秉德⑨,迪知天威,乃惟时昭文王迪见冒⑩,闻于上帝,惟时受有殷命哉。"

"武王惟兹四人尚迪有禄⑪。后暨武王诞将天威⑫,咸刘厥敌⑬。惟兹四人昭武王惟冒⑭,丕单称德⑮。"

"今在予小子旦,若游大川,予往暨汝奭其济⑯。小子同未在位⑰,诞无我责收⑱,罔勖不及⑲。耉造德不降我则⑳,鸣鸟不闻㉑,矧曰其有能格㉒?"

公曰:"呜呼!君肆其监于兹㉓!我受命无疆惟休㉔,亦大惟艰。告君,乃猷裕我㉕,不以后人迷㉖。"

【注释】

①割(hé何):通"害",为什么。申:重,一再。劝:勉。
②集:下,见《淮南子·说山》注。厥躬:其身,指文王的身上。

③惟:《经传释词》:"犹以也。"修:治理。和:和协。有夏:指中国。若:其,那。
④虢(guó 国)叔:与下丈闳夭、散宜生、泰颠、南宫括,都是文王时的贤臣。
⑤又:有。有曰:有人说,这里是引别人的话论证。
⑥往来:奔走效劳。
⑦兹:努力。《尚书正读》:"读为孜,勉也。"彝(yí 宜):常。
⑧蔑(miè 灭):无、没有。
⑨惟:因为。纯佑:辅国贤臣。参见上文"天惟纯佑命"注。
⑩惟时:于是,因此。昭:同"诏",帮助。迪见:即诞的合音,大的意思。《尚书易解》:"迪见,盖即诞之合音;迪与诞皆古定纽字,见与诞皆古寒部字。下文'昭武王惟冒',与此'昭文王迪见冒'句例相同,故知'迪见'当为'诞'也。"冒:马融本作勖,勉。
⑪四人:郑玄说:"武王时,虢叔等有死者,余四人也。"迪:通"犹",还。有禄:古代称死亡为无禄或不禄,称生为有禄。
⑫暨(jì 既):与、和。诞:大。将:奉行。
⑬咸:都。刘:杀。
⑭冒:通"勖",勉、努力。
⑮丕:大。单:同"殚",尽。称:称赞。
⑯其:或许。济:渡过。
⑰小子:周公自称。同未:通"恫昧",等于说无知。
⑱诞:句首语气助词。收:纠正。《尚书易解》:"收,当读为纠,《周礼》'大司马以纠邦国'郑注:纠,正也。"
⑲不及:力所不及的事。
⑳耇(gǒu 苟):老。造:成。耇成德,老成德,指召公。则:法。
㉑鸣鸟:这里指凤凰。《白虎通》说:"凤皇者,禽之长也,上有明主太平,乃来居广都之野。"
㉒矧(shěn 审):何况。格:嘉许。
㉓肆:现在。监:看。兹:这,代指下句。
㉔休:吉庆,吉祥。《尔雅·释言》:"休,庆也。"
㉕告:请求。《尔雅·释言》:"告,请也。"猷裕:教导。《方言》:"猷裕,道也。"
㉖以:使。

【今译】

　　周公说:"君奭!过去上帝为什么一再嘉勉文王的品德,降下大命在他身上呢？因为文王重视能够治理、和谐我们中国的人,也因为有那虢叔、闳夭、散宜生、泰颠、南宫括五位贤臣。"

"有人说:没有人奔走效劳,努力施行常教,文王也就没有恩德降给国人了。也因为这些贤臣保持美德,了解上天的威严,辅助文王作巨大努力,被上帝知道了,因此,文王才承受殷国的大命。"

"武王时,文王的贤臣只有四人还健在。后来,他们和武王奉行上天的惩罚,完全消灭了他们的敌人。也因这四人辅助武王很努力,于是天下全都赞美武王的恩德。"

"现在我小子姬旦好像将要渡过大河,我和你奭一起前往,或许可以渡过。我愚昧无知却身居大位,你不经常督导、纠正,就没有人勉励我去做力所不及的事了。您这德高望重的人不指示治国的法则,凤凰的鸣声固然听不到,何况说将能够被上天嘉许呢?"

周公说:"唉！您现在应该看到这一点！我们接受的大命,有无限的喜庆,也有无穷的艰难。现在请求您,急于教导我,不要使后人迷惑。"

(以上是第三段,指明召公的历史责任,希望和召公同心同德辅助成王。)

【原文】

公曰:"前人敷乃心①,乃悉命汝②,作汝民极③。曰:'汝明勖偶王④,在亶乘兹大命⑤,惟文王德丕承⑥,无疆之恤⑦！'"

公曰:"君！告汝,朕允保奭⑧。其汝克敬以予监于殷丧大否⑨,肆念我天威⑩。予不允惟若兹诰⑪,予惟曰:'襄我二人⑫,汝有合哉⑬?'言曰⑭:'在时二人。'天休兹至⑮,惟时二人弗戡⑯。其汝克敬德,明我俊民⑰,在让后人于丕时⑱。"

"呜呼！笃棐时二人⑲,我式克至于今日休⑳?我咸成文王功于㉑！不怠丕冒,海隅出日㉒,罔不率俾㉓。"

公曰:"君！予不惠若兹多诰㉔,予惟用闵于天越民㉕。"

公曰:"呜呼！君！惟乃知民德亦罔不能厥初㉖,惟其终㉗。祗若兹㉘,往敬用治㉙！"

注释

①前人:指武王。敷:宣布。乃心:其心,他的心。
②悉:详尽。
③极:标准、表率。
④明勖(xù 序):都是勉力的意思。偶:通"耦",辅佐。《广雅》:"耦,佑也。"
⑤亶(dǎn 胆):诚。乘:通"承"。
⑥惟:思。
⑦恤:忧虑。
⑧允:信。保:太保,召公官名。
⑨以:与。大否(pǐ 匹):王先谦说:"《易》天地交为泰,天地不交而万物不通为否。殷之末世,天地闭塞,是大否也。"大否,等于说祸乱。
⑩肆:长。威:罚。
⑪不允惟:不但。允,语气助词。
⑫襄:《尔雅·释言》:"除也。"
⑬合:指意志相合。
⑭言曰:这里是周公代替召公作答。
⑮兹:通"滋",益。
⑯戡(kān 堪):通"堪"。《尔雅·释诂》:"堪,胜也。"
⑰明:用为动词,这里是提拔的意思。
⑱在:《尔雅·释诂》:"终也。"让:通襄,完成。丕时:继承。《尚书正读》:"丕时犹丕承也。"
⑲笃:信。棐:非,不是。时二人:这二人,周公称自己与召公。
⑳式:尚。
㉑我:我辈、我们。咸:共同。于:乎。《吕览·审应篇》:"然则先生圣于?"高诱注:"于,乎也。"《尚书易解》:"我咸成文王功于,绝句。不怠丕冒,绝句。"
㉒隅(yú 于):边远的地方。海隅日出,海边日出,这里指荒远偏僻的地方。
㉓俾:顺从。
㉔惠:通"惟",想。《酒诰》:"予不惟若兹多诰。"《汉石经》惟作惠。
㉕闵:忧虑。越:与,和。
㉖德:行为。能:善。初:事情的开始。
㉗终:指善终。
㉘若:《尔雅·释诂》:"善也。"兹:此,这,指完成文王功业。
㉙往:勤劳。《广雅·释诂》:"往,劳也。"用:以。

【今译】

周公说:"武王宣布他的心意,详尽地命令您作为老百姓的表率。

武王说:'您要努力辅佐成王,诚心诚意承受这上天赐予的大命,要继承文王的功德,有无穷的忧虑啊!'"

周公说:"君奭!请求您,我信得过的太保奭。希望您能谨慎地和我一起看到殷国丧亡的大祸,长久使我们顾虑上天的惩罚。我不但这样告诉您,我想:'除了我们二人,您还有合意的人吗?'您会说:'只有我们这两个人。'上天赐予的休美越来越多,仅仅是我们两人不能胜任了。希望您能够敬重贤德,提拔杰出人才,终于完成我们后人的继承事业。"

"唉!真的不是我们这两个人,我们还能达到今天的休美境地吗?我们共同成就文王的功业啊!不懈怠地努力工作,要使那海边日出的地方,没有人不顺从我们。"

周公说:"君奭啊!我不想这样多多劝告了,我只想我们要忧虑天命和民心。"

周公说:"唉!君奭啊!您知道老百姓的行为,开始时没有不好好干的,我们要做到善终。我们认真搞好这件事,要勤劳恭敬地治理啊!"

(以上是第四段,周公勉励召公共同成就文王的功业。)

蔡仲之命

【题解】

周公摄政的时候，蔡叔、管叔等散布流言，中伤周公，甚至勾结殷商遗民发动叛乱。周公东征，平定了叛乱，把蔡叔囚禁在郭邻，直至死都没有赦免他。蔡叔的儿子蔡仲贤明敬德，周公就请命成王，封蔡仲为蔡国的国君。史官记载了成王册命这件事，名为《蔡仲之命》。

本篇今文无，古文有。《蔡传》认为"此篇次序，当在《洛诰》之前"。

【原文】

蔡叔既没①，王命蔡仲②，践诸侯位③，作《蔡仲之命》。

注释

①既：已经。没：通"殁"，死亡。
②王：指成王。命：册命。蔡仲：名胡，蔡叔的儿子。
③践：帝王或诸侯即位。

【今译】

蔡叔死后，成王册命蔡仲为诸侯，写了《蔡仲之命》。
（以上是序。）

【原文】

惟周公位冢宰①，正百工②，群叔流言。乃致辟管叔于商③；囚蔡叔于郭邻④，以车七乘；降霍叔于庶人⑤，三年不齿⑥。蔡仲克庸祗德⑦，周公以为卿士。叔卒，乃命诸王邦之蔡⑧。

注释

①位：位于，担任。冢宰：周代官名，也叫做大宰，是百官的首长。《书·周官》："冢宰掌邦治，统百官，均四海。"《孔疏》说周公在周武王驾崩后，担任冢宰。

②正：统帅，掌管。见《诗·曹风·鸤鸠》"正是四国"、"正是国人"毛传郑笺。工：官。
③乃：于是。致辟：杀，诛戮。《蔡传》："致辟云者，诛戮之也。"
④郭邻：地名，其地不详。《孔传》认为是"中国之外地名"。
⑤庶人：平民百姓。降霍叔于庶人，《孔疏》："若今除名为民。"
⑥齿：收录，录用。不齿，不录用。三年不齿，《孔传》："三年之后乃齿录。"
⑦克：能够。祗：敬。
⑧诸："之于"的合音词。邦：封。邦封古通用。

【今译】

在周公担任冢宰、掌管百官的时候，管叔、蔡叔等人散布谣言中伤周公。周公于是在商杀了管叔；把蔡叔囚禁在郭邻，只有七乘车子；把霍叔降为平民，三年不准录用。蔡叔的儿子蔡仲能够敬行美德，周公任用他为卿士。蔡叔死后，周公就告诉成王，封蔡仲于蔡国。

（以上是第一段，史官说明册命蔡仲为蔡国国君的原因。）

【原文】

王若曰："小子胡①，惟尔率德改行②，克慎厥猷③，肆予命尔侯于东土④。往即乃封，敬哉！"

"尔尚盖前人之愆⑤，惟忠惟孝，尔乃迈迹自身⑥，克勤无怠，以垂宪乃后⑦。率乃祖文王之彝训⑧，无若尔考之违王命。皇天无亲，惟德是辅⑨。民心无常⑩，惟惠之怀⑪。为善不同⑫，同归于治；为恶不同，同归于乱。尔其戒哉⑬！"

注释

①小子：年轻人。胡：蔡仲的名。
②率：遵循。率德改行，意思是说蔡仲能够遵循祖先的美德，改正父亲的行为。
③猷：道理。《诗·小雅·巧言》："秩秩大猷。"《郑笺》："猷，道也。"
④侯：用如动词，做诸侯。东土：蔡国在周都镐京的东方，所以叫做东土。
⑤盖：掩盖。吕祖谦说："子之新善著，则父之旧愆庶乎其掩矣。"前人：指蔡叔。愆：罪过。
⑥迈迹：迈步前进。自：从。身：自己。

⑦垂:流传。宪:法。乃后:你的子孙后代。
⑧彝:常。彝训,指文王对后辈经常训导的话。《书·酒诰》:"聪听祖考之彝训。"《孔传》:"言子孙皆聪听祖父之常教。"
⑨是:结构助词。惟德是辅,就是惟辅德。
⑩常:指常主。《孔传》:"民心于上,无有常主,惟爱己者则归之。"
⑪怀:归向。惠:惠爱。之:结构助词。惟惠之怀,句式同"惟德是辅"。
⑫善:善事。
⑬其:要,副词,表示祈使语气。戒:戒惧。

【今译】

王这样说:"年轻人胡啊!只有你能够遵循祖先的美德,改正前人的恶行,能够谨守做臣子的道理,所以我命令你在东方做诸侯,往你的封地要敬慎啊!"

"你当遮盖前人的罪过,思忠思孝,你要从自己开始迈步前进,能够勤劳而不懈息,给你的后代留下榜样。要遵循你祖父文王的教诲,不要像你父亲那样违抗王命。上天不亲近谁,只辅佑贤德的人。老百姓的心中没有常主,只归向惠爱的君主。行善的方法不同,都归于天下大治;为恶的方式不同,都归于国家大乱。你要谨慎戒惧啊!"

(以上是第二段,成王表彰蔡仲忠诚孝顺,勤劳王事,勉励他即位后施行德政。)

【原文】

"慎厥初,惟厥终①,终以不困。不惟厥终,终以困穷②。懋乃攸绩③,睦乃四邻,以蕃王室,以和兄弟,康济小民④。率自中⑤,无作聪明乱旧章⑥。详乃视听⑦,罔以侧言改厥度⑧。则予一人汝嘉⑨。"

王曰:"呜呼!小子胡,汝往哉!无荒弃朕命⑩!"

【注释】

①惟:思念。
②困穷:指境遇艰难窘迫。
③懋(mào 茂):勉。攸:所。
④康济小民:使小民安居乐业。《孔传》:"汝为政当安小民之居,成小民之业。"

⑤率:依循,遵循。自:用。中:中道,不偏不倚的正道。
⑥无:通"毋",不要。旧章:先王的成法。
⑦详:审察。视听:见闻,泛指对事物的感受、印象和看法。
⑧以:因为。侧言:一偏的话。度:法度。
⑨予一人:成王自指。嘉:嘉惠。汝嘉,就是嘉汝。
⑩荒弃:荒怠废弃,这里是忘记的意思。

【今译】

"慎重事物的开始,也考虑它的终局,终局因此不会困苦。不考虑它的终局,终局因此就会困迫。努力你的功业,和睦你的四邻,来护卫周王室,和睦同姓诸侯,使老百姓安居乐业。要循用中道,不要自作聪明扰乱先王的成法。要审查你的见闻,不用一边的话改变法度。能做到这样,我就赞扬你。"

王说:"啊!年轻的胡,你去吧!不要忘记我的训告!"

(以上是第三段,成王告诫蔡仲必须慎始谋终,指明努力方向。)

成王政

【原文】

成王东伐淮夷①,遂践奄②,作《成王政》③。

注释

①伐:讨伐。这是指成王执政以后,淮夷和奄又叛,成王亲往讨伐。
②遂:于是,就。践:通"翦",灭。奄:古国名,在淮夷的北面。周公摄政不久,奄就和淮夷一起追随管叔、蔡叔等作乱。
③政:征。《释文》"政,马本作征,云:正也。"成王政:指成王征伐叛逆之民,故以'成王政'为篇名。

【今译】

周成王东征讨伐淮夷,于是灭了奄国,史官写了《成王政》。
(以上是序,无正文。)

将蒲姑

【原文】

成王既践奄,将迁其君于蒲姑①,周公告召公,作《将蒲姑》②。

【注释】

①迁:迁徙。其君:指奄国的国君。蒲(bó 博)姑:《孔疏》:"蒲姑为齐地也。周公迁殷顽民于成周近京师教化之,知今迁奄君臣于蒲姑为近中国教化之。"蒲姑或作薄姑,奄君名。成王灭奄,迁薄姑于齐,就用薄姑作为所居地名。见《尚书大传》和《史记》。

②将:行,这里是迁之使行的意思。将蒲姑:迁徙蒲姑。

【今译】

周成王已经灭亡了奄国,将要迁徙奄君到蒲姑,周公把这件事告诉召公,史官写了《将蒲姑》。

(以上是序,无正文。)

多 方

【题解】

方,就是国。多方,就是众国。

周成王亲理朝政后的第二年,淮夷和奄又发动叛乱。成王亲自征伐,灭掉奄国。五月,成王返回镐京,各国诸侯都来朝会,周公代替成王发布诰命。因为诰命的主要对象是不服从周王朝统治的各国君臣,所以史官记录诰命,名为《多方》。

本篇的核心思想是强调天命,夏、商的兴亡是天命,周王朝的建立也是天命。天命不可违,周王朝的统治也是不可抗拒的。本篇对于研究上古神权思想和周初复杂的政治斗争有参考价值。

【原文】

成王归自奄①,在宗周②,诰庶邦③,作《多方》。

注释

①归:返回。自:从。
②宗周:镐京。
③庶邦:指众国君臣。

【今译】

周成王从奄地返回镐京,周公代替成王告诫各国君臣,史官记录诰词,写了《多方》。

(以上是序。)

【原文】

惟五月丁亥①,王来自奄,至于宗周。

周公曰:"王若曰②:猷③告尔四国多方惟尔殷侯尹民④。我惟大降尔命⑤,尔罔不知。洪维图天之命⑥,弗永寅念于祀⑦,惟帝降格于夏⑧。有夏诞厥逸⑨,不肯慼言于民⑩,乃大淫昏⑪,不克终日劝于帝之迪⑫,乃尔攸闻⑬。厥图帝之命⑭,不克开于民之丽⑮,乃大降罚⑯,崇乱有夏⑰。因甲于内乱⑱,不克灵承于旅⑲。罔丕惟进之恭⑳,洪舒于民㉑。亦惟有夏之民叨懫日钦㉒,劓割夏邑㉓。天惟时求民主㉔,乃大降显休命于成汤㉕,刑殄有夏㉖。"

"惟天不畀纯㉗,乃惟以尔多方之义民不克永于多享㉘;惟夏之恭多士大不克明保享于民㉙,乃胥惟虐于民㉚,至于百为,大不克开㉛。

"乃惟成汤克以尔多方简㉜,代夏作民主。慎厥丽㉝,乃劝㉞;厥民刑,用劝;以至于帝乙,罔不明德慎罚,亦克用劝;要囚殄戮多罪㉟,亦克用劝;开释无辜,亦克用劝。"

"今至于尔辟㊱,弗克以尔多方享天之命㊲,呜呼!"

注释

①五月:成王执政第二年五月。《孔传》:"周公归政之明年,淮夷、奄又叛。鲁征淮夷,作《费誓》。王亲征奄,灭其国,五月还至镐京。"

②王若曰:这是周公代成王言。若,这样。

③猷:告,《方言》:猷,道也。

④四国:指管、蔡、商、奄四国。惟:与、和。殷:众。《诗·溱洧》传:"殷,众也。"殷侯,众位诸侯。尹:治。尹民,指治民的官员。

⑤降:下达。令:教令。

⑥洪惟:句首语气助词。图:《经传释词》:"大也。"《尚书易解》:"大天之命,谓其偏重天命;不永寅于祀,谓其忽视民生。《尚书大传》曰:'桀云:天之有日,犹吾之有民,日有亡乎?日亡,吾亦亡矣。'此夏桀大天命之事实。"

⑦寅:敬。

⑧格:通"诒(è厄)"。《玉篇》:"诒,教令严也。"

⑨诞:大。

⑩憝:忧。

⑪淫昏:淫逸昏乱。

⑫劝:勉,努力。迪:教导。

⑬攸:所。

⑭图帝之命:图,大,意动用法,就是以上帝之命为大。

⑮开:明。丽:附。民之丽,意思是老百姓归附君王的道理。

⑯大降罚:大事杀戮。

⑰崇:充。

⑱甲:《尔雅·释言》:"狎也。"狎,习。乱:治。内乱,女治,指夏桀信任妹喜。

⑲灵:善。旅:众。
⑳丕:通"不"。进:通赍(jīn尽)。《仓颉篇》:"赍,财货也。"恭:通"供"。《广雅·释诂》:"供,进也。"
㉑舒:宋王应麟《困学纪闻》:"古文作荼(tú途)。"荼,苦,这里是说毒害。
㉒叨:贪婪。愼(zhì至):忿戾。钦:通"廞"(xīn欣)。《尔雅·释诂》:"廞,兴也。"
㉓劓(yì艺):古代五刑之一,割鼻子的刑罚。劓割,这里指残害。
㉔惟时:于是。
㉕显:光。休:美。
㉖殄(tiǎn舔):绝。
㉗不畀纯:畀,与。纯,通"屯",众也,见《尚书启蒙》。
㉘乂民:这里指邦君。享:劝。
㉙恭:通"供",这里是供职的意思。
㉚惟:为。
㉛开:开展。《说文》:"开,张也。"
㉜多方:指各国邦君。简:选择。
㉝丽:施行。
㉞劝:勉励。
㉟要:通"幽",监禁。
㊱辟:君。尔辟,指纣王。
㊲以:和。

【今译】

五月丁亥这天,王从奄地回来,到了宗周。

周公说:"成王这样说:啊!告诉你们四国、各国诸侯以及你们众诸侯国治理百姓的官员们,我给你们下达教令,你们不可昏昏不闻。夏桀偏重天命,不常重视祭祀,于是,上帝对夏国降下了严令。夏桀仍大肆逸乐,不肯慰勉人民,竟然大行淫乱,不能用一天努力遵行上帝的教导,这些是你们听说过的。夏桀夸大天命,不明白使老百姓归附的道理,就大事杀戮,大乱夏国。夏桀习于妇人治理政事,不能很好地顺从民众,无不是要老百姓进献财物,深深地毒害了人民。也由于夏民贪婪、忿戾的风气一天天盛行,残害夏国。上天于是寻求可以做人民君主的人,就大下光明美好的命令给成汤,命令成汤消灭夏国。"

"上天不赐给众位诸侯,就是因为你们各国邦君不能常常勉励人民,因为夏国的官员太不懂得保护人民,勉励人民,竟然互相对人民施行暴虐,至于各种作为都不能开展。"

"成汤由于你们各国邦君的选择拥戴,代替夏桀作了君王。他谨慎地施政,是勉励人;他惩罚罪人,也是勉励人;从成汤到帝乙,没有人不明德慎罚,也能够用来勉励人;他们监禁罪犯,杀死重大罪犯,也能够用来勉励人;他们赦免无罪的人,也能够用来勉励人。"

"现在到了你们的君王,不能够和你们各国邦君享受上天赐予的大命,实在可悲啊!"

(以上是第一段,分析夏亡汤兴的原因,说明天命的重要。)

【原文】

王若曰:"诰告尔多方①,非天庸释有夏②,非天庸释有殷。乃惟尔辟以尔多方大淫③,图天之命屑有辞④。乃惟有夏图厥政,不集于享⑤,天降时丧,有邦间之⑥。乃惟尔商后王逸厥逸,图厥政不蠲烝⑦,天惟降时丧。"

"惟圣罔念作狂⑧,惟狂克念作圣。天惟五年须暇之子孙⑨,诞作民主⑩,罔可念听。天惟求尔多方,大动以威⑪,开厥顾天⑫。惟尔多方罔堪顾之⑬。惟我周王灵承于旅⑭,克堪用德,惟典神天⑮。天惟式教我用休⑯,简畀殷命⑰,尹尔多方。"

"今我曷敢多诰⑱。我惟大降尔四国民命⑲。尔曷不忱裕之于尔多方⑳?尔曷不夹介乂我周王享天之命㉑?今尔尚宅尔宅㉒,畋尔田㉓,尔曷不惠王熙天之命㉔?"

"尔乃迪屡不静㉕,尔心未爱㉖。尔乃不大宅天命㉗,尔乃屑播天命㉘,尔乃自作不典㉙,图忱于正㉚。我惟时其教告之㉛,我惟时其战要囚之㉜,至于再㉝,至于三㉞。乃有不用我降尔命,我乃其大罚殛之㉟!非我有周秉德不康宁,乃惟尔自速辜㊱!"

【注释】

①诰告:告诉。
②庸释:舍弃。
③尔辟:辟,君。尔辟,兼指夏、殷君王。以:和。尔多方:兼指夏、殷的各国诸侯。

④图:谋度。屑:通洗,安逸。有:又。辞:通怠,疑。
⑤集:止。
⑥间:代替。
⑦蠲(juān捐):显示。《左传》襄公十四年:"惠公蠲其大德。"杜预:"蠲,明也。"烝:美。
⑧圣:指明哲的人。念:思考。作:为。狂:与"圣"相对,指狂妄无知的人。
⑨五年:《尚书今古文注疏》:"五年,当从文王七年数至武王十一年伐纣也。"须:等待。暇:宽暇。子孙:成汤的子孙,指纣王。
⑩诞:延续、延长。
⑪大动以威:郑玄注:"言天下灾异之威,动天下之心。"
⑫开:启发。厥:其,指上文多方。
⑬堪:能。
⑭灵:善。承:顺从。
⑮典:善于。
⑯式:用。
⑰简:明。畀(bì币):给予。
⑱曷敢:何敢。
⑲降尔四国民命:就是降命于尔四国民。
⑳忱裕:告导,劝导。
㉑夹介乂:《尚书易解》:"夹介,疑为夽(gài盖)字之合音。《说文》:夽,大也。读若盖。乂,与艾通,《释诂》:艾,相也。"
㉒尚:还。宅尔宅:前一宅为动词,居住;后一宅作名词,住宅。
㉓畋(tián田):整治田地。《说文》:"畋,平田也。"
㉔惠:顺从。熙:广。
㉕乃:竟然。迪:教导。屡:屡次,多次。
㉖爱:顺从。见《尚书今古文注疏》。
㉗宅:度。
㉘屑:《尚书易解》:"通悉,皆也。《说文》:僁,读若屑,可证。"播:弃。
㉙典:法。
㉚图:图谋。忱:通"揕",《说文》:"揕,下击上也。"正:长。
㉛惟时:于是。
㉜战要(yāo腰)囚之:《尚书易解》:"谓讨其叛乱而幽囚之。"
㉝㉞至于再、至于三:《孔传》:"再,谓三监、淮夷叛时;三,谓成王即政又叛。"
㉟殛(jí极):诛。
㊱速:召。辜:罪。

【今译】

王这样说:"告诉你们各位邦君,并不是上天要舍弃夏国,也不是上天要舍弃殷国。只是你们夏、殷的君主和你们各国诸侯大肆淫佚,图度天命,安逸而又怀疑。因为夏桀考虑政事,不是为了保护老百姓,勉励老百姓,于是上天降下这亡国大祸,成汤代替了夏桀。因为你们商的后王过度享乐,考虑政事不美好,于是上天也降下这亡国大祸。"

"明哲的人不思考就会变成无知,无知的人能够思考就能变明哲。上帝等待商的子孙悔改,宽眼五年时间,让他继续做王,但是,无法可使他思考、听从上天的意旨。上帝同样要求你们众诸侯国,大降灾异,启发你们众国顾念天意,你们众国也没有人能顾念它。只有我们周王善于顺从民众,能用民德,善待神、天。上帝就用休祥指示我们,明显地给予我们伟大的使命,让我们治理众国诸侯。"

"现在我怎么敢多说。我只是普遍发布一个命令给你们各国臣民。你们为什么不告导各国臣民?你们为什么不大助我周王共享天命呢?现在你们还居住你们原来的住宅,整治你们原来的田地,你们为什么不顺从周王宣扬的上帝的大命呢?"

"你们竟然教导屡次还不安定,你们内心不顺。你们竟然不度量天命,你们竟然完全不顾天命,你们竟然自作不法,谋击正长。我因此用文告教导你们,我因此讨伐你们,囚禁你们,一而再,再而三。假如还有人不服从我发布给你们的命令,那么我就要重重惩罚啊!这并不是我们周国执德不安静,只是你们祸由自取。"

(以上是第二段,分析殷亡周兴的原因,谴责不安天命、多次叛乱的诸侯国君臣。)

【原文】

王曰:"呜呼!猷告尔有方多士暨殷多士①。今尔奔走臣我监五祀②,越惟有胥伯小大多正③,尔罔不克臬④。"

"自作不和,尔惟和哉!尔室不睦⑤,尔惟和哉!尔邑克明⑥,尔惟克勤乃事。尔尚不忌于凶德⑦,亦则以穆穆在乃位⑧,克阅于乃邑谋介⑨。"

"尔乃自时洛邑⑩,尚永力畋尔田,天惟畀矜尔⑪,我有周惟其大介赉尔⑫,迪简在王庭⑬。尚尔事⑭,有服在大僚⑮。"

王曰："呜呼！多士，尔不克劝忱我命⑯，尔亦则惟不克享⑰，凡民惟曰不享。尔乃惟逸惟颇⑱，大远王命，则惟尔多方探天之威⑲，我则致天之罚⑳，离逖尔土㉑。"

王曰："我不惟多诰㉒，我惟祗告尔命㉓。"

又曰："时惟尔初㉔，不克敬于和㉕，则无我怨。"

注释

①有：《经传释词》："语助也。"暨：和。

②监：侯国。五祀：五年。从周公摄政三年灭奄起至成王元年，正好五年。

③胥：繇(yáo 摇)役。伯：赋税。《尚书正读》："伯当为赋，声之误也。"正：通"政"，指政事。

④臬(niè 聂)：法度。

⑤室：家庭。

⑥明：指政治清明。

⑦忌：通"惎(jì 忌)。"《小尔雅》："惎，教也。"

⑧穆穆：恭敬。

⑨阅：容，见《礼记·表记》注。介：善。

⑩乃：如果。时：这。

⑪畀(bǐ 币)：赐。矜：怜悯。

⑫大介：《尚书正读》："大介当为夼(gài 盖)，一字误为两字也。《说文》：'夼，大也。'"赉(lài 赖)：赐。

⑬迪：进。简：选择。

⑭尚：等于说努力，见《公羊传》襄公二十九年注。

⑮服：事。僚：官。

⑯劝：努力。忱：相信。

⑰享：享位。

⑱逸：放荡。颇(pō 坡)：邪恶。

⑲探：试。《尔雅·释言》："试也。"威：罚。

⑳致：给予，这里意思是施行。

㉑逖(tì 替)：远。

㉒惟：想。不惟多诰，就是不想多说。

㉓祗：敬。命：指天命。

㉔时：善。惟：谋划。

㉕于：与，和。

【今译】

　　王说:"啊!告诉你们各国官员和殷国的官员们,现在你们奔走效劳臣服我侯国已经五年了,对于所有的繇役赋税和大大小小的政事,你们没有不遵守法规的。"

　　"你们自己造成了不和睦,你们应该和睦起来!你们的家庭不和睦,你们也应该和睦起来!你们的城邑政治清明,你们就算能够勤劳你们的政事。你们或许不被坏人引诱,又或用恭恭敬敬的态度居守你们的职位,就能住在你们的城邑里谋求美好生活。"

　　"你们如果用此洛邑,长久尽力平治你们的田地,老天会怜悯你们,我们周国也会大大地赏赐你们,把你们引进选拔到朝庭来。或能努力做好你们的职事,还将让你们担任重要官职。"

　　王说:"唉!官员们,如果你们不能努力信从我的教命,你们也就不能享有禄位,老百姓也将认为你们不能享有禄位。你们如果放荡邪恶,大大地违抗王命,那就是你们各国妄图试探上天的惩罚,我就要施行上天的惩罚,使你们永远离开你们的故土。"

　　王说:"我不想多说了,我只是认真把天命告诉你们。"

　　王又说:"好好地谋划你们的开始吧!不能敬守天命与和睦相处,我就要施行惩罚,你们就不要怨我了。"

　　(以上是第三段,提出具体要求,勉励各国君臣遵从天命,服从周王朝的统治。)

立 政

【题解】

　　王引之说:"政与正同,正,长也。立政,谓建立长官也。篇内所言皆官人之道,故以立政名篇。"(《经义述闻》卷三)

　　本篇是周公晚年对成王的诰词,主要内容是阐述设官理政的法则。周公东征以后,天下已经日趋安定,周王朝的迫切任务就是健全官员制度,以求长治久安。在诰词中,周公说明了夏、商两代的设官经验,告诫成王必须奉行文王武王设官理政的常法,任用贤人,不干涉狱讼案件;集中精力,加强军事力量,学习大禹统一中国。这些政策安定了国家,促进了周王朝的发展。

　　本篇是研究"成康之治"和周初官制的重要史料。

【原文】

　　周公作《立政》。

【注释】

　　《史记·鲁周公世家》记载:"成王在丰,天下已安。周之官政未次序,于是周公作《周官》,官别其宜;作《立政》,以便百姓,百姓说(悦)。"

【今译】

　　周公写了《立政》。

　　(以上是序。)

【原文】

　　周公若曰:"拜手稽首①,告嗣天子王矣。"用咸戒于王曰②:"王左右常伯③、常任④、准人⑤、缀衣⑥、虎贲⑦。"

　　周公曰:"呜呼!休兹知恤⑧,鲜哉⑨!古之人迪惟有夏⑩,乃有室大竞⑪,吁俊尊上帝迪⑫,知忱恂于九德之行⑬。乃敢告教厥后曰⑭:'拜手稽首后矣⑮!'曰:'宅乃事⑯,宅乃牧⑰,宅乃准⑱,兹惟后矣⑲。谋面㉠,用丕训德㉑,则乃宅人㉒,兹乃三宅无义民㉓。"

"桀德㉔,惟乃弗作往任㉕,是惟暴德㉖,罔后㉗。"

"亦越成汤陟㉘,丕釐上帝之耿命㉙,乃用三有宅㉚,克即宅㉛,曰三有俊㉜,克即俊。严惟丕式㉝,克用三宅三俊,其在商邑㉞,用协于厥邑㉟,其在四方,用丕式见德㊱。"

"呜呼!其在受德㊲,暋为羞刑暴德之人㊳,同于厥邦;乃惟庶习逸德之人㊴,同于厥政。帝钦罚之㊵,乃伻我有夏㊶,式商受命㊷,奄甸万姓㊸。"

注释

①拜手稽首:跪拜叩头,古代最恭敬的礼节。
②用:因。咸:箴,劝告。左右:教导。《尔雅·释诂》:左右,导也,见《尚书易解》。
③常伯:治民官,就是下文的牧和牧人。
④常任:治事官,就是下文的事和任人。
⑤准人:执法官,就是下文的准。
⑥缀衣:掌管国王衣服的官。
⑦虎贲(bēn 奔):守卫王宫的武官。
⑧休:美。兹:连词,见《词诠》。恤:通"溢"。《尔雅·释诂》:"溢,慎也。"
⑨鲜:少。
⑩迪:语气助词。
⑪乃:他们的。《词诠》:"乃,犹其也,用义与'其'同,用于领位。"有室:指卿大夫。竞:强。
⑫吁:呼。俊:通"骏"。《尔雅·释诂》:"骏,长也。"迪:教导。
⑬忱:诚。恂:信。九德:九种德行。《书·皋陶谟》:"宽而栗,柔而立,愿而恭,乱而敬,扰而毅,直而温,简而廉,刚而塞,强而义。"就是九德。
⑭后:这里指诸侯。《书·尧典》:"群后四朝。"
⑮拜手稽首:古代君臣都可以行这种大礼。例见《逸周书·世俘》:"王拜手稽首。"
⑯宅:度量、考察。事:就是常任。
⑰牧:就是常伯。
⑱准:就是准人。
⑲兹:如此。
⑳谋面:以貌取人的意思。

㉑丕:通不。训:通顺,依循。

㉒宅人:《尚书易解》:"任人唯亲也。"

㉓三宅:就是宅事、宅牧、宅准。义:贤。

㉔德:《说文》:"升也。"这里指即帝位。

㉕作:采用。往任:指往日任用官员的法则。

㉖是惟:《尚书故》:"是以也。"暴德:暴行。

㉗罔后:意思是说亡国绝后。

㉘越:及,到了。陟:升,指即帝位。

㉙釐(xī希):受福,引申为受。耿:明。

㉚乃:能够。三有宅:有,词头。三宅,指上文事、牧、准。

㉛即:就。克即宅,《蔡传》:"言汤所用三宅,实能就是位而不旷其职。"

㉜曰:通"越",和。三有俊:《尚书今古文注疏》:"当即三宅之属官,盖三宅各有正长,有属吏,三宅之属吏皆用贤俊,故谓之三有俊。"

㉝严:敬。惟:念。丕式:大法。

㉞商邑:指商都。

㉟协:和洽。

㊱见:等于说显,见《荀子·赋篇》注。

㊲受:纣王名。德:升。受德,义同上文"桀德"。

㊳暋(mín 民):《尔雅·释诂》:"强也。"羞刑:就是为刑所辱,指刑徒。

㊴庶:众多。习:近习,指左右亲幸的人。例见《韩非子·五蠹》:"今世近习之请行。"逸德:失德。

㊵钦:《尚书集注音疏》:"犹重也。"

㊶俾:使。有夏:周人自称。见《书·康诰》:"用肇造我区夏。"

㊷式:《尚书正读》:"读为代。"

㊸奄:《毛传》:"抚也。"甸:治。万姓:万民。

【今译】

周公这样说:"跪拜叩头,报告继承天子大位的王。"周公因而劝诫成王说:"大王您要教导常伯、常任、准人、缀衣和虎贲。"

周公说:"唉!美好的时候就知道谨慎的人,很少啊!古代的人只有夏代的君王,他们的卿大夫很强,夏王还嘱咐他们长久地尊重上帝的教导,使他们知道诚实地遵循九德的准则。夏代君王经常告教他们的诸侯道:'跪拜叩头,诸侯们!'夏王说:'善于考察任用你们的常任、常伯、准人,这样,才称得上君王了。假如不依循德行,以貌取人,这样任用人,你们的常任、常伯和准人就没有贤人了。'"

"夏桀即位后,他不用以往任用官员的法则,于是用些暴虐的人,终于绝后。"

"到了成汤登上帝位,大受上帝的明命,能够选用事、牧、准三宅,都能各尽其职,三宅的属官,也都是贤能俊才。他敬念上帝选用官员的大法,能够很好地任用各级官员,他在商都用这些官员和谐都城的臣民,他在天下四方,用这种大法显扬他的圣德。"

"唉!到了商纣王受登上帝位,他不用上帝的大法,强行把刑徒和暴虐的人,聚集在他的国家里;竟然用众多亲幸和失德的人,共同治理他的政事。上帝于是重重地惩罚他,就使我们周王拥有中夏代替商纣王接受上天的大命,安抚治理天下的老百姓。"

(以上是第一段,总结夏、商两代选用官员的经验教训。)

【原文】

"亦越文王、武王,克知三有宅心①,灼见三有俊心②,以敬事上帝,立民长伯③。立政④:任人、准夫、牧作三事⑤;虎贲、缀衣、趣马⑥、小尹⑦、左右携仆⑧、百司庶府⑨;大都小伯⑩、艺人⑪、表臣百司⑫;太史⑬、尹伯⑭、庶常吉士⑮;司徒⑯、司马、司空、亚旅⑰;夷⑱、微⑲、卢烝⑳;三亳阪尹㉑。"

"文王惟克厥宅心㉒,乃克立兹常事司牧人㉓,以克俊有德㉔。文王罔攸兼于庶言㉕;庶狱庶慎㉖,惟有司之牧夫是训用违㉗;庶狱庶慎,文王罔敢知于兹㉘。亦越武王,率惟敉功㉙,不敢替厥义德㉚,率惟谋从容德㉛,以并受此丕丕基㉜。"

注释

①克知三有宅心:就是能够知道事、牧、准三宅的心。
②灼:明。
③长伯:官长。
④立政:就是建立官长、设官。
⑤作:为。
⑥趣马:负责养马的官。
⑦小尹:趣马的属官。

⑧左右携仆:君王的近侍官员。江声认为就是《周礼》大仆射人。携,提携。《礼记·檀弓》:"扶君,仆人师扶右,射人师扶左。"

⑨百司庶府:负责财物、券契、府藏的官员。百、庶,概言众多。司、府,都是官名。《礼记·曲礼》以司土、司木、司水、司草、司器、司货为天子六府。《周礼》有太府、王府、内府、外府、泉府、天府等。

⑩大都小伯:大都小都的官长。《周礼·载师》注引《司马法》说:"小都,卿之采地;大都,公之采地。"《尚书正读》说:"伯,长也。大都言都不言伯,小都言伯不言都,互文见义也。"

⑪艺人:征收赋税的官。

⑫表臣百司:指外臣百官。

⑬太史:史官之长。

⑭尹伯:泛指各官的官长。

⑮常:祥。吉:善。庶常吉士,意思是上列各官都是祥善的人。

⑯司徒:与下文司马、司空合为三卿。

⑰亚旅:大夫。

⑱夷:东方的国家。

⑲微:南方的国家。

⑳卢:西方的国家。烝:君王。

㉑三亳(bó博):殷商故都。一在今河南商丘东南,相传成汤曾经居住的地方,又名南亳。一在今河南商丘北,相传诸侯拥戴成汤为盟主的地方,又名北亳。一在河南偃师西,相传成汤攻克夏时居住的地方。这里的三亳是指殷商遗民居住的地方。阪尹:夏故都的官名。参见王船山《尚书稗疏》卷四。

㉒惟克厥宅心:就是惟克知厥宅心。"知"承上文省。

㉓常事司牧人:指上列官员。

㉔以:用。俊:大。

㉕兼:这里是兼包的意思。参见《书·仲虺之诰》"兼弱攻昧"疏。庶言:教令。

㉖庶狱:指各种狱讼案件。庶慎:慎,敕,见《广雅释诂》。庶慎,众敕戒之事。

㉗之:与,和,见《词诠》。用违:用与不用,用否。

㉘兹:这,指代众狱的事。敢:副词,表示谦敬。罔敢知,就是"不过问"。

㉙率惟:语气助词。牧:终,完成。功:事。

㉚替:废弃。厥:其,指文王。义德:善德。

㉛容德:宽容的德行。

㉜并受:文王、武王同受。丕丕:大而又大。基:基业。

【今译】

"到了文王、武王,他们能够知道三宅的思想,还能清楚地看到三宅部属的思想,用敬奉上帝的诚心;为老百姓建立官长。设立的官职:任人、准夫、牧作为三事;有虎贲、缀衣、趣马、小尹、左右携仆以及百司庶府;有大小邦国的君主、艺人、外臣百官;有太史、尹伯;他们都是祥善的人。诸侯国的官员有司徒、司马、司空、亚旅;夷、微、卢各国设有君主;还设立了专门管理夏商遗民的官员。"

"文王能够度知三宅的思想,就能设立这些官员,凭借这些官员能为老百姓大建功德。文王不兼管各种教令。各种狱讼案件各种敕戒的事,只由主管官员和牧民的人指示用否;对于各种狱讼案件和各种敕戒的事,他不敢过问这些。到了武王即帝位,完成了文王的事业后,不敢丢弃文王的善德,考虑顺从文王宽容的德行,因此,文王和武王共同接受了这伟大的王业。"

(以上是第二段,说明文王、武王时的官制以及任用官员的法则。)

【原文】

"呜呼!孺子王矣①!继自今我其立政②。立事③、准人、牧夫,我其克灼知厥若④,丕乃俾乱⑤;相我受民⑥,和我庶狱庶慎⑦。时则勿有间之⑧,自一话一言。我则末惟成德之彦⑨,以乂我受民。"

"呜呼!予旦已受人之徽言咸告孺子王矣⑩。继自今文子文孙⑪,其勿误于庶狱庶慎⑫,惟正是乂之⑬。"

"自古商人亦越我周文王立政,立事、牧夫、准人,则克宅之,克由绎之⑭,兹乃俾乂⑮,国则罔有⑯。立政用憸人⑰,不训于德⑱,是罔显在厥世⑲。继自今立政,其勿以憸人,其惟吉士,用劢相我国家⑳。"

"今文子文孙,孺子王矣!其勿误于庶狱,惟有司之牧夫㉑。其克诘尔戎兵以陟禹之迹㉒,方行天下㉓,至于海表㉔,罔有不服。以觐文王之耿光㉕,以扬武王之大烈㉖。呜呼!继自今后王立政,其惟克用常人㉗。"

周公若曰:"太史!司寇苏公式敬尔由狱,以长我王国㉘。兹式有慎㉙,以列用中罚㉚。"

注释

①孺子:指成王。

②继自今:从今以后。

③事:就是上文"常任"。

④若:善。

⑤丕:语气助词。俾:使。乱:治理。

⑥相:治理。受民:接受上天和祖先赐给的人。

⑦和:平治。

⑧时:是,这,指代上文"相我受民,和我庶狱庶慎"。罔:代替。

⑨末:终。彦:美士。成德之彦,具备九德的人。

⑩旦:周公名。已受:《汉石经》作以前。已、以古通,受和前古代形近,容易讹错,这里受当作前。徽言:美言。

⑪文:《礼记·乐记》注:"善也。"文子文孙就是善子善孙,贤子贤孙。

⑫误:指包办庶狱庶慎的错误。

⑬惟:只是。正:《尚书今古文注疏》:"治狱之官。"

⑭由绎:《尚书易解》:"疑即诱掖,同音通用,《诗·衡门》《序》'诱掖其君',笺云:'扶持也。'"

⑮俾乂:使治理。

⑯罔有:《尚书易解》:"有,盖读为尤,过也。尤,有同声,故得通用。《君奭》:'罔尤违在人',是罔尤连文之证。罔尤,《卜辞》作亡尤,常语也。"

⑰忄佥(xiān 先)人:奸佞的人。

⑱训:通"顺"。

⑲是:《经传释词》:"犹于是也。"在:《尔雅·释诂》:"终也。"

⑳勖(mài 迈):《说文》:"勉力也。"相:治理。

㉑之:和。惟有司之牧夫,就是惟有司和牧夫是义之,语急省略。

㉒诘:治,见《左传》襄公二十一年杜预注。戎兵:这里指军队。陟禹之迹:等于说循禹之迹。禹平水土,足迹遍于天下。循禹之迹,意思就是统一天下。

㉓方行:遍行。

㉔海表:就是海外。

㉕觐(jìn 近):见。这里的意思是显扬。耿:明。

㉖扬:续。烈:业。

㉗常人:等于说吉士。《尚书故》:常与祥通,善也。常人就是善人。

㉘司寇:官名,掌管刑罚。苏公:就是苏忿生。《左传》成公十一年:"苏忿生以温为司寇。"杜预注:"苏忿生,周武王司寇苏公也。"式:法,作动词,规定,法定。尔:语气助词。由:用。长:延长。

㉙有:通"又"。

㉚列:《尚书易解》:"今例字。以列用中罚,依据条例,用其中罚也。《周礼》:'刑平国用中典',郑注:'平国,承平守成之国。用中典者,常行之法。'"

【今译】

"唉!您现在已是君王啊!从今以后,我们要这样设立官员。设立事、准人、牧夫,我们要能明白了解他们的优点,才能让他们治理政事;管理我们所受的人民,平治我们各种狱讼和各种敕戒的事务。这些事务不可代替,甚至一言一语。那么,我们就终会有德才兼备的人,来治理我们的老百姓。"

"啊!我姬旦把前人的美言全都告诉君王了。从今以后,先王的贤子贤孙,千万不要在各种狱讼和各种敕戒上面犯错误,这些事只让主管官员去治理。"

"从古时的商代先王到我们的周文王设立官员,设立事、牧夫、准人,都能考察他们,扶持他们,才让他们治理,国事就没有失误。假如设立官员,任用贪利奸佞的人,不依于有德的人,于是君王终世会没有显著的政绩。从今以后设立官员,千万不可任用贪利奸佞的小人,应当只用善良贤能的人,来努力治理我们的国家。"

"现在,先王贤明的子孙,您已做君主啊!您可不要在各种狱讼案件上犯错误,只让主管官员去治理。您要治理好军队,循着大禹的足迹,遍行天下,直至海外,使普天之下没有人不臣服。以此显扬文王圣德的光辉,继续武王伟大的功业。"

"啊!从今以后,继位君王设立官员,必须任用贤能善良的人。"

周公这样说:"太史!司寇苏公规定要认真地处理狱讼案件,以使我们的王国长治久安。现在规定慎上加慎,依据常例,使用中罚。"

(以上是第三段,告诫成王设官和任用官员的具体准则。)

周　官

【题解】

　　本篇详细阐明了周代设官、分职、居官的大法,是周成王即位后宣布官制的诰令,所以取名《周官》。

　　本篇叙述的周代官制,与今存《周礼》以及《立政》诸篇所反映的周代官制稍有不同。朱熹认为是成王时的新官制,我们赞成这一种说法。郑玄本《周官》在《立政》前,《史记》的《周本纪》和《鲁周公世家》记载与郑本合,今依《孔传》本仍置于《立政》后。

　　本篇对于考求周代官制的沿革和后代官制的发展变化有一定的参考价值。

　　今文无,古文有。

【原文】

　　成王既黜殷命①,灭淮夷,还归在丰②,作《周官》。

注释

　　①黜(chù 触):废除,废止。殷命:指殷国的国运。
　　②丰:西周国都。《孔疏》说丰有文王庙,根据周制,必须在祖庙宣布重要的诰令。

【今译】

　　周成王在废止殷的国运,灭亡淮夷以后,返回王都丰,写了《周官》。

　　(以上是序。)

【原文】

　　惟周王抚万邦①,巡侯甸②,四征弗庭③,绥厥兆民④。六服群辟⑤,罔不承德⑥。归于宗周⑦,董正治官⑧。

注释

①周王:指周成王。抚:占有。《礼记·文王世子》郑玄注:"抚、犹有也。"万邦:众多国家。

②巡:巡狩,天子视察诸侯国。侯甸:本指侯服和甸服的诸侯国,这里泛指各诸侯国。

③四征:四面征讨。庭:通廷,朝廷。弗庭,不来朝见,指叛乱诸侯。

④绥:安定。厥:其。兆:《孔传》:"十亿曰兆,言多。"兆民,指普天下的老百姓。

⑤六服:周代把王都周围的土地按照距离远近分为侯服、甸服、男服、采服、卫服、蛮服,统称六服。辟:君主,这里指诸侯。

⑥罔:没有人。承:奉承。

⑦宗周:这里指丰。

⑧董:督。《尔雅·释诂》:"董,督,正也。"治官:指治事官员。董正治官,《蔡传》:"督正治事之官。外攘之功举,而益严内治之修也。"

【今译】

周成王即位拥有万邦,就巡行各个诸侯国,四面征讨不来朝觐的诸侯,安定天下的老百姓。六服的诸侯们没有人敢不奉承周德。成王返回王都丰,督正治事的官员。

(以上是第一段,史官说明周成王发布官制诰令的时代背景。)

【原文】

王曰:"若昔大猷①,制治于未乱②,保邦于未危。"

曰:"唐虞稽古③,建官惟百④。内有百揆四岳⑤,外有州牧侯伯⑥。庶政惟和⑦,万国咸宁⑧。夏商官倍⑨,亦克用乂。明王立政⑩,不惟其官,惟其人。"

"今予小子,祗勤于德,夙夜不逮⑪。仰惟前代时若⑫,训迪厥官⑬。立太师⑭、太傅、太保,兹惟三公。论道经邦⑮,燮理阴阳⑯。官不必备,惟其人。少师、少傅、少保⑰,曰三孤⑱。贰公弘化⑲,寅亮天地⑳,弼予一人。冢宰掌邦治㉑,统百官㉒,均四海㉓。司徒掌邦教㉔,敷五典㉕,扰兆民㉖。宗伯掌邦礼㉗,治神人,和上下㉘。司马掌邦政㉙,统六师㉚,平邦国㉛。司寇掌邦禁㉜,诘奸慝㉝,刑暴乱。司空掌邦土㉞,居四民,时地利。六卿分职,各率其属,以倡九牧㉟,阜成兆民㊱。"

“六年，五服一朝[37]。又六年，王乃时巡[38]，考制度于四岳[39]。诸侯各朝于方岳，大明黜陟[40]。”

注释

①若昔：顺从过去。猷：道。大猷，指下文所说的设官治政的大法。

②制治：制订政教。《孔疏》：“治谓政教，邦谓国家。治有失则乱，邦不安则危。”

③稽：考核、考察。

④建官：建立官职。百：表示约数。

⑤百揆：尧时官名，周改为冢宰。四岳：尧、舜时的四方部落首领。

⑥州牧：官名，古代州的军政长官。侯伯：几个或一方诸侯国的首领。《蔡传》：“侯伯，次州牧而总诸侯者也。”《孔疏》：“侯伯，五国之长，各监其所部之国。”

⑦庶政：各种各样的政事。和：和顺。

⑧咸：都。宁：安宁。

⑨官倍：官职数增加一倍。

⑩政：通“正”，长。立政，设立官长。

⑪夙夜：早晚。逮（dài 带）：及。

⑫时：是。若：顺从。

⑬训迪：训，说。迪，设立。《尔雅·释诂》：“迪，作也。”

⑭太师：官名，辅助天子的官，与下文的太傅、太保合称三公。《孔传》：“师，天子所师法。傅，傅相天子。保，保安天子于德义者。”

⑮论：阐明。道：这里指治国的途径。经：治理。

⑯燮（xiè 谢）：《尔雅·释诂》：“和也。”阴阳：世间一切现象的正反两面，古代思想家叫做阴阳，现在叫做矛盾。

⑰少师、少傅、少保：官名，合称三孤，位于三公之下。

⑱三孤：《孔传》：“孤，特也。言卑于公，尊于卿，特置此三者。”三孤也叫做三少。《大戴礼记·保傅》：“于是置三少，皆上大夫也：曰少保、少傅、少师。”

⑲贰（èr）：副职，这里用作动词，作协助解。弘化：弘大道化。见《孔传》。

⑳寅：敬。亮：《尔雅·释诂》：“信也。”

㉑冢（zhǒng 肿）宰：也叫做大宰，百官之长。

㉒统：统帅、掌管。

㉓均：平均。《蔡传》：“四海异宜，调剂使得其平，是谓之均。”

㉔司徒：官名，掌管国家的教育。

㉕敷：遍布。五典：也叫做五教。古代提倡的五种伦理道德准则，即：父义、母

慈、兄友、弟恭、子孝。

㉖扰:郑玄说:"扰亦安也。"

㉗宗伯:官名,掌管宗庙祭祀礼仪。

㉘和:和谐。

㉙司马:官名,掌管军事。

㉚六师:又叫做六军。《周礼·夏官·司马》:"凡制军,万有二千五百人为军。王六军,大国三军,次国二军,小国一军。"

㉛平:平治。《蔡传》:"平,谓强不得凌弱,众不得暴寡,而人皆得其平也。"

㉜司寇:官名,掌管刑狱、纠察等事。

㉝诘:查究、究办。奸慝(tè 忒):指邪恶不正的人。

㉞司空:官名。

㉟倡:倡导。九牧:这里指九州的州牧侯伯。

㊱阜:富厚。成:定,安定。

㊲五服:指侯服、甸服、男服、采服和卫服。朝:朝会。

㊳时:指四时。巡:巡狩。时巡,《孔传》:"周制十二年一巡狩,春东、夏南、秋西、冬北,故曰时巡。"

㊴考:考正。四岳:这里指东岳泰山、南岳衡山、西岳华山、北岳恒山。《诗·大雅·崧高》:"崧高维岳。"《毛传》:"岳,四岳也,东岳,岱(即泰);南岳,衡;西岳,华;北岳,恒。"

㊵黜陟(zhì 治):诸侯百官的进退升降。

【今译】

王说:"顺从过去的大法,在国家没有动乱,就制订政教;没有出现危险的时候,就注意安定国家。"

王说:"尧、舜考核古代的典制,设立了上百个官职。内有百揆、四岳,外有州牧、侯伯。各种政事和顺,万国都安宁。到了夏商二朝,官职增加一倍,也能用以治事。英明的君王设立官长,不想官员的多少,只想任用得人。"

"现今我小子恭敬勤奋修养德行,起早带晚犹不及古人。我想顺从前代之法,说说建立我们的官制。设立太师、太傅、太保,这是三公。阐明重要道理,治理国家,调和阴阳。三公的官位不必齐备,要考虑那合适的人。设立少师、少傅、少保,叫做三孤。协助三公弘扬道化,敬信天地,辅助我一人。冢宰掌管国家的政治,统理百官,平均四海。司徒掌管国家的教育,传布五教,安定和谐天下的老百姓。宗伯掌管国家的典礼,治理神和人的事,和谐尊卑贵贱的关系。司马掌管国家的军事,统帅六师,平治诸侯。司寇掌管国家的禁令,查办奸邪为恶的人,刑杀强暴作乱的歹徒。司空掌管国家的土地,分给士、农、工、商四民居住,搞好地利。六卿都有所分的职责,各人率领他的部属,倡导九州的州牧侯伯,使百姓富厚安定。"

"又制订朝觐会同的制度。每隔六年,五服的诸侯在京师朝会一次。每隔十二年,天子巡狩天下,在四岳考正制度礼法。诸侯各在他那方的大岳进行朝见,大行升降。"

(以上是第二段,成王阐述古代大法,宣布新官制的具体内容。)

【原文】

王曰:"呜呼!凡我有官君子①,钦乃攸司②,慎乃出令,令出惟行,弗惟反。以公灭私,民其允怀③。学古入官④,议事以制⑤,政乃不迷。其尔典常作之师⑥,无以利口乱厥官⑦。蓄疑败谋,怠忽荒政⑧,不学墙面⑨,莅事惟烦。"

"戒尔卿士⑩,功崇惟志⑪,业广惟勤,惟克果断⑫,乃罔后艰。位不期骄⑬,禄不期侈⑭。恭俭惟德,无载尔伪⑮。作德,心逸日休⑯;作伪,心劳日拙⑰。居宠思危,罔不惟畏,弗畏入畏⑱。推贤让能,庶官乃和,不和政庞⑲。举能其官⑳,惟尔之能。称匪其人㉑,惟尔不任㉒。"

王曰:"呜呼!三事暨大夫㉓,敬尔有官,乱尔有政㉔,以佑乃辟㉕。永康兆民,万邦惟无斁㉖。"

注释

①有官君子:指在位的大小官员。
②攸:所。攸事,所主持的职事。
③怀:归向。
④学古:学习古训。学古入官,《孔疏》:"将欲入政,先学古之训典,观古之成败,择善而从之,然后可以入官治政矣。"
⑤议事:议论政事。制:这里指古代的典章制度。
⑥其:副词,表示命令语气。典常:旧常法。《孔传》:"其汝为政,当以旧典常故事为师法。"
⑦利口:巧言,辩言。
⑧怠忽:懈怠疏忽。荒:荒废。

⑨不学墙面:《孔疏》:"不学如面向墙无所睹见。"
⑩卿士:执政大臣。《左传》隐公三年:"郑武公、庄公为平王卿士。"杜预注:"卿士,王卿之执政者。"
⑪崇:高。志:立志。
⑫克:能够。惟克果断,乃罔后艰。《孔疏》:"惟能果敢决断,乃无有后日艰难。言多疑必将致后患矣。"《蔡传》:"勤由志而生,志待勤而遂,虽有二者,当几而不能果断,则志与勤虚用,而终蹈后艰矣。"
⑬⑭位不期骄,禄不期侈:骄,骄傲。禄,俸禄。侈,奢侈。《孔传》:"贵不与骄期而骄自至,富不与侈期而侈自来。"孙继有说:"位高则气盈,气盈则必骄。禄厚则用广,用广则必侈。"
⑮无:通"毋",不。
⑯日:一天天。休:美。
⑰拙:笨拙。
⑱弗畏入畏:等于说如果不知道畏,就会进入可畏的困境。
⑲和:和睦。庞:庞杂。
⑳举:推荐,选拔。举能其官,选举的官员能称其职。《孔传》:"所举能修其官,惟亦汝之功能。"
㉑称:《蔡传》:"亦举也。"匪:不。
㉒任:职责。不任,就是不能胜任。
㉓三事:《书·立政》:"立政:任人、准夫、牧作三事。"这里的三事就是《立政》篇所说的三事。
㉔乱:治理。
㉕佑:辅助。
㉖斁(yì译):厌弃。

【今译】

王说:"啊!凡我在位的大小官员们,都要认真对待你们负责的工作,发号施令要慎重,号令一出,必须执行,不允许违抗。用公心消灭私欲,老百姓就会信任归向执政者。学习古代的典章制度,才可以进入仕途。根据古代的典章制度议论政事,政治就不会迷乱。你们要师法旧典常法,不要凭借辩言干扰官员。积疑不决败坏所谋,懈怠疏忽荒废政事,人不学习如同面对墙壁什么也看不见,遇事就会烦乱。"

"告诫你们各位卿士,功高在于立志,业广在于勤勉,只要能果敢决断,就不会有后来的艰难。位尊不当骄傲,禄厚不当奢侈。恭敬勤俭是美德,不可行使诈伪。做好事,就心安而一天天显示出休美;作诈伪的事,就心苦而一天天显示出笨拙。处在尊宠的地位,要想到危险,没有一件事不应该敬畏,不知道敬畏,就会进入危辱的境地。推贤让能,百官能会和谐,百官不和,政事就会杂乱。选拔的官员称职,是你们的才能;选拔的官员不称职,是你们不能胜任。"

王说:"啊!公卿大夫们,敬守你们的官职,治理你们的政事,来辅助你们的君主。经常安抚百姓,天下才不厌弃周德。"

(以上是第三段,明确各级官员的具体任务和要求,勉励他们兢兢业业,勤劳王事。)

贿肃慎之命

【原文】

成王既伐东夷①,肃慎来贺②。王俾荣伯作《贿肃慎之命》③。

【注释】

①东夷:这里泛指东方各诸侯国。《孔传》:"海东诸夷,驹丽、扶余、馯貊之属,武王克商皆通道焉,成王即政而叛。王伐而服之。"
②肃慎:西周时,北方诸侯国名。肃,《史记》作"息"。马融说:"息慎,北夷也。"《国语·鲁语》:"武王克商,通道九夷八蛮,肃慎氏来贡楛矢、砮石。"武王时,肃慎曾来进贡。今成王平定东夷叛乱,又来庆贺。
③俾:使。荣伯:《孔传》:"荣,国名,同姓诸侯为卿大夫。"贿:以财赠人。贿肃慎之命,就是赠给肃慎财物的命书。

【今译】

周成王征伐东夷以后,肃慎来庆贺。成王赏赐财物,使荣伯写了《贿肃慎之命》。

(以上是序,无正文。)

亳 姑

【原文】

周公在丰,将没①,欲葬成周。公薨②,成王葬于毕③,告周公④,作

《亳姑》⑤。

注释

①没：通殁，死。

②薨（hōng 轰）：古代诸侯死的称呼。《礼记·曲礼》："天子死曰崩，诸侯曰薨。"

③毕：地名。在今陕西咸阳市北。《孟子》赵岐注："毕，文王墓，近于丰、镐之地。"《史记·鲁周公世家》记载："周公在丰，病将没，曰：'必葬我成周，以明吾不敢离成王。'周公既卒，成王亦让，葬周公于毕，从文王，以明予小子不敢臣周公也。"

④告周公：告周公在天之灵，迁奄君到亳姑的事。

⑤作《亳（bó 博）姑》：《孔疏》："成王既践奄，将迁其君于亳姑者，是周公之意。今告周公之柩以葬毕之义，乃用亳姑为篇名，必是告葬之时，并言及奄君已迁于亳姑。言周公所迁之功成，故以名篇也。"

【今译】

周公在丰，将死，希望葬在成周。周公死后，周成王把周公安葬在毕地，把迁奄君到亳姑的事告诉周公的在天之灵，写了《亳姑》。

（以上是序，无正文。）

君 陈

【题解】

周公东征,平定武庚叛乱以后,把殷商的遗民迁徙到周王都的东郊成周,亲自监管教化。这一措施,对于稳定当时的政局,巩固周王朝的统治,发挥了积极作用。周公死后,周成王发布策书,命令君陈继任周公的职务,勉励君陈继续执行周公制订的治殷常法,施行德政,彻底改造殷民。史官记录了成王的策书,即成本篇,并以君陈作为篇名。

今文无,古文有。

【原文】

周公既没①,命君陈分正东郊成周②,作《君陈》。

注释

①既:已经。

②君陈:人名。《礼记·坊记》郑玄注:"君陈,盖周公之子,伯禽弟也。"分:分居殷民。《孔疏》:"此分亦为分居,分别殷民善恶所居。"正:治理。东郊:这里指周王都洛邑的东郊。郑玄说:"天子之国五十里为近郊,今河南洛阳相去则然。东郊,周之近郊也。"成周邑在东郊。

【今译】

周公死后,周成王命令君陈分居殷民,治理东郊成周,写了策书,史官写成《君陈》。

(以上是序。)

【原文】

王若曰:"君陈,惟尔令德孝恭①。惟孝友于兄弟②,克施有政③。命汝尹兹东郊④,敬哉!昔周公师保万民⑤,民怀其德。往慎乃司,兹率厥常⑥,懋昭周公之训⑦,惟民其乂⑧。"

【注释】

①令:美,善。孝:孝顺父母。《尔雅·释训》:"善父母为孝。"
②友:《尔雅·释训》:"善兄弟为友。"
③施:移,见《史记》如淳注。孔子曰:"居家理,故治可移于官。"
④尹(yǐn 引):治理。
⑤师保:教诲,安抚。《蔡传》:"周公之在东郊,有师之尊,有保之亲,师教之,保安之,民怀其德。"
⑥率:循行。常:常法。
⑦懋(mào 茂):勤勉。昭:发扬光大。
⑧乂:安。

【今译】

王这样说:"君陈啊,只有你具有美好的品德,孝顺父母,恭敬上级。因孝顺父母,友爱兄弟,就能够移来从政了。现在任命你治理这王都的东郊成周,要敬慎啊!从前,周公在成周教诲安抚老百姓,老百姓怀念他的恩德。去吧,谨慎地对待你的事务,循行周公的常法,努力发扬光大周公的遗训,老百姓就会安定了。"

(以上是第一段,表彰君陈的美德,任命他治理东郊成周。)

【原文】

"我闻曰:至治馨香①,感于神明。黍稷非馨,明德惟馨。尔尚式时周公之猷训②,惟日孜孜③,无敢逸豫④。凡人未见圣⑤,若不克见;既见圣,亦不克由圣,尔其戒哉!尔惟风⑥,下民惟草⑦。图厥政⑧,莫或不艰⑨,有废有兴,出入自尔师虞⑩,庶言同则绎⑪。尔有嘉谋嘉猷,则入告尔后于内⑫,尔乃顺之于外,曰:'斯谋斯猷⑬,惟我后之德。'呜呼!臣人咸若时⑭,惟良显哉⑮!"

【注释】

①至治:最好的政治。馨(xīn 辛):散布很远的香气。《诗·大雅·凫鹥》:"尔殽既馨。"《毛传》:"馨,香之远闻也。"
②尚:副词,表示祈使语气。式:效法。《说文》:"式,法也。"时:这。《尔雅·释诂》:"时,是也。"猷:道。训:教。
③日:每天。孜孜:努力不息。

④无:通"毋",不。逸豫:安闲悦乐。

⑤人:指常人,普通人。圣:圣道。

⑥⑦惟:是。《玉篇》:"惟,为也。"尔惟风,下民惟草。《孔传》:"汝戒勿为常人之行,民从上教而变,犹草应风而偃,不可不慎。"

⑧图:谋,治理。

⑨莫:无指代词,没有事。艰:艰难。

⑩出入:反复的意思。师:众。虞:商量、度量。《尔雅·释言》:"虞,度也。"出入自尔师虞,反复同你的众人商量。

⑪庶言:众言,众人的意见。绎(yì 易):寻究深思。《蔡传》:"众言既同,则又绅绎而深思之而后行也。……孟子曰:国人皆曰贤,然后察之。国人皆曰可杀,然后察之。庶言同则绎之谓也。"

⑫后:君王。

⑬斯:这。

⑭臣人:就是人臣。咸:都。

⑮良显:这里是指臣子良善,君王显耀。

【今译】

"我曾听说:最好的政治,馨香远闻,能感动天上的神明。黍稷的香气不是远闻的馨香,只有明德才是远闻的馨香。你要效法周公这一教训,每天孜孜不倦地努力,不要安逸享乐。大凡常人没有看见圣道,好像自己不能够见到;等到他见到了圣道,又不能用圣道,你可要戒慎啊!你是风,老百姓是草,风吹草动,上行下效,不可不谨慎。治理政事,没有一件不是艰难的,有废除,有兴办,要反复和众人商量,众人的意见相同,又要寻究深思,然后施行。你有好的谋略,就要进入内廷告诉你的君主,你要在外面拥护,并且说:'这些谋略得以实行,都是我们君主的德惠。'唉!人臣都像这样,就会臣良君显啊!"

(以上是第二段,告诫君陈治理成周必须继续执行周公的常法。)

【原文】

王曰:"君陈,尔惟弘周公丕训①,无依势作威,无倚法以削②,宽而有制③,从容以和④。殷民在辟⑤,予曰辟⑥,尔惟勿辟;予曰宥,尔惟勿宥,惟厥中⑦。有弗若于汝政⑧,弗化于汝训,辟以止辟⑨,乃辟。狃于奸宄⑩,败常乱俗⑪,三细不宥⑫。尔无忿疾于顽,无求备于一夫⑬。必有忍⑭,其乃有济⑮。有容⑯,德乃大。简厥修⑰,亦简其或不修;进厥良⑱,以率其或不良。惟民生厚⑲,因物有迁⑳。违上所命,从厥攸好。尔克敬典在德,时乃罔不变。允升于大猷㉑,惟予一人膺受多福㉒,其尔之休㉓,终有辞于永世㉔。"

注释

①弘:弘扬、光大。丕:大。
②倚:凭借,倚恃。无倚法以削,《孔传》:"无倚法制以行刻削之政。"
③宽:宽容。制:法制。
④从容:举止行动。《楚辞·九章》:"孰知余之从容。"王逸注:"从容,举动也。"和:和协。
⑤辟:《尔雅·释诂》:"罪也。"
⑥辟(bì 必):处罚。
⑦中:适中、合理。
⑧若:顺从。汝政:你的政令。
⑨辟以止辟:用刑罚来制止犯法。《孔疏》:"刑罚一人可以止息后犯者。"
⑩狃(niǔ 纽):习以为常。奸宄(guǐ 轨):犯法作乱的人,这里作动词,犯法作乱。
⑪常:五常,指君臣、父子、夫妇、兄弟、朋友之间关系的五种准则。俗:风俗。
⑫三细:奸宄、败常、乱俗三者中的小罪。宥:赦免。
⑬求备:求全责备。一夫:一个人。
⑭忍:忍耐。孔子说:"小不忍,则乱大谋。"
⑮济:成功。
⑯容:宽容。
⑰简:选择,这里的意思是鉴别。修:指修养德行的人。
⑱进:任用。良:贤良的人。
⑲生:同"性"。厚:淳厚。
⑳迁:变化。
㉑允:信。大猷:大道。
㉒予一人:成王自称。膺(yīng 英):受。
㉓休:美名。
㉔辞:称颂。永:长。终有辞于永世,说终能被百世所称赞。

【今译】

王说:"君陈,你执政要弘扬光大周公的伟大训导,不要依仗权势作威,不要凭借法制施行苛刻的政治,应当宽容有制,举动和协。殷民犯了罪,我说要处罚,你不要处罚;我说要赦免,你也不要赦免,应当公平合理地判决。有人不顺从你的政令,不接受你的教化,惩罚能够制止犯法,就惩罚。有人习惯于犯法作乱,败坏常教,扰乱风俗,即使是三者中的小罪,也不赦免。你对于冥顽不化的人,不要愤怒疾恨,对于一个人不要求全责备。必须有忍耐,才能够成功;必须宽容,德才算大。鉴别那些修德的人,也要鉴别那些有时不修德的人;任用那些贤良的人,以勉励那些不贤良的人。老百姓本性淳厚,因为外物的影响有所改变,以致违抗君命,顺从他们的喜好。你能够重视常典,讲求德行,殷民就没有不改变的。你的政教确实能够升到大道境界,我将享受厚福,或许你的美名,终将被百世称道。"

(以上是第三段,具体说明教化殷民的方法,勉励君陈敬德慎罚,努力实行德政。)

顾 命

【题解】

黄生说:"书以'顾命'名,顾,眷顾也。命大臣辅嗣主,郑重而眷顾之也。"(《义府》卷上。)

本篇的大部分内容是记载周成王的丧礼和周康王即位的典礼,叙述详尽细致,是研究周代礼制的珍贵史料。王国维说:"古《礼经》既佚,后世得考周室一代之古典者,惟此篇而已。"(《周书顾命考》)。

《顾命》和《康王之诰》的分合,是《尚书》历史上长期争论的问题。马融、郑玄、王肃各家的本子以及《孔传》《蔡传》各本均分为两篇,而且具体分法也不同。欧阳和大小夏侯所传的伏生本合为一篇。今从晚出《孔传》本,分为两篇。

【原文】

成王将崩①,命召公、毕公率诸侯相康王②,作《顾命》。

【注释】

①崩:古代天子死叫做崩。
②毕公:名高,周文王的庶子,当时官为太师。相:辅助。康王:名钊,周成王的太子。

【今译】

周成王临终,命令召公、毕公率领诸侯辅佐周康王,史官写了《顾命》。

(以上是序。)

【原文】

惟四月,哉生魄①,王不怿②。甲子,王乃洮颒水③。相被冕服④,凭玉几⑤。乃同⑥,召太保奭⑦、芮伯、彤伯、毕公、卫侯、毛公、师氏⑧、虎臣⑨、百尹⑩、御事⑪。

王曰："呜呼！疾大渐⑫，惟几⑬，病日臻。既弥留⑭，恐不获誓言嗣⑮，兹予审训命汝⑯。昔君文王、武王宣重光⑰，奠丽陈教⑱，则肄肄不违⑲，用克达殷集大命⑳。"

"在后之侗㉑，敬迓天威㉒，嗣守文、武大训㉓，无敢昏逾㉔。今天降疾，殆弗兴弗悟㉕。尔尚明时朕言㉖，用敬保元子钊弘济于艰难㉗，柔远能迩㉘，安劝小大庶邦㉙。思夫人自乱于威仪㉚，尔无以钊冒贡于非几兹㉛！"

既受命，还㉜，出缀衣于庭㉝。越翼日乙丑㉞，王崩。

注释

①哉生魄：月初，月亮开始发光。古时常用作阴历每月的二日或三日的代称。

②怿：喜悦。不怿，不高兴，这里意思是生病。

③王：指周成王。洮(táo 桃)：洗头发。颒(huì 会)：洗脸。

④相：君王的侍从官员。郑玄说就是负责天子衣服和座位的太仆。被：披。冕：王冠。服：朝服。

⑤凭：靠着。玉几：用玉镶嵌的几案。

⑥同：周代众诸侯朝见天子。《周礼·春官·大宗伯》："时见曰会，殷见曰同。"郑玄注："时见者，言无常期。殷，犹众也。"按：《尚书说》认为"乃同"二字当断句，很有道理，今从。

⑦太保奭(shì 式)：就是召公。召公名奭，官为太保。当时和芮伯、彤伯、毕公、卫侯、毛公为六卿。召公、毕公、毛公以三公兼卿职。

⑧师氏：官名，负责军队的官员。

⑨虎臣：就是虎贲，守卫王宫的官员。

⑩百尹：百官的首长。

⑪御事：泛指一般的办事人员。

⑫渐：剧。

⑬几：危险。

⑭弥：终。弥留，最终淹留人世。

⑮誓：谨慎。嗣：后嗣。

⑯审：详细。汝：你们，指上文太保奭等。

⑰宣：显扬。重光：这里指文王、武王明上加明的光辉。

⑱奠：定。丽：法律。教：教令。

⑲肄(yì 异)：劳苦。《诗·邶风·谷风》："既诒我肄。"《毛传》："劳也。"肄肄，这里是努力的意思。

⑳用:因而。达:古"挞"字,挞伐,引申为讨伐。集:成就。集大命,指建立周王朝。

㉑侗(tóng 同):焦循说:"《论语》侗而不愿,孔曰:侗,未成器之人,盖为僮字之假借。"在后之侗,成王谦称。

㉒迓(yà 亚):迎接,这里的意思是奉行。

㉓嗣:继续。

㉔昏:昏乱。逾:于省吾以为当为"渝",变更。

㉕殆:几乎。兴:起。悟:与"寤"同。《苍颉篇》:"觉而有言曰寤。"这里是讲话的意思。

㉖明:勉,努力。时:承受。

㉗元子:太子。钊:康王名。弘:大。济:渡过。

㉘柔:安定。能:善。

㉙劝:教导。《广雅》:"劝,教也。"

㉚夫人:《淮南子·本经》注:"众人也。"仪:礼。威仪,这里指礼法。

㉛以:使。冒:触犯、冒犯。贡:马、郑、王本作赣(gòng 贡)马融说:"赣,陷也。"几:《小尔雅·广诂》:"法也。"兹:通"哉",见《尚书正读》。

㉜还:指群臣接受成王遗命退回来。

㉝缀衣:就是上文所被的冕服。庭:指朝廷的王位。出缀衣于廷,《尚书正读》:"王病不能视朝,则出衣于庭,为群臣瞻拜之资也。贾谊云:植遗腹朝委裘而天下不乱,孟康《汉书注》云:委裘若容衣,天子未坐朝,事先帝裘衣也,正是此义。"

㉞越:到了。翼日:明天,就是甲子后的乙丑日。

【今译】

　　四月,月亮新现光明,成王生了病。甲子这天,成王洗了头发洗了脸,太仆给王戴上王冠,披上朝服,王靠着玉几。于是举行见众诸侯之礼,成王召见太保奭、芮伯、彤伯、毕公、卫侯、毛公、师氏、虎臣、百官的首长以及办事官员。

　　王说:"唉!我病得厉害,很危险,病情还在一天天发展。或许已经到了临终时刻,恐怕不能郑重地讲后嗣的事了,现在,我详细地训告你们。过去,我们的先君文王、武王,显扬明而又明的光辉,制定法律,发布教令,臣民都努力奉行,不敢违背,因而能够讨伐殷商,建立了我们周王朝。"

　　"后来,幼稚的我,认真奉行天威,继续遵循文王、武王的伟大教导,不敢昏乱变更。如今老天降下重病,几乎不能起床不能说话了。希望你们能够尽力接受我的遗嘱,认真地保护我的大儿子姬钊渡过艰难,要安定远方,和善近邻,安定、教导大小各国。我想众人都应该用礼法自治,你们不可使姬钊触犯礼法,陷于非法的境地啊!"

群臣已经接受成王的遗命,就退回来,拿出成王的朝服放在王庭。到了第二天乙丑日,成王就逝世了。

(以上是第一段,记叙群臣接受成王顾命的情况。)

【原文】

太保命仲桓、南宫毛俾爰齐侯吕伋①,以二干戈②、虎贲百人逆子钊于南门之外③。延入翼室④,恤宅宗⑤。丁卯,命作册度⑥。越七日癸酉,伯相命士须材⑦。

狄设黼扆、缀衣⑧。牖间南向⑨,敷重篾席⑩,黼纯⑪,华玉⑫,仍几⑬。西序东向⑭,敷重厎席⑮,缀纯⑯,文贝⑰,仍几。东序西向⑱,敷重丰席⑲,画纯⑳,雕玉㉑,仍几。西夹南向㉒,敷重笋席,玄纷纯㉓,漆,仍几。

越玉五重㉔,陈宝㉕,赤刀㉖,大训㉗,弘璧㉘,琬琰㉙,在西序。大玉㉚、夷玉㉛、天球㉜、河图㉝,在东序。胤之舞衣㉞、大贝㉟、鼖鼓㊱,在西房;兑之戈、和之弓、垂之竹矢,在东房。

大辂在宾阶面㊲,缀辂在阼阶面㊳,先辂在左塾之前㊴,次辂在右塾之前㊵。

注释

①仲桓、南宫毛:都是人名。俾:《尔雅·释诂》:"从也。"爰:于。齐侯吕伋:太公吕尚的儿子,就是丁公。

②以:用。二干戈:联系上文当为仲桓、南宫毛各执一干一戈。

③逆:迎。江声说:"王既崩,世子就在外,世子盖以王未疾时奉使而出,比反而王崩。忧危之际,故以兵迎之南门之外云。"

④延:请。翼室:侧室。

⑤恤:忧。宅:居。宗:主。恤宅宗,就是太子钊忧居侧室主持丧事。

⑥作册:官名,就是太史。度:《说文》:"法制也。"这里意思是说制定丧仪的法则。

⑦伯相:孙星衍认为指当时辅王室的二伯召公毕公。须:《尚书集注音疏》:

"当为颁,字之误也。"材:指下文陈列的各种器物。

⑧狄:就是狄人,主持祭礼的官员。黼(fǔ 抚):通斧,黼扆,安放在王位后面饰有斧形花纹的屏风。

⑨牖(yǒu 有)间:门窗之间。

⑩敷:布置,这里意思是铺设。重:双层。篾席:竹席。

⑪黼:黑白相间。纯(zhǔn 准):席子的镶边。郑玄说:"纯,缘也。"黼纯,用黑色和白色的丝织品镶饰的席边。

⑫华玉:五色玉。

⑬仍几:没有油漆装饰的几案。《周礼·司几筵》:"凡吉事,变几;凶事,仍几。"郑玄注:"变更其质,谓有饰;仍,因也,因其质,谓无饰也。"

⑭序:堂上的东西墙叫做序,西序就是堂西墙。

⑮厎:郑玄说:"致也。"致,同缴,厎席,用细竹篾制成的席子。

⑯缀:饰,这里指画饰。

⑰文贝:有花纹的贝。

⑱东序:堂东墙。

⑲丰席:莞(wǎn 晚)草编的席子。

⑳画纯:席边画着云气。

㉑雕:刻镂。

㉒西夹:指堂西边的夹室。笋席:用青竹皮编织的席。

㉓玄纷纯:黑丝绳镶饰的席边。

㉔越玉:越地献的玉。五重:五种。"越玉五重"与下文"陈宝"语倒。

㉕陈宝:陈列宝器。

㉖赤刀:郑玄说:"武王伐纣时刀,赤为色,周正色也。"

㉗大训:记载先王训戒的典籍。

㉘弘:大。

㉙琬(wǎn 宛):圆顶圭。琰(yǎn 奄):尖顶圭。

㉚大玉:华山出产的玉。

㉛夷玉:东北出产的玉。

㉜天球:玉磬。

㉝河图:就是地图。

㉞胤:与下文兑、和、垂都是人名。郑玄说。

㉟大贝:大贝壳。

㊱鼖(fén 坟):大鼓,古代的一种军鼓。

㊲辂(lù 路):国君乘坐的车辆,一作路。《周礼》巾车掌王之五路:玉路、金路、象路、革路、木路。大辂,就是玉路,用玉装饰的车。宾阶:宾客站立的台阶,就

是西阶。

㊳缀辂:就是金路,用金属装饰的车。阼阶:主人站立的台阶,就是东阶。

㊴先辂:就是象路,用象骨装饰的车。塾:门侧堂屋。

㊵次辂:就是木路,木质无饰的车。

【今译】

太保命令仲桓和南宫毛跟从齐侯吕伋,二人分别拿着一干一戈,率领一百名虎贲,在南门外迎接太子钊。请太子钊进入侧室,太子忧伤地居住在那里为丧主。丁卯这天,命令作册制定丧礼的法则。又过了七天,到了癸酉这天,召公和毕公就命令官员们准备发丧时用的各种器物。

狄人陈设黑白相间的斧形花纹屏风和先王的礼服。门窗间朝南的位置,铺设着双层竹席,镶饰着黑白相间的丝织花边,陈设彩玉、几案。在西墙朝东的位置,铺设双层细竹篾席,镶饰彩色花边,陈设花贝壳、几案。在东墙朝西的位置,铺设的双层莞席,镶饰着绘有云气的花边,陈设雕刻的玉器、几案。在堂的西边的夹室中,铺设双层青竹篾席,镶饰着黑丝绳连缀的花边,陈设漆器、几案。

陈列了宝器,越玉五种、赤刀、大训、大璧、琬、琰,陈列在西墙向东的席前。大玉、夷玉、天球、河图,陈列在东墙向西的席前。胤制作的舞衣、大贝壳、大军鼓、陈列在西房。兑制作的戈、和制作的弓、垂制作的竹矢,陈列在东房。

王的玉车放置在宾客们所走的台阶前,金车放置在主人走的台阶前,象车放在门左侧堂屋的前面,木车放在门右侧堂屋的前面。

(以上详细叙述祖庙中的陈设。)

【原文】

二人雀弁①,执惠②,立于毕门之内③。四人綦弁④,执戈上刃⑤,夹两阶戺⑥。一人冕⑦,执刘⑧,立于东堂,一人冕,执钺⑨,立于西堂。一人冕,执㦸⑩,立于东垂⑪。一人冕,执瞿,立于西垂。一人冕,执锐⑫,立于侧阶⑬。

注释

①弁(biàn 辨):古代的帽子称弁。雀弁,郑玄说:"赤黑曰雀,言如雀头色也。雀弁制如冕,黑色,但无藻耳。"

②惠:矛一类的兵器。

③毕门:祖庙门。

④綦(qí 其):青黑色。

⑤上刃:《蔡传》:"刃外向。"

⑥圯(shì 士):程瑶田说是夹阶的斜石。

⑦冕:比雀弁高级的礼帽。下文凡言冕者,都是指大夫。

⑧刘:斧一类的兵器。

⑨钺(yuè 月):大斧。

⑩戣(kuí 奎):与下句的瞿,都是三锋矛。郑玄说。

⑪垂:堂的旁面,就是堂廉。

⑫锐:矛一类的武器。

⑬侧阶:北堂北下阶。

【今译】

二人戴着赤黑色的礼帽,执惠,站在祖庙门里边。四人戴着青黑色的礼帽,执着戈,戈刃向外,夹着台阶,对面站在台阶两旁的斜石上。一人戴着礼帽,执大斧,站立在东堂的前面。一人戴着礼帽,执大斧,站立在西堂的前面。一人戴着礼帽,执三锋矛,站立在东堂外边。一人戴着礼帽,执三锋矛,站立在西堂外边。还有一人戴着礼帽,执矛,站立在北堂北面的台阶上。

(以上叙述祖庙的警卫情况。)

【原文】

王麻冕黼裳①,由宾阶隮②。卿士邦君麻冕蚁裳③,入即位④。太保、太史、太宗皆麻冕彤裳⑤。太保承介圭⑥,上宗奉同瑁⑦,由阼阶隮⑧。太史秉书⑨,由宾阶隮,御王册命⑩。曰:"皇后凭玉几⑪,道扬末命⑫,命汝嗣训⑬,临君周邦⑭,率循大卞⑮,燮和天下⑯,用答扬文、武之光训⑰。"王再拜,兴⑱,答曰:"眇眇予末小子⑲,其能而乱四方以敬忌天威⑳?"

乃受同瑁㉑,王三宿㉒,三祭㉓,三咤㉔。上宗曰:"飨㉕!"太保受同㉖,降,盥㉗,以异同秉璋以酢㉘。授宗人同㉙,拜㉚。王答拜。太保受同,祭,哜㉛,宅㉜,授宗人同,拜。王答拜。太保降㉝,收㉞。诸侯出庙门俟㉟。

注释

①王:指周康王。麻冕:麻制的礼帽。黼裳:绣着虎形花纹的礼服。

②跻(jī 鸡):升上、登上。王由宾阶升,因为康王当时还没有受册命即位,太保召公代成王居主位,所以康王为宾,从宾阶升。

③蚁裳:色黑如蚁的礼服。

④位:中庭左右叫位。即位,意思是各就各位,卿士向西面立,诸侯向北面立。

⑤太宗:就是大宗伯。彤裳:红色的礼服。

⑥承:捧着。介圭:大圭。

⑦上宗:就是上文太宗。同:酒杯。瑁:一种玉器。《考工记》:"天子执瑁四寸以朝诸侯。"介圭和瑁都是天子的吉祥信物所以应当献给康王。

⑧阼阶:东阶,与上文宾阶相对,是主阶。太保当时是代主,大宗伯是太保的助手,所以从主阶升。

⑨秉:拿着。书:写着成王遗命的策书。

⑩御:迎接。御王册命,迎着康王宣读策书。

⑪皇:大。皇后,大王,指周成王。

⑫扬:道。道扬,这里是讲述、宣布的意思。末命:临终遗命。

⑬训:指文王、武王的大训。

⑭临:这里指治理。

⑮卞:法。

⑯燮(xiè 谢):《尔雅·释诂》:"和也。"

⑰答:对。《广雅·释诂》:对,扬。光训:明训。

⑱兴:起。

⑲眇眇:微小。末:微末。

⑳其:岂,怎么。而:通"腼",和,见《尚书易解》。乱:治理。忌:畏。

㉑乃受同瑁:省略主语康王,蒙下文省。

㉒宿:进。

㉓祭:祭酒,把酒洒在地上。

㉔咤(zhà 乍):又音"妡",奠爵酒。

㉕飨:饮,指上宗劝王饮酒。

㉖太保受同:指太保接过王喝酒的同。

㉗盥(guàn 贯):洗手。

㉘异同:另一种酒杯。璋:大臣所用的酒器,就是上文"异同"。酢:报答。《仓颉篇》:"客报主人曰酢。"古代礼节,主人献酒,宾当酌酒回敬主人。只有主人给尊者献酒,不敢受尊者回敬,就酌酒自酢,这里是说太保自酌自酢,册命以后,康王即位,太保复用臣礼。

㉙宗人:大宗伯的助手。授宗人同,指太保把酒杯给宗人。

㉚拜:指太保拜王。

㉛哜(jì 剂):尝。

㉜宅:同咤,奠酒。

㉝太保降:王国维说:"此云太保降,知太保自酢在堂上也,不言王与太宗太史降者,略也。"

㉞收:撤去,指撤去各种陈设。

㉟诸侯:泛指诸侯卿士等。俟(sì 似):等待。

【今译】

王戴着麻质礼帽,穿着绣有斧形花纹的礼服,从西阶上来。卿士和众诸侯戴着麻质礼帽,穿着黑色礼服,进入中庭,各人站在规定的位置上。太保、太史、太宗也都戴着麻质礼帽,穿着红色礼服。太保捧着大圭,太宗捧着酒杯和瑁,从东阶上来。太史拿着策书,从西阶走上来,迎着康王宣读策书。说:"大王靠着玉几,宣布他的临终遗命,命令你继承文王、武王的大训,继承王位治理周国,遵守大法,和谐天下,宣扬文王、武王的明训。"王拜了又拜,然后起来,回答说:"我这个微不足道的小子,怎么能使天下和谐治理敬畏天威呢?"

王接受了酒杯和瑁,前进三次,祭酒三次,奠酒三次。上宗说:"王啊,请喝酒!"王喝酒后,太保接过酒杯,走下堂,洗手,又登上堂,用另外一种酒杯自斟自饮作答,然后把酒杯交给宗人,对王下拜。王也回了一拜。太保又从宗人那里接过酒杯,祭酒,尝酒,奠酒,然后把酒杯交给宗人,又拜。王又回拜。太保走下堂,礼毕,撤去所有的陈设仪仗。诸侯卿士们都走出祖庙门,恭候康王视朝。

(以上是第二段,记叙康王在祖庙接受册命的仪式。)

康王之诰

【题解】

诰,诰命。康王之诰,是康王即位时的诰命。

本篇主要记载周康王即位后的第一篇诰词。《史记·周本纪》:"成王既崩,太子钊遂立,是为康王。康王即位,遍告诸侯,宣告以文、武之业以申之,作《康诰》(即《康王之诰》)。"

伏生今文《尚书》本把《顾命》和《康王之诰》合为一篇。事实上,两篇的内容联系十分紧密,后人多采用伏生本。今据阮元刻《十三经注疏》本,仍以《康王之诰》独立成篇。

【原文】

康王既尸天子①,遂诰诸侯②,作《康王之诰》。

注释

①康王:《经典释文》说马融本"康王"上有"成王崩"三字。尸:《尔雅·释诂》:"主也。"尸天子,就是主天子之位,意思是即位为天子。

②遂:于是。《孔传》:"因事曰遂。"

【今译】

周康王即位为天子,于是诰命诸侯,史官记录了这件事,写了《康王之诰》。

(以上是序。)

【原文】

王出①,在应门之内②,太保率西方诸侯入应门左③,毕公率东方诸侯入应门右④,皆布乘黄朱⑤。宾称奉圭兼币⑥,曰:"一二臣卫敢执壤奠⑦。"皆再拜稽首⑧。王义嗣⑨,德答拜⑩。

注释

①出:指出庙门。
②应门:周制,天子五门,最外为皋门,依次为库门、雉门、应门,内为路门。宗庙在应门之内路门之外。《尚书故》:"诸侯出庙,在应门外;王出庙,在应门内。"
③太保:指召公,当时为西伯,是西方诸侯之长,所以说率西方诸侯。
④毕公:当时为东伯,是东方诸侯之长。
⑤布乘:《白虎通》作黼黻(fú 弗),诸侯的礼服。黄朱:黄朱色的芾(fú 弗),诸侯礼服上的蔽膝。《诗·小雅·斯干》《毛传》:"芾者,天子纯朱,诸侯黄朱。"布乘黄朱,《尚书易解》:"黼黻者衣之文,黄朱者芾之色,此文黼黻指衣,黄朱指芾,古史修辞之法也。"
⑥宾:通"傧",接待诸侯,导行仪节的官员。《周礼·秋官·小行人》:"凡四方之使者,大客则傧。"郑玄注:"傧者,傧而见之王,使得亲言也。"又《周礼·秋官·司仪》:"掌九仪之宾客傧相之礼。"称:呼。奉:献。圭:命圭。《考工记》"玉人"注:"命圭者,王所命之圭也,朝觐执焉。"币:贡物。
⑦臣卫:蕃卫的臣仆,诸侯自称的谦词。敢:副词,表示恭敬。壤:指土壤所产,等于今天说土产。奠:献。敢执壤奠,拿出土产献给王。
⑧再拜稽首:指诸侯再拜叩头。
⑨乂嗣:就是礼辞。以礼辞谢,不坚决拒绝。黄式三《尚书启蒙》:"乂嗣,礼辞也。经传言礼辞者,以礼辞之,不坚辞也。辞词古通用。转写作嗣。"
⑩德:《说文》:"升也。"德答拜,指王既已礼辞,升位答拜。

【今译】

王走出祖庙,来到应门内。西伯召公率领西方的诸侯进入应门左侧,东伯毕公率领东方的诸侯进入应门右侧,他们都穿着绣有花纹的礼服和黄朱色的韨。傧者传呼进献命圭和贡物,诸侯走上前进贡,说:"一二个王室的护卫向王奉献土产。"诸侯们都再拜叩头。王按照礼节辞谢,然后升位答拜。

【原文】

太保暨芮伯咸进①,相揖②。皆再拜稽首③曰:"敢敬告天子,皇天改大邦殷之命,惟周文武诞受羑若④,克恤西土⑤。惟新陟王毕协赏罚⑥,戡定厥功⑦,用敷遗后人休⑧。今王敬之哉!张皇六师⑨,无坏我高祖寡命⑩!"

注释

①咸:同。
②相揖:太保与芮伯互相作揖。
③再拜稽(qǐ 启)首:指二人向王再拜叩头。
④诞:大。羑(yǒu 友):《说文》:"进善也。"引申为善。若:善。羑若,等于说福祥。
⑤恤:安,见《汉书·韦元成传》注。
⑥陟:《竹书纪年》记帝王终都说陟。新陟王,新终王,指成王。毕:尽,完全。协:《尔雅·释诂》:"和也。"协赏罚,等于说赏罚合宜。
⑦戡(kān 堪):克,能够。
⑧敷:普遍。
⑨张皇:张大,扩大。六师:就是六军,这里泛指军队。
⑩无:通"毋",不要。坏:败坏。《说文》:"坏,败也。"寡:大。《书·康诰》:"乃寡兄勖。"就是乃大兄勖。高祖:指周文王。

【今译】

太保召公和芮伯同走向前,互相作揖后,同向王再拜叩头。说:"恭敬地禀告天子,伟大的上帝更改了大国殷的命运,我们周的文王、武王大受福祥,能够安定西方。新逝世的成王,赏罚完全合宜,能够成就文武的功业,因此普遍地把幸福留给我们后人。如今王要谨慎啊!要加强王朝的军队,不要败坏我们高祖的大命。"

(按:马融、郑玄本《顾命》篇至此。)

(以上是第一段,叙述太保和芮伯劝勉康王继承文王遗志,发扬光大文王、武王开创的王业。)

【原文】

王若曰:"庶邦侯甸男卫①!惟予一人钊报诰②。昔君文武丕平③,富不务咎④,厎至齐信⑤,用昭明于天下⑥。则亦有熊罴之士,不二心之臣,保乂王家⑦,用端命于上帝⑧。"

"皇天用训厥道⑨,付畀四方⑩。乃命建侯树屏⑪,在我后之人⑫。今予一二伯父尚胥暨顾⑬,绥尔先公之臣服于先王⑭。虽尔身在外⑮,乃心罔不在王室,用奉恤厥若⑯,无遗鞠子羞⑰!"

群公既皆听命⑱,相揖,趋出。王释冕⑲,反⑳,丧服㉑。

注释

①侯甸男卫:这里指侯甸男卫的诸侯。
②报:答复。
③昔君文武丕平:《尚书易解》:"当句绝,《墨子·兼爱下》'古有文武,为政均分,赏贤伐暴,勿有亲戚弟兄之所阿',此丕平之事也。"
④富:《说文》:"厚也。"指仁厚。咎:过失,这里指刑罚。
⑤厎:致,至;等于说行,施行。齐:《尔雅·释言》:"中也。"
⑥用:因而。
⑦保乂:安治。
⑧端:正,端命,正民的民命。
⑨训:顺。
⑩付、尹:都作"给予"解。
⑪建侯:分封诸侯。树:立。屏:《尔雅·释言》:"蔽也。"树屏,等于说树立保卫力量。
⑫在:《尔雅·释诂》:"察也。"这里意思是眷顾。
⑬伯父:天子称同姓诸侯叫做伯父。尚:还。胥:互相。暨:与。顾:顾念。
⑭绥:通"缵",继承。
⑮外:指朝廷外。
⑯奉:助,见《淮南子·说林》注。恤:忧念。若:顺,理顺。
⑰鞠(jū居)子:稚子,康王自谦之词。
⑱群公:指王的三公以及诸侯群臣,见郑玄注。
⑲释:解去,脱出。释冕,指康王脱去接受册命大典时穿的吉服。
⑳反:同"返",指康王又返回守丧的侧室。
㉑丧服:作动词,穿上丧服。

【今译】

王这样说:"侯、甸、男、卫的各位邦君诸侯!现在我姬钊答复你们的劝告。过去,先君文王、武王很公平,仁厚慈爱,不滥施刑罚,致力施行中信,因而文王、武王的光辉普照天下。还有那些像熊罴一样勇武的将士、忠贞不渝的大臣,安定治理我们国家,因此,我们从上帝那里接受了端正天下的命令。"

"上天顺从先王的治理之道,把天下交给先王。先王于是命令分封诸侯,树立护卫,眷顾我们后代子孙。现在,希望我们的同姓诸侯互相顾念王室,继续像你们的祖先臣服于先王那样。虽然你们身在朝廷之外,你们的心不可不在王室,要辅助我考虑理顺国家的办法,不要把羞辱留给我!"

三公和诸侯群臣都听完了王的诰命,互相作揖行礼,快步走出。康王脱去吉服,返回居丧的侧室,穿上丧服。

(以上是第二段,叙述康王勉励诸侯群臣继续忠于王朝,勤劳王事。)

毕 命

【题解】

殷民东迁,经过周公、君陈的治理教化,多数已经服从周王朝的统治。治理好殷民始终是周王朝的首要任务。周康王即位后第十二年,册命四朝元老毕公继续治理成周。史官记叙了这件事,写了《毕命》。

今文无,古文有。

【原文】

康王命作册毕①,分居里②,成周郊③,作《毕命》。

注释

①作册:作册书,《孔疏》:"命作册者,命内史为册书以命毕公。"毕:《史记》作"毕公"。孙星衍说:"《序》'毕'下脱'公'字。"

②分:分别.

③成:安定。郊:郊区。成周在王都的东郊,所以说成周郊。

【今译】

周康王命令作册书,册命毕公治理成周,分别殷民善恶,区别居里疆界,安定周王都的郊区,史官写了《毕命》。

(以上是序。)

【原文】

惟十有二年①,六月庚午朏②,越三日壬申,王朝步自宗周③,至于丰④。以成周之众,命毕公保釐东郊⑤。

注释

①有:又。十有二年,指周康王即位的第十二年。

②庚午:庚午日。朏(fěi 匪):新月开始放出光明。

③朝(zhāo 招):早晨。步:行。宗周:指镐京。

④丰:文王时的王都,有文王庙。《孔传》:"丰,文王所都。"陈大猷说:"古者

封诸侯,命德赏功,必于祖庙,示不敢专,重其事也。"

⑤保:安。釐(lí离):同厘,治理。

【今译】

周康王十二年六月庚午日,新月初出,到了第三天壬申日,康王早行从镐京到了丰。用成周的民众,册令毕公安抚治理王都东郊。

(以上是第一段,史官叙述康王册命毕公的时间、地点。)

【原文】

王若曰:"呜呼!父师①,惟文王、武王敷大德于天下,用克受殷命。惟周公左右先王②,绥定厥家,毖殷顽民③,迁于洛邑,密迩王室,式化厥训④。既历三纪⑤,世变风移,四方无虞⑥,予一人以宁。道有升降⑦,政由俗革,不臧厥臧⑧,民罔攸劝⑨。惟公懋德⑩,克勤小物⑪,弼亮四世⑫,正色率下⑬,罔不祗师言⑭。嘉绩多于先王⑮,予小子垂拱仰成⑯。"

注释

①父师:指毕公。《蔡传》:"毕公代周公为太师也。"胡士行说:"父者,同姓之尊者也。"

②左右:辅助。

③毖(bì必):告诫。

④式:用。化:感化。训:教训。

⑤历:经过。纪:记年单位,古代以十二年为一纪。《孔传》:"十二年曰纪。"《孔疏》:"周公以摄政七年营成周,成王元年迁殷顽民,成王在位之年,虽未知其实,当在三十左右,至今应三十六年,是殷民迁周,已历三纪。"

⑥虞:忧虑。

⑦道:世道。升降:等于说好坏。《蔡传》:"有升有降,犹言有隆有污也。周公当世道方降之时,至君陈、毕公之世,则将升于大猷矣。"

⑧臧(zāng脏):善。前一臧作动词,褒奖的意思。后一臧作名词,良善的人。

⑨攸:所。劝:勉励。民罔攸劝,民无所劝勉,等于说无法劝勉老百姓。

⑩懋:努力。

⑪小物:小事。《孔疏》:"能勤小事则大事必能勤矣。故举能勤小事以为毕公之善。"

⑫弼亮:辅佐。弼亮四世,《孔传》:毕公"辅佐文、武、成、康四世为公卿。"
⑬正色:指态度庄重。率:统率。
⑭祗:敬。师言:指毕公的教导。毕公为父师,所以叫师言。
⑮嘉绩多于先王:多,重视。嘉绩被先王重视。
⑯垂拱:垂衣拱手。仰成:敬仰您的成绩。

【今译】

王这样说:"啊!父师,只有文王、武王在天下普遍施行大德,因而能够接受殷的福命。周公辅助先王,安定国家,告诫殷商遗民,把他们迁徙到洛邑,让他们接近王室,因此他们被周公的教训感化了。从那时到现在,已经过了三纪,时世和风俗都发生了变化,四方也没有忧虑的事,我因此感到安宁。世道有好有坏,政教也要依从风俗改变,如果不能褒奖善良,老百姓就无所勉励。您努力德行,能够忧劳小事,辅佐四代君王,庄重地统率群下,臣下没有不敬重您的言论。您休美的功绩被先王重视,我小子垂衣拱手,敬仰您的成绩。"

(以上是第二段,康王赞美毕公治理国家的德业。)

【原文】

王曰:"呜呼!父师,今予祗命公以周公之事,往哉!旌别淑慝①,表厥宅里②,彰善瘅恶③,树之风声。弗率训典,殊厥井疆④,俾克畏慕⑤。申画郊圻⑥,慎固封守,以康四海。政贵有恒,辞尚体要⑦,不惟好异⑧。商俗靡靡⑨,利口惟贤,馀风未殄⑩,公其念哉!"

"我闻曰:'世禄之家⑪,鲜克由礼⑫,以荡陵德⑬,实悖天道⑭。敝化奢丽⑮,万世同流。'兹殷庶士,席宠惟旧⑯,怙侈灭义⑰,服美于人。骄淫矜侉⑱,将由恶终。虽收放心⑲,闲之惟艰⑳。资富能训㉑,惟以永年。惟德惟义,时乃大训㉒。不由古训,于何其训?"

注释

①旌(jīng 精)别:识别。淑:善。慝(tè 忒):恶。
②表:标记。表厥宅里,如同后世的旌表,对所谓忠孝节义的人,用立牌坊、赐匾额的方法加以表扬。
③彰(zhāng 章):显扬。瘅(dàn 旦):憎恨、斥责。
④殊:异,这里意思是分别、区别。井:古制八家为井,引申为乡里家宅。疆:

界。殊厥井疆,《孔疏》:"不循道教之常者,其人不可亲近,与善民杂居,或染善为恶。故殊其井田居界,令民不与往来,犹今下民有大罪过,不肯服者则摈出族党之外,吉凶不与交通,此之义也。"

⑤俾:使。畏慕:害怕行恶之祸,敬慕行善之福。

⑥申:申明。画:划分。郊:邑外叫做郊。圻(qí其):同畿。郊圻,封邑内外的界域。

⑦尚:崇尚。体要:体现精要。

⑧好(hào浩):喜欢、爱好。异:奇异。

⑨靡靡(mǐ米):柔弱、浮躁奢华。

⑩殄(tiǎn舔):断绝、灭绝。

⑪世禄:世代享受俸禄。

⑫鲜(xiǎn险):少、不多。由:顺从。

⑬荡:放荡。陵:欺侮。

⑭悖(bèi背):违背。

⑮敝化:败坏的风俗。丽:靡丽。《汉书·司马相如传下》集注引张揖说:"丽,靡也。"

⑯席宠:凭借先人的宠荣。《汉书·刘向传》颜师古注:"席,犹因也;言若人之坐于席也。"席宠惟旧,旧,久。殷士凭借先人的宠荣已经很久了。

⑰怙(hù户):仗恃,依靠。侈:大,指自己强大。

⑱骄淫:骄横,放荡。矜(jīn今)侉:就是矜夸,夸耀自己的长处。

⑲放心:放纵恣肆的心。

⑳闲:《说文》:"阑也。"引申为防制、约束。

㉑资:资财。训:通"顺",下文"于何其训"的"训"同。

㉒时:这。大训:重要教导。

【今译】

王说:"啊!父师,今天我郑重地把周公治理殷民的重任委托给您,您就去吧!要识别善恶,对于善良的殷民,要旌表他们的住宅乡里,表扬良善,斥责邪恶,树立善的风声。不依教令的殷民,分别划出他们的井田界域,使他们能够懂得荣辱祸福。还要申明划出郊圻的分界,慎重加固封邑的守备,从而安定天下。为政贵有常法,言辞当体现要点,不要喜好奇异。商俗浮华柔弱,以巧辩为贤,这种余风至今还未灭绝,您可要想法啊!"

"我听说:'世代享受俸禄的人家,很少能够顺从礼教,使放荡欺侮有德的人，实在违背天道。败坏的风化，奢侈华丽，世代都是一个样子。'殷商的众士，凭借先人的宠荣很久了，仗恃强大灭绝德义，服饰华美过于常人。骄横、放荡、自夸自大，将行恶终身。即使收敛他们放恣的心，但是防制约束他们很难啊。资财富足，又能够顺从教化，就可以延年益寿。恩德思义，这是大训。不顺从古训，顺从什么呢？"

（以上是第三段，康王阐明教化殷民的具体策略和方法。）

【原文】

王曰："呜呼！父师，邦之安危，惟兹殷士，不刚不柔，厥德允修。惟周公克慎厥始①，惟君陈克和厥中，惟公克成厥终。三后协心②，同底于道③，道洽政治④，泽润生民⑤，四夷左衽⑥，罔不咸赖，予小子永膺多福⑦。公其惟时成周⑧，建无穷之基，亦有无穷之闻⑨。子孙训其成式⑩，惟乂⑪。呜呼！罔曰弗克，惟既厥心⑫；罔曰民寡⑬，惟慎厥事。钦若先王成烈⑭，以休于前政⑮。"

> [!NOTE] 注释

①始：与下文"中"、"终"，指教化治理殷民的不同阶段。

②后：君。协心：协力同心。

③底：达到、归于。《诗·小雅·祈父》："靡所底止。"《毛传》："底，至也。"道：与"导"通，教导。

④洽：融洽，和协。治：治理。

⑤生民：百姓。

⑥四夷：东夷、西戎、南蛮、北狄的总称，古代指华夏民族以外的各少数民族。左衽：这里指少数民族的人民。衽，衣襟。我国古代少数民族的服装，有些是前襟向左掩的，与中原人民前襟向右掩（右衽）不同，所以称左衽。

⑦永：长。膺：受。

⑧其：副词，表示劝勉语气。时：善，治好。

⑨闻：令闻，好名声。

⑩训：通"顺"。式：法。成式，成法。

⑪乂：安。

⑫既：尽。罔曰弗克，惟既厥心，《孔传》："人之为政，无曰不能，惟在尽其心而已。"

⑬寡：少。罔曰民寡，惟慎厥事，《孔传》："无曰人少不足治也，惟在慎其政

事,无敢轻之。"

⑭钦:敬。成烈:盛大的功业。烈,功,见《国语·晋语》"君骄泰而有烈"韦昭注。

⑮休:美好。前政:指周公、君陈的政绩。

【今译】

　　王说:"啊! 父师,现在国家的安危在于教化这些殷民。不刚不柔,宽猛相济,那德政就一定能够施行。开始的时候,周公能够谨慎管教;中间,君陈能够和治殷民;最终,您要能够完成教化的任务。三君齐心协力,共同归于教导,教导和洽,政事治,就能如春风化雨,泽润百姓。四夷被发左衽的人民没有不依赖你们的,我这个年轻人会永远享受大福了。您要治理好成周,建立周家无穷的基业,您也可以流芳后世。后代子孙顺从您的成法,天下也就安定了。哎! 不要说不能胜任,要尽心尽力;不要说老百姓人数少,要谨慎政事。认真地治好先王盛大的事业,还要比前人的政绩更加美好。"

　　(以上是第四段,康王劝勉毕公教化殷民,治好先王的事业。)

君 牙

【题解】

君牙,人名,《礼记·缁衣》引作"君雅",周穆王时的大司徒。

本篇是周穆王命君牙任大司徒的册书,穆王论述了敷典、正身、思艰、安民的治国大法,对于我们研究西周的政治制度和古代思想史有参考价值。

宋代吕祖谦认为本篇作于周穆王初年。

今文无,古文有。

【原文】

穆王命君牙①,为周大司徒②,作《君牙》。

注释

①穆王:名满,周康王的孙子,周昭王的儿子。

②大司徒:六卿之一,主管国家的教化。因为诸侯国也有司徒,天子的司徒称大以示区别。

【今译】

周穆王任命君牙担任周王朝的大司徒,写了册书,名为《君牙》。(以上是序。)

【原文】

王若曰:"呜呼!君牙,惟乃祖乃父,世笃忠贞①,服劳王家②,厥有成绩,纪于太常③。惟予小子嗣守文、武、成、康遗绪④,亦惟先正之臣⑤,克左右乱四方⑥。心之忧危,若蹈虎尾⑦,涉于春冰⑧。"

注释

①笃(dǔ 睹):诚厚。忠:忠实。贞:指志行坚定。

②服劳:服事,效劳。

③太常：周代王家的旌旗名。《孔传》"王之旌旗画日月曰太常。"纪于太常，记载在太常旗上。《周礼·司勋》："凡有功者，铭书于王之太常，祭于大烝，司勋诏之。"郑玄注："铭之言名也。生则书于王旌以识其人与其功也。"

④嗣：继。遗绪（xù 絮）：前人遗留下来的功业。

⑤惟：思。先正：先王。阮元说："此正字当属王字之讹。"

⑥克：能。左右：辅佐。乱：治理。

⑦蹈：踩。

⑧涉：《说文》："涉，徒行厉水也。"引申为行走。《蔡传》："若蹈虎尾，畏其噬；若涉春冰，畏其陷。言忧危之至，以见求助之切也。"

【今译】

王这样说："啊！君牙，你的祖辈和父辈，世代重视忠实、坚贞，服事、效劳王室，有功绩，他们的功绩都记录在王家的太常旗上。我这个年轻人继守文王、武王、成王和康王的遗业，也想要先王的忠臣，能够辅佐我治理天下。心里怀着忧愁危惧，好像踩着老虎尾巴，好像行走在春天的薄冰上面。"

（以上是第一段，说明册命君牙的原因。）

【原文】

"今命尔予翼①，作股肱心膂②，缵乃旧服③。无忝祖考④，弘敷五典⑤，式和民则⑥。尔身克正，罔敢弗正，民心罔中⑦，惟尔之中⑧。夏暑雨，小民惟曰怨咨⑨；冬祁寒⑩，小民亦惟曰怨咨。厥惟艰哉！思其艰以图其易⑪，民乃宁。"

注释

①予翼：就是翼予，辅佐我。

②股：大腿。肱（gōng 工）：手臂从肘到腕的部分。膂（lǔ 旅）：脊骨。股肱心膂，比喻君王左右得力的大臣。

③缵（zuǎn 纂）：继承。《诗·豳风·七月》："载缵武功。"《毛传》："缵，继。"旧服：这里指祖先的旧职。缵乃旧服，就是承袭你祖先的旧职，见《孔传》。

④忝（tiǎn 舔）：辱。

⑤敷：布。五典：就是五常，指父义、母慈、兄友、弟恭、子孝五种伦理道德准则。

⑥式:《尔雅·释言》:"用也。"则:法。
⑦中:公平中正。《蔡传》:"中,以心言,欲其所存无邪思也。"
⑧惟尔之中:惟,表希望,副词。之,表现,《说文》:"之,出也。"
⑨小民:百姓。怨:怨恨。咨:叹息。
⑩祁:《蔡传》:"大也。"祁寒,大寒大雪。《孔疏》:"上言暑雨此不言寒雪者,于上言雨以见之,互相备也。"
⑪艰:饥寒、艰难。易:不难,指教民耕殖,轻徭薄赋。

【今译】

"现在我命你辅助我,做我左右的得力大臣,承袭你祖先的旧职。不要辱没你的祖辈和父辈,普遍地传布五典,用来作为和谐老百姓的准则。如果你自己能够端正,没有人敢不端正,民心不知道中正,希望你表现出中正。夏天炎热大雨,老百姓只知道怨恨叹息;冬天严寒大雪,老百姓也只知道怨恨叹息。他们自伤生计的艰难啊!你想到他们的艰难,从而考虑他们的不难,老百姓就安宁了。"

(以上是第二段,勉励君牙宣扬五典重视民难。)

【原文】

"呜呼!丕显哉,文王谟①!丕承哉,武王烈②!启佑我后人,咸以正罔缺③。尔惟敬明乃训④,用奉若于先王⑤,对扬文、武之光命⑥,追配于前人⑦。"

王若曰:"君牙,乃惟由先正旧典时式⑧,民之治乱在兹⑨。率乃祖考之攸行,昭乃辟之有乂⑩。"

注释

①谟:谋。
②烈:业。《孔疏》:"文王未克殷,始谋造周,故美其谋。武王以杀纣功成业就,故美其业。谋则明白可遵,业则功成可奉,故谟言显,功言承。"
③咸:都。正:正道。罔:无。
④乃训:指司徒掌管的"五典"的教化。
⑤若:顺。
⑥对扬:答谢、颂扬。光命:光显的福命,这里或指文王的谋略、武王的功业。
⑦配:配匹。前人:指君牙的祖辈和父辈。追配于前人,王充耘说:"前王成、

康用尔祖父为司徒,故能对扬文、武光命,而不坠其治民之法。今汝能不失成、康之意,则与祖父无异矣。"

⑧由:施行;先正:同上文"前人",指君牙的祖辈和父辈。时式:善法。

⑨兹:这,指旧典善法。大司徒主管国家的教化。教化行,天下大治;教化不行,天下大乱。所以,老百姓的治乱都在这里。

⑩昭:指导。辟:君王。乂:治。

【今译】

"啊!伟大而且显明啊,是文王的谋略!伟大而可继承啊,是武王的功业!他们开导佑助我们后代子孙,使我们都依从正道,不出缺点。你只要敬明五典教化,来奉顺先王,就可以弘扬文王、武王的光明教导,与你的祖辈和父辈相配匹了。"

王这样说:"君牙,你应当施行你祖辈和父辈的旧典善法,老百姓的治乱都在这里。你应当遵循你祖辈和父辈的行为,指导你的君王将有治功。"

(以上是第三段,勉励君牙遵奉先王,执行祖先的常法。)

冏 命

【题解】

　　冏(jiǒng 窘)，就是伯冏，人名，周穆王时任太仆正。

　　本篇是周穆王命伯冏担任太仆正的册书。穆王认识到侍从仆役对国君影响很大，他说："后德惟臣，不德惟臣。"勉励伯冏注重选用贤臣，杜绝行贿。这些认识是正确的，有其进步意义。本篇是研究周穆王的吏治思想的重要资料。

　　今文无，古文有。

【原文】

　　穆王命伯冏，为周太仆正，作《冏命》。

【注释】

　　太仆：官名，掌管皇帝的车马。正：长。太仆正，《孔疏》认为周礼没有太仆正，职务相当于"太御，中大夫，掌管王辂之官"。

【今译】

　　周穆王任命伯冏担任周的太仆正，史官写了册书，名为《冏命》。（以上是序。）

【原文】

　　王若曰："伯冏，惟予弗克于德，嗣先人宅丕后①，怵惕惟厉②，中夜以兴③，思免厥愆④。"

　　"昔在文、武，聪明齐圣⑤，小大之臣，咸怀忠良。其侍御仆从，罔匪正人⑥，以旦夕承弼厥辟⑦，出入起居，罔有不钦，发号施令，罔有不臧⑧。下民祗若⑨，万邦咸休。"

【注释】

　　①先人：先王。宅：居。后：君。丕后，大君。

②怵(chù 触)惕：戒惧。厉：危险，祸患。
③中夜：半夜。兴：起。
④愆：过失。
⑤聪明齐圣：博闻、广识、通达、圣哲。《孔传》："聪明，视听远。齐通，无滞碍。"
⑥匪：同非，不是。正人：忠诚正直的人。
⑦弼：辅佐、匡正。辟：君。
⑧臧(zāng 脏)：善。
⑨祗若：恭敬顺服。

【今译】

　　王这样说："伯冏啊！我不能够敬修德行，继承先王处于大君的位置，恐惧得很厉害，甚至半夜起来，思考怎样免除过失。"

　　"过去，文王、武王博闻、广识、通达、圣哲，大小臣子都想忠诚善良。那些侍奉左右、掌管车马服饰的近臣仆役，没有一个不是忠贞正直的人。他们早晚侍奉、匡正他们的君王，所以君王出入起居，没有不慎重；发号施令，没有不美善的。老百姓恭敬顺服，万国和洽休美。"

　　（以上是第一段，追叙文王、武王注重选用臣仆侍御官员，达到天下大治。）

【原文】

　　"惟予一人无良，实赖左右前后有位之士，匡其不及，绳愆纠缪①，格其非心②，俾克绍先烈③。今予命汝作大正④，正于群仆侍御之臣⑤，懋乃后德⑥，交修不逮⑦。慎简乃僚⑧，无以巧言令色⑨，便辟侧媚⑩，其惟吉士⑪。仆臣正，厥后克正；仆臣谀，厥后自圣⑫。后德惟臣，不德惟臣。尔无昵于憸人⑬，充耳目之官⑭，迪上以非先王之典⑮。非人其吉，惟货其吉⑯。若时⑰，瘝厥官⑱，惟尔大弗克祗厥辟⑲，惟予汝辜⑳。"

　　王曰："呜呼，钦哉㉑！永弼乃后于彝宪㉒。"

【注释】

　　①绳：纠正。《孔疏》："木不正者，以绳正之。绳谓弹正。"缪(miù 谬)：通"谬"，错误。
　　②格：正。

③俾:使。绍:继承。先烈:祖先的功业。

④大正:就是太仆正,仆官之长。

⑤正:领导。群仆:《孔疏》:"《周礼》:太御,中大夫,掌驭玉辂;戎仆,中大夫,掌驭戎车;齐仆,下大夫,掌驭金辂;道仆,上士,掌驭象辂;田仆,上士,掌驭田辂。群仆谓此也。"

⑥懋:勉。

⑦交:共同。《书·禹贡》:"庶士交正。"《孔传》:"交,俱也,众士俱得其正。"修:勉励,《淮南子·脩务》注:"修,勉。"

⑧简:选择。僚:同类官员,这里是群仆。

⑨巧言令色:花言巧语,假装和善。

⑩便辟侧媚:阿谀奉承的人。《蔡传》:"便者,顺人之所欲;辟者,避人之所恶;侧者,奸邪;媚者,谀说,小人也。"

⑪吉士:品德高尚的人。

⑫自圣:自以为圣。

⑬无:通"毋",不要。昵(nì溺):亲近。憸(xiān先)人:会说的人。

⑭充:充任。耳目之官:指群仆近侍官员。

⑮迪:引导。

⑯非人其吉,惟货其吉:《释词》:"其,犹乃也。"两句意思是说不是人是良善,而只是财货是良善。

⑰若时:像这样,指上文"非人其吉,惟货其吉"。

⑱瘝(guān关):败坏。

⑲祗:敬。厥:其。厥辟,你的国君,穆王自指。

⑳汝辜:辜,罪,惩罚。汝辜,惩罚你。

㉑钦:敬。

㉒永弼:永远辅佐。彝(yí宜):常。宪:法。

【今译】

"我没有善德,实在要依赖左右前后有职位的贤士,匡救自己的不及,批评错误,纠正邪心,使我能够继承祖先的功业。现在我任命你担任大正这个官职,领导群仆近臣,努力使你们的君主行德,共同勉励做得不够的地方。你要谨慎地选择你的部属,不要选用那些巧言令色、阿谀奉承的小人,只能选用品德高尚的君子。群仆近臣正,他们的君主才能正;群仆近臣谄媚,他们的君主会自以为圣哲。君主有德在于臣下,君主失德也在于臣下。你不要亲近会说的小人,让他们充任近臣，引导君上去违背先王的法典。不是人是善良，而只是财货是善良，像这样，就是败坏自己的官职，就是你很不能敬重你的君主。我就要惩罚你。"

穆王说："嗯，要敬慎啊！永远辅助你的君王实行常法。"

（以上是第二段，穆王阐述了君主与臣下的交互作用，勉励伯冏选择贤士，不用行贿的小人。）

吕 刑

【题解】

　　周穆王初年，滥用刑罚，政乱民怨，等到吕侯为相，劝导穆王明德慎罚，制定刑律，采用中刑，国家得到治理，功绩流传后世。本篇虽然记载的是穆王的诰词，但是体现了吕侯的法律思想和刑罚主张，所以名为《吕刑》。吕侯后为甫侯，古代典籍中又叫做《甫刑》。

　　本篇的写作年代，也是《尚书》研究中有争议的问题。旧说本篇作于周穆王时，是我国历史上现存最早的较为系统的刑法专著，具有很高的史料价值。

【原文】

　　吕命穆王训夏赎刑，作《吕刑》。

【注释】

　　吕：吕侯。《史记》等书作"甫侯"。郑玄认为吕侯为穆王相，见《史记集解》。一说，为穆王司寇，见《孔传》。命：告。《周礼·太卜》："命龟，告龟以所卜之事。"命，意思就是告。孙星衍说。训：申训，申述。夏：夏代。赎（shú 孰）刑：从轻处罚的刑律。

【今译】

　　吕侯劝告周穆王申述夏代的赎刑，史官写了《吕刑》。
　　（以上是序。）

【原文】

　　惟吕命，王享国百年①，耄②，荒度作刑③，以诘四方④。

【注释】

　　①享国：指在位。百年：虚数，意思是说在位时间久。
　　②耄（mào 貌）：《礼记·曲礼》："八十、九十曰耄。"
　　③荒：大。度：谋。

④诘：禁戒。《周礼·天官·太宰》："五曰刑典，以诘邦国，以刑百官，以纠万民。"郑玄注："诘，禁也。"

【今译】

吕侯为相时，周穆王已经在位多年，年纪很老了，仍然大谋制定刑典，来禁戒天下臣民。

（以上是史官的叙事词。）

【原文】

王曰："若古有训①，蚩尤惟始作乱②，延及于平民③，罔不寇贼④，鸱义奸宄⑤，夺攘矫虔⑥。苗民弗用灵⑦，制以刑⑧，惟作五虐之刑曰法⑨。杀戮无辜，爰始淫为劓刵椓黥⑩。越兹丽刑并制⑪，罔差有辞⑫。"

"民兴胥渐⑬，泯泯棼棼⑭，罔中于信，以覆诅盟⑮。虐威庶戮⑯，方告无辜于上⑰。上帝监民，罔有馨香德，刑发闻惟腥⑲。皇帝哀矜庶戮之不辜⑳，报虐以威㉑，遏绝苗民㉒，无世在下㉓。乃命重、黎㉔，绝地天通㉕，罔有降格。群后之逮在下㉗，明明棐常㉘，鳏寡无盖㉙。"

"皇帝清问下民鳏寡有辞于苗㉚。德威惟畏㉛，德明惟明㉜。乃命三后㉝，恤功于民㉞。伯夷降典㉟，折民惟刑㊱；禹平水土，主名山川㊲；稷降播种㊳，农殖嘉谷㊴。三后成功，惟殷于民㊵。士制百姓于刑之中㊶，以教祗德。"

"穆穆在上㊷，明明在下㊸，灼于四方㊹，罔不惟德之勤，故乃明于刑之中，率乂于民棐彝㊺。典狱非讫于威㊻，惟讫于富㊼。敬忌，罔有择言在身㊽。惟克天德㊾，自作元命㊿，配享在下。"

注释

①若：句首语气助词。

②蚩（chī 痴）尤：相传为东方九黎族的首领，与黄帝战于涿（zhuō 卓）鹿，失败被杀。

③延及：扩大到、影响到。

④寇：侵犯。贼：杀害。

⑤鸱（chī 痴）义：轻率不正。王引之说："鸱者，冒没轻儳（chán 蝉）；义者，倾邪反侧。"奸宄（guǐ 轨）：内外作乱。

⑥攘:窃取。矫虔(qián钱):诈骗抢夺。韦昭说:"称诈为矫,强取为虔。"一说矫虔,谓挠扰。见《周礼·司刑》疏引郑玄说。

⑦灵:通令,政令。《礼记·缁衣》引《甫刑》作"苗民匪用命",注:"命谓政令也。"

⑧制:制服,制伏。

⑨曰:叫做。

⑩爰:句首语气助词。淫:过分。劓(yì义):割鼻的刑罚。刵(èr二):割耳的刑罚。《尚书易解》:"五刑本有刖无刵,此刵当作刖。"《说文》引作刖。刖(yuè月),把脚砍掉。椓(zhuó琢):宫刑,割去生殖器。黥(qíng情):黥刑,五刑之一。用刀刺刻面额,染以黑色,作为惩罚的标记。商周多称"墨刑",秦汉称"黥刑"。

⑪越兹:于是。丽:施行。并:废弃。《庄子·天运》:"至贵国爵并焉。"注:"并者,除弃之谓也。"制:制度法令。

⑫差:选择。有辞:有申诉辩解的话,这里指无罪。

⑬民:指苗民。郑玄说:"苗民谓九黎之君也。"兴:起。胥:互相。渐:欺诈。王引之说。

⑭泯泯棼棼(fén焚):泯、棼都是纷乱的样子。

⑮覆:反、背。诅盟:誓约。《孔疏》:"虽有要约,皆违背之。"

⑯虐威:受刑罚的。庶戮:一些受侮辱的人。

⑰方:通"旁",普遍。

⑱馨(xīn辛)香:芬芳,指散布很远的香气。

⑲发:散发。

⑳皇帝:指颛顼(zhuān xū 专须),传说中古代部落的首领,号高阳氏。按:从这一句到"罔有降格"都说的是颛顼的事。不辜:无罪。

㉑报虐以威:用惩罚审判施行酷刑杀戮的人。报,审判。《说文》:"报,当罪人也。"

㉒遏(è):制止。绝:杀尽。

㉓世:嗣,见《国语·晋语》注。无世在下,意思是说没有后代。

㉔重(chóng崇)、黎:都是人名,相传颛顼时,重主持天神,黎主持臣民。

㉕绝地天通:断绝地民和天神相通的办法,当指巫术等。《国语·楚语》:"颛顼受之,乃命南正重司天以属神,命北正黎司地以属民,使复旧常,无相浸渎(dú读),是为绝地天通。"

㉖格:同"假",《尔雅·释诂》:"假,升也。"

㉗群后:指高辛和尧、舜。逮:及,相继的意思。

㉘明:显明,这里是显用的意思。明明,显用有明德的人。弼:辅助。常:指常道。

㉙盖:壅蔽。

㉚问:通"闻"。清问,清楚地听到。辞:怨言。按:郑玄以为"皇帝清问下民"以下,叙述尧的事。

㉛㉜德威惟畏,德明惟明:《尚书易解》:"《表记》引《甫刑》云:德威惟畏,德明惟明,非虞帝其孰能如此乎。注:'德所威,则人皆畏之,言服罪也;德所明,则人皆尊之,言得人也。'按此二句泛说尧德,下文乃具体言之。"

㉝三后:指下文伯夷、禹、稷三位首长。

㉞恤:通"邮",慎重。功:事,作动词,治事。

㉟伯夷:人名,相传为尧制定礼法。降:颁布。典:法典。

㊱折民:判断民事案件,泛指审理案件。

㊲主名山川:负责名山大川。

㊳稷:后稷,尧舜时的农官。

㊴农:勉,努力。殖:种植。

㊵殷:多,引伸有厚义。一说:殷,正。

㊶士:士师。制:制御。百姓:百官。于:以。中:平。

㊷穆:敬。穆穆,恭敬的样子。

㊸明:勉。下文"故乃明于刑之中"同。明明,努力的样子。

㊹灼:光,作动词,光照。

㊺率:句首语气助词。

㊻典:主管。讫(qì气):止。

㊼富:仁厚。《说文》:"富,厚也。"

㊽择:通"斁(dù妒)",败。见《经义述闻》。择言,败言,坏话。

㊾克:肩任,肩负。天德:上天仁爱的美德。

㊿元:善。

【今译】

王说:"古代有教训,蚩尤开始作乱,扩大到平民百姓。无不寇掠贼害,轻率不正,内外作乱,强取诈骗。苗民不遵守政令,就用刑罚来制服,制定了五种酷刑以为法律。杀害无罪的人,开始过分地使用劓、刖、椓、黥等刑罚。于是,施行杀戮,不依法制,不选择有罪无罪,滥用酷刑。"

"苗民互相欺诈,纷纷乱乱,没有忠信,以致背叛誓约。受了虐刑和被侮辱的人都向上帝申告自己无罪。上帝考察苗民,没有芬芳的德政,刑法所发散的只有腥气。颛顼哀怜无罪被害的人,用威罚处置施行虐刑的人,灭绝行虐的苗民,使他们无后留在世间。又命令重主持神事,黎负责治民,禁止民和神相通的法术,神和民再不能升降杂糅了。高辛、尧、舜相继在下,都显用贤德的人,并用常道辅助治理,于是孤苦人的苦情,没有壅蔽的了。"

"尧皇帝清楚地听到下民和孤寡对苗民的怨言。于是提拔贤人,贤人所惩罚的,人都畏服,贤人所尊重的,人都尊重。命令三后慎重地治理民事。伯夷颁布法典,依照刑律审理案件;大禹平治水土,负责名山大川的治理;后稷教民播种,努力种好庄稼。三后成功了,老百姓都变忠厚了。士师又用公正的刑罚制御百官,教导臣民敬重德行。"

"尧皇帝恭敬在上,三后努力治事在下,政治清明,光照四方,没有人不勤行德政,所以能明白运用中刑的道理,治理老百姓也能辅以常道。主管刑罚的官,并不是停止在威虐上,而是停止在仁厚上。必敬、必戒,自身不说破坏的话。因为肩负上天的美德,自己造成了好命,所以能够配天在下享有禄位。"

(以上叙述蚩尤滥施刑罚,招致灭亡;尧用中刑,享有天下。)

【原文】

王曰:"嗟!四方司政典狱①,非尔惟作天牧②?今尔何监③?非时伯夷播刑之迪④?其今尔何惩⑤?惟时苗民匪察于狱之丽⑥,罔择吉人⑦,观于五刑之中⑧;惟时庶威夺货⑨,断制五刑,以乱无辜,上帝不蠲⑩,降咎于苗⑪,苗民无辞于罚⑫,乃绝厥世。"

注释

①司政典狱:这里指诸侯。
②惟:为。牧:治民。《左传》襄公十四年:"天生民而立之君,使司牧之。"
③监:视,这里意思是效法。
④时:这。播:施行。迪:道理。
⑤惩:惩戒。
⑥匪:不。丽:施行。
⑦吉人:善人。
⑧中:适中、公正。
⑨庶:《尔雅·释言》:"侈也。"庶威,盛为威势。
⑩蠲(juān涓):通捐,这里意思是赦免。

⑪咎:灾祸。
⑫无辞于罚:就是对于惩罚无话可说。

【今译】

王说:"啊!四方的诸侯们,你们不是做上天的治民官吗?现在,你们效法什么呢?难道不是这伯夷施行刑罚的道理呢?现在你们要用什么作为惩戒呢?就是苗民不详察狱事的施行,不能选择善良的人,考察五刑是否用得适当公正;只是任用倚仗威势,掠夺财物的人,裁决五刑,乱罚无罪,上帝不加赦免,降灾给苗民,苗民对上帝的惩罚无话可说,于是断绝了他们的后嗣。"

(以上告诫诸侯效法伯夷,并以苗民为戒,注意施用合理的刑罚。)

【原文】

王曰:"呜呼!念之哉。伯父、伯兄、仲叔、季弟、幼子、童孙,皆听朕言,庶有格命①。今尔罔不由慰曰勤②,尔罔或戒不勤。天齐于民③,俾我一日④,非终惟终⑤,在人。尔尚敬逆天命⑥,以奉我一人⑦!虽畏勿畏,虽休勿休⑧。惟敬五刑,以成三德⑨。一人有庆⑩,兆民赖之⑪,其宁惟永⑫。"

注释

①格:通"嘏"(gǔ 古),《尔雅》:"嘏,大也。"格命,就是大命,见《经义述闻》。
②由:用。慰:自慰。
③齐:整顿。
④俾:使掌职。《尔雅·释言》:"俾,职也。"
⑤终:成。
⑥逆:迎,接受。
⑦奉:助,见《淮南子·说林》注。
⑧休:休息。
⑨三德:指敬顺、正直、勤劳。《尚书易解》:"三德,《孔传》解为刚柔正直之三德,孔广森解为三后之德。今按本文'敬逆天命以奉我一人',言敬也;'虽畏勿畏',言正也;'虽休勿休',言勤也。三德盖即指此三者。"
⑩庆:善。
⑪赖:利。

⑫宁:安宁。惟:乃、就。

【今译】

王说:"唉!你们要记住这种教训啊。伯父、伯兄、仲叔、季弟以及年幼的子孙们,都要听从我的话,就大约可以享有大命了。如今你们没有一个不自我安慰说已经很勤劳了,你们没有人警戒自己不勤劳。上帝治理下民,使我们暂时掌握国家的事务,不成与成,完全在于人为。你们可要恭敬地接受天命,来辅助我!虽然遇到可怕的事也不要可怕,虽然可以休息了也不要休息,希望谨慎地使用五刑,养成这三种德行。一人办了好事,万民都受益,国家的安宁就会长久了。"

(以上告诫王族应当勤政慎刑。)

(以上是第一段,总结历史经验,说明勤政慎刑的重要性。)

【原文】

王曰:"吁!来,有邦有土①,告尔祥刑②。在今尔安百姓③,何择,非人④?何敬,非刑?何度⑤,非及⑥?"

"两造具备⑦,师听五辞⑧;五辞简孚⑨,正于五刑⑩。五刑不简⑪,正于五罚⑫;五罚不服,正于五过⑬。五过之疵⑭:惟官⑮,惟反⑯,惟内⑰,惟货⑱,惟来⑲。其罪惟均⑳,其审克之㉑!"

"五刑之疑有赦㉒,五罚之疑有赦,其审克之!简孚有众㉓,惟貌有稽㉔。无简不听,具严天威。"

"墨辟疑赦㉕,其罚百锾㉖,阅实其罪㉗。劓辟疑赦,其罪惟倍㉘,阅实其罪。剕辟疑赦㉙,其罚倍差㉚,阅实其罪。宫辟疑赦㉛,其罚六百锾,阅实其罪。大辟疑赦㉜,其罚千锾,阅实其罪。墨罚之属千㉝。劓罚之属千,剕罚之属五百,宫罚之属三百,大辟之罚其属二百。五刑之属三千。"

"上下比罪㉞,无僭乱辞㉟,勿用不行㊱,惟察惟法,其审克之!上刑适轻㊲,下服㊳;下刑适重,上服。轻重诸罚有权㊴。刑罚世轻世重㊵,惟齐非齐㊶,有伦有要㊷。"

"罚惩非死,人极于病㊸。非佞折狱㊹,惟良折狱,罔非在中。察辞于差㊺。非从惟从。哀敬折狱㊻,明启刑书胥占㊼,咸庶中正。其刑其罚,其审克之!狱成而孚,输而孚㊽。其刑上备㊾,有并两刑㊿。"

注释

①吁:感叹词。有邦:指诸侯。有土:指王畿内有采地的大臣。

②祥刑:善刑。

③安:安定。

④人:指道德高尚的人。

⑤度:考虑,谋划。

⑥及:《史记》作宜。《说文·日部》"曡"字注:"扬雄谓古理官决罪,三日得其宜,乃行之。"这就是度刑贵宜的例证。见《尚书易解》。

⑦两造:钱大昕说:两造,一作两遭。两遭,等于说两曹。《说文》:"曹,狱之两曹也。"段玉裁说:"两曹,今俗所谓原告被告也。"

⑧师:士师,就是法官。听:平治,这里意思是审理。五辞:指五刑的法律条文。

⑨简:核实。孚:诚信,这里是验证的意思。

⑩正:治。五刑:就是指墨、劓、剕、宫、大辟五种刑罚。

⑪不简:意思是说不能核实。

⑫正于五罚:等于说根据罪行的轻重用五等罚金来处罚。

⑬五过:五种过失。

⑭疵:弊病。

⑮官:畏官势。

⑯反:报恩怨。

⑰内:指女谒,这里意思是接受说情。

⑱货:索贿受贿。

⑲来:马融本作求。意思就是受人请求,徇私枉法。

⑳其:指法官。均:等。其罪惟均,意思是说与犯人同罪。马融说:"以此五过出入人罪,与犯法者等。"

㉑克:通"核",实,《汉书·刑法志》引作核。

㉒疑:怀疑。五刑之疑有赦,就是正于五刑而又怀疑,就从轻处治。下文"五罚之疑有赦"同。

㉓简孚有众:《尚书正读》:"核验于大众也。《周官·小司寇》:'以三刺断庶民狱讼之中,一曰讯群臣,二曰讯群吏,三曰讯万民。'《王制》所谓疑狱,泛与众共之也。"

㉔貌:治,见《广雅》。稽:同,见《尧典》郑注。惟貌有稽,就是审理案件必须有共同办案的人。

㉕墨:五刑之一,就是上文的"黥"。辟:罪。疑赦:指罪有可疑,就从轻处治,易以罚金。下同。

㉖锾(huán 环):古代重量单位。郑玄说:"锾,六两也。"
㉗阅实:《孔疏》:"检阅核实其所犯之罪,使与罚名相当,然后收取其赎。"
㉘倍:百锾的一倍,二百锾。
㉙剕(fèi 废):砍去膝盖骨。《史记·周本纪》引作膑,段玉裁谓跀者髌之一名,膑者髌之俗,去膝盖骨。跀即剕字。见《说文》"膑"字注。
㉚倍差:《尚书易解》:"倍之又半,为五百锾。"
㉛宫:宫刑就是上文"椓"刑。
㉜大辟:死刑。
㉝属:这里指刑罚的条目。《尚书今古文注疏》:"罪之条目必有定数者,恐后世妄加之。"
㉞比:比照,比例。《蔡传》:"罪无正律,则以上下刑而比附其罪也。"
㉟僭(jiàn 荐):差错。辞:供辞。
㊱不行:《尚书今古文注疏》:"谓蠲除之法。"勿用不行,就是不用已废除的法律。
㊲适:宜。
㊳服:服刑。下服,服减等的轻刑。上服,服加等的重刑。
㊴权:变,这里的意思是灵活性。《蔡传》:"权者,进退推移,以求其轻重之宜也。"
㊵刑罚世轻世重:指刑罚要根据社会情况决定轻重。《孔传》:"刑罚随世轻重,新国用轻典,平国用中典,乱国用重典。"
㊶齐:同。惟齐非齐,同与不同。
㊷伦:道理。要:要求。
㊸极:痛苦。
㊹佞(nìng 泞):佞人,善于巧言献媚的人。
㊺差:指供词中矛盾的地方。
㊻敬:《尚书大传》引作矜,怜悯。
㊼启:打开。胥:相。占:揣度。
㊽输:变更。王引之说:"《广雅》:'输,更也。'狱词或有不实,又察其曲直而变更之,后世所谓平反也。狱辞定而人信之,其有变更而人亦信之,所谓民自以为不冤也。"
㊾备:《说文》:"慎也。"上备,以慎重为上。
㊿有并两刑:合并两种刑罚为一种刑罚执行,见《尚书正读》。

【今译】

　　王说:"嗯!过来吧!诸侯国君和各位大臣,我告诉你们善刑。如今你们安定百姓,应当选择什么呢?不是吉人吗?要谨慎地对待什么?不正是刑罚吗?要考虑什么?不就是判断公正适宜吗?"

"原告和被告都来齐了,法官就审查五刑的条文;如果罪行核实可信符合五刑的条文,就用五刑来惩治。如果用五刑惩治不能核实,就用五罚来惩治;如果用五罚惩治而不可从,就用五过来惩治。采用五过惩治的弊端是:法官畏权势,报恩怨,接受说情,索贿受贿,受人请求。发现上述弊端,法官的罪就与罪犯相同,你们必须详细察实啊!"

"根据五刑定罪有怀疑的可以从轻处治,根据五罚定罪有怀疑的也可以从轻处治,一定要详细察实啊!要从众人中核实验证,审理案件也要有共同办案的人。没有核实不能治罪,应当同敬上天的威严。"

"判处墨刑感到可疑,可以从轻处治,罚金一百锾,要核实罪行。判处劓刑感到可疑,可以从轻处治,罚金二百锾,要核实罪行。判处剕刑感到可疑,可以从轻处治,罚金五百锾,要核实罪行。判处宫刑感到可疑,可以从轻处治,罚金六百锾,要核实罪行。判处死刑感到可疑,可以从轻处治,罚金一千锾,要核实罪行。墨罚的条目有一千,劓罚的条目有一千,剕罚的条目有五百,宫罚的条目有三百,死罪的刑罚条目有二百。五种刑罚的条目共有三千。"

"刑律上没有明文规定的罪,上下比照刑律来定罪,不要错乱供辞,不要采取已经废除的法律,应当明察,应当依法,要核实啊!上刑宜于减轻,就用下刑处治,下刑宜于加重,就用上刑处治。各种刑罚的轻重允许有些灵活性。刑罚轻重还要根据社会情况决定,相同或不相同,都有它的道理和要求。"

"刑罚虽不置人死地,但受刑罚的人感到比重病还痛苦。反对巧辩的人审理案件,而是善良的人审理案件,就没有不公正合理的。从矛盾处考察供词,不服从的犯人也会服从。应当怀着哀怜的心情判决诉讼案件,明白地打开刑书根据法律条文斟酌,力求都能做到公正适当。当刑当罚,要详细察实啊!要做到案件判定了,人们信服,改变判决,人们也信服。刑罚贵在慎重,有时也可以把两种罪行合并考虑,只罚一种。"

(以上是第二段,说明刑律的条目和审理案件的方法。)

【原文】

王曰:"呜呼!敬之哉!官伯族姓①,朕言多惧。朕敬于刑②,有德惟刑。今天相民③,作配在下④。明清于单辞⑤,民之乱⑥,罔不中听狱之两辞⑦,无或私家于狱之两辞⑧!狱货非宝⑨,惟府辜功⑩,报以庶尤⑪。永畏惟罚⑫,非天不中⑬,惟人在命⑭。天罚不极⑮,庶民罔有令政在于天下⑯。"

王曰:"呜呼!嗣孙,今往何监⑰,非德?于民之中⑱,尚明听之哉!哲人惟刑⑲,无疆之辞⑳,属于五极㉑,咸中有庆㉒。受王嘉师㉓,监于兹祥刑㉔。"

注释

①官伯:指诸侯,就是上文"四方司政典狱"。族姓:同姓大臣,就是上文"伯父、伯兄、仲叔、季弟、幼子、童孙"。

②敬:谨慎。

③相:扶助。

④作配:配合。

⑤明清:明察。单词:一面之辞。

⑥乱:治。

⑦中听:以公正的态度审理案件。两辞:就是两造之辞,原告和被告两方面的诉辞。

⑧私:《说文》:"自营谓之私。"家:《尚书今古文注疏》:"读如《檀弓》'君子不家于丧'之家。"曾运乾解释为"言不以为利。"私家,就是谋利的意思。

⑨狱货:审理案件时接受的贿赂。

⑩府:《广雅·释诂》:"取也。"辜:罪。功:事。

⑪报:判决。尤:《说文》引作訧,罪。

⑫畏:敬畏。

⑬中:公平。

⑭在:终止。命:指天命。

⑮天罚:上天的讨伐。极:至。

⑯令政:善政。

⑰今往:从今以后。

⑱中:狱讼之成,就是狱讼的案情,见《周礼·小司寇》。

⑲哲:通"折",制,治理。王引之说:"哲,当读为折,折之言制也。言制民人者惟刑也。"

⑳无疆:没有穷尽。辞:讼辞。
㉑属:合,符合。五极:就是上文的"五刑"。
㉒中:公正适当。《尚书正读》:"中字为全篇主旨。""凡八用中字。得此中道,守而弗失,庶几其祥刑矣。"庆:指祥刑。
㉓嘉:善。师:众。
㉔监:重视。

【今译】

　　王说:"哎,谨慎啊!诸侯国君以及同姓官员们,我说的话很可戒惧,因为我重视刑罚,对于老百姓有德惠的也是刑罚。如今上天扶助老百姓,你们在下面要配合天意。应当明察一面之辞,不可偏听偏信,老百姓得到治理,没有不在于公正审理双方的诉词,不要对诉讼双方的诉词贪图私利啊!接受贿赂不是好事,那是犯罪的事,我将以众人犯罪来论处。永远可畏的是上天的惩罚,不是天道不公平,只是他们自己拒绝天命。上天的讨伐不加到他们身上,天下众民就不能享有美好的政治了。"

　　王说:"啊!子孙们,从今以后,用什么作为鉴戒呢?难道不是美德吗?对于老百姓的案情,要明察啊!治理老百姓要运用刑罚,使无穷无尽的讼辞合于五刑,都能公正适当就有奖赏。你们接受治理我的好百姓,可要重视这种祥刑啊!"

　　(以上是第三段,说明审理案件的正确态度,强调必须使用中刑。)

文侯之命

【题解】

　　文侯,指晋文侯,名仇,字义和。本篇是周平王表彰晋文侯功绩的册书。

　　周幽王荒淫无道,宠爱褒姒,褒姒生子伯服。幽王废申后和太子宜臼,立褒姒为后,伯服为太子。申后的父亲申侯联合犬戎攻杀幽王。诸侯拥立宜臼为王,就是周平王。晋文侯、郑武公等辅佐周平王平定戎乱,东迁洛邑。平王表彰晋文侯的功绩,赐给车马弓矢,作《文侯之命》。

　　《史记》的《周本纪》和《晋世家》《新序·善谋篇》都认为本篇作于周襄王时,文侯为晋文公重耳。注家多从此说。现在根据《左传》《国语》记录的有关史实,结合本篇内容,采取《书序》的意见。

【原文】

　　平王锡晋文侯秬鬯、圭瓒,作《文侯之命》。

注释

　　锡:赐给。秬(jù 巨)鬯(chàng 唱):古代用黑黍和香草酿造的酒,用于祭祀降神。圭瓒(zàn 赞):古代用圭作为柄的灌酒器。

【今译】

　　周平王赐给晋文侯秬鬯、圭瓒,写了《文侯之命》。
　　(以上是序。)

【原文】

　　王若曰①:"父义和②!丕显文、武③,克慎明德④,昭升于上⑤,敷闻在下⑥,惟时上帝集厥命于文王⑦。亦惟先正克左右昭事厥辟⑧,越小大谋猷罔不率从⑨,肆先祖怀在位⑩。"

　　"呜呼!闵予小子嗣⑪,造天丕愆⑫。殄资泽于下民⑬,侵戎我国家纯⑭。即我御事⑮，罔或耆寿俊在厥服⑯，予则罔克⑰。曰惟祖惟父⑱，其伊恤朕躬⑲！呜呼！有绩予一人永绥在位⑳。

"父义和！汝克绍乃显祖㉑，汝肇刑文、武㉒，用会绍乃辟㉓，追孝于前文人㉔。汝多修㉕，扞我于艰㉖，若汝，予嘉。"

注释

①王：周平王。

②父：周天子对同姓诸侯中尊长的称呼。周、晋同姓，所以平王称晋文侯为父。义和：《孔传》："义和，字也。称父者非一人，故以字别之。"郑玄说："义，读如仪。仪、仇皆匹也，故名仇字仪。"

③丕：大。显：光明。

④明：勉，努力。

⑤昭：明。上：上天。

⑥敷：布。闻：声闻、名声。下：下土。

⑦惟时：于是。集：下，见《淮南子·说山》注。文王：《尚书易解》："《晋世家》作文武，当从之，上言文、武，此不当单言文王也。"

⑧先正：郑玄说："先臣，谓公卿大夫也。"左右：义同佐佑，就是辅佐。昭：通"诏"，指导。《尔雅·释诂》："诏，导也。"厥：其。辟：君。

⑨越：于。猷：《尔雅·释诂》："谋也。"率从：遵从。

⑩肆：所以。怀：安。

⑪闵(mǐn 敏)：怜悯，可怜。嗣：继承，这里指继承王位。

⑫遭：遭受。愆：《尔雅·释言》："过也。"作动词，等于说惩罚。丕愆，大惩罚。《史记·周本纪》记载："申侯怒，与缯、西夷犬戎攻幽王，幽王举烽火征兵，兵莫至。遂杀幽王骊山下，虏褒姒，尽取周赂而去。"

⑬殄：绝。资：财。泽：《孟子》赵岐注："禄也。"也指财产。

⑭戎：作动词，伐，侵戎，就是侵伐。见《尚书易解》。纯：大，引申为多。侵戎我国家纯，指众多国家侵犯我国。《竹书纪年》记载"幽王十一年，申人、鄫人及犬戎入宗周，杀王及王子伯服。"《后汉书·东夷传》记载："及幽王淫乱，四夷交侵。"都可证明。

⑮即：今。御事：治事大臣。

⑯耆寿：指老成人。俊：通"骏"，长久。孙诒让说："俊，当读为骏，《尔雅·释诂》云：'骏，长也。'"服：职位。

⑰克：胜，胜任。

⑱曰：通"聿"，句首语气助词。惟祖惟父：指祖辈和父辈的诸侯。

⑲其:副词,表示祈使语气。伊:句中语气助词。恤:忧虑。
⑳绩:《尔雅·释诂》:"成也。"
㉑绍:继承,下句同。显祖:指唐叔,晋国始封的君主。
㉒肈:勉力。刑:制御。《荀子·臣道》:"刑下如影"注:"刑,制也。"文武:指文武百官。
㉓会:会合诸侯。会绍乃辟,《竹书纪年》记载:"平王元年,王东迁洛邑,晋侯会卫侯、郑伯、秦伯以师从王入于成周。"
㉔孝:好,见《释名》。文王已死,今助其子孙,所以叫追孝。文人:有文德的人。前文人,指祖先。
㉕修:长,引申为休美。
㉖扞(hàn 捍):保卫。扞我于艰,指救周驱逐犬戎。

【今译】

　　王这样说:"族父义和啊! 伟大光明的文王和武王,能够慎重行德,德辉升到上天,名声传播在下土,于是上帝降下那福命给文王、武王。也因为当时的公卿大夫能够辅佐、指导、服事他们的君主,对于大小谋略无不遵从,所以先祖能够安然在位。"

　　"唉! 不幸我这年轻人继承王位,遭到上天的大责罚。不曾施福泽给老百姓,而侵犯我们的很多。现在我的治事官员,没有老成人长期在职,我又不能胜任。祖辈和父辈的诸侯国君们,希望你们能够替我分忧啊! 啊哈! 我有促成我长安于王位的人了。"

　　"族父义和啊! 您能够继承您伟大的先祖唐叔,努力制御文武百官,用会合诸侯的方式来继承您的君王,追孝您的祖先。您有很多优点,在困难的时候来保卫我,像您这样,我很赞美。"

　　(以上是第一段,表扬晋文侯的功绩。)

【原文】

　　王曰:"父义和! 其归视尔师①,宁尔邦②。用赉尔秬鬯一卣③;彤弓一④,彤矢百;卢弓一⑤,卢矢百;马四匹。"

　　"父往哉! 柔远能迩⑥,惠康小民⑦,无荒宁⑧。简恤尔都⑨,用成尔显德⑩。"

周书　359

【注释】

①视:这里的意思是治理。师:众,指臣民。

②宁:安定。

③赉:赏赐。卣(yǒu 有):古代盛酒的一种青铜酒器。

④彤:红色。

⑤卢:黑色。根据《礼记·王制》,天子把弓矢赐给有大功的诸侯,使他们专主征伐。

⑥柔:安抚。能:亲善。迩:近处。

⑦惠:爱。康:安定。

⑧荒宁:荒废政事,贪图安逸。

⑨简:专心致志。《周书·谥法》:"壹德不解(懈)曰简。"恤:安定,见《汉书·韦玄成传》注。都:郑玄说:"国都也。"尔都,这里代指晋国。

⑩显德:显明的美德。

【今译】

王说:"族父义和啊!希望您回去治理您的臣民,安定您的国家。现在我赐给您黑黍香酒一卣;红色的弓一张,红色的箭一百支;黑色的弓一张,黑色的箭一百支;四匹马。"

"您回去吧!安抚边远的臣民,亲善近处的邻国,爱护安定老百姓,不要荒废政事,贪图安逸。专心致志安定您的国家,从而成就您显明的美德。"

(以上是第二段,赏赐、勉励晋文侯。)

费　誓

【题解】

　　费(bì闭),地名,在今山东省费县西北。《说文》引作柴,《史记》作肸,唐人改作费。本篇是鲁公伯禽率师征伐淮夷、徐戎,在鲁国费地发布的诰命。

　　《史记·鲁周公世家》记载鲁公是周公的儿子伯禽,本篇写作于管、蔡叛乱时;晚出《孔传》称作于周公归政后;近人曾运乾先生说:"考《序》云伯禽宅曲阜,《经》云鲁人三郊三遂。若在管、蔡时,伯禽方就国,其郊遂区画,恐尚未臻完善也。当以成王初元说为当。"(见《尚书正读》。)

【原文】

　　鲁侯伯禽宅曲阜①,徐、夷并兴②,东郊不开③。作《费誓》。

注释

　　①伯禽:周公的儿子。宅:居。曲阜:鲁国国都。
　　②徐:指徐戎,古代徐州一带的戎人。夷:淮夷,古代淮河下游的夷人。并:一同。兴:起,意思是起来作乱。
　　③东郊不开:《孔疏》:"戎、夷在鲁之东,诸侯之制于郊有门,恐其侵逼鲁境,故东郊之门不开。"这里指鲁国的东郊不安宁。

【今译】

　　鲁侯伯禽住在曲阜,徐戎、淮夷一同叛乱,鲁国的东郊都不安宁了。鲁侯将要征伐,作了《费誓》。

　　(以上是序。)

【原文】

　　公曰:"嗟!人无哗①,听命。徂兹淮夷②、徐戎并兴。善敹乃甲胄③,敿乃干④,无敢不吊⑤!备乃弓矢⑥,锻乃戈矛⑦,砺乃锋刃⑧,无敢不善！"

注释

①人：郑玄说："人谓军之士众及费地之民。"哗：喧哗。
②徂：《经传释词》："'徂'读为'且'。且，今也。言今兹淮夷、徐戎并兴也。"兹：这些。
③善：好。敹（liáo聊）：缝缀。郑玄说："敹，谓穿彻之。"甲：军衣。胄：头盔。
④敿（jiǎo矫）：系结。《说文》："敿，系连也。"干：盾牌。《方言》："盾自关而东，或谓之干。"
⑤吊：善。
⑥备：具备，准备好。
⑦锻：锻冶，制造。
⑧砺（lì厉）：磨利。

【今译】

公说："喂！大家不要喧哗，听从命令。现在这些淮夷、徐戎同时起来作乱。好好缝缀你们的军服头盔，系结你们的盾牌，不许不准备好！准备你们的弓箭，制造你们的戈矛，磨利你们的锋刃，不许不准备好！"

（以上是第一段，告诫将士整治武器装备。）

【原文】

"今惟淫舍牿牛马①，杜乃擭②，敜乃阱③，无敢伤牿④。牿之伤，汝则有常刑⑤！

注释

①淫：大。舍：放。牿（gù故）：《说文》："牛马牢也。"淫舍牿牛马，《尚书今古文注疏》："军行以牛载辎重，马驾兵车，常驾不舍，力不能任，故放置之。"
②杜：《经典释文》："本又作斁。"《说文》："斁，闭也。"擭（huò获）：装有机关的捕兽器。《周礼·秋官·雍氏》郑玄注："擭，柞鄂也。坚地阱浅，则设柞鄂于其中。"贾公彦疏："柞鄂者，或以为竖柞于中，向上鄂鄂然，所以载禽兽，使足不至地，不得跃而出，谓之柞鄂也。"
③敜（niè聂）：填塞。阱：陷阱。

④伤牿:指伤牛马。《尚书易解》:"伤牿,伤牛马也,承上文'牿牛马'之文,文义自明。"

⑤有:受到。《广雅·释诂》:"有,取也。"

【今译】

"现在要大放圈中的牛马,掩盖你们捕兽的工具,填塞你们捕兽的陷阱,不要伤害牛马。伤害了牛马,你们就要受到常刑!"

(以上是第二段,告诫军民敬守牧政。)

【原文】

"马牛其风①,臣妾逋逃②,勿敢越逐③,祗复之④,我商赉汝⑤。乃越逐不复⑥,汝则有常刑!无敢寇攘⑦,踰垣墙,窃马牛,诱臣妾,汝则有常刑!"

注释

①风:走失。郑玄说:"风,走逸也。"见《史记集解》。
②臣妾:奴仆。古代男仆叫做臣,女仆叫做妾。逋(bū 布阴):逃跑。
③越逐:离开队伍去追赶。
④祗(zhī 支):敬。复:还,指还给原主。
⑤商:赏。于省吾说:"金文赏每作商。"赉(lài 赖):赐。
⑥乃:如果。
⑦寇:抢劫。攘(rǎng 壤):偷窃。郑玄说:"因其来而取之曰攘。"

【今译】

"牛马走失了,男女奴仆逃跑了,不许离开队伍去追赶!得到了的,要恭敬送还原主,我会赏赐你们。如果你们擅自离开队伍去追赶,或者不归还原主,你们就要受到常刑!不许抢夺掠取,跨过围墙,偷窃马牛,骗取别人的男女奴仆,这样,你们都要受到常刑!"

(以上是第三段,宣布纪律。)

【原文】

"甲戌,我惟征徐戎。峙乃糗粮①,无敢不逮②;汝则有大刑③!鲁人三郊三遂④,峙乃桢干⑤。甲戌,我惟筑⑥,无敢不供;汝则有无余刑⑦,非杀。鲁人三郊三遂,峙乃刍茭⑧,无敢不多⑨;汝则有大刑⑩!"

注释

①峙(zhì 痔):具备,准备。《尚书今古文注疏》:"峙从止,俗误作山。《释诂》云:峙(chí 迟),具也。"糗(qiǔ 秋上):炒熟的米、麦等谷物。糗粮,就是干粮。

②逮:及。不逮,意思是不够。

③大刑:死刑。马融说。《尚书易解》:"'汝则有大刑'上,省去'不逮'二字,古人有避复而省之例也。"

④郊:指城市的近郊。《尔雅·释地》:"邑外谓之郊。"遂:指城市的远郊。《礼记·王制》郑玄注:"远郊之外曰遂。"三郊三遂,成公元年《左传疏》:"诸侯出兵,先尽三乡三遂,乡遂不足,然后总征境内之兵。"

⑤桢(zhēn 贞)干:筑墙用的木板,桢用在墙的两端,干用在墙的两旁。

⑥筑:修筑营垒。

⑦余:孙诒让说:"余舍二字得相通借。舍,释也。"汝则有余刑,非杀,意思是说你们将终身受到惩罚,只是不杀头。

⑧刍(chú 锄):生草。《说文》:"刍,刈草也。"茭(jiāo 交):干草。

⑨多:《史记·鲁周公世家》作"及",当从之。"不及"与上文"不逮",义同。

⑩汝则有大刑:《尚书今古文注疏》:"刍茭不至,牛马不得食,不可以战,故有大刑。"

【今译】

甲戌这天,我们征伐徐戎。准备你们的干粮,不许不够;不够,你们就要受到死刑!我们鲁国三郊三遂的人,要准备你们的筑墙工具。甲戌这天,我们修筑营垒,不准不供给;如果不供给,你们将受到终身不释放的刑罚,只是不杀头。我们鲁国三郊三遂的人,要准备你们的生草料和干草料,不许不够;如果不够,你们就要受到死刑!"

(以上是第四段,颁布赋役。)

秦　誓

【题解】

　　鲁僖公三十三年,穆公派遣大将孟明视、西乞术、白乙丙率领军队远道偷袭郑国。老臣蹇(jiǎn 剪)叔竭力谏劝,穆公不听。军行途中,秦军获知郑国有了防备,只好消灭滑国后回去,在崤遭到了晋军的伏击,全军覆灭。本篇是秦军将帅回国时,秦穆公对他们和群臣说的誓辞。《荀子·大略篇》:"《春秋》贤穆公能变。"杨倞注:"谓不用蹇叔、百里之言,败于崤、函而自变悔,作《秦誓》,询兹黄发是也。"悔恨能改,这是本篇的要旨。

【原文】

　　秦穆公伐郑①,晋襄公帅师败诸崤②,还归③,作《秦誓》。

注释

　　①秦穆公:《史记》"穆"作"缪"。
　　②诸:之于。崤(yáo 摇):山名,晋国的要塞,在今河南省西部。
　　③还归:指晋国释放秦军三帅孟明视、西乞术、白乙丙还归秦国。

【今译】

　　秦穆公征伐郑国,晋襄公率领军队在崤山大败秦军,被俘的秦军主帅还归秦国,穆公悔过,誓戒群臣,写了《秦誓》。

　　(以上是序。)

【原文】

　　公曰①:"嗟!我士②,听无哗③!予誓告汝群言之首④。"
　　"古人有言曰:'民讫自若⑤,是多盘⑥。'责人斯无难,惟受责俾如流⑦,是惟艰哉!我心之忧,日月逾迈⑧,若弗云来⑨。"
　　"惟古之谋人⑩,则曰未就予忌⑪;惟今之谋人,姑将以为亲⑫。虽则云然⑬,尚猷询兹黄发⑭,则罔所愆⑮。"

注释

①公:秦穆公。
②士:指群臣。
③无:通毋,不要。
④首:《礼记·曾子问》郑玄注:"首,本也。"群言之首,意思是许多话中最重要的话。
⑤讫(qì乞):尽。若:顺。自若,等于说随心所欲。
⑥盘:俞樾说:"盘、般通,《说文》:般,辟也。多般,犹云多辟,《诗·板》篇'民之多辟'笺曰:民之行多为辟邪。此言民尽自顺其意,故多辟也。"
⑦俾:依从。《尔雅·释诂》:"俾,从也。"
⑧逾:过。迈:行。日月逾迈,时间一天天过去了。
⑨若:就。《小尔雅》:"若,乃也。"云:《汉书·韦贤传》注引作员。员,旋,这里是返回的意思。
⑩古:故,往昔,往日。曰:谓,说。
⑪就:接近。忌:《说文》引作惎。《小尔雅》:"惎,教也。"未就予忌者,未就予而教也,见《尚书易解》。
⑫姑:姑且。
⑬然:这样,指代上文"惟今之谋人,姑将以为亲。"
⑭猷:通"犹",还。尚犹,叠词同义。询:征求意见。黄发:指老人。老人发白复黄,所以黄发皆指老人,这里是指像蹇叔那样有丰富经验的忠实老臣。
⑮愆:过失。

【今译】

公说:"啊!我的官员们,听着,不要喧哗!我有重要的话告诫你们。"

"古人有话说:'人都随心所欲,就会多出差错。'责备别人不是难事,被别人责备却如流水一样地顺从,这就困难啊!我心里的忧虑,在于时间一天天地过去,就不回来啊!"

"往日的谋臣,却说我不能接受指导;现在的谋臣,我将要以为亲密的人。虽说这样,还是要请教年纪老的,才不会失误。"

(以上是第一段,穆公深悔随心所欲的过失,认识到决定军国大事必须依靠老臣。)

【原文】

"番番良士①,旅力既愆②,我尚有之③。仡仡勇夫④,射御不违⑤,

我尚不欲⑥。惟截截善谝言⑦,俾君子易辞⑧,我皇多有之⑨!"

"昧昧我思之⑩,如有一介臣⑪,断断猗无他技⑫,其心休休焉⑬,其如有容⑭。人之有技⑮,若己有之。人之彦圣⑯,其心好之⑰,不啻若自其口出⑱。是能容之⑲,以保我子孙黎民,亦职有利哉⑳!"

"人之有技,冒疾以恶之㉑。人之彦圣,而违之俾不达㉒。是不能容,以不能保我子孙黎民,亦曰殆哉㉓!"

"邦之杌陧㉔,曰由一人㉕;邦之荣怀㉖,亦尚一人之庆㉗。"

注释

①番:通皤(pó 鄱)。《说文》:"皤,老人发白貌也。"皤皤,白发苍苍的样子。

②旅:同"膂"。《广雅·释诂》:"膂,力也。"愆:通"骞(qiān 牵)",亏损。

③有之:亲之,亲近他们。见《经义述闻》。

④仡仡(yì 义):壮健勇武的样子。

⑤射:射箭。御:驾车。违:失误。

⑥欲:喜欢。

⑦截截:"截"通"䜐(jiàn 箭)",浅薄的样子。《公羊传》引作"䜐䜐"。何休注:"䜐䜐,浅薄之貌。"

⑧易辞:《公羊传》作易怠。王引之说:"怠,疑惑也,言使君子易为其所惑也。"见《经义述闻·通说》。

⑨皇:大。有之:义同上文"我尚有之"。

⑩昧昧:暗暗。

⑪介:同个。

⑫断断:诚实专一。《广雅·释训》:"断断,诚也。"《公羊传》文公十二年何休注:"断断,犹专一也。"猗:语气助词。

⑬休休:宽容。郑玄说。

⑭其:《经传释词》:"犹乃也。"如:《公羊传》作能。

⑮技:技能。

⑯彦:美士,这里指贤良。圣:明哲。

⑰好(hào 浩):爱、喜欢。

⑱不啻(chì 赤):不但,不仅仅。自:从。不啻若自口出,《孔疏》:"爱彼美圣,口必称扬而荐达之,其心爱之,又甚于口,言其爱之至也。"

⑲是:这样。

⑳职:《大学》引作尚。《说文》:"尚,庶几也。"

㉑冒疾:就是媢(mào 貌)嫉,妒忌。

㉒违:郑玄说:"犹戾也。"这里意思是违拗、阻止。达:通。
㉓曰:句中语气助词。殆:危险。
㉔杌(wù 误)陧(niè 陧):不安。
㉕由:因。曰:通"聿",句首语气助词。
㉖怀:安宁。
㉗尚:《说文》"庶几也。"庆:善。

【今译】

"白发苍苍的善良官员,体力已经衰了,我还能亲近他们。那强壮勇猛的武士,射箭和驾车的本领都不错,我常常不大喜爱接近。只是那些浅薄善辩的人,使君子容易疑惑,我竟然很亲近他们!"

"我暗暗思量着,如果有一个官员,诚实专一而没有别的技能,他的胸怀宽广而能容人。别人有能力,就好像自己的一样。别人美好明哲,他的心里喜欢它,又超过了他口头的称道。这样能够容人,任用他们来保护我的子孙众民,也应当有利啊!"

"别人有能力,就妒忌,就厌恶。别人美好明哲,却尽力阻扰不让君主知道。这样不能宽容人,任用他们不能保护我的子孙众民,也很危险啊!"

"国家的危险不安,由于一人;国家的繁荣安定,也常是由于一人的善良啊!"

(以上是第二段,穆公深悔待士的过失,认识到国君必须好贤容善。)

主要参考书目

尚书大传	伏 生
尚书孔氏传(《孔传》)	孔安国
尚书正义 (《孔疏》)	孔颖达
书集传(《蔡传》)	蔡 沈
尚书表注	金履祥
尚书集注纂疏	陈 栎
书经稗疏	王夫之
古文尚书疏证	阎若璩
禹贡锥指	胡 渭
尚书集注音疏	江 声
尚书后案	王鸣盛
古文尚书撰异	段玉裁
尚书今古文注疏	孙星衍
尚书补疏	焦 循
尚书注疏校勘记	阮 元
尚书启蒙	黄式三
尚书补商	戴钧衡
尚书平议	俞 樾
尚书故	吴汝纶
尚书孔传参正	王先谦
尚书骈枝	孙诒让
今文尚书考证	皮锡瑞
古文尚书拾遗	章太炎
尚书覈诂	杨筠如
尚书正读	曾运乾
尚书说	杨树达
尚书通论	陈梦家
尚书今语	方孝岳

双剑誃尚书新证	于省吾
尚书易解	周秉钧
尚书释义	屈万里
尚书译注	王世舜
朱子语类	朱　熹
困学纪闻	王应麟
日知录	顾炎武
字诂	黄　生
义府	黄　生
经义述闻	王引之
十驾斋养新录	钱大昕
史记札记	郭嵩焘
经传考证	朱　彬
经学通论	皮锡瑞
观堂集林	王国维
方言	扬　雄
释名	刘　熙
说文解字	许　慎
小尔雅	孔　鲋
广雅	张　揖
玉篇	顾野王
经典释文	陆德明
广韵	陈彭年
说文解字注	段玉裁
广雅疏证	王念孙
尔雅义疏	郝懿行
经传释词	王引之
说文通训定声	朱骏声
古书疑义举例	俞　樾
词诠	杨树达

十三经注疏
国语　　　　　　　　　　　　左丘明
竹书纪年
逸周书
史记　　　　　　　　　　　　司马迁
风俗通　　　　　　　　　　　应　劭
汉书　　　　　　　　　　　　班　固
汉石经
魏三体石经
后汉书　　　　　　　　　　　范　晔
水经注　　　　　　　　　　　郦道元
括地志　　　　　　　　　　　李　泰

图书在版编目(CIP)数据

今古文尚书全译/江灏,钱宗武译注.—贵阳:贵州人民出版社,2008.12(2017.2重印)

(中国历代名著全译丛书)

ISBN 978-7-221-08388-3

Ⅰ.今… Ⅱ.①江…②钱… Ⅲ.①中国-古代史-商周时代②尚书-译文 Ⅳ.K221.04

中国版本图书馆 CIP 数据核字(2008)第 180208 号

书　　名	今古文尚书全译
译　　注	江灏、钱宗武
责任编辑	黄涤明
装帧设计	余强
出版发行	贵州人民出版社
地　　址	贵阳市中华北路 289 号
印　　刷	三河市明华印务有限公司
版　　次	2009 年 3 月第 1 版
印　　次	2017 年 2 月第 2 次印刷
开　　本	787×1092mm　1/16
字　　数	360 千字
印　　张	24.75
定　　价	60.00 元